行政执法监督的原理与规程研究

杨曙光　王敦生　毕可志　著

中国检察出版社

图书在版编目（CIP）数据

行政执法监督的原理与规程研究/杨曙光等著. —北京：中国
检察出版社，2009.8
ISBN 978 - 7 - 5102 - 0119 - 6

Ⅰ. 行…　Ⅱ. 杨…　Ⅲ. 行政执法 - 法律监督 - 研究 - 中国
Ⅳ. D922.114

中国版本图书馆 CIP 数据核字（2009）第 115718 号

行政执法监督的原理与规程研究

杨曙光　王敦生　毕可志　著

出　版　人：袁其国
出版发行：中国检察出版社
社　　　址：北京市石景山区鲁谷西路 5 号（100040）
网　　　址：中国检察出版社（www. zgjccbs. com）
电子邮箱：zgjccbs@ vip. sina. com
电　　　话：(010)68658769(编辑)　68650015(发行)　68636518(门市)
经　　　销：新华书店
印　　　刷：保定市中画美凯印刷有限公司
开　　　本：A5
印　　　张：14. 125 印张　插页 4
字　　　数：393 千字
版　　　次：2009 年 8 月第一版　2009 年 8 月第一次印刷
书　　　号：ISBN 978 - 7 - 5102 - 0119 - 6
定　　　价：38. 00 元

导　言

　　本书以行政法学的基本理论为指导，结合我国现行行政执法监督的立法，在全面分析行政执法监督原理的同时，论述了如何正确实施行政执法监督制度。在具体的论述中既注重理论问题的研究，又注重实践问题的探讨；既注重对中国行政执法监督制度的分析论述，又注重对国外行政执法监督理论的介绍借鉴。

　　本书由两编共七章构成。第一章主要论述了行政执法监督界说。同研究其他任何问题一样，对行政执法监督的研究以科学阐释其概念为基础。文章诠释了行政执法的概念，界定了行政执法监督的书面语境与范畴，并解释了行政监督与行政执法监督的关系，笔者认为，从依法行政的角度来看，行政执法监督属于行政监督体系中十分重要的一个分支系统。该部分还对行政执法监督的各个要素进行了分析与阐述。

　　第二章主要论述了中国行政执法监督制度的历史沿革。从古代的监察制度到近代的"五权宪法"的监督体系，我国的行政执法监督制度源远流长，具有鲜明的特点。我国封建社会时期的监察制度成为封建统治者掌握国家行政权力的辅助工具，监察体系本身得以不断充实和发达，监察官员的地位不断提高，监察的范围也不断扩大。中华民国是中国历史上大动荡大转变的时期，该时期的执法监督制度复杂多变，从总体而言是失败的，没有发挥其应有的作用。

　　第三章主要论述了国外的行政执法监督制度。世界各国的行政执法监督制度各有特点，如美国的政务公开和联邦审计，英国的行政裁判所、法国的行政法院以及瑞典的议会监察专员。笔者对各国具有代表性的监督制度进行了较为系统的研究，了解其发展规律和历史演变以及监督职能和监督对象，探索其权力运作方式和特点。这对于实现依法行政的目标，完善行政执法监督体制，提高行政效率，具有重要的参考价值。

第四章主要论述了权力机关的监督。根据人民主权原则，国家权力机关是由人民选举产生并由民意代表组成的，国家权力机关对行政机关的监督具有很高的权威性。同时，国家权力机关对行政机关的监督一般限于重要事项的监督，因此，国家权力机关监督行政机关依法行使职权的范围是有限的，主要表现为宪法监督和法律监督。

第五章主要论述了行政机关的监督。行政机关的监督，是指在行政机关系统内部，上级机关、监察机关、审计机关等监督主体运用监督职权，通过对作为监督客体的其他行政机关的检查和督促，实现对违法活动的检举和矫正的行为。权力机关的监督是外部监督，而行政机关的监督则是一种内部监督，是行政机关的一种自我纠错制度，行政机关的监督具有自身的监督功能、方法和程序。

第六章主要论述了审判机关的监督。在我国，所谓行政诉讼，是指行政相对人在认为行政主体及其工作人员的行政行为侵犯自己的合法权益时，向法院请求保护，并由法院依法对行政行为进行审查和裁判的诉讼活动。从监督的方面看，行政诉讼法规定行政诉讼制度的根本目的之一是督促行政主体依法行政、尽职尽责、全心全意为人民服务，行政诉讼法的核心内容是有关监督行政主体依法行使职权的规定。

第七章主要论述了检察机关的监督。人民检察院的法律监督，既不限于单纯的诉讼活动，又不同于行政机关的一般监督。笔者认为，从法治理论上推理，检察院除拥有行政公诉权外，还可以参照我国刑法第九十八条的规定，以国家名义行使告诉权。

目 录

第一编 行政执法监督总论

第二编　行政执法监督各论

第一编　行政执法监督总论

第一章　行政执法监督界说

　　孟德斯鸠在其著名的《论法的精神》一书中十分明确地表明："一切有权力的人都容易滥用权力，这是万古不易的一条经验。有权力的人们使用权力一直到遇有界限的地方才休止。"① 现在这个界限是由法律来规范的。随着人类社会的发展与进步，对于凌驾在社会之上的国家权力，尤其是越来越庞大的行政权力，实施有效的监督，显得日益重要。回顾与展望这一领域的研究进程，总结与探索对行政执法监督的理论与实践，将有助于整个行政法学研究的发展和完善。

　　监督是根据一定的行为标准来判断某种行为是否出现偏差，并通过一定的措施和办法予以纠正，使之回复到准确的、正常的状态。② 为了保障行政机关的执法活动在预定的范围和既定的轨道上运行，需要在行政执法领域建立监督制度，而要达到行政执法监督的目标，不仅在执法监督的过程中需要运用法律手段，而且要通过行政法律规范来确保行政执法监督的有效实施。

---

　　①　［法］孟德斯鸠著：《论法的精神》（上册），张雁深译，商务印书馆1982 年版，第 153 页。

　　②　应松年主编：《行政法学新论》，中国方正出版社 1999 年版，第 541页。

第一节　行政执法监督范畴的科学定位

一、行政执法概念的诠释

同研究其他任何问题一样，对行政执法监督的研究以科学阐释其概念为基础。研究行政执法监督遇到的第一个概念就是行政执法，要理解什么是行政执法监督，就必须首先对什么是行政执法有一个清晰的认识。

在国家权力进行传统的三权划分后，行政执法是行政权力进一步细化的产物，而现代国家的权力又呈现交叉和混合的状况，因此要明确行政执法的含义十分困难。目前，对行政执法尚无完全一致的概念，行政法学界一般从广义与狭义意义来界定，共存在三种主流学说：

狭义说之一，行政执法是指除行政裁决以外的其他具体行政行为。《中国大百科全书》政治学卷①对"行政执法"作如下定义："国家行政机关按照法律法规对管理相对人采取的直接影响其权利义务，或对管理相对人权利义务的行使和履行情况直接进行监督检查的行政行为。它是行政机关重要职能之一。狭义上讲，行政执法指公安、工商、审计、海关、税务、物价等少数行政部门的工作。行政执法通常采用行政监督检查、行政处理决定和行政强制执行等方式。"《中国大百科全书》同时提出行政法制的概念，认为行政法制包括行政立法、行政执法和行政司法三个基本环节，是国家最重要的法律秩序之一。其中行政执法是行政机关最主要的行为。行政立法通过执行才能生效。若执法的结果影响公民的合法权益，就会引起行政诉讼与行政司法。行政执法是行政立法的延续，又是行政司法的前提。在我国行政司法包括行政复议和行政裁决。

---

① 《中国大百科全书·光盘1.2版》法学卷中没有行政执法的概念，该概念在政治学卷中提及，撰写人为应松年。

　　狭义说之二，行政执法是指具体行政行为。所谓行政执法，也即广义的行政处理行为，是指行政主体为维护经济与社会生活秩序，实现行政目标，按法定权限和程序实施法律、法规等法律规范的具体行政行为，包括行政许可、确认、检查、处罚、强制等多种行为方式。①

　　广义说，行政执法是行政机关执行法律的行为，既包括抽象行政行为，也包括具体行政行为。②行政执法是指行政机关为了实现行政目的，在行政管理过程中，所进行的适用法律、法规、规章和其他具有普遍约束力的规范性文件的一切活动。它既包括行政机关制定规范性文件的抽象行政行为，也包括行政机关将法律、法规、规章及其他有普遍约束力的规范性文件适用于具体人或具体事的行政处理行为，还包括行政机关裁决行政、民事争议的行政司法行为，范围相当广泛。③

　　笔者赞成广义的行政执法说，理由如下：

　　第一，广义行政执法说符合法理学的基本分类。一般而言，在法理学上，法的运行包括法的创制、法的执行、法的适用和法的遵守。法的执行，简称执法，是指国家行政机关根据宪法和法律的规

---

　　① 莫于川：《行政执法监督制度论要》，载《法学评论》2000年第1期，第51页。另外，朱维究在《行政行为的司法监督》一书中对狭义行政执法的界定为"行政执法是指行政机关为执行法律、法规、规章及其他有普遍约束力的规范性文件，依法直接对某一具体事项或特定个人采取措施，影响其权利义务，实现行政管理职能的活动"。王守宽、金红磊在《行政论坛》2002年第9期发表的《完善行政执法监督的探讨》一文中，对行政执法的界定为"指行政主体依照法定职权和程序，在行政管理活动中，针对具体事件，执行行政法律规范的专门活动"。笔者认为，两人的观点与莫于川的相同。

　　② 罗豪才主编：《行政法学》（修订本），中国政法大学出版社1999年版，第172页。该部分的作者姜明安首先认为"执法，是指国家机关执行、适用法律的活动"，然后引出行政执法的概念。

　　③ 朱维究著：《行政行为的司法监督》，山西教育出版社1997年版，第4页。

定，通过制定、实施行政法规、行政规章等规范性文件以及将法律的一般规定适用于行政相对人或事件的贯彻宪法和法律的活动。①法的创制，简称立法，是指享有国家立法权的代议机关制定、修改和废止宪法和法律的活动。法的适用，简称司法，是指国家司法机关及其工作人员，依法定职权和法定程序，运用法律审理案件的专门活动。随着行政事务日趋庞杂，对分权原则的理解与适用应更加宽泛与灵活，行政执法既包含具体、个别的行政管理行为，也包含行政立法行为。这样的行政执法才能使立法机关的法律在社会生活的各个领域发挥作用。

第二，执行性立法行为属于行政执法中的抽象行政行为。行政立法是一种典型的抽象行政行为。依据行政立法内容、目的的不同，理论上将行政立法划分为执行性立法、补充性立法和试验性立法。其中，补充性立法和试验性立法，都可能根据原法律规范所确定的原则，创设出某些新的法律规则。而执行性立法则是为了更好地贯彻执行法律、法规以及上级行政机关发布的规范性文件而作出的具体可行的规定，以便于更符合实际情况从而具有可操作性的行政立法活动。执行性立法并不创设新的法律规则，无权在法律、法规以及上级行政机关规范性文件所规定的事项之外随意增加新的规定。因为行政机关及其工作人员拥有代议机关和议员所不具有的专门知识、专门经验和专门技术，执行性立法成为世界各国常见的立法模式。所以，从行政机关的立场出发，其根据行政法律规范授权而作出的对上位法的细化的规定本质上就是一种行政执法活动。

第三，除行政立法属于抽象行政行为以外，抽象行政行为还包括与行政立法存在密切联系的其他规范性文件。其他规范性文件是各级、各类行政机关为执行法律与政策，在法定权限内制定的除行政法规和规章以外的具有普遍约束力的决定、命令及行政措施等。因为其他规范性文件具有很大的灵活性，制定程序简便，能够解决

---

① 葛洪义主编：《法理学教程》，中国法制出版社 2000 年版，第 210 页。

社会中不断发生的新问题，所以行政机关的大量行政行为是直接根据行政规范性文件作出的。其他规范性文件是行政机关实施行政法律规范的重要手段和方式，是进行行政管理的重要途径，加之大部分其他规范性文件适用的对象有限，而且时间短暂，在某些方面与具体行政行为存在相同之处。

总之，笔者认为：为了实现依法行政的目标，从更加广泛的角度上理解，应该将行政立法行为和制定其他规范性文件的行为等抽象行政行为纳入行政执法的研究范畴。

二、行政执法监督的书面语境与范畴

关于"监督"，《辞海》对其解释有二：其一，监督是指监察督促，源于《后汉书·荀彧传》："古之遣将，上设监督之重，下建副贰之任。"其二，监督是指旧时官名，如清代设十三仓监督、崇文门左右翼监督；清末新办学堂亦设监督。① 可见，在古代，作为动词含义的监督最初是指对派遣到外地的将军的监察与督促；后来，词义发展，具有名词的词性的监督是指承担监察督促职责的官员。在当代的日常生活中，"监督"一词往往作为动词被广泛使用且含义浅显。就语词而言，"监督"的含义可从以下四个方面去理解：②

第一，主体的外在性。监督是表示监督者与被监督者之间发生的一种社会关系，是监督者对被监督者施加的一种外部力量。监督者必是被监督者以外的组织和个人。主体的外在性演化为监督制度的一项基本原则，即"自己不能被监督"原则。无论何种监督制度，只要把监督者与被监督者合为一体，一切监督都将化为乌有。

第二，内容的非执行性。监督与执行是两个相对的概念。二者

---

① 夏征农主编：《辞海（缩印本·1989年版）》，上海辞书出版社1990年版，第1903页。

② 钟海让著：《法律监督论》，法律出版社1993年版，第1页、第2页。

同属于管理范畴，却是管理中的不同环节。监督总是针对某种执行活动（包括积极的作为和消极的不作为）而施行，所以是一种较高层次的管理行为。

"监督"含有两个词素：监，监视、察看；督，督导、督促。"督"以"监"为基础和前提，"监"以"督"为结果和目的，二者互相依存，不可分割，从而构成了由了解权和督促纠正权为内容的特殊的监督权力结构。

第三，指向的不可回复性。监督的主体和对象就同一内容而论其地位不可置换，监督的指向不能回复。这使监督与制衡区别开来。制衡是权力主体之间的相互制约，其目的在于达到均衡。制约的内涵大于监督，监督只是制约的一种形式。当制约采取监督的手段时，即形成多个主体或相互监督，或循环监督的制衡结构，其中有多个监督环节。但应每一个环节而论，主体、对象和内容都是特定的。例如在三权分立政体中，立法、行政、司法三权构成了一个制衡机制，其中含有许多监督关系：议会监督政府、法院监督立法、政府监督司法，反过来，政府也监督议会，立法也监督司法，法院也监督政府。但是，各自监督的内容是特定的，政府可以监督法院的行政管理，经费使用；法院可以监督政府的行政处罚、行政复议。就同一内容而论，监督者和被监督者的地位是特定的，位置不能更换，要换位必然换质。在制衡机制中，每个权力主体都兼有两种身份：监督者和被监督者；而在监督关系中，主体只能以一种身份出现。监督是制衡的一个环节。

第四，目的的控制性。任何监督的目的都在于给被监督者施加一种控制力量，以促使被监督者向着监督者认为正确的方向运行，没有无目的的、放任的监督，也没有不以控制为目的的监督。

当然，如果超出语词的范围，而研究一种监督制度，那应还将赋予"监督"以更多的特别属性。但是，语词的含义是原始的基础。

用"监督"来约束"行政执法"是"行政执法监督"的基本目的。就严格的语词含义来说，行政执法监督，意即对行政执法活动的检查和督促，简言之，是对行政执法活动实施的监督。

语词含义为行政执法监督概念的界定提供了前提，但作为一个科学的概念，重要的是我们赋予它什么样的社会内容。在我国，由于对行政执法监督概念认识的差异，专家学者们出于不同角度的考虑，在不同的场合，针对不同的问题，对行政执法监督概念的内涵、外延及表述方法有很大不同。目前，我国法学界大致有四种主要观点：

第一种观点认为，行政执法监督是国家行政机关按照行政隶属关系，依法对下级行政机关的行政执法活动所作的监督。行政执法监督是行政法制监督的重要内容，是一种重要的内部监督方式①。该观点认为，行政执法监督实质上是一种内部监督，监督的主体仅限于存在隶属关系的上级行政机关，具体履行监督职责的是上级行政机关的法制机构（法制局、处、科），文中没有提及相应的监察机关和审计机关。当然，作者指出了行政执法监督的内容包括了具体行政行为和抽象行政行为二种。

第二种观点认为，行政执法监督是指行政执法监督机关依法对国家行政执法机关及其工作人员贯彻实施政策、法规、法律的行政执法行为进行的检查、制约、纠正，以促进依法行政、严格执法的机制和活动。② 作者认为，为了界定这一概念，必须把握行政执法监督的主体、行政执法监督相对人、行政执法监督的客体和行政执法监督的内容四个要素来分析。行政执法监督的主体是履行此职责的各级权力机关、政府及政府部门法制机构，行政执法监督相对人是国家行政执法机关及其执法人员，行政执法监督客体是行政执法行为，行政执法监督的内容是行政执法机关执行国家法律、法规、政策是否依法行政、严格执法。值得注意的是，作者认为拥有执法

---

① 刘志坚：《完善行政执法监督之管见》，载《兰州大学学报》（社会科学版）1994 年第 1 期，第 116 页。

② 贾在云、熊道金：《关于行政执法监督的概念的界定》，载《中国工商管理研究》1995 年第 9 期，第 33 页。

监督权的是各级权力机关、政府及政府部门法制机构，同样没有提及监察和审计部门的执法监督权。

第三种观点认为，行政执法监督，是指负有监督职责的国家机关对于行政执法主体实施的行政执法行为，对是否符合行政法律规范进行监察和督促并对违法行为予以纠正的活动。[①] 文章指出，"承担监督职责的国家机关包括国家行政机关、检察机关、审判机关和权力机关。与人民群众、社会团体、企业事业单位以至于大众传媒等监督形式相比，国家机关的监督优势在于能够直接发生法律效力"。作者在文中阐述了如何完善监察机关、政府法制机构、人民法院、人民检察院和人民代表大会的监督。

第四种观点认为，行政执法监督是公民、法人或者其他组织对行政执法机关遵守法纪情况的了解和督促。它是对政府法制监督的一种形式，也是行政执法的环节之一。同时，作者指出，行政执法机关和公务员在接受监督时，保留的仅是公权力主体和国家工作人员的身份；他们以其他身份进行的行为，如民事行为和个人行为，除非涉及影响行政法上的身份，则不予过问。[②] 这也就是说，"遵守法纪"仅指遵守行政法律规范，而不包括民事法律规范、刑事法律规范和宪法法律规范。或者表述为，所谓行政执法监督，一般是指一切国家机关、社会团体、政党、公民对国家行政机关及其工作人员的行政执法行为是否合法，适当进行监督、审查，以及采取必要的措施予以纠正的总称。行政执法监督主要包括以下内容：监督检查行政法律、法规、规章是否得到正确贯彻实施，以及在实施过程中存在哪些问题需要在立法上加以解决；对行政执法机关及其工作人员是否严格按照法定的职权进行执法工作实行监督；对行政执法机关及其工作人员是否严格遵守法定程序进行监督；对行政执

---

① 梁津明：《关于强化我国行政执法监督制度的思考》，载《行政法学研究》1999年第3期，第80页。

② 朱维究著：《行政行为的司法监督》，山西教育出版社1997年版，第122页、第123页。

法的效果是否达到预期目的进行监督。完整的行政执法监督还应包括监督主体能否采取必要的措施对违法或不当的行政执法行为予以纠正。① 或者表述为，行政执法监督是指由有权机关、组织和个人对行政法律关系主体的行政执法活动进行的督促和查核。②

笔者认为，之所以行政执法监督的概念各有不同，这主要是因为行政执法和行政执法监督的概念是一主观选择，如何概括取决于不同的目的和需要。在此意义上，不同的表述的提出并不奇怪。除去主观因素上的考虑不论，不同的界定所表达的客观内容（如国家行政机关、行政执法、检查督促等）具有一致性，这正是彼此间交流研讨的基础。按照依法行政原则的要求，为保持行政执法与行政执法监督概念之间的通约性，笔者通过行政执法来界定行政执法监督。所谓行政执法监督，是国家和社会对行政执法活动进行的检查、督促，并对违法活动进行检举、矫正的行为的总称，其目的在于保证法律在现实生活中统一正确地贯彻实施。

以上是对行政执法监督进行的一般分析。需要指出的是，本书研究的重点在于对具体行政行为的执法监督。这样做基于如下考虑：

其一，笔者不认为行政执法监督仅指具体行政行为的执法监督，笔者也并不否认对抽象行政行为监督的研究具有重大的学术意义和实践意义。对具体行政行为监督的关注只说明本书的研究重点。

其二，不同种类的行政执法监督有共同之处，笔者对具体行政行为监督的开拓对于抽象行政行为监督的研究来说当然具有借鉴意义，甚至在一定程度上，对具体行政行为的监督的基本理论也在很大程度上适用于对抽象行政行为的监督。而且，本书在具体探讨过程中也兼顾对抽象行政行为的监督。

---

① 王洪波：《行政执法监督：问题分析与对策探讨》，载《行政与法》2002 年第 10 期，第 79 页。

② 王守宽、金红磊：《完善行政执法监督的探讨》，载《行政论坛》2002 年第 9 期，第 32 页。

其三，本书对行政执法监督的研讨并非只是为了呆板地解释现行法律规范。一方面，笔者的研究以我国的政治体制为基础；另一方面，笔者采取一种批判性反思的态度，对我国现行的行政执法监督体制进行比较、检视与评价，通过负责任的学术研究推动我国依法行政的进程。

三、对行政监督与行政执法监督关系的辨析

对"行政监督"一词可以作出两种字面解释，一是指对行政的监督，二是指行政机关检查、督促人民大众的守法情况。在我国行政法学界，对"行政监督"概念的理解与争论恰恰主要集中在这两种在内容上截然相反的解释上，形成行政监督检查说与监督行政说。

行政监督检查说认为，行政监督有时又称行政监督检查，是指行政主体依法定职权，对相对方遵守法律、法规、规章，执行行政命令、决定的情况进行检查。行政检查只是行政监督的一种手段和方法，行政监督不同于行政法制监督或称"对行政的监督"、"监督行政"。① 在另一本教材中，没有提到行政监督，但主张行政监督检查是指行政机关为实现行政管理职能，对个人、组织是否遵守法律和具体行政处理决定所进行的监督检查。②

监督行政说是指对行政机关及其工作人员的监督。但因监督主体多样、监督范围广泛、监督方式多变以及监督程序复杂，这种监督的宽泛性与多样性难以概括清楚，因而人们往往统称为"行政监督"或"行政法制监督"。在国内，目前对监督行政的概括主要有三种观点。第一种观点认为，行政监督是指国家机关依法对行政

---

① 罗豪才主编：《行政法学》，北京大学出版社 2001 年版，第 102 页。

② 罗豪才主编：《行政法学》（修订本），中国政法大学出版社 1999 年版，第 182 页。该教材没有提及"行政监督"，而采用了"监督行政行为"的概念，并认为监督行政行为是指有权机关对行政主体及国家公务员是否依法行政进行监督的活动。

机关及其公务员的行政管理活动实施具有法律效力的监察、督促行为。① 第二种观点认为，行政监督是对国家行政机关及其公务人员的行政行为是否遵从法律、规章进行检查，对行政管理过程及其结果进行监督，以防止和纠正管理中的偏差和失误，约束行政机关及其公务人员的行为，保证行政管理的顺利进行。行政监督是对国家行政实行控制的主要手段，是行政管理过程中的重要环节。② 或者认为，行政监督，即对行政的监督，是指国家机关及国家机关系统外部的个人或组织依法对行政主体及其行政公务人员的行政管理活动实施的具有法律效力的监察、督促行为。③ 第三种观点认为，行政监督是指对国家行政机关及其工作人员进行的监督。在中国，按照宪法和法律的规定，对各级国家行政机关及其工作人员的活动是否遵守社会主义法制，建立了自上而下和自下而上的行政监督制度。④ 或者认为，行政监督是指党、国家、人民依法对国家行政机关及其工作人员实施法律和是否遵纪守法的监督制度。⑤

　　上述两种学说最明显的不同之处表现在一定范围内行政监督主体与对象恰恰是颠倒的。行政监督检查说认为，行政监督的主体是行政机关及其工作人员，行政监督的对象是公民、法人和其他组织。行政监督是行政执法的一种方式，也是行政执法行为之一。监督行政说认为，行政监督的对象是行政机关及其工作人员，行政监督的主体有可能是作为行政相对人的公民、法人和其他组织。在这里，有必要对监督行政说的三种观点进行比较。第一观点主张，行政监督的主体仅限于具有国家机关法律地位的立法机关、行政机关

---

①　马怀德主编：《行政法与行政诉讼法》，中国法制出版社2000年版，第364页。

②　《中国大百科全书·光盘1.2版》政治学卷，撰写人为张永桃。

③　杨解君主编：《行政法学》，中国方正出版社2002年版，第430页。

④　《中国大百科全书·光盘1.2版》法学卷，撰写人为李宗兴。

⑤　黎国智主编：《行政法词典》，山东大学出版社1989年版，第113页。

和司法机关，行政监督的对象是一般的行政机关及其工作人员，行政监督的客体是行政行为。第二种观点将行政监督的主体扩大到国家机关及国家机关系统外部的个人或组织，监督的对象和客体与第一种观点相同。第三种观点在监督主体与监督对象上与第二种观点一致，但监督的客体则进一步扩大，"是否遵守社会主义法制"与"实施法律和是否遵纪守法"成为行政监督的客体，第三种观点的监督客体除行政行为外，还包括行政机关及其工作人员的民事活动、是否触犯刑律的活动以及是否违宪的活动。

另外，在我国的法学著作中，还有"行政执法检查监督"的提法，该作者认为，行政执法检查监督是指有关国家行政机关检查、督促公民和单位遵守、执行国家法律、法规的重要制度，是有法必依、执法必严、违法必究的重要环节。① 这样，行政执法检查监督与行政监督检查说一致，行政执法检查监督是行政执法的一种方式，也是行政执法行为之一。

对以上各种观点，笔者无法提供一个客观性标准以确定其正误优劣，这根本上是一个学术自由的问题。事实上，概念不是与特定的语言表达相联系的，一个概念可以有不同的称谓，起主导作用的是概念而不是称呼。② 当然，相同的称谓也可能因为文化、理论上差异而具有不同的意义，这同样告诉我们，重要的是概念含义的甄别而不是名称的异同，重要的是，概念作为分析性工具时指向的问题以及我们如何借鉴而不是盲目搬用。③ 笔者赞成监督行政说中的第三种观点，即行政监督是指国家机关及国家机关系统外部的个人或组织依法对国家行政机关及其工作人员实施法律和是否遵纪守法

---

① 黎国智主编：《行政法词典》，山东大学出版社1989年版，第106页。

② ［美］波斯纳著：《法理学问题》，苏力译，中国政法大学出版社1994年版，第314页。

③ 胡建淼主编：《行政违法问题探究》，法律出版社2000年版，第2页。

进行的监督。

　　事实上，行政执法监督不是孤立存在的，作为一种社会现象，它总是要与相邻的社会现象发生这样那样的联系。监督制度是国家制度的组成部分，它是国家对政权组织及其工作人员管理国家活动实施的各种监督制度的总称。把国家制度看做一个大系统，监督制度是大系统中的支系统。① 而行政执法监督则是监督系统中的子系统。所以，它也要和监督系统中的有关环节如政治监督、法律监督、行政监督等发生联系。对于政治监督、法律监督和行政监督的关系，钟海让在《法律监督论》中认为，"政治监督包含法律监督在内，法律监督是政治监督的一种形式"。"从严格依法行政的意义上说，行政行为都应以法律（包括行政法规、规章等规范性文件）为依据，因而也都是行政执法行为。这样，行政监督的内容也就完全被法律监督的内容所包容了。"

　　笔者认为，1999 年我国确立了"依法治国"的方略，2004 年国务院正式发布了《全面推进依法行政实施纲要》，依法行政已经成为行政管理的基本要求，国家正在积极推进行政法治化的进程，并不断总结行政管理的经验和规律，制定和完善行政法律体系，力图把行政管理活动最大限度地纳入法治轨道，尽可能以法律规范来约束行政行为，缩小行政自由裁量的范围和幅度。因此，从依法行政的角度来看，行政执法监督属于行政监督体系中十分重要的一个分支系统。

第二节　行政执法监督的要素分析

一、行政执法监督制度与行政执法监督体系

（一）行政执法监督制度

所谓行政执法监督制度，是国家通过行政法律规范表现的，用

---

① 　钟海让著：《法律监督论》，法律出版社 1993 年版，第 16 页。

于调整执法监督主体和监督对象行为的，具有普遍约束力的准则、规范和规程，以达到行政执法监督的合法化、规范化、权威化和效能化为目的，它是国家法律制度的重要组成部分。

从静态上分析，行政执法监督制度既包括监督主体在行政执法监督权中所应依据的法律准则和制度，又包括监督对象共同遵守执行的法律规则和制度。这些规则和制度通过宪法、法律、规章等法律规范予以肯定，也在政策、文件、决议和判例中获得表现。在依法行政的原则下，执法监督作为保证人民民主权利实现，控制国家行政机关权力滥用的基本途径，必须要纳入法治化轨道，只有当监督作为"制度"在宪法等行政法律规范中被确认和肯定后，才具有国家普遍推行和强制保障的法律效力，对一切国家机关、社会团体和公民个人均切实发挥作用，树立对行政执法权进行监督的权威。

从动态上分析，行政执法监督制度是国家机关在履行职责过程中，国家机关系统之外的组织或个人在社会活动过程中，为实现监督目的和监督效果而适用监督法律和监督制度的动态过程。这个过程不仅要靠行政法律规范等文件形式予以表现，更重要的是，要靠具体的检查、督促活动来体现。行政执法包括行政立法、制定其他规范性文件和具体行政执法行为等各种表现形式，行政执法监督则是贯穿于这些形式中的执法保障系统，它通过对被监督行为设立原则、划定界限、建立机制、进行评价、运用程序等过程和方式，实现执法监督者与被监督者的相互联系和相互约束机制。因此，作为"制度"的行政执法监督，必须实现监督组织结构体系的合理配置，监督权能职责的恰当行使，监督程序方法的公正公开，监督功能作用的根本实现。

行政执法监督纳入法律制度范畴后，一方面，它具有一般法律制度的共同特征，如普遍性、统一性、稳定性、强制性等；但另一方面，作为有关监督领域的独特制度，它又不同于其他的法的创制、法的执行、法的适用和法的遵守等制度。概括总结，行政执法

监督制度的特征，可以从以下四个方面理解：①

监督依据的法律性。行政执法监督的监督主体、监督对象、监督客体、监督权责、监督内容、监督方式、监督程序、监督后果等，都由法律明确规定，监督者和被监督者均必须遵行。狭义上的行政执法监督是一种运用国家权力的国家行为，监督主体一般是国家机关和国家公职人员，代表国家进行行政执法监督活动，不同于社会组织或社会成员的经济行为或个人行为。监督从一种民间的社会活动上升为国家保障的制度体系，主要标志就是通过监督立法来规范监督行为，使所有监督主体和监督对象的活动都在监督立法的严格约束内进行。在法律表现方面，我国以宪法、组织法为主干，先后颁行了人民代表大会组织法、人民政府组织法、人民法院组织法、人民检察院组织法、行政监察法、行政复议法、行政诉讼法、立法法等，使法律监督初步实现了法律化和制度化。

监督范围的独特性。行政执法监督制度所规范的领域与其他制度有所不同。在一般意义上，行政执法监督所调整的内容从古至今涵盖着全面的、综合的范畴：包括政治、经济、文化、治安、国防、外交等各种活动，包括行政立法、行政处理、行政裁判等各种行为，包括行政机关、授权组织、公职人员等各种对象，它们皆可成为监督的内容和对象。因而，广义的社会行为或社会活动涉及社会生活的方方面面，法律监督的权限、内容、方式、程序、效果也都难以统一。但被制度化的行政执法监督，如违宪审查、立法取证、官吏弹劾、行政监察、腐败查处等，内容必然涉及比较重要的社会领域，关乎国家重大政治、经济、社会生活。可以说，监督内容愈不重要，监督的制度化可能性就愈小；监督内容愈重要，监督的制度化可能性就愈大。

监督目的的控权性。从行政执法监督的目的研究，也具有显见的特殊性。行政执法监督不同于立法、行政、司法机关的相互合作

① 汤唯、孙季萍著：《法律监督论纲》，北京大学出版社2001年版，第6页、第7页。

关系，监督主体不是配合被监督机关履行职责，而是担负着控制后者权力越轨的任务。它通过检查、评价、判断、反馈、督促、控制、约束，甚至制裁等多种手段，给被监督者施加一种国家或者社会的控制力量，使其按照监督主体要求的方向从事各种抽象或具体的行政行为。特别是，行政执法监督带有对违法行为的"消极"防范的特殊色彩，这是行政执法监督的性质所在。这一特性，使行政执法监督与"国家管理"相区别。行政执法监督不是立法、执法、司法、守法环节的具体作为与不作为，也不能类同于通过批准、认可、同意、公告、通知等手段实现的执法过程，它是高于这些活动的一种监控行为，是对管理的再管理、对控制的再控制。

监督效力的权威性。监督效力的权威性指法律赋予监督主体的监督权具有受法律保障的影响力、约束力、威慑力、执行力。行政执法监督过程以国家法律为依据，以国家强制力为后盾，在监督过程中，发现被监督者有违宪、违法、违纪的行为，可按监督程序追究其法律责任。这种强制力得益于法制本身的特性，它使法律拥有不同于政治纪律、党团规章、道德习俗、宗教教义所施加于社会成员的影响，它更具有权威。

（二）行政执法监督体系

体系一词泛指由若干事物相互联系而构成的一个整体。① 所谓行政执法监督体系，则是指具有不同职权管辖范围的国家机关、社会团体和个人对行政执法活动进行检查督促而构成的互相分工、互相配合的和谐整体。行政执法监督体系意味着行政执法监督活动的纵横结构的统一。纵向结构是指行政执法监督体系之内的层次区分，因为行政执法监督主体的职权管辖范围的不同，所以行政执法监督存在层级划分；横向结构是指由于调整社会关系、指引行政机关正当执法方面的差异，不同对象的行政执法监督分立，据此形成的行政执法监督的表面上的外在的区别。在执法监督实践中，纵向

---

① 葛洪义主编：《法理学教程》，中国法制出版社 2000 年版，第 145 页。

结构和横向结构表现出相互交织的情形，二者统一构成纵横交错的网状结构，正是在这种结构中各类行政执法监督各得其位，相互区别又相互联系，据此组成一国的行政执法监督体系。行政执法监督体系从概念上判断具有以下几个主要特征：

第一，整体一致性。行政执法监督体系的整体一致性是由它所赖以建立的经济基础的一致性，占统治地位的上层建筑的一致性，以及行政执法监督所体现的阶级意志的一致性所决定的。这种一致性既是行政执法监督内容的一致，又是行政执法监督形式的一致。它主要表现在行政执法监督的概念、行政执法监督基本思想、行政执法监督原则以及行政执法监督术语的一致等方面。一个国家行政执法监督体系的整体一致性，既能使纷繁复杂的监督关系得到统一调整并保证其相应的和谐稳定，又能使行政执法监督的权威得以发挥。

第二，现行有效性。行政执法监督体系的现行有效性一般表现在两个方面：一是从空间层面上理解，它既不是几个国家的行政执法监督构成的整体，也不是一个地区或几个地区的行政执法监督构成的整体，而是一个主权国家的行政执法监督构成的整体；二是从时间层面上理解，它不包括一国将要实施的有关行政执法监督的法律或尚未生效的有关行政执法监督法律，只包括现行的国内的行政执法监督法律和政策文件。行政执法监督体系的现行有效性是一个国家主权的象征和表现。

第三，内在协调性。行政执法监督体系的内在协调性是与法治统一原则和法律完备状况密切联系的。在一个国家的行政执法监督体系中，一切行政执法监督活动都要服从宪法并与其保持一致，规定行政机关行政职权的法律要与监督行政执法活动的法律保持一致。另外，建立完备的、门类齐全的行政救济法律体系也是实现行政执法监督体系内在协调的重要条件。否则，就会影响行政执法监督体系的整体和谐以至行政执法监督的功能。正如恩格斯指出的："现代国家中，法不仅必须适应于总的经济状况，不仅必须是它的表现，而且还必须是不因内在矛盾而推翻自己的内部和谐一致的表现。"

从行政执法监督的监督权来源的角度考虑，行政执法监督体系由国家机关的行政执法监督和国家机关系统外部的个人或组织的行政执法监督两部分构成。国家机关的行政执法监督是根据宪法和行政法律规范的规定，由国家机关对行政执法行为进行监督，行使国家的执法监督职权，监督行政机关的行政执法行为，在我国它包括了权力机关的行政执法监督、行政机关本身的行政执法监督和司法机关的司法审查三部分。国家机关系统外部的个人或组织的行政执法监督是指根据宪法、法律和政策的规定而由非国家机关的社会组织或个人实施的行政执法监督。例如，我国《宪法》第四十一条规定："中华人民共和国公民对于任何国家机关和国家工作人员，有提出批评和建议的权利；对于任何国家机关和国家工作人员的违法失职行为，有向有关国家机关提出申诉、控告或者检举的权利，但是不得捏造或者歪曲事实进行诬告陷害。对于公民的申诉、控告或者检举，有关国家机关必须查清事实，负责处理。任何人不得压制和打击报复。由于国家机关和国家工作人员侵犯公民权利而受到损失的人，有依照法律规定取得赔偿的权利。"

宪法赋予全国人民代表大会及其常委会制定法律、解释法律、监督"一府两院"的工作，撤销与宪法和法律相抵触的法规、规章和其他规范性文件的权力，使全国人民代表大会及其常委会在整个行政执法监督过程中始终处于审查、评价、督促和控制的核心地位。我国行政执法监督体系的主体结构，正是以最高国家权力机关——人民代表大会为最高监督主导，结合行政监督、司法监督和社会监督为一体的复合型结构体系。该体系中，人民代表大会对行政执法的监督处于主导地位；在人民代表大会监督制度之下，才是各国家机关、社会组织和个人之间按照权力分工形成的纵横交错的、层级制的监督体系。但我国的行政执法监督体制并不完善，监督体制的改革迫在眉睫；而行政执法监督体制构建的基础，在于形成权力的制约机制，于权力设计和分配之时，充分考虑并确保行政执法监督的权威和效力。正如美国联邦党人在立宪时强调的那样："防止把某些权力逐渐集中于同一部门的最可靠方法，就是给予各个部门的主管人抵制其他部门侵犯的必要法定手段和个人的主动。在这方面，如同其他方面一样，防御规定必须与攻击的危险相称。"①

行政执法监督系统与其他社会系统工程和自然系统工程也有着密不可分的联系。各国的政治系统、经济系统、文化系统、生态系统、生物系统、心理系统、科技系统、信息系统等，会给行政执法监督体系打下时代的烙印。如政治改革影响监督组织结构的构成和权限；经济发展影响监督的物质基础和效能；文化因素影响社会监督的质量与水平等。因此，研究行政执法监督问题也必须探讨行政执法监督的外部环境。②

二、行政执法监督的基本分类

行政执法监督依据不同的标准，可以有不同的分类。每一种行政执法监督制度均具有特定的监督职能和监督范围，体现自己的特点。深入研究各具特点的不同监督制度，区别其不同与共性，发现其中的缺漏和冲突，才能明确各监督制度的内涵，明确其相互之间的分工与配合，更好地保证监督效力的实现。各国行政法学者从不同的角度，对行政执法监督一般作如下分类：

（一）以监督各要素之间的关系为标准，可以分为集权型监督、制衡型监督和复合式监督

集权型监督是指行政执法监督主体与监督对象一般存在于政权体系中的同一机关序列之中，或者行政执法监督主体与对象之间存在隶属关系，监督主体依据法定的权力，对监督对象进行的监督。监督主体与监督对象在法律地位上处于失衡状态，两者间只有纵向关系，没有横向关系。该类型结构中必有一个最基本的监督制度，

---

① ［美］汉密尔顿、杰伊、麦迪逊著：《联邦党人文集》，商务印书馆1995年版，第264页。

② 汤唯、孙季萍著：《法律监督论纲》，北京大学出版社2001年版，第10页。

此监督制度的主体是系统内的最高决策者和领导者，它自身不接受监督，在此以下，层层监督，形成金字塔形结构。[1] 集权型监督的特点包括：第一，监督主体的地位优越性，监督主体往往集决策权、行政权和监督权于一身，监督构成领导的要素之一；第二，监督对象的不可置换性，在该种类型的监督中，行政执法监督的主体与对象是特定的，行政执法监督的对象无法制约行政执法监督的主体；第三，监督体系的开放性，在此种监督体系中最高监督者不接受其他监督主体的监督。

集权型监督的优点是能够确保监督主体意志的实现和监督效率的提高，使监督工作达到合力，减少无休止的内耗。因为行政工作需要果断决策和高效执行，行政机关的内部监督是典型的集权型监督。集权型监督的最大缺点是对领导、决策者缺乏监督，使作为监督对象的下级组织的工作变得消极和被动，形成对上级监督组织的依赖，民主性差。集权型监督的最高监督主体一般不接受监督，在这种不受制约的开放式监督体系下，行政执法监督往往转化为对监督对象的专横管理。中国的封建社会实行的以皇权为中心的监督制度就是典型的全方位的集权型监督。

制衡型监督是指在无隶属关系的不同系统之间的各行政执法监督主体对行政机关进行执法监督的同时，作为监督对象的行政机关亦有权诉诸法律救济，以对监督主体进行制约，监督主体与监督对象之间呈现横向交叉制衡的状态。该类型监督的监督主体与监督对象之间没有隶属关系，分别基于宪法和法律赋予的地位独立地履行监督职责，形成监督中心多元化。制衡型监督的特点包括：第一，监督主体与监督对象的平等性，此种监督着重于分属不同序列的各机关、组织的横向制约；第二，监督对象的可置换性，在监督关系中监督主体与监督对象不具有特定性，行政执法监督关系的监督主体必定是另一类型监督关系中的监督对象；第三，监督体系的封闭性，在整个监督体系中不受监督的最高监督主体是不存在的。

---

[1]　钟海让著：《法律监督论》，法律出版社 1993 年版，第 195 页。

在制衡型监督中，封闭式的结构决定了在整个监督体系中没有最高监督主体的存在，从而在实质上杜绝了权力的无限集中，这增加了监督的透明性和说服力，提高了监督的质量和制衡能力，切实保障了监督制度的民主化。但此类型监督的缺点也非常明显，在实际运作中各监督主体容易互相扯皮而导致效率低下。制衡型监督是国家机构运作的基本方式，如立法机关的监督与行政机关的监督，检察机关的监督与行政机关的监督；在一种国家机构内，各工作部门之间的监督也一般采用此种形式。总之，制衡型监督为现代世界各国所推崇并普遍采用。

复合式监督就是集权型监督与制衡型监督的复合，在该类型中既有集权型的纵向结构，也有制衡型的横向结构，纵横交错，形成有机的监督网络。复合式监督的结构设置就是尽量避免二者的短处，兼采二者的长处，根据不同的权力关系采用相应的监督形式。① 通过前面的分析，可以看出无论是集权型监督还是制衡型监督都各有利弊。事实上，行政执法监督体系要素众多，单一的集权型或单一的制衡型都无法把各个监督要素联系起来而置于合理的位置，也难以满足现代国家对监督体系的最优化要求。它们只能是整个行政执法监督体系中的一部分，适用于某些要素，或者说，只是体系结构链条中的一环，适用于一个区间。②

一个国家的政治制度和监督制度纷繁复杂，如果单纯运用单一的集权型或制衡型行政执法监督形式，均不可能保证行政执法监督制度的民主与效率。复合型监督的指导思想就是：不同系统序列的机关之间一般采用制衡型监督；同一系统序列的上下级之间一般采用集权型监督；同一系统序列的同级之间则又采用制衡型监督；赋予国家机关系统外的社会组织和个人以优势地位达到平衡国家权力的目的。总之，各国的行政执法监督体系在整体上采用复合式结

---

① 葛洪义主编：《法理学教程》，中国法制出版社2000年版，第304页。

② 钟海让著：《法律监督论》，法律出版社1993年版，第196页。

构，同时根据各自国体、政体以及国情的差异，有的国家推行以制衡型为主而以集权型为辅的行政执法监督模式，有的国家则主要采用集权型行政执法监督模式，辅之以制衡型行政执法监督模式。

（二）以监督主体为标准，可以分为国家监督和社会监督

国家监督是指国家机关基于宪法和法律取得监督主体的地位，其监督行为具有强制力，能够直接产生法律后果的行政执法监督。国家监督包括国家元首监督、立法机关监督、行政机关监督、司法机关监督。例如，我国人大对部门规章的合法性审查，人民法院对具体行政行为的合法性裁判，国家审计署对财政部预算执行的审核等。

社会监督，即非国家机关的监督，是指政党、社会团体和个人基于宪法和法律取得监督主体的地位，但对行政机关的监督行为仅具有建议性而非强制力，不直接产生法律后果的行政执法监督。社会监督可具体划分为政党监督、社会组织监督、新闻媒体监督和公民个人监督等。

（三）以监督的方法及目的为标准，可以分为直接监督和间接监督

直接监督和间接监督是日本学者织田万在其行政法著作中提出的分类方法。织田万主张①："因行政阶级之顺序，上级机关之对下级机关，为之监督，此谓直接监督。盖欲政令之出于一途，莫如设官厅之阶级，以保持上下隶属之关系，既已述之。而直接监督，实为监督方法之通则。若夫国家元首对为其机关之官厅行监督权，于理论上为当然焉，然其实际乃委任其机关行之。又，间接监督，与行政阶段不相干，特别机关行特别职务之结果，则间接为行政监督。特别机关，即行政裁判所、权限裁判所及会计检察院是也。抑或行政裁判所、权限裁判所及会计检察院等机关，皆据独立权限，

---

① ［日］织田万撰：《清国行政法》，李秀清、王沛点校，中国政法大学出版社 2003 年版，第 38 页。

或裁判特定事件，或检查会计事务。"

（四）以监督的时间为标准，可以分为事先监督、事中监督和事后监督

事先监督是指监督主体为了防患于未然，在行政行为开始之前提前介入的监督。例如行政机关制定的抽象行政行为需要经过其上级机关的批准审查后才生效。

事中监督是指在行政执法过程中监督主体针对正在实施的行为进行的及时监督。事中监督可以及时发现行政执法过程中存在的问题，尽快纠正，避免造成重大损失和产生不良后果。

事后监督是指行政执法行为完成后，监督主体对该行为的监督。例如行政复议监督、法院的司法审查。基于国家权力分配的不同，某些监督主体只能进行事后监督，如司法机关与行政机关是互相独立的，法院只能进行被动的事后监督，而行政机关内部的层级监督则可以采用事前、事中和事后的全过程监督。

日本学者织田万把事先监督和事中监督称为积极监督，把事后监督称为消极监督。并且表述为①："欲行政行为之遵由法令，适合于公益，为之监督，是谓积极监督。又有反法令、害公益，随时匡正之，是谓消极监督。此二者，互相须而后始能完行政之目的，故不可偏废。然在直接监督者，则可并行此二者。在间接监督，则不过能举消极监督之实耳。"

笔者认为，就行政系统内部而言，为了预防工作失误和违宪、违法执法行为的发生，上级机关和专门监督机关应主动履行监督职责，强化事先监督与事中监督，避免造成"事先不要求，事中不督促，事后再追究"的消极渎职的监督。

（五）以监督主体与对象是否属于同一系统为标准，可以分为内部监督和外部监督

内部监督是指在国家行政机关内部，同一主管部门之间的纵向

---

① ［日］织田万撰：《清国行政法》，李秀清、王沛点校，中国政法大学出版社 2003 年版，第 39 页。

的上下级监督和本主管部门以外的部门对各行政部门的监督，例如，国务院各部门对省级政府同一业务部门的监督、下级各主管部门对上级部门的监督、行政监察部门的监察监督以及财政部门的财政监督等。

外部监督是指国家行政系统外的监督主体对行政机关的行政执法行为的监督。此类监督依法独立行使权力，行政机关无权干涉，最具代表性的是宪法和诉讼法确立的法院独立审判和检察院独立行使检察权。

（六）以监督的方法为标准，可以分为有组织监督和无组织监督

有组织监督，是指依据行政法律规范确认的，各种有目的、有准备而且形式固定的监督。例如，国务院向全国人大作工作报告，人大代表向政府部门提出质询案，下级行政机关定期向上级行政机关汇报工作，以行政机关为被告的行政诉讼制度，政协委员组织调查团对某一行政执法工作进行监督等。

无组织监督，是指公民个人对行政机关及其工作人员的行政违法行为以及因自己或他人的合法权益受到行政违法行为的侵害时，采取起诉、控告、申诉、检举、批评和建议等手段进行的形式多样的监督。

（七）以监督对象为标准，可以分为对行政机关的监督和对公务员的监督

行政复议和行政诉讼是对行政机关的监督，行政监察是对公务员的监督，权力机关则是对行政机关和公务员都实施监督。

对公务员的监督，除了要对他们以国家行政机关的名义所作出的行政行为或其他职务行为的合法性和合理性进行监督以外，还要对他们是否遵纪守法、廉洁奉公进行监督，世界上许多国家都有有关对公务员进行监督的法律规定，如许多国家的公务员法，香港的廉政公署条例，新加坡的防止贪污法，韩国的监察院法，中国的行

政监察法等。①

（八）以监督内容为标准，可以分为对合法性和合理性以及对抽象行政行为和具体行政行为的监督

对抽象行政行为的监督，主要是权力机关有权对此实施监督；对具体行政行为的监督，法律上限制审判机关和复议机关只能监督具体行政行为；对行政行为合法性的监督，这也是审判机关监督行政行为的基本原则；对行政行为的合理性监督，由于合理性问题涉及行政机关行使自由裁量权范围，故原则上只能是行政机关内部有权对此进行监督。②

（九）以监督主体的工作性质为标准，可以分为专业监督和一般监督

专业监督也称为特种监督，是指由专职承担监督职责的国家机关进行的专门性的监督。在国家机关序列中，设立该机关的目的就是为了履行监督职责，宪法和法律明确要求此类监督主体的核心工作就是对其他机关进行检查、督促，并赋予其他机关所没有的特殊的监督方式、程序，以保证监督主体的职业化、经常化和独立性。

一般监督，也称为职能监督，是指行政系统外的组织和个人以及行政系统层级之间对行政执法行为进行的综合性、全面性的监督。

三、行政执法监督的主体

行政执法监督关系是国家机关、社会组织和个人在监督行政执法行为过程中，与行政机关及其工作人员之间形成的受行政法律规范调整的权利义务关系。在这种关系中，具有监督者法律地位的国家机关、社会组织和个人被称为监督主体，行政机关及其工作人员

---

① 张正钊、韩大元主编：《比较行政法》，中国人民大学出版社1998年版，第619页。

② 应松年主编：《行政法学新论》，中国方正出版社1999年版，第546页。

等则被监督者称为监督对象，监督主体和监督对象共同指向的目标称为监督客体。例如，监察机关有根据公民的申诉对有关行政机关的行政执法行为进行调查的权力，在这种情况下，接受调查的机关有义务向监察机关如实反映被检查或调查的情况，而不能阻挠或干涉调查工作。

在法律中，"主体"意味着某种法律关系的参加者，即在某种法律关系中一定权利的享有者和一定义务的承担者。行政执法监督的主体是行使行政执法监督权的责任者和执行者，也就是依法独立参与监督活动、享有监督权力、履行监督职能、负有监督义务的国家机关、社会组织和个人。

对于行政执法监督的主体，有的学者主张，行政监督的主体应该是能够行使产生预期法律效果的行政监督权的组织，有的组织虽然也能监督行政机关依法行使职权，如政党、各种社会团体以及新闻机构等，但它们的监督行为不能对行政机关直接产生法律上的效果，而常常是引发行政监督主体行使行政监督权的一个动因，因此，这些组织应排除在行政监督主体的范围之外。① 笔者则认为，政党、各种社会团体、新闻机构甚至公民个人都是行政执法监督的主体。因为，对行政执法监督主体范围的界定不仅解决了行政执法监督的职责终究由哪些主体来承担和执行的问题，而且它在一定范围上是衡量一国民主程度的重要标尺，在行政执法监督主体确定的背后反映了不同国家的政治制度在价值取向上的差异和分歧。作为社会主义的中国，对行政执法监督的主体应该扩大，在充分认识到国家机关监督地位作用的基础上，还要重视政党、社会团体、新闻媒体和个人在行政执法监督中功能潜力的发挥。事实上，在宪法监督过程中，国家越来越重视公民个人的地位与作用，一些西方法学家将民众称为宪法的"守卫者"或"看护人"。行政执法监督如果离开了广泛的主体，如果没有完整的机构和有效的制度作为基础，对行政机关及其工作人员的监督就成为一句空话。总之，政党监

---

① 章剑生著：《行政监督研究》，人民出版社 2001 年版，第 12 页。

督、社会团体监督、新闻媒体监督和个人监督等是我国行政执法监督网络体系的不可或缺的组成部分，只有发展多元的行政执法监督主体，才能有效地监督行政执法行为。

依据监督主体的不同，一般把行政执法监督分为国家的行政执法监督和社会的行政执法监督。在我国的行政执法监督制度中，前者主要包括权力机关的监督、行政机关的监督和司法机关的监督；而后者主要包括执政党监督、社会团体监督、新闻媒体监督和公民个人监督等。这里简要介绍西方和我国的执法监督主体。

（一）议会和人民代表大会

议会是西方资本主义国家的代议机关，受三权分立理论和政体形式的影响，议会主要拥有立法权、财政权和监督权。议会作为代议机关有权对行政机关的行为进行监督源于英国1215年的《自由大宪章》，宪章规定，代表行政权的国王非经代表贵族、诸侯和教士的"大会议"同意，不得向其征收额外的税金，国王的权力也应该受到法律的限制，此后西方各国的宪法均赋予议会监督行政机关的权力。需要注意的是，在西方的行政执法监督体系中，立法、行政和司法三权平衡，形成循环监督模式，议会不是最高监督主体。

议会对行政执法的监督主要表现在两个方面：其一，对行政机关授权立法的监督。由于现代各国行政管理事项的复杂化，无论是多元制还是单一制立法体制的国家，议会越来越多地采用授权立法，委托行政机关就其具体管理事项进行立法。例如，法国1956年宪法规定，政府为了实施其政纲，有权要求议会授权它在一定期限内以法令对于通常属于法令范围的事项采取措施。在授权立法中，议会是授权机关，行政机关是被授权机关，行政机关在议会授权范围内行使立法权。议会有权对行政立法活动进行监督，认为其立法已违反立法目的时，可予以撤销或修改。其二，对具体的行政执法行为进行监督。议会可以通过质询、弹劾、审议、调查和投不信任票等方式监督行政机关的具体执法行为。

人民代表大会是我国的权力机关，在国家机构中处于最高地位，其他国家机关由其产生，向其负责，受其监督。在人民代表大会制度这种政权组织形式下，人民代表大会是最高类型的监督主体，享有最高的和广泛的行政执法监督职权。但是，在实践活动中，行政执法监督在整个人大工作程序中处于十分薄弱的环节。这主要表现在三个方面：首先，宪法和其他法律明确规定了对抽象行政行为的备案和撤销制度，但因为缺乏具体详细的程序性规定而无法操作。其次，各种行政执法监督的方式难以有效适用。人大对行政执法的监督一般采用审议和听取工作报告、听取专题汇报、询问了解、执法检查、实地考察、实地视察等比较温和的监督方式；对行政执法行为很少采用质询、撤销、罢免和听证等严厉的监督方式。最后，对于工作审议的结果、执法检查的结果、视察的结果、对工作评议的结果，人大除作出一般甚至是象征性的决议或提出改进意见之外，很少采取有效的具体的强制性处理措施。如何保证人大的监督职权落到实处，对行政执法行为进行有效的监督，亦是本书的研究重点。

（二）行政机关

与立法机关、司法机关相比，行使行政权的行政机关所承担的行政管理任务非常繁杂，在行政管理过程中与其他组织存在着极其广泛的社会关系，行政管理的对象涉及国家政治、经济和社会生活的方方面面，由此，行政机关的组织编制和人员构成亦十分复杂。行政法规、行政规章等抽象行政行为在国家法律体系中占有重要位置，数量大，内容多。行政机关既是行政法律规范的适用和执行机关，同时，基于有关法律的规定，某些行政机关也担负起行政执法监督的职责。

为了行政效率，也为了树立行政机关的威信，西方国家在建立和完善行政机关外部监督制度的同时，也在行政机关内部设立了相应的行政监督机制。这类行政监督机制可以分为：其一，行政诉愿。它以公民请求为前提，复查被公民认为是违法的行政行为是否为合法、合理。它既是行政机关自我监督的一种制度，也是公民权利救济的一个重要途径。行政诉愿机构通过对行政机关行政行为的复查，可以有效地监督行政机关依法行使职权。其二，行政监察。它是行政机关内部对行政机关日常活动行使监督权的机制，如美国在1987年通过制定"监察长法"设立了具有较强独立性的监察长，行使行政监察权。其三，专门监督。由于行政管理日趋专业化，一般的行政监督机关有时难以胜任监督职责，因此，不少国家开始设立如审计机关等专门的监督机关。①

在我国，行政机关作为监督主体包括以下类型：

第一，上级行政机关。这是指行政机关内部上下级的纵向监督。行政机关的内部自我监督，是一种国家机关自我约束和控制的自力性监督或自律性监督的机制。通过行政隶属关系，行政机关内部可以实行自上而下、自下而上的监督。自上而下的行政监督，是上级行政机关及其工作人员按照法定职权，通过听取工作报告，督促工作进展，检查决定命令的执行，进行违纪处理、行政裁决、行政复议等方式，对下级行政机关及其工作人员的行为实施监督。自下而上的行政监督，是下级行政机关及其工作人员按照民主集中制原则，通过反映情况和问题，提出批评和建议，进行申诉和控诉等方式，对上级行政机关及其工作人员的行为实施的监督。②

第二，行政监察机关。行政监察是检查、督促行政机关及其工作人员遵纪守法、履行职责并对违法者实施惩戒的一种国家监督制度。依据行政监察法的规定，行政监察的对象是国家行政机关及其工作人员、国家行政机关任命的国有企事业单位的领导干部。行政监察机关的任务主要是：其一，检查被监察对象贯彻实施国家政策和法律规范的情况；其二，督促处理被监察对象违反国家政策、法律、法规和违反纪律的行为；其三，按照行政序列分别审议经国务院任命的人员和经地方人民政府任命的人员的行政处分事项；其四，处理社会团体或公民个人对被监察对象违反国家政策、法律、

---

① 章剑生著：《行政监督研究》，人民出版社2001年版，第14页。
② 汤唯、孙季萍著：《法律监督论纲》，北京大学出版社2001年版，第32页。

法规以及违反纪律行为的检举、控告；其五，受理被监察对象不服行政处分的申诉。行政监察机关是我国主要的行政监察主体。

第三，审计机关。我国宪法规定，国务院和县级以上地方各级人民政府设立审计机关，宪法同时对审计机关的领导体制、工作制度和主要任务，作了概括性规定：国务院和地方政府的审计机关设立审计长；国务院审计长是国务院组成人员；审计署在国务院总理领导下，依照法律规定独立行使审计权，不受其他行政机关、社会团体和个人的干涉；地方各级审计机关，依照法律规定独立行使审计权，对本级政府和上一级审计机关负责。根据审计法的规定，审计机关对国务院各部门和地方各级人民政府的财政收支，对国家的财政金融机构和企事业组织的财政收支，进行审计监督。充分发挥审计机关的审计监督职能，对于严肃国家财经纪律，减少财政领域中存在的某些弊端和纠正官僚主义，都将发挥重大作用。

（三）司法机关

在西方国家，严格地说，司法机关就是指法院。在中世纪时期，司法权依附于行政权，司法机关不可能作为一个独立的国家机关存在。西方资产阶级革命胜利后，根据孟德斯鸠的学说，建立了立法、行政、司法三权分立、互相制衡的政治制度，司法权第一次从行政权中分离出来，司法机关才因此获得了独立地位。各国司法机关大多组织严密，体系庞杂。由于各国的政体结构、历史文化、传统习惯等的不同，司法机关的组织也不尽相同，可简单归纳为普通法院、专门法院和特别中央司法机关三种。作为行政执法监督的主体，法院在西方国家可以分为三类：第一，普通法院。为了保持司法的独立性，在英美法系国家，普通法院不仅审理刑事、民事案件，同时审理行政案件，对行政机关的行政执法行为进行监督。第二，作为专门法院的行政法院。行政法院源于法国，又以法国行政法院系统最为典型和完备。法国的行政法院在国家机构的序列中属于行政机关，但在性质上却具有强烈的司法色彩。行政法院接受社会团体和公民对行政机关的控告并审理行政案件，并就现行的法律和法令向行政机关作出解释，提出相关建议。第三，宪法法院。它是大陆法系国家的一个重要的行政执法监督的主体，如德国、意大利和西班牙。宪法法院起源于法国的在拿破仑一世时期设立的护法元老院，但现行法国宪法设立的宪法委员会取代了以前的宪法院。美国联邦最高法院也具有类似宪法法院的职责。

在我国，司法机关包括人民法院和人民检察院，为广义的司法机关，与西方的认识不同。

1982 年宪法和人民法院组织法规定，人民法院是国家的审判机关。我国 1954 年宪法规定，人民法院进行独立审判，只服从法律。1982 年宪法规定，人民法院依照法律规定独立行使审判权，不受行政机关、社会团体和个人的干涉。以上规定说明，人民法院是国家机构的组成部分，是适用法律的裁判机关，独立行使国家的审判权。人民法院的审判权是指人民法院依照宪法和法律对刑事、民事、行政和其他案件进行审理和判决的权力。作为行政执法监督主体的人民法院，主要是通过行政审判实现对行政机关及其工作人员的监督。国家先后制定了《行政诉讼法》、《国家赔偿法》、《行政处罚法》和《行政许可法》等法律，最高人民法院也相继颁发了《关于执行〈行政诉讼法〉若干问题的解释》、《关于审理行政赔偿案件若干问题的规定》和《关于行政诉讼证据若干问题的规定》等司法解释，上述行政法律规范使人民法院在监督行政机关依法行政方面发挥了更大的作用。

人民检察院是国家的法律监督机关，人民检察院通过行使检察权，对各级国家机关及其工作人员和公民是否遵守宪法和法律实施专门监督，以保障宪法和法律的正确实施，人民检察院是我国整个国家机构体系中的重要组成部分。在行政执法监督中，人民检察院通过检察活动，教育行政机关及其工作人员忠于社会主义祖国，自觉遵守宪法和法律，积极同违法行为作斗争。具体而言，首先，各级人民检察院通过贯彻群众路线，建立群众举报中心，直接接受群众对行政机关及其工作人员违法执法行为的检举、控告，然后由检察机关的有关职能部门分别依法处理。其次，人民检察院对人民法院的已经发生法律效力的行政判决和裁定，如果发现确有错误，应当按照审判监督程序提出抗诉，人民法院应当对该行政案件进行再审。

（四）政党

自政党在18世纪的英国议会出现以来，政党作为行政执法监督的主体，受到各个国家的重视。众所周知，当代的世界各国均存在政党，国家的政治生活一般是在政党直接或间接的指导和影响下进行的。由于各国的国家性质、政权组织形式、历史文化传统及政治经济发展水平的差异，各国的政党制度存在很大的差异，其对行政执法监督的途径和方法也各有特点。

在西方国家，执政党和在野党进行着影响政局的长期政治角逐。执政党为了确保自己的执政地位，通过议会党团和执掌行政权力来对公共权力运作予以控制，同时，对行政管理政策的制定深思熟虑，对行政措施的执行小心谨慎，经常检点自己的行政执法的情况。反对党则时刻监督执政党的各种活动，关注法律的遵守和执行，一般通过提出替代性建议或对行政管理体制进行改革的倡议等手段对执政党的方针进行牵制；或者组成"影子内阁"，通过质询、调查、表决、弹劾、不信任投票等方法，对执政党进行批评或攻击。执政党与在野党虽然为了各自的政治目的而互相争斗，但在无形之中却保障了行政法律规范在政治制衡中得到较好的监督和执行。

在中国，执政党是中国共产党。中国共产党作为执政党的监督形式包括两种，一是党内民主监督，体现为党员之间、党员和党的组织之间、党的纪律检查组织对违纪党员的监督；二是党的组织对国家机关及其工作人员的监督。同时，党的组织和党员也要在宪法和法律的范围内进行活动，不允许党员干部有超出法律之外之上的特权。在此情况下，执政党既是行使国家监督权力的监督主体，又是被其他国家机关监督的监督对象。同时，我国的人民政治协商会议是中国共产党、各民主党派、各人民团体、各界代表、爱国人士和特邀人士参加的统一战线组织，与执政的中国共产党形成了"长期共存、互相监督"的关系，在民主参政和民主监督中发挥着重要作用。这也是我国一项基本的带有政治性质的监督制度。[1]需要注意的是，尽管中国共产党有权对行政机关及其工作人员的行政执法行为进行监督，但这并不意味着党应包揽一切行政管理事务。恰好相反，党的章程规定，中国共产党在工作中必须克服以党代政、党政不分的错误做法，实行党政分开的工作原则。

（五）社会团体和公民个人

在现代社会的行政管理过程中，行政执法行为的参与者不仅有行政机关和政党，也有社会团体和公民个人。社会团体和公民个人对行政权力的运行发挥着重要的支持和监督作用。他们的参与水平及监督能力事实上反映了一个国家依法行政的实现程度。

在西方，社会团体的监督主要表现为利益集团的监督。随着西方资本主义社会的进一步发展，人们的价值观点和经济利益逐渐多元化，在各国社会中出现了观点或利益相同或相似的人们结成的团体组织，例如，美国的全国农场主联盟、美国有色人种协会、美国基督教会理事会，日本汽车工业协会、日本农业协同会、新日本妇女会，等等。这些团体直接面对国家机关，以其成员共同利益代表人的身份向政府提出明确的要求，力争参与行政决策，使政府的行政立法和具体行政措施尽量能够实现或保证本集团的利益。这些利益集团有时也称为压力集团，因为它们能够直接参与政治过程，影响公共政策的制定。利益集团的监督方式包括影响选举结果、干预行政立法、影响行政机关运作、提起行政诉讼、发动抗议示威等。各种各样利益集团的存在对执政党政府的行政执法行为产生强有力的约束力。

社会团体监督，在我国主要是指工会、共青团、妇联、村委会、居委会等各种社会团体对行政机关及其工作人员的行政执法行为进行的检查和督促。这些社会团体处于国家机关体系之外，代表特定的集团、阶层的经济、政治和社会利益，例如，依据《宪法》

[1]　汤唯、孙季萍著：《法律监督论纲》，北京大学出版社2001年版，第36页。

和《妇女权益保护法》的有关规定，妇联在各行各业维护妇女的权益，使我国妇女基本上得到了同工同酬的对待，培养和选拔大量妇女干部，妇女各方面的权利得到了充分保护。各个社会团体通过自己有组织、有目的的活动，在行政执法监督中发挥着日益重要的作用。社会团体监督的形式主要有：第一，可以由社会团体以口头或书面形式直接行使。按照有关法律规定，社会团体有权直接向行政机关提出询问、要求、批评、建议等。现在，控告和申诉一般是向其所属上级机关、监察机关或同级国家权力机关提出。第二，可以通过人民来信来访制度，对各级行政机关及其工作人员进行监督。第三，可以向报刊、广播、电视反映意见，进行舆论监督。

在西方，依据宪法赋予公民的基本权利和政治参与中的知情权，公民个人有权对行政执法行为进行监督。当代社会的公民监督，一般都是在公民的政治参与过程中完成的。根据各国的政治参与的实践情形看，公民政治参与中的若干途径和方式直接体现着公民的民主监督权。例如，募捐政治专款、投身于政治竞选、参加某一政治会议或集会、接触公职人员或政党领袖、佩戴标志和在车上张贴标语、参加选举活动等。作为政治参与的重要机制，参与监督的途径除了上述提及的诸多形式和方法外，英国的"诉愿窗口"和各类监督专员，日本的行政相谈或行政对话，法国的行政调解专员，美国的检举制度，以及某些国家和地区不时开展的廉洁运动、廉政风暴、净手运动等，都很有特色。另外，日本有些报纸设有"意见广告"栏，它是以政治内容为主的非商业性广告，公众只需出些钱就能够在报纸上陈述自己的意见，争取社会舆论对自己的支持和同情，也不失为公民监督的有趣途径。①

在我国，公民个人的监督权是宪法赋予公民监督行政机关及其工作人员的行政执法活动的权利，是公民作为行政管理活动的相对方对抗行政机关及其工作人员违法失职行为的权利。宪法第四十一

---

① 尤光付著：《中外监督制度比较》，商务印书馆2003年版，第353页、第354页。

条规定："中华人民共和国公民对于任何国家机关和国家工作人员，有提出批评和建议的权利；对于任何国家机关和国家工作人员的违法失职行为，有向有关国家机关提出申诉、控告或者检举的权利，但是不得捏造或者歪曲事实进行诬告陷害。"公民个人对行政执法行为的监督，内容非常广泛，任何公民，对于行政机关及其工作人员的一切行政执法行为，都可以提出建议；对于各级行政机关及其工作人员在实施行政管理活动中存在的缺点、错误和不当之处，都可以提出批评；对于各级行政机关及其工作人员的违法失职行为，都有检举的权利。因为行政机关及其工作人员的违法失职行为，致使公民个人在行政法上的合法权益遭受侵犯时，任何公民都可以向有关国家机关提出申诉和控告。对于公民的申诉、控告或检举，有关国家机关必须查清事实，负责处理。公民在受到行政机关不正确的处理而得到昭雪后，或者是在受到行政机关和工作人员侵权而得到纠正后，公民有要求行政机关负责赔偿的权利。

（六）新闻媒体

在当代社会，新闻媒体包括报刊、广播、电视、电影、音像和计算机网络等大众宣传工具。新闻媒体直接来自于大众，又在大众中广泛传播，其直接、公开、迅速、及时的特点，成为遏制和揭露违法腐败行为的有效手段。

在西方社会，新闻媒体以"公意"或"民意"的"喉舌"自居。在行政执法监督过程中，新闻媒体一般致力于探寻行政机关决策失误、腐败无能、公务员滥用权力甚至私生活不检点等消息，并及时播报刊载，有时可以达到违法行为被全社会否定、排斥、批评和控制的社会效果，从而体现强烈的正义价值和民心向背，树立中立和"公众斗士"的良好形象；同时也保持和提高了报刊的订阅率或广播电视的收听、收视率。正如美国学者安东尼·奥罗姆所说"大众传播在美国典型地表现为一种批评工具"①，新闻媒体通过公

---

①　［美］安东尼·奥罗姆著：《政治社会学——主体政治的社会剖析》，上海人民出版社1989年版，第321页。

开揭露行政机关的各种违法行政行为，成为监督行政机关，防止其滥用权力的"第四种权力"或"政府的第四部门"。

在我国，新闻媒体对行政机关及其工作人员的监督批评出现在改革开放以后。尤其在 20 世纪 90 年代后，中央和地方报刊、广播、电视通过开设一些专题栏目，披露行政机关乱收费、乱摊派、乱罚款、地方保护、"政府寻租"等违法行为，受到广大群众的欢迎，一些违法乱纪者坦言"不怕通报，就怕见报"，这初步显示了新闻媒体的威力。但必须承认，在我国的行政执法监督中，新闻媒体的作用还是有限的。笔者认为，应该正确认识新闻媒体监督的地位，逐步建立完善的新闻媒体法律体系，使我国的新闻监督成为抨击腐败堕落、官僚主义的武器，树立正义和正气的传媒；破除旧制的先锋，传播新思想的先声；倡导思想自由、言论自由的号角，显示政府依法行政水平的晴雨表。

四、行政执法监督的功能

行政执法监督的功能，是指国家机关、社会组织和个人履行其监督职责，开展各种类型的监督活动，对行政机关的行政执法活动所产生的积极效果和影响。行政执法监督在多个方面发挥作用，其影响的领域相当广泛，内容十分丰富。其中最能反映行政执法监督的性质和目的的，是基于监督功能的发挥而产生的作用。行政执法监督同任何监督一样，一般具有检验、调节、抑制、反馈、保障、扬善和教育等积极功能。对依法行政的执法监督问题进行研究，在实践层面上，为国务院及地方各级人民政府制定依法行政的实施纲要提供了理论依据，使依法行政方案更具有现实性和可操作性。在理论层面上，也将近年来对依法行政问题的研究引向了更深层次，并将为依法治国宏伟目标的实现打下基础。

具体而言，对行政执法监督的研究具有下列重要作用：

（一）行政执法监督是依法行政的重要组成部分

对依法行政的执法监督问题进行研究，是目前全面推进依法行政的当务之急。社会主义法治国家能否建立，依法行政的局面能否形成，健全行政法律规范是前提，而建立监督制约机制则是保障和基础。当前行政执法中出现的执法难问题，其根源往往是我国的监督体系不完善。在现实生活中，由于对执法主体不加限制，导致"大盖帽"满天飞，老百姓不知道该服从谁的管理；某些行政执法行为缺乏程序规范，行政机关随意执法，侵犯老百姓利益；有些行政规章基于部门利益而制定，目的狭隘，难以达到预期的社会目标；违法现象屡禁不止，甚至公然抗法；等等。这些问题不是通过某一项措施或一朝一夕就能解决的。只有通过对行政执法监督问题的综合研究，才能找出制约依法行政的诸多内在和外在因素，了解和掌握国情，使行政法治建设的进程符合社会发展水平，对行政执法监督进行改革和完善，并站在社会系统工程的高度提出综合解决执法难的途径和办法。

行政执法监督的广度和深度，是今后社会主义依法行政水平的指示器。从行政执法监督本质上分析，它的目的是要维护行政机关与行政相对人的正确关系，国家公仆和国家主人的正确关系，确保人民民主专政的国家性质。从行政执法监督的功能上分析，它不仅保护行政机关及其工作人员的合法权力和正常活动，还承担着维护公民、法人和其他组织的合法权益的重要任务，以保证行政机关依法行政，达到政治、经济和社会生活的稳定与和谐。同时，它不拘泥于形式，不受时空的限制，是广大群众易于接受，最受欢迎的一种民主形式。从行政执法监督主体与客体的关系上分析，行政执法监督越深入，说明公民的民主素质越高，发扬民主的程序越完善，行政机关及其工作人员与公民的联系越紧密，他们的行政执法行为真正体现了广大群众的要求，符合了人民的根本利益和愿望，也反映了整个社会的政治生活和政治风尚处在良好的状态。这些都说明，行政执法监督对保证和促进社会主义依法行政，具有重要的作用。

（二）行政执法监督是提高行政效能、反对官僚主义的关键环节和手段

作为管理环节和手段的行政执法监督，是任何社会都存在的，

但在现代社会和传统社会，行政执法监督的范围和功能是不同的。在传统农业社会，行政执法监督的范围极为狭窄，一般不会涉及效能和官僚主义的问题。但随着工业革命和科学技术的发展，社会公共事务日益复杂，国家的行政管理对象迅速增加，为了避免效能低下和产生官僚主义，必须抛弃传统的、集权式的、行政命令的管理方式，建立新的管理方式，其中关键的环节和手段就是行政执法监督。

在我国的实际生活中，"为政不廉"、官僚主义现象，比较普遍地存在。其主要表现为：高高在上，养尊处优，贪图安逸，脱离群众；独断专行，打击报复，顺我者昌，逆我者亡；饱食终日，无所事事，对上级指示虚于应付，搞形式主义，做表面文章，"无为而治"，好大喜功，搞瞎指挥，满足于文山会海，不深入基层，不调查研究，不干实事；官僚习气、衙门作风严重，使群众感到门难进、脸难看，不关心群众，把群众视为"群氓"；斗志疲软，革命意志衰退，不求有功，但求无过，办事慢条斯理，拖拖拉拉，不讲效率；遇功劳，你争我夺，遇责任相互推卸；荒于政务，玩忽职守，造成国家资财的浪费或者重大损失等。① 为政不勤，官僚主义思想和行为，无法保证行政管理活动的高效、及时和便捷。它同为政不廉一样，腐蚀着行政机关与广大群众的联系，引起人们对行政机关的失望与不满，妨碍国家政令的畅通和管理目标的实现。

要反对官僚主义现象，促使政府高效率，实现勤政为民，就必须建立健全行政执法监督机制。行政执法监督既能及时地发现并调整行政管理体制中存在的问题，纠正和补偿行政管理过程中出现的偏差和失误，保证行政权力行使的准确性和稳定性；又是推动行政体制改革和行政管理发展的经常而持久的动力。改善行政管理，提高行政效能，需要发挥政府自身的能动性。但内在动力又需要外部因素的激发和推动。没有外部的监督，政府就难以避免惰性的形

---

① 王勇飞著：《中国行政监督机制》，中国方正出版社1998年版，第22页。

成，就缺乏改革与发展的动力。① 因此，对行政机关及其工作人员履行职责的行为及其效率、效果，根据一定的标准进行监督、检查、测量、评定，对其中违法失职造成一定后果的行为进行惩治，就能有效地克服行政机关及其工作人员，懈于政事，怠于职守等其他官僚主义行为，从而改善行政管理，提高行政效能，为社会和公众提供高质量、高标准和高速度的服务。

（三）行政执法监督是防治行政权力腐败的重要机制

所谓行政权力腐败，是指行政机关及其工作人员依靠手中掌握的权力非法或不道德地谋取个人私利的过程。这里所说的"私利"可能是一种金钱、享乐，或者是一种荣誉、情伦等。它包括体制性腐败、行政职责性腐败、社会道德性腐败等方面的内容。

行政权力运作中经常出现腐败现象的原因，可以从行政权力本身的特性及其负效应中去寻找。国家在产生和发展中超然于社会之上，行政机构作为阶级统治工具必然服务于统治阶级根本利益，故行政权力与社会权力和社会公共利益有脱离之处，但国家的行政管理还是以执行某种社会职能为基础的。不过，执掌行政权力的机构由官员操纵，他们在维护统治阶级利益的同时，面对社会各种势力的角逐，也必然会或多或少地在公共利益与个人利益、小团体利益中权衡，一旦失去制约和监控，一旦有代价较小的获利机会，就可能显露出"经济人"逐利的嘴脸，甚至假公济私和以权谋私。行政权力所具有的强制力及其所配备的机器，也时不时地让滥权者狐假虎威。关于权力腐败现象，历史上各种类型的国家都视之为"毒瘤"。②

社会主义国家是新型的国家，一切权力属于人民，人民与国家官员之间从法理上讲是主人与勤务员的关系，但由于社会尚不能完全离开专门从事行政管理的团体，这就仍然存在着权力拥有者和权

---

① 王勇飞著：《中国行政监督机制》，中国方正出版社1998年版，第23页。

② 尤光付著：《中外监督制度比较》，商务印书馆2003年版，第47页。

力行使者之间的些许分离和非根本的利益冲突。在这种矛盾的消长变化之中，腐败因子有激活的机会和生存的空隙。为了防止行政权力的腐败和蜕变，减少腐败现象对政治、经济、文化、资源配置等领域的破坏，必须建立健全民主监督制度，把权力置于经常、有效的监督控制之中。① 有鉴于此，列宁主张监督制度是完善社会主义国家管理，防止权力腐败的重要机制，"监督是把共产主义社会第一阶段'调整'好，使它能正确地进行工作所必需的主要条件。"②

---

① 尤光付著：《中外监督制度比较》，商务印书馆 2003 年版，第 48 页。
② 《列宁选集·第 3 卷》，人民出版社 1956 年版，第 285 页。

第二章　中国行政执法监督
制度的历史沿革

行政执法监督制度是国家法治制度的重要组成部分，是调节行政机关正常运作的平衡器，是整治行政官吏的清洁剂。我国是拥有二千多年文明史的东方古国，从古代的监察制度到近代的"五权宪法"再发展为现代的社会主义监督体系，我国的行政执法监督制度源远流长，具有鲜明的特点，成为光辉璀璨的中华文化的有机组成部分，在世界监督制度发展史上具有重要地位。对我国的监督制度进行较为系统的研究，了解其发展规律和历史演变以及监督职能和监督对象，探索其权力运作方式和特点，对于实现依法行政的目标，完善行政执法监督体制，提高行政效率，具有重要的参考价值。

第一节　中国封建社会时期的
行政执法监督制度

我国封建社会时期的监察制度，是伴随着建立以皇权为中心的法律秩序的进程逐步形成和发展的。历朝历代均设立了承担监视督察职能的行政监察机构，该机构的官员对中央和地方的各级官吏进行纠察监督，促使他们殚精竭虑、谨小慎微地为封建皇权服务。这样，监察制度成为封建统治者掌握国家行政权力的辅助工具，在封建统治者的高度重视和大力支持下，监察体系本身得以不断充实和发达，监察官员的地位不断提高，监察的范围也不断扩大。

一、秦汉时期的行政执法监督制度

在我国历史上，秦统一中国后建立了中央集权的封建国家，并随着政权的确立，秦始皇设立了组织严密的从中央到地方的各级行政管理体制，其中，皇帝拥有至高无上的权力——"天下之事无大小皆决于上"。在中央的国家机构中，皇帝以下的重要行政官员有丞相、太尉和御史大夫，并称为"三公"。御史大夫由春秋战国时期的御史演变而来，秦始皇时此官位仅次于左、右丞相，处于国家中枢地位，主要职责是"察举非法、典正法度"，即监察文武官吏，管理图籍、奏章。在地方郡县中设立监御史，监御史也称监郡御史或郡监，作为中央派遣到地方的监察官。在秦朝的监察体系中，御史大夫为众御史之首领，是秦代最高的监察官，也是御史府的最高长官，并有御史中丞辅佐其工作。御史中丞承担纠察违法渎职官吏的职责，并审阅直达皇帝的一切奏章，监督中央和地方众御史的工作，各郡县的监御史也受御史中丞的指挥。在御史府中另有侍御史协助御史大夫和御史中丞工作，侍御史管理地方送达中央的文书，也称为柱下御史。为了强化专制皇权，秦始皇设立的御史机构不隶属于其他任何部门，具有相当独立性；同时，秦朝御史备受皇帝的信赖，取得相当的政治地位，经常执行重要的使命，如选拔官吏、军事指挥、兴修水利、建设城墙等，成为巩固皇权的重要国家机构。

这样，秦开创了中国古代监察制度的先河。秦开创的监察制度的目的之一，是监察官吏是否有损害皇权统治的言行，同时也旨在加强对官吏职责风纪的督察，因此秦的监察制度实质是专制主义下官僚制度的重要组成部分。① 与古希腊罗马的权力制约思想不同，中国古代的监察制度是在行政体系内部建立的，利用行政体系内部的力量对官吏的行为品德进行检查监督，其真实的目的是为了保护

---

① 徐世虹主编：《中国法制通史》（第二卷），法律出版社1999年版，第87页。

皇权的神圣不可侵犯，正因为如此，此种制度为以后的朝代不断继承下来。

　　汉朝承袭秦朝的政治制度。但在监察组织上产生了三大变化：

　　第一，建立了单独的监察机构，提高了御史中丞的地位。西汉时，御史大夫府和丞相府合称二府。凡国家大事，皇帝经常与丞相、御史大夫共同商议决定。丞相位缺，也可由御史大夫升任。因为御史大夫和皇帝亲近，故群臣奏事须由他向上转达，皇帝下诏书，则先下御史，再达丞相、诸侯王或守、相，因而皇帝可利用御史大夫督察和牵制丞相。① 到西汉末年，御史大夫被尊称为大司空，大司空意为负责土木工程的官员，与御史大夫的监察职责毫不相干，至此，御史大夫便空存其名，其内廷掌管文书之职由尚书担任，其监察之职由其下属御史中丞担任。到东汉初年，御史大夫的下属官员②，由御史中丞全权领导，并另立御史台作为御史中丞的办公机构，御史中丞替代御史大夫而成为执法和监察机构的首脑人物。御史中丞地位显赫，在皇帝面前或参加重大活动时，与尚书令、司隶校尉一样，有专席座位，当时京师号曰"三独坐"。这说明汉朝统治者对监察机关的重视与支持，也反映了汉代监察制度比秦代更加严密。至此，我国单独的监察机构才算建立起来，但在形式上仍隶属于少府。

　　第二，设立部刺史以加强对地方的监督。西汉初年废除了秦朝监察地方的监御史，汉文帝时又重新设置，但无法发挥对地方的监督与控制作用，为此，汉文帝决定派遣丞相史监督各郡和监御史。汉武帝时，为了强化中央集权，限制地方割据势力，把全国分为十

---

　　① 《中国大百科全书·光盘1.2版》中国历史卷，撰写人为吴荣曾。
　　② 西汉时御史大夫的下属官员包括御史中丞、侍御史和绣衣御史。御史中丞的职责是外督刺史或守、令，在朝可举劾百官，又主管宫中或地方上某些有关刑狱之事，如武帝时御史中丞咸宣治主父偃及淮南王狱。侍御史共十五人，其职责是举奏百官的非法和违失，也可奉诏逮捕和拷问有罪的官吏。绣衣御史不常置，其职务主要是奉命镇压人民的武装反抗活动。

三个部①作为监察区，各派刺史一人为监察官，被称为十三部刺史。在隶属关系上，刺史受御史中丞统辖，是皇帝在地方的耳目，刺史于每年秋冬到所属郡国巡察，被人们称为"行部"，刺史通过"行部"了解情况，年底向皇帝汇报地方的情况。刺史代表中央监察地方，职权日益增大，本来刺史的主要职务是督察王侯、官吏和豪强，无权插手地方具体行政事务；但后来刺史权力不断扩大，西汉晚期，刺史可以代替地方郡守决断刑狱和任命地方官员；东汉光武帝则授权刺史可独自处理郡国事务。

第三，在京畿设立司隶校尉督察百官。公元前89年，汉武帝特设司隶校尉以纠察特别重大的案件、缉捕要犯。后来，司隶校尉除监察中央官吏外，还负责督察京畿七郡②的大小官员，其职责与刺史相同，但官职比刺史高。东汉时，司隶校尉取得更大的权势，"无所不纠"，与御史中丞大致相仿，常常弹劾丞相和其他朝廷高官。

与此同时，给事中与谏议大夫等言谏官也已问世，初步形成了御史制度和言谏制度相互配合的封建监察制度格局。两汉时逐步制定了一些有关监察的法规，最主要的有《御史六条》和《刺史六条》。《御史六条》规定：词讼、盗贼、铸伪钱、狱不直、徭役不平、吏不廉、苛劾逾侈及努力十石以上、作为当服，为御史的监察范围。③《刺史六条》规定了刺史的监察职权范围是：一条，强宗豪右，田宅逾制，以强凌弱，以众暴寡；二条，二千石不奉诏书，遵承典制，倍（背）公向私，旁诏守利，侵渔百姓，聚敛为奸；三条，二千石不恤疑狱，风厉杀人，怒则任刑，喜则淫赏，烦扰刻

---

① 这十三个部为冀州、兖州、青州、徐州、扬州、荆州、豫州、益州、凉州、幽州、并州、交趾、朔方，不包括三辅、三河、弘农七郡。

② 京畿七郡是指三辅（京兆、左冯翊、右扶风）和河东、河南、河内、弘农共七郡。

③ 陈奇星等著：《行政监督论》，上海人民出版社2001年版，第190页。

暴，剥截黎元，为百姓所疾，山崩石裂，妖详讹言；四条，二千石选署不平，苟阿所爱，蔽贤宠顽；五条，二千石子弟恃怙荣势，请托所监；六条，二千石违公下比，阿附豪强，通行货赂，割损政令也。从上述条款看，两汉的监察法规主要是加强皇帝对官吏的监督，防止地方官吏与豪强互相勾结，以达到清奸除害，调整统治阶级内部矛盾的目的。

二、魏晋南北朝时期的行政执法监督制度

这一时期基本处于封建割据的大分裂、大动乱的状态。在这段时间内，朝代更迭频繁，民族矛盾尖锐，官宦士民朝不虑夕，社会政治生活异常混乱和险恶。继曹魏之后晋武帝司马炎推行九品中正制，又施行分封、户调、占田、荫客等政治、经济政策，保障了门阀士族的政治、经济特权。门阀士族势力不断膨胀，操纵朝政，逐渐成为社会的统治势力。由权臣、少数民族等各自建立的政权，为了巩固统治地位，推行一系列政治、经济和民族政策的革新。东汉至魏晋，中央政务逐步由三公向三省转移，行政事务逐渐由九卿向六部过渡。行政监察制度在这一时期没有因为社会的动荡、分裂和割据而废弃，相反在朝代的迭相更替中得到巩固，并取得一定的发展。

西晋时，形式上受少府管辖的御史台得以完全独立，成为由皇帝直接掌握的全国性的监察机构。南梁、后魏、北齐的御史台（亦称南台）和后周的宪台，仍以御史中丞为主官，北魏时则称御史中丞为御史中尉。御史中丞作为御史台的长官，地位显赫，唐朝的杜佑在其撰写的《通典·中丞》中记载："自皇太子以下，无所不纠"。北魏时，御史中尉"督司百僚，其出入步清道，与皇太子分路，于公百辟咸使逊避，其余百僚，下马驰车止路旁，其违缓者，以棒棒之"。因为御史中丞权力极大，为了防范监察官吏犯法渎职，有关法律规定，若大臣触犯刑律，而御史中丞没有发现或举报，则御史中丞也要被罢免。魏晋以后，为了充分发挥监察效能，防止监察机构徇私舞弊而削弱皇权，明确规定门阀士族不得担任御

史中丞职务。

御史台的组织，西晋以后在中丞以下设置若干御史，人选比汉代严格，负责监督中央和地方官吏，且名目繁多，组织庞大。如治书侍御史、殿中侍御史、禁防、检校、督运、监军等御史，多因事设置，职权也不统一。而汉代固定的地方监察机关，自曹魏以后便不复置，对地方官吏之监察，由中央不定期地派出巡御史担任，而御史外出巡视之制仍然存在。汉代的司隶校尉，魏晋初虽仍然保留，与御史中丞共同"分督百僚"，但是后来司隶校尉逐渐向行政方面转化。至东晋，并其行政权于扬州刺史，并其监察权于御书台，司隶校尉遂废。司隶校尉是汉代皇帝为控制臣下临时设置的，与御史台职权重复，在御史台加强后，它便没有存在的必要了。

南朝宋、齐时曾经设立典签监察制度。典签本为掌管文书的小吏。当时鉴于门阀士族势力咄咄逼人，威胁中央，因此，国家多以宗室子弟为州郡长官（刺史、太守或都尉）。同时，君王常常派出寒门出身的亲信官员担任监察官，以监视出任方镇的宗室诸王和各州刺史，这种监察官号为"签帅"。典签职微权重，据《南史·巴陵王子传》记载，"一方之事，悉以委之"。州郡要事，须经签帅点头方可实施，诸侯王的一举一动都受到他们的监督。典签每年几次回京向君主汇报情况，"刺史行事之美恶，系于典签之口"。因此当时有人说"诸州唯闻有签帅，不闻有刺史"。南朝梁以后渐废典签之制。唐代诸王府亦设典签，掌文书，但已不承担监察任务。①

这一时期监察机关的监察活动比较频繁，监察对象扩及百臣官僚，朝中重臣违法被纠的事件屡有发生，一些执法严明的监察官居其位，行其事，刚正不阿，堪称一代典范。《册府元龟》卷五一二载，西晋时，刘毅为司隶校尉，纠正豪右，京师肃然，司部守令望风投印绶者甚众。但这种纠劾也必然引起豪右权贵者的怨怒，正直的监察官屡遭迫害，如西晋时，御史丞刘乔奏劾董艾，董艾讽尚书

---

① 黎国智主编：《行政法词典》，山东大学出版社1989年版，第201页。

右丞免刘乔官。加之，魏晋南北朝门阀士族政治导致监察权被门阀所掌握，监察权的行使遇到重重障碍，不能正常发挥其职能，甚至成为维护门阀贵族利益的工具。① 总之，魏晋南北朝时期的监察制度在曲折中有所加强，监察职权也更重要和专一。此外，御史"风闻弹奏"的制度也在这个时期形成。

三、隋唐时期的行政执法监督制度

自从西晋末年以来，延续了近三百年的南北分裂局面，隋朝完成了国家统一的历史任务。隋朝的继承者唐朝，在政治上先后有贞观之治和开元盛世，封建统治比较稳定，生产得到较快发展，民族融洽；唐朝在经济、文化和中外交流等方面都取得了辉煌的成就，呈现出一派升平景象。唐朝的统治者注意吸取隋朝迅速灭亡的教训，十分重视"以法理天下，尤重宪官"。这样，唐朝的监察制度也与整个封建社会一起发展到成熟阶段。唐朝的严密的行政执法监督制度主要表现在以下三个方面。

（一）御史台的监察权

隋朝时，中央的监察机构仍为御史台，因隋炀帝避"中"字讳，故改长官御史中丞为御史大夫，下设治书御史二人为副；殿中御史，负责朝会时纠举百官失仪；改检校御史为监察御史，共十二人，专执掌外出巡察。唐朝发展了隋代的监察制度，使监察机构更加完善。唐朝初年，在中央设御史台，为全国最高监察机关，由正三品御史大夫为长官，设正四品御史中丞二人为辅佐。御史台也称宪台，大夫也称大司宪。武则天时，改御史台为左右肃政台。唐中宗后又改为左右御史台。《唐六典》规定御史大夫和御史中丞的职责是"掌邦国刑宪典章之政令，以肃正朝列"，《新唐书·百官志》规定的职权是"掌以刑法典章，纠正百官之罪恶"，这就是说御史官员除有权弹劾朝廷官吏外，还参加重大案件的审判并监督府库的

---

① 汤唯、孙季萍著：《法律监督论纲》，北京大学出版社 2001 年版，第161 页。

出纳。御史台下设三院：台院、殿院和察院。下面分别予以介绍：

1. 台院。台院是御史台的主要办公机构，设置侍御史四人（或六人），职责是"纠举百僚，推鞠狱讼"，即弹劾中央的大小官吏。侍御史还承担"监太仓、左藏出纳"，监督没收赃款及收纳赎款等任务，另外，御史台享有一部分司法权，由侍御史具体负责监督大理寺和刑部的司法审判活动，并审理皇帝交办的重大案件。每遇重大案件，大理寺卿会同刑部尚书和御史中丞共同审理，称"三司推事"，即后世"三法司"的前身。

2. 殿院。殿院设置殿中侍御史九人，职责是"掌殿廷供奉之仪式"，维护皇帝的尊严。据《旧唐书·职官志》记载，殿中侍御史的具体任务包括："凡冬至、元正大朝会，则具服升殿。若郊祀、巡幸，则于卤簿中纠察非违，具服于旌门，视文物有所亏阙，则纠之。凡两京城内，则分知左右巡，各察其所巡之内有不法之事。"另外，协助侍御史审理案件，进行审计工作。

3. 察院。察院设置监察御史十五人，负责"分察百僚，巡按郡县，纠视刑狱，肃整朝仪，监决囚徒"。唐初全国分为十个监察区，称十道，唐玄宗时则增加到十五道①。监察御史一般奉敕出使，因使命不同，具体的称谓也不同，如黜陟使、观风俗使、巡察使、按察使、馆驿使、监军、采访处置使等，监察御史监督刺史以下各级地方官的善恶，依《新唐书·百官志》记载，共有六个方面："其一，察官人善恶；其二，察户口流散，籍帐隐没，赋役不均；其三，察农桑不勤，仓库减耗；其四，察妖猾盗贼，不事生业，为私蠹害；其五，察德行孝悌，茂才异等，藏器晦迹，应时用者；其六，察黠吏豪宗，兼并纵暴，贫弱冤苦不能自伸者。"唐德

---

① 唐太宗于贞观元年根据山川形势把全国划分为十个监察区（即道），称十道，即关内道、河南道、河东道、河北道、山南道、陇右道、淮南道、江南道、剑南道和岭南道。唐玄宗于开元二十一年（733）又分江南道为江南东道和江南西道，分山南道为山南东道和山南西道，从关内道析出京畿道，从河南道析出都畿道，增置黔中道，共成十五道。

宗时，尚书六部每两部设一个监察御史，称为"分察"，监察御史也称为"六察官"。

总之，三院御史为清要之官，虽官位不高，但威权甚重。按唐制，御史监察百官，本身却要受尚书左右丞监察，纠弹不当要受劾治。但在御史台权力膨胀时期，左右丞很少能执行这种监察权力。御史台的职责虽极繁多，最重要的实为两项：一是弹劾百官。御史可以据风闻弹事，弹劾不必先禀告长官，也可弹劾台内长官和同僚。二是推鞫刑狱。有的案件由当事人自赴朝堂申诉，由中书舍人、给事中及侍御史受理，称为三司受事；也有投牒匦中，由侍御史监督处理，称为理匦；更多的是奉敕推鞫。① 御史官员通过行使监察权而成为"天子耳目"，御史台成为巩固封建统治的重要机构之一。

（二）门下省的复审权

从魏、晋至隋、唐，形成三省六部制，标志着封建行政管理体制发展到了重要的阶段。三省长官具有宰相之职，形成三省分工明确，又相互牵制的机制。据《唐六典》记载：中书省取旨决策，门下省审议封驳，尚书省承旨执行。门下省以侍中为其长官，黄门侍郎（或称给事黄门侍郎，后改称门下侍郎）为其副。门下省设给事中②四人，地位在黄门侍郎之下。给事中的职责是"读署奏抄，驳正违失"，"驳正违失"的意思是对中书省起草的各种执法文件进行合法与合理的复审。如果给事中审核后无异议，则付署并加盖政事堂③印（或"中书门下之印"），直接发往尚书省执行；

---

① 《中国大百科全书·光盘1.2版》中国历史卷，撰写人为陈仲安、陈振。

② 给事中以给事（供职）于官省之中得名。唐代给事中也曾改称东台舍人、鸾台舍人等名。

③ 唐宋时宰相的议事办公机构，据《新唐书·百官志》载："初，三省长官议事于门下省之政事堂，其后裴炎自侍中迁中书令，乃徙政事堂于中书省。开元中，张说为相，又改政事堂号中书门下，列五房于后：一曰吏房，二曰枢机房，三曰兵房，四曰户房，五曰刑礼房，分曹以主众务焉。"

如发现诏敕有个别"不便"之处，给事中涂改修正后发还中书省重新起草，谓之"涂归"；如发现诏敕有原则性错误，给事中可以行使封驳权（封还驳正），拒绝签署，发回中书省。①"读署奏抄"则是指给事中具体审批尚书省的奏抄。因为唐朝的给事中具体执行门下省的复审权，官职虽低，但地位非常重要。在封建社会的权力运作中实质上起到对中书省的立法和尚书的执法活动进行制衡与监督的作用。

（三）谏官系统的完备

谏官的设置，西汉时已有，魏晋南北朝时有较大发展，至唐朝则以专职设置谏官，谏官以谏净为任，其主要职责是"举凡主德缺违、国家决策，皆得谏正"。意思是指正皇帝和百官在政治上的得失。唐初的谏官包括左右谏议大夫、左右散骑常侍、左右员外散骑常侍、左右散骑侍郎、左右员外散骑侍郎等各二人，武则天时增设左右补阙六人、左右拾遗六人，依唐朝制度左属门下省、右属中书省，共同履行监督职责。

由此可见，隋唐时期的行政执法监督机关，在组织结构上整齐划一，在职权范围上分工明确，上至最高统治者皇帝，下到地方各级官吏，都在行政监督的范围之列，它促进了中国封建社会进入鼎盛时期。

四、宋朝的行政执法监督制度

宋朝在物质文明和精神文明所达到的高度，在中国整个封建社会历史时期之内，可以说是空前的。但是为防止地方割据的重现和大臣、外戚、女后、宗室、宦官的擅权，镇压劳动人民的反抗，宋朝统治者采取"以大系小，丝牵绳连，总合于上"的办法，把中央集权制强化到空前未有的程度。

宋朝承袭唐制，设御史台为最高监察机构，兼理重难案件，御

---

①　隐鹏生主编：《中国法制通史》（第四卷），法律出版社1999年版，第289页。

史台下分三院，侍御史主台院，殿中侍御史主殿院，监察御史主察院。不设御史大夫，以御史中丞为台长，以侍御史知杂事（知杂御史）为副长官。御史可以直接弹劾宰相，亦有劝谏之责。御史台还有权分派御史参与重大刑事案件的审理。宋朝中期，重建六察制度，御史台设吏、户、礼、兵、刑、工六案，分察中央政府各行政机构，后又以户案兼察转运使，刑案兼察提点刑狱。御史台的六名御史中三人（后增为六人）分领六案，官制改革后分察尚书省的六部、寺监及其他在京百司；另三人为言事官，兼察秘书省、内侍省和入内内侍省等少数中央机构。① 为保证监察御史具有较多的从政经验，更好地行使监察权，宋朝明确规定，未经两任县令者不得担任御史之职。因为宋朝的最高统治者对官僚制度和官僚机构极尽防制之能事，所以监察机构随着封建专制主义的发展而加强，这主要表现为以下两个方面：

第一，确立了"月课"的监察制度。宋中央政府允许监察官——御史"风闻弹人"而不一定要有实据，奏弹不当也不加惩罚，而且明令限定御史每月必须奏事一次，叫做"月课"；上任后百日必须弹人，否则就要视为失职而罢黜为外官或受罚俸处分，名为"辱台钱"。这种规定在很大程度上助长了御史弹劾权的滥用。

第二，谏院的建立。专管规谏讽谕的机构是谏院。宋仁宗时始单独置院，其长官称知谏院事或左、右谏议大夫，凡朝政缺失、百官任非其人、各级官府办事违失，都可谏正。②

因为宋朝谏官并不专任谏职，亦常弹劾大臣，而御史台的御史，也并非专察臣僚，殿中侍御史的职责就是监察皇帝的活动，其职责类同谏官，所以宋朝常以台谏并称，这一状况也导致了后世台、谏的合流。随着御史台、谏院等台谏官权力和地位的提高，作为皇帝耳目的台谏官员，威仪显赫，宋仁宗时期，丞相大臣的任用

---

① 《中国大百科全书·光盘1.2版》中国历史卷，撰写人为陈仲安、陈振。

② 《中国大百科全书·光盘1.2版》中国历史卷，撰写人为邓广铭等。

罢免往往取决于台谏的意见，因而不少朝中高官不得不屈从于台谏的意向行事，丞相的权力进一步被削弱。

宋朝的统治者也相当重视对地方官的监察。宋代初期开始在各州、府设置"通判"一职，意思是与地方长官共同处理政务。地位略次于州、府长官，但是掌握管理州、府公事和监察官吏的实权，号称"监州"。通判既非州长官知州的副职，又不是他的属官，而是由朝廷直接派遣。通判作为皇帝的耳目，监督知州的行动，可以随时向朝廷报告地方情况，这是宋代分散地方事权、加强监察制度所采取的一种特殊措施。① 另外，宋代诸路均设置"监司"官职及其相应机构：一是转运司，俗称"漕司"，监察所领州县的水陆转运和财政税收，兼管司法和民政等；二是提点刑狱司，俗称"宪司"，稽考一路的司法，兼管财政等；三是提举常平司，俗称"仓司"，监察本路常平、义仓、免役、市易、坊场、河渡、水利之事，南宋时与提举茶盐司合并，增管茶盐。监司号称"外台"，由中央御史台派遣御史兼任各监司的监察官职，如转运使、观察使、按察使、通判官等，纠察当地各级官吏的违纪行径，权任颇重。

五、元朝的行政执法监督制度

元朝是中国多民族统一国家空前发展、壮大的时期，尽管在中国历史上统治时间较短，但却占有特殊重要的地位。元朝制度多沿袭金朝，同时又有不少前代所不具备的特点。忽必烈博采汉族士大夫建议，遵循中原传统制度，同时也采取了充分保障蒙古统治者特殊权益的各种措施，其中有的反映了中原王朝历代相承的传统体制本身的发展变化，如行省的设立；有的反映了被保留的蒙古旧制；也有一些是在这两者的交互作用下形成的。

元朝中央政府的军、政统治机构，主要由中书省、枢密院和御

---

① 黎国智主编：《行政法词典》，山东大学出版社1989年版，第200页、第201页。

史台组成。中书省相当于金代的尚书省，管理六部，负责全国政务，枢密院掌兵，御史台掌督察。对于御史台的法律地位，忽必烈认为"中书朕左手，枢密朕右手，御史台是朕医两手的。此其立台之旨，历世遵其道不变"①。御史台的地位得到进一步提高，与中书省、枢密院并重，《元史·太平传》记载，御史大夫"秩高从一品，非国姓（蒙古贵族）不以授"，御史大夫是皇帝的近臣，最受皇帝的信赖。《元史·刑法志》称御史台"内则弹劾奸邪，外则察视非常"，其主要监察对象是中书省、枢密院、国用使司②三大官府的官吏的活动，以及全国各级监察官上报需要复审的监察案件。御史台是元朝最重要的监察机构，特别之处在于只设察院，殿院则降为殿中司，并废除了台院，中央监察机构的一台三院制开始向一院制过渡。殿中司有侍御史两名，负责监察朝廷重大活动中文武官吏遵守礼制的状况，发现违反礼仪和扰乱秩序者，即弹劾、处罚。察院有监察御史三十二人，纠察全国各地官吏。

　　御史台在地方上也有相应的分设机构——行御史台和监察御史，组成了从中央到地方自成体系的监察系统。行御史台简称行台，设有两个，其中陕西行台（简称西台）监察西北、西南的各级官吏；江南行台（简称南台）监察湖广江南的各级官吏。行御史台主要以行中书省、宣慰司及以下诸司官吏为监察对象。元朝时，全国分22个各道监察区，御史台和两个行台下各设若干道监察御史（元初称提刑按察司，以后称肃政廉访），御史台（或行

---

① 叶之骑著：《草木子·杂役篇》，中华书局1983年版，转引自李小沧著：《中国的行政监督》，天津大学出版社1999年版，第34页。

② 忽必烈曾于1266年设制国用使司，总理全国财政，以后一度成为与省、台、院并立的最重要的国务机构之一。1270年，罢制国用使司，立尚书省，统六部，并改天下行中书省为行尚书省。中书省建虽仍被保留，但实际上已改由尚书省总领国政。1272年，罢尚书省，以其职权归并中书省。至元后期和武宗至大年间，元廷又两次立尚书省，分别历时五年、三年，以"理财"为施政中心。主持全国释教及吐蕃地区军、民之政的宣政院，由于职掌的特殊性，自成系统。

台）与诸道肃政廉访司相衔接，构织成全国范围的垂直监察系统，这个系统的真实目的是为了防止汉人和南人反对元朝统治者而建立起的一个全国性网络。这个监察网络一方面可以使皇帝的旨意通过这个监察网络以最快的速度下达执行，另一方面也可以将基层的各种不利于元统治的情况及时反映到中央，以制定相应的对策。监察官吏进行监督的方法主要有两种：第一，巡察法。巡察是监察官定期到各地，监督纠劾各级官吏的违法行为。由于监察官不受地方官员的制约，因此，这种监察方式能够起到较好的监察效果。第二，照刷法。照，即明察之意，刷，即刮扫寻究之意。照刷意思是监察官通过查阅地方官员的各种案卷账目，以从中发现官员的违法行为，这是元朝监察官的一种重要的监督方式。

　　为了确保监察官有效地行使监察权，元朝对监察机构及其监察官也明确规定了相应的监察纪律，如不能收受礼品，在巡察地不得与被监察官员一起喝酒吃饭，不得住宿在官员和百姓家，不得娶妻妾，不得购买财物等。从内容上看，对监察官的规定之严，远远超过了现代。①

　　元朝还制定了我国历史上第一部系统的监察台纲《设立宪台格例》，标志着中国古代监察制度的进一步成熟。其中《设立宪台格例》的三十条台纲，是中国古代监察制度的一部完整的中央监察法规。按其内容来说，它不仅规定了监察机关的性质、地位与其他行政机构的关系、监察机构内部的关系、各类监察官职权范围、纠察事项、上诉程序，而且还规定了监察官的选任、迁转及监察纪律和对监察官员的考核等规则，可谓集一千多年来监察法规之大成。其完备和系统程度已达到较高水平，被誉为"历世遵其道而不变"的"持国正论"，不仅为元代历朝皇帝所沿用，也为后世王朝所沿用。明朝的《宪纲》和清朝的《钦定台规》，大体上均参照

———————

①　章剑生著：《行政监督研究》，人民出版社2001年版，第82页。

元朝监察法规，并加以充实和发展。①

六、明朝的行政执法监督制度

元朝末年，阶级矛盾和民族矛盾极端尖锐，最终导致以红巾军为主力的农民大起义，明朝是朱元璋领导农民起义胜利后建立起来的一个封建王朝。朱元璋采取各种措施，加强专制主义中央集权的统治，巩固以朱家皇室为首的地主阶级政权，从而使封建中央集权向专制主义皇权转化，君主专制制度达到了我国封建社会的高峰。

明代监察制度随着君主专制的强化而得到充分发展和完备。据《明史·职官志》记载，朱元璋认为："国家立三大府，中书总政事，都督掌军旅，御名掌纠察。朝廷纲纪系于此，而台察之任尤清要。卿等当正己以率下，忠勤以事上，毋委靡因循以纵奸，勿假公济私以害物。"在统一中国之前，朱元璋仿唐宋旧制设置御史台，御史台设左、右御史大夫一人，官职为从一品，御史中丞一人，正二品，侍御史、治史侍御史、殿中侍御史、监察御史等监察官员和经历、都事、照磨、管勾等具体办事人员。公元1382年，朱元璋为了加强监察机构的职能，将御史台改为都察院，都察院合并了唐宋以来的三院，设都御史、副都御史、佥都御史等官，下属十二道监察御史。其中佥都御史8人，官职为正七品；各道分设监察御史3人至5人不等，官职为正九品。在历史上，明初的监察官员的职位是最低的，这使都察院在实际监察中难以发挥监察的功能。公元1384年，朱元璋改革了都察院的官制，大幅度提高监察官员的官职品位，如左、右佥都御史官至正四品。

都察院除"主纠察内外百官之司"外，还握有对重大案件的司法审判权，"实为天子耳目风纪之司。凡大臣奸邪，小人构党，作威作福乱政者，劾；凡为百官猥茸贪冒坏官纪者，纠；凡学术不正，上书陈言变乱成宪，希进者，纠；遇朝勤，考察，同吏部司贤

---

① 　陈奇星等著：《行政监督论》，上海人民出版社2001年版，第196页。

否黜陟"。都察院下辖有直属机构和内外御史。直属机构有四个：经历司，设经历1人，正六品，都司1人，正七品；司务厅，设司务4人，后改为2人，从九品；照磨所，设照磨1人，俭校1人；司狱司，设司狱1人。内监察御史为十三道，监察本道内的官员是否有违法活动。外御史是指总督、巡抚等官员，他们受都察院的指挥。

朱元璋废除了过去的谏官制度，将其权归给事中，创立了六科给事中的独立监察机关，以稽查六部百司之事，旨在加强皇帝对六部的控制。礼、户、吏、兵、刑、工六科，各设都给事中1人，正七品，左右都给事中各1人，从七品，为正副长官，具体工作人员——给事中若干人。凡六部奏请皇帝施行之事，须先经给事中审查，若有不妥，即行驳回；六部奉旨执行之事，也须在给事中处登记，以便检查执行情况；另外，给事中还参与廷议、廷推和重大案件的审理等事项。六科给事中的创置，既钳制六部权限，亦能分化都察院的监察大权，有利于皇帝从中操纵。给事中与都察院之间，也可以互相纠举，结果，各监察机构之间互相争权夺利，甚至互相倾轧，造成了不少冤狱。同时，也削弱了明朝监察机构的职能。六科给事中与各道监察御史合称科道。科道官员虽然职位不高，但权力很大，活动范围极广。因此，对科道官员的任选十分严格。同时还规定，对监察官员犯罪的处分比一般官吏要重，《明史·职官志》记载："凡御史犯罪加三等，有赃从重论。"

为了适应君主极权的需要，加强对地方的控制，明朝统治者采取以下监督控制措施：①

第一，十三道②监察御史制度。公元1235年，依当时十三省行政区划分为十三道，设十三道监察御史一百一十人。计浙江、江西、河南、山东各十人，福建、广东、广西、四川、贵州各七人，

---

① 李小沧著：《中国的行政监督制度》，天津大学出版社1999年版，第37页。

② 明初定为十二道监察御史，明末定为十五道监察御史。

陕西、湖广、山西各八人，云南十一人。他们分别掌管地方监察工作。监察御史作为都御史下属，虽为七品小官，但直接受命于皇帝，有独立进行纠举弹劾之权。《明史》卷七十三《职官二》记载"十三道监察御史，主察纠内外百司之官邪，或露章面劾，或封章奏劾。在内，两京刷卷，巡视京营，监临乡、会试用武举，巡视光禄，巡视仓场，巡视内库、皇城、五城、轮值登闻鼓。在外巡按，清军，提督学校，巡盐，茶马，巡漕，巡关"等。可见，地方各项政务无不为其所巡按。这一制度，对皇帝了解地方情况，监督地方行政，无疑具有很大作用。

第二，御史巡按制度。明朝还建立了御史出使巡按地方的制度。凡御史代表皇帝出使地方，叫"巡按御史"，俗称"八府巡按"，专门负责监察，一般不理其他事务，权力极大。《明史·职官二》称："巡按则代天子巡狩，所按藩服大臣，府州县官诸考察，举劾尤专，大事奏裁，小事立断。"巡按御史与地方各省长官地位平列，威福尤过之，甚至知府、知县谒见时，要行跪拜礼。他们一般资历较浅，品位不算高，但很受皇帝重视。

第三，都衔巡察制度。明代每当地方上发生较大事故，则派较高级的都御史带衔出巡，不仅行使监察权，有时也被皇帝特命兼管其他事务。兼管行政、民政的叫"巡抚"；兼管军事的叫"提督"；有的行政、民政、军事都兼管的叫"总督"。开始仅是临时派遣，为了加强对人民的镇压和后来为防止边患，遂固定设在内地或边疆地区。如宣宗时，以江南地广，且又重要，专设巡抚；宪宗时，又专设两广总督。总督和巡抚的职权，比一般巡按御史更大，有"便宜从事"之权。但终明之世，总督和巡抚在组织上隶属于都察院，不算正式地方大员。

在强化公开监察的同时，明朝统治者又建立秘密监察机构——厂卫，厂，指东厂、西厂、内行厂；卫，指锦衣卫。锦衣卫由朱元璋设立，其首领由皇帝亲信担任，下设有南北镇抚司和十七个所，有千户、百户、总旗、小旗等官员，镇抚司本身则拥有法庭、监狱和各种残酷的刑具。锦衣卫除负责卤簿仪仗外，主要承担侦察监督任务，侦察、监视那些企图反叛皇帝的勋臣和官僚，同时镇压京师地区劳动人民的秘密结社组织和反抗活动。后来，明成祖设东厂，明宪宗设西厂，明武宗设内行厂。厂卫是皇帝的耳目和爪牙，可以不通过司法机构，直接奉诏行事，受理词状，任意逮捕吏民。

七、清朝的行政执法监督制度

清朝（1840年以前）是中国最后一个封建帝制王朝，清朝政权实行以满族贵族为主体的满、蒙、汉封建阶级的联合专政，是专制主义中央集权制度的高度发展形态。清朝国家机器较长时期维持正常的运转，统治巩固，皇权集中，困扰着中国历代王朝的母后、外戚、宦官、权臣、朋党、藩镇等祸患，减少到了最小程度。清朝前期总结了中国历史上统治的经验教训，决策施政，经过深思熟虑而审慎从事，威权专一，令出法随，取得了重大的治绩，国力臻于鼎盛。这个时期中国古代监察制度也发展到历史的顶峰。

清朝监察机构沿袭明朝，在中央国家机关中，仍设立都察院。《大清会典·事例》记载，早在入关之前的1636年，皇太极即下诏表示："凡有政事背谬及贝勒、大臣骄肆慢上、贪酷不清、无礼妄行者，许都察院直言无隐，即所奏涉虚，亦不坐罪"，"倘知情蒙弊，以误国论。"康熙皇帝认为："国家设言官，专司耳目。凡政治得失，民生利弊，必须详切条陈，直言无隐，斯为称职。"各级官吏均置于都察院监督之下。在清朝，一方面允许监察官风闻言事，直言不讳；另一方面为了防止监察官权力过大，规定御史对百官弹劾要经皇帝裁决。

都察院设置左都御史二人、左副都御史四人，满汉各占一半。右都御史总督兼任之，右副御史巡抚兼任之，不设专任。因此，都察院的事务由专任的左都御史掌管，即左都御史是都察院长官，为从一品，左副都御史辅佐，为正三品。都察院的属官包括：经历司司务，司务后称经历，正六品，满汉各一人，负责保管文书；都事厅都事，正六品，满汉各一人，辅助经历，负责监督下属及起草发送文书。雍正元年六科给事中并入都察院，职权范围已大为缩小，实际上与御史并无区别。至此，唐代的台、谏并列，明代的科、道分设，到清朝则在组织上完全统一。从而解决了机构上的重叠与彼此之间不必要的内耗，监察权的集中，是清代监察制度的一大特点。这样，都察院具体履行监督职权的是六科给事中及十五道监察御史，其中，六科专检阅六部文书，监察六部和地方事务则有十五道监察御史担任。

另外，都察院负责领导巡视五城御史。清朝的统治中心——北京划分为中城、东城、南城、西城、北城共五城，各城设立巡城御史，满汉各一人，从六科给事中和十五道御史中选任，"专掌京城内之警察及恤救事务，又发禁令，或为预审裁判"。① 辅助官员有兵马司、正副指挥等。

清朝六科给事中各设置掌印给事中满汉各一人，给事中满汉各一人，前者为长官，后者为辅助官，职位皆为正五品。六科给事中有下属官员——笔帖式八十人。六科，即吏科、户科、礼科、兵科、刑科、工科。六科给事中传达诏敕，并监督六部所管行政事务。六科给事中分工如下：吏科负责监察文官任免，检阅吏部及顺天府文书；户科负责监察财政事务，检阅户部文书；礼科负责监察典礼事务，检阅礼部、宗人府、理藩院、太常寺、光禄寺、鸿胪寺、国子监、钦天监等文书；兵科负责监察军政，检阅兵部、銮仪卫、太仆寺文书；刑科负责监察裁判事务，检阅刑部文书；工科负责监察工事，检阅工部文书。

清朝在地方设十五道监察御史②。十五道监察御史分为掌印监察御史及普通监察御史，掌印监察御史为从五品，十五道监察御史有下属官员——笔帖式三十二人，十五道监察御史的职责是"弹举官邪，敷陈治道，审核刑名，纠察典礼"。其分工如下：京畿道

---

① ［日］织田万撰：《清国行政法》，李秀清、王沛点校，中国政法大学出版社2003年版，第214页。

② 这十五道是京畿、河南、江南、浙江、山西、山东、陕西、湖广、江西、福建、四川、广东、云南、贵州，清末增至二十道。

监察御史满汉各二人，负责都察院内务及直隶盛京裁判事务，监察内阁、顺天府、大兴、宛平二县事务；河南道监察御史满汉各二人，分理河南裁判事务，监察吏部、詹事府、五城步军统领事务；江南道监察御史满汉各四人，分理江南裁判事务，监察户部、宝泉局、宣课司、左右翼，监督在京十二仓及三库事务；浙江道监察御史满汉各二人，分理浙江裁判事务，监察礼部及本院事务；山西道监察御史满汉各二人，分理山西裁判事务，监察兵部、翰林院、六科、中书科、总督仓场、座粮厅、大通桥，监督通州二仓事务；山东道监察御史满汉各三人，分理山东裁判事务，监察刑部、太医院、总督河道事务，又催告逮捕五城命盗之事；陕西道监察御史满汉各二人，分理陕西裁判事务，监察工部、宝源局、兼监督京城内工事设计；湖广道监察御史满汉各二人，分理湖广裁判事务，监察通政使司、国子监事务；江西道监察御史满汉各二人，分理江西裁判事务，监察光禄寺事务；福建道监察御史满汉各二人，分理福建裁判事务，监察太常寺事务；四川道监察御史满汉各一人，分理四川裁判事务，监察銮仪卫事务；广东道监察御史满汉各一人，分理广东裁判事务，监察大理寺事务；广西道监察御史满汉各一人，分理广西裁判事务，监察太仆寺事务；云南道监察御史满汉各一人，分理云南裁判事务，监察理藩院、钦天监事务；贵州道监察御史满汉各一人，分理贵州裁判事务，监察鸿胪寺事务。

都察院是清朝最高的也是唯一的行政监督机关，《清史稿·职官志》记载："左都御史掌察劾官常，参维纲纪。率科道官矢言职，率京畿首纠失检奸，并豫参朝廷大议。凡重辟，会刑部、大理寺定谳。祭祀、朝会、经筵、临雍，执法纠不如仪者，左副都御史佐之。"意思是，都察院以左都御史为主事官，他与六部尚书、通政使、大理寺卿等重要官员共同参与朝廷大议，具体负责监察行政得失，查办官吏邪正，参与终审裁判等事项。都察院的具体职权

包括:①

第一,检阅行政事务之权。凡中外行政官厅所管事务之施行及成绩,则必须报告于都察院。而十五道监察御史就前述之任务范围各自调查检阅其报告,并视察政治之状态。如有反法规害公益及紊乱官纪等事,则奏陈于君主,讲求矫正之道。

第二,检查会计之权。都察院不特监督中外官厅之普通行政事务,其经费出纳亦在所监督。盖各官厅作为会计报告,当会于都察院之检查。然则此亦兼我会计检察院者,可知唯一最高监督机关之名不虚矣。

第三,弹劾官吏之权。都察院有监督一般行政及检查会计之权,既如前述。然不能对各官厅指挥命令之,又无惩罚官吏之实权。故欲实行其监督权之作用,唯有弹劾官吏之一事耳。凡行政之利弊与官吏之正邪,可因之陈奏于君主御前,盖都察院不能自惩罚,故以君主直接监督权之活动为要也。

第四,伸张冤枉之权。若有遇中外官厅之威虐,陷于冤枉者,而其本官厅或上级官厅受理其诉,不敢救济之时,得诉之都察院。都察院即受其诉,至其重大事件,则奏请敕裁,其他则自裁决之,或移送之地方上级官厅,使再审之。

第五,封驳之权。都察院封驳一事,亦定于顺治初年。中央及地方官厅陈奏君主之际,内阁先调查其奏章,附以意见,转送军机大臣,会议御前,奉谕更移送都察院。若都察院确信该上谕未便于施行,则疏明其理由,封还军机处,谓之封驳。其他内阁立案批答之字句及中央并地方官厅之奏事,若有误谬等得校正之。又,对封驳,通常称曰"驳正"。

第六,给发敕书之权。凡下赐诸官厅之敕书,除密谕外,都察院掌其下赐之事。

第七,考核官吏之权。考核文武官员,即系京察及大计,而都

---

① 〔日〕织田万撰:《清国行政法》,李秀清、王沛点校,中国政法大学出版社 2003 年版,第 210、211 页。笔者做适当修改。

察院与吏部会同，审查事实，具疏黜陟。

第八，参与终审裁判之权。会典云：凡重辟，则会刑部大理寺以定谳，与秋审、朝审，都察院居三法司及九卿之一，即在于此。盖死刑之裁判，须经三法司之复审。若有此种犯罪，则刑部通知之都察院及大理寺，三司合议审理而后具奏之。终审朝审，必于九卿会议行之。都察院虽无独立之裁判权，终不失为构成终审裁判机关之一部分也。

第九，监察朝仪之权。凡朝廷行仪式，则御史参列。若有失仪者，纠劾之。

八、中国封建社会行政执法监督制度的功能与特点①

中国封建社会历代的监察制度，对加强政府对官吏的监督，清奸除害，调整统治阶级内部矛盾，起了一定的作用。它成为加强中央对地方的控制、强化皇权、巩固封建统治的重要手段。但在封建君主专制制度下，监察制度是皇权的附属品，它能否发挥正常作用，与皇帝的明昏有密切关系。同时，由于封建政权和封建官吏的阶级本性所决定，监官本身因贪赃枉法而获罪者也不乏其人。中国古代监察制度具有以下主要特点：①组织独立，自成系统。自两汉后，监察机构基本上从行政系统中独立出来，从中央到地方都有专门机构和职官，自成体系。地方监察官直接由中央监察机构统领，由中央任免；作为"天子耳目"的监官有相对的独立性，从而为监察制度的逐渐完善和监察效能的发挥提供了组织保证。②历代对官吏的监察渗透于考核、奖惩制度之中，并实行重奖重罚。③以轻制重，对监官采用秩卑、权重、厚赏、重罚的政策，给级别低的监官以监察级别高的官吏的权力。④监察机构的权力来自皇权。随着中央集权的加强，皇权的膨胀，监察机构的权力也随之提高，甚至被任意扩大或滥用，从而使监察制度畸形发展，如元代的监察制度

---

① 《中国大百科全书·光盘1.2版》中国历史卷，撰写人为陈仲安、陈振。

带有民族压迫的性质。元世祖时明确规定，"凡有官守不勤于职者，勿问汉人回回，皆以论诛之，且没其家"（《元史》卷十，《世祖纪》），但蒙古人不在此限。明代除了公开的监察机构六科和都察院外，厂卫等秘密的特务机构也成为监察网的组成部分。

第二节　中华民国的行政执法监督制度

从清王朝灭亡至中华人民共和国建立期间的国家名称和年号，称为中华民国。这是中国历史上大动荡大转变的时期，半殖民地半封建社会的终结阶段。中华民国的政治制度复杂多变，先后经历了南京临时政府、北洋军阀统治、广州革命政府和南京国民政府四个时期。

一、孙中山的行政执法监督思想

中国近代行政执法监督观念的变革开始于辛亥革命，这方面的功绩首归伟大的革命先行者孙中山先生。作为中国资产阶级革命民主派领袖，孙中山以三民主义作为其监督思想的理论基础，主张推行资产阶级法治，就行政执法监督中的国家权力的分配、国家主权与民权的关系、国民大会的设置等问题提出了新的理论，形成了丰富而且颇有特色的监督思想。

（一）民权主义

主权在民是孙中山一贯奉行的民权主义原则。孙中山在民权主义的讲演录中，主张一切人民，除享有间接民权（选举权）外，尚应享有创制权、复决权及罢免权，以为制裁政府的手段。[①] 他曾表示，《中华民国临时约法》中，"中华民国主权属于国民全体"的条文，是他坚持主张的，并多次阐明"夫中华民国者，人民之国也，君政时代则大权独揽于一人，今则主权属于国民之全体"。

----

① 王世杰、钱端升著：《比较宪法》，中国政法大学出版社 1997 年版，第 392 页。

"国民为一国之主，为统治权之所出"。在主权在民的思想指导下，他还提出中华民国各族人民一律平等，"皆能取得国家参政权"。

孙中山还曾以临时大总统令的形式保障人权和自由平等权。他宣布人民一律享有选举、参政等公权和居住、言论、出版、集会、信教自由等私权，即使在清朝专制主义统治下名列贱籍的"蛋户"和"惰民"，也一体享有公权、私权，"毋稍有歧异"。他还确认男女平等的法定权利，说："天赋人权，男女本非悬殊，平等大公，心同此理"，主张女子享有参政权。针对清王朝法律公开认可买卖人口以及帝国主义贩卖华工等严重侵犯人权的现象，孙中山颁发命令严加禁止，同时宣布清王朝统治时期买卖人口的契约悉予解除，不得再有主奴名分，以贯彻博爱平等之义。根据资产阶级私有财产神圣不可侵犯的原则，孙中山通令内务、陆军两部切实保护人民的财产。如受到侵害，准许向有关机关陈诉或控告。[①]

（二）五权分立

立法、行政与司法三权分立，是18世纪以来欧美宪法学者的传统思想。孙中山认为此种三权分立主义，尚不足以防止政府专制，而增进政府的效率。1906年，在日本东京举行的中国同盟会机关报民报创刊周年庆祝大会上，孙中山提出了"五权分立"的制宪原则。在立法、司法、行政三权外，再加上考试权和监察权。孙先生之所以提倡此种主张，是因为考试与监察两权，在中国法制史上，早已存在并发挥巨大作用，而且在理论上，孙中山认为，欧美各国以考试权并于行政，以监察权并于立法或司法，也缺乏充分的理由。五权宪法具有自己的特点，但基本上是从三权分立的制宪原则演化而来。孙中山承认自己的构想并非"杜撰"，"就是将三权再分弹劾及考试两权"，"不过三权是把考试权附在行政部分，弹劾权附在立法部分"。他把"外国的规制"与"本国原有的规制"加以"融合"，借用了古代中国社会政治制度中的考试、监察机构及其职能，以期比之三权"较为完善"。在他看来，考试制度

---

① 《中国大百科全书·光盘1.2版》法学卷，撰写人为张晋藩。

"最为公允"，可避免"盲从滥选"和"任用私人"的弊端，有利于人才的发现和擢用；而"独立"的监察制度和机构也是可资借鉴的，对廉政和效率大有裨益。孙中山认为在"共和政治"中复活中国固有的"两大优良制度"，将"创立各国至今所未有的政治学说，创建破天荒的政体，以使各机关能充分发挥它们的效能"。

　　根据五权分立的准则，国家的体制由行政院、立法院、司法院、考试院和监察院组成。至于将来行使五权的五院应各自如何组成？五院职权的界限应如何规定？孙中山在当初并没有阐述具体的主张，或提出详细的方案，只是提出如下见解供后人参考：第一，行政院的总统，与立法的议员，均应由"各县人民投票选举"。第二，司法、考试、监察三院的院长，应各"由总统得立法院之同意而委任之，但不对总统及立法院负责"。第三，"五院皆对国民大会负责；各院人员失职，由监察院向国民大会弹劾之；而监察院人员失职，则国民大会自行弹劾而罢黜之。"第四，关于考试权的范围，孙中山的著作及讲演中虽未详细讨论，但孙中山曾经反复强调一个观点，即考试制度的适用，将不仅以任官为限，即被选为议员资格的取得，也必须要经过考试。第五，关于监察权的范围，孙中山也没有具体阐述，但是强调监察院有权弹劾行政、司法和考试各院的人员，并且可以涉及立法院的民选议员，同时，受监察院弹劾之人，不能由监察院自行罢黜，而须移付国民大会决定罢黜。[①]

　　孙中山把五权宪法的理论依据，放置在"自由"与"权力"的"平衡"上。他认为社会政治生活中存在着相互逆反的两种力量，"自由的力量"和"维持秩序的力量"，类似物理学中的离心力和向心力。"政治里头的自由太多，便成了无政府；束缚太过，便成了专制。"因此，必须使得"机关分立"，"相峙二而行"，"无伤于统一"。[②]孙中山强调司法为独立机关，不受行政机关的干

① 王世杰、钱端升著：《比较宪法》，中国政法大学出版社1997年版，第393页。笔者做适当修改。

② 《中国大百科全书·光盘1.2版》政治学卷，撰写人为张磊。

涉，为了保证司法官熟悉法理，胜任称职，孙中山命令"所有司法人员，必须应法官考试，合格人员，方能任用"。权力制衡原则是孙中山"五权分立"的基石。

二、南京临时政府时期的行政执法监督制度

1911年辛亥革命导致清王朝统治的崩溃。1912年元旦，南京临时政府成立，孙中山宣誓就职，定国号为中华民国，改用阳历，以1912年为民国元年，以五色旗为国旗。南京临时政府实行资产阶级民主共和制，按照资产阶级的分权理论，建立起以美国总统制为模式的、不完全的三权分立体制。1月28日成立临时参议院，执行议会职权，作为最高立法机关，并选举了正、副议长及全院委员会委员长。同年3月，临时参议院完成《中华民国临时约法》的制定。《中华民国临时约法》规定了资产阶级民主自由的一般原则，使共和国的方案具体化和法律化。

《中华民国临时约法》按照西方资本主义国家"三权分立"和"代议政治"的原则来构建中华民国的国家制度；同时规定，在议会成立以前，"中华民国之立法权，以参议院行之"，明确了参议院的地位和职权：参议院有权议决一切法律案、预算、决算、税法、币制、度量衡的准则、公债的募集及国库有负担的契约（第19条）；选举产生临时大总统、副总统（第29条）；在临时大总统制定官制官规，任命国务员及外交大使、公使、宣战、媾和、缔结条约和宣布大赦时，享有同意权和最后决定权（第33、34、35、40条）；并可弹劾临时大总统和国务员（第19条）。临时大总统代表临时政府总揽政务，公布法律，统率全国海陆军，制定官制官规，任免文武官员等，但行使职权时，须有国务员副署。受参议院弹劾时，由最高法院组成特别法庭审判；法官有独立审判的权力，它否定了集大权于一身的封建君主专制制度。此外，还规定了"人民有保有财产及营业之自由"。体现了发展资本主义经济的要求。

南京临时政府时期，中华民国的行政执法监督制度主要体现在

议会对政府的监督权上，除《中华民国临时约法》做了概括规定外，1912 年 4 月 1 日颁布的《参议院法》规定得更加具体和明确。《参议院法》授权参议院可以通过质问、弹劾、查办和建议四种方式行使监督权。具体来说，质问的内容包括：参议员对于政治上有异议时，得以 10 人以上之联署，提出质问书，由参议院转咨政府；对于质问书应酌量缓急，限期答复，如提出质问者认为不得要领时，由参议院咨请国务员，限期到院答辩。弹劾的内容包括，如认为大总统有谋叛行为时，须有议员总数 4/5 以上出席，出席人员的 3/4 以上同意时，可予弹劾；对于国务总理或各部部长有失职或违法嫌疑时，须有议员总数 3/4 以上出席，出席议员的 2/3 以上同意可予以弹劾。弹劾大总统案要由参议员 20 人以上联署，弹劾国务员案要由参议员 10 人以联署方能提出。并规定，弹劾用无记名投票的方法表决。在弹劾案的审理上，由司法机关兼任审理机关。查办的内容包括：参议院可以直接查办官吏受贿的违法失职的行为案件，查处对象包括从中央到地方、从行政到司法、从文到武的所有官吏；建议的内容包括：参议院可以就法律和其他方面的有关事宜，建议于政府。建议案须有 5 位以上议员联署，方可提出，参议院在建议案通过之后，须在当天将全案咨告政府，对于政府不能采用的建议案，不得再以建议方式在参议院内提出。由于建议案在政府不予采纳时，参议院并无相应措施，所以它的监督作用是十分有限的。实践表明，简单照搬西方三权分立制度，实行议会监察，对当时政府并未起到真正的监督作用。[1]

三、北洋政府时期的行政执法监督制度

北洋政府是 1912～1928 年由北洋军阀控制的北京中华民国政府的通称。这段时期，中华民国的政治制度由资产阶级民主共和制逐步向封建军阀制度演变。1912 年 2 月 15 日，袁世凯取得中华民

---

[1]　李小沧著：《中国的行政监督》，天津大学出版社 1999 年版，第 47 页。

国临时大总统一职，3月10日在北京就职。1914年5月1日，袁世凯公布《中华民国约法》，废止《中华民国临时约法》，以法律形式肯定其独裁统治。根据"新约法"，政府改行总统制，废除国务总理，行政各部门直隶于大总统，总统府内设政事堂，由国务卿协助大总统处理政务。1915年12月12日，袁世凯宣布恢复帝制，但在举国反对下，袁世凯被迫于1916年3月22日宣布取消帝制。此后，段祺瑞、曹锟控制的北洋政府保留责任内阁制之名，行封建军阀专制之实，资产阶级民主共和制名存实亡。

国会是北洋政府时期的国家最高立法机关，依《中华民国临时约法》的规定而设。其前身是1912年4月29日由南京迁移到北京开院的临时参议院，第一届国会成立于1913年4月8日。根据《国会组织法》，国会由参议院和众议院两院组成，由两院单独行使的国会职权有：建议权、质问权、咨请查办官吏权、答复政府咨询权、受理人民请愿权、许可逮捕议员权、制定院内法规权。必须由两院共同行使的职权有：立法权、财政权、弹劾权、同意权、选举权。其中制定宪法和选举大总统必须两院合议，其他可由两院分别议决，统一意志。1914年1月10日，袁世凯首次停止两院议员职务，先后另立政治会议、约法会议、参政院、国民代表大会，1922年8月1日，第一届国会在北京再次复会，延至1924年11月24日结束。北洋政府时期，国会被北洋军阀反复解散中断，成为军阀争权夺利的工具。国会对行政权的监督也名存实亡，根本没有发挥任何制约作用。

《中华民国约法》由袁世凯一手操纵的"约法会议"所制定，并于1914年5月1日公布，又称"新约法"，以示区别于前临时约法。该约法分十章六十八条。它以确认袁世凯专制独裁制度为基本特征，取消了国会制，设参政院作为总统的咨询机构。这个约法修改了《中华民国临时约法》的内阁制原则，把总统的权力提高到如同封建皇帝一样。规定"大总统为国家元首，总揽统治权"，"行政以大总统为首长，置国务卿一人赞襄之"。大总统有权制定官制、官规、任免文武职官、宣战、媾和，"发布与法律有同等效力之教令"等。同时，否定"三权分立"原则，把制宪大权集中于大总统。这样，大总统凌驾于立法和司法机关之上，集行政、立法和司法一切大权于一身。参议院的职能改为"应大总统之咨询，审议重要政务"。宪法草案经参议院审定后，"由大总统提出，于国民会议决定之"。"国民会议由大总统召集并解散之"。对大总统的弹劾审判权由大理院行使，但大总统根据当时的体制可以决定大理院的人选。另外，这个约法对民权严加抑制。虽规定了立法院的组成和职权，但对选举人和被选举人都有严格的限制，而且始终没有设立，另搞一个参政院代行职权。总之，在《中华民国约法》下，代议机关对总统的监督是没有任何力量的。

这段时期，在国会监督之外，行政执法监督的机构还有平政院、肃政厅、审计院和惩戒委员会。这是北洋政府设立的四个专门监督行政官员违法失职行为的国家机构。

（一）平政院

平政院是北洋政府的最高监察机关。早在1912年1月，南京临时政府建立之初，由宋教仁负责起草了《中华民国临时政府组织法草案》。该草案第14条规定：人民得诉讼于司法，求其审判；其对于行政官署违法损害权利之行为，则诉讼于平政院。该草案在审议过程中被参议院否定，但草案中建立平政院的设想，为后来的立法所采纳。北洋政府成立之后，于1914年3月31日公布了《平政院组织令》，规定了平政院的组织与职权。该组织令是中国近代历史上第一部公布实施的行政监督机关组织法。[①] 1914年6月，平政院依照《平政院编制令》创设于北京丰盛胡同。北洋政府于1914年5月1日公布的《中华民国约法》，在政权组织方面对《中华民国临时约法》变动较大，但仍以根本法确认平政院制度。该法第8条规定："人民有诉愿于行政官署，及陈述于平政院之权。"1914年5月以后，北洋政府先后颁行《平政院裁决执行条例》、

---

① 郭殊：《中国近代行政法院制度之变迁》，载《人民法院报》2003年7月21日理论版。

《平政院处务规则》、《诉愿法》、《行政诉讼法》，创建了有关平政院组织与运作的一整套完备的法律制度。

平政院的组织严谨。从外部组织关系看，平政院纵向直接隶属于大总统，横向与大理院平行，类似于清末的都察院。从内部组织结构看，设院长 1 人，主管全院的日常事务。设评事①（即行政法官）15 人，分设 3 个行政审判庭，每庭 5 人；每庭设庭长 1 人，负责该庭的具体事务，庭长由平政院长在评事中荐举。以上官员皆由大总统任命，向其负责。平政院下设书记处，负责法庭记录、统计、会计等事务，设记录、文牍、会计、庶务 4 科，各科由书记官②统领。行政审判由院长、评事等组成审判庭进行审理。院长和评事还组成院总会议，议决比较重大的有关事宜，院长担任院总会议议长，院总会议须有评事全体的三分之二出席方能有效，所议事项过半数同意才能通过。

平政院拥有行政审判职权③。依据北洋政府《行政诉讼法》第 1 条的规定，平政院接受下列陈诉：第一，中央或地方最高行政官署的违法处分，包括违法之命令、决定、行政契约等，致使人民权益受到损害的；第二，中央或地方行政官署的违法处分，致使人民

---

① 评事的任职条件是年满 30 岁，在行政职位上工作三年以上并成绩优秀，或在司法职位上工作二年以上并成绩优秀。评事由平政院院长、各部部长、大理院院长及高等咨询机关密荐，呈由大总统选择任命。

② 书记官分荐任和委任两种，荐任书记官由平政院院长呈请大总统任命，委任书记官由平政院院长任命。

③ 鲁迅诉教育部（章士钊）案是平政院审理的著名案件。原教育部佥事鲁迅（周树人）向平政院起诉当时的以章士钊为总长的教育部，要求法院撤销教育部对周树人的免职令。因为女师大风潮，鲁迅与章士钊、杨荫榆的矛盾激化，章士钊以鲁迅作为教育部官员，参与学潮，并任维持会总务主任，组织学生对抗政府等理由，呈请段祺瑞将鲁迅免职，1925 年 8 月 13 日，段祺瑞予以批准。8 月 22 日，鲁迅赴平政院诉章士钊；10 月 13 日，平政院给鲁迅送来章士钊答辩副本；10 月 16 日，鲁迅进行互辩；1926 年 3 月 23 日，收到平政院裁决书，鲁迅胜诉。

权益受到损害，经人民依照诉讼法的规定诉至最高行政官署，不服其决定的；第三，肃政厅对总理、各部部长的弹劾案和肃政厅弹劾的由大总统特交的案件。对于行政诉讼的提起，包括国民依法起诉和肃政史依法起诉两种；行政诉讼的受理，则兼采直接诉讼主义和诉愿前置主义原则。行政诉讼的审理，以评事5人组成合议庭，且合议庭中须有一至二人为司法职务出身；案件审理以言词主义为原则，以书面审理为例外。在案件审理过程中，平政院拥有询问证人、调查证据，调阅案卷等调查权，案件非经平政院许可，不得撤诉。平政院的缺陷是一级一审制，除中央平政院外，地方并无行政诉讼机关，平政院一旦作出裁决，即为终审，缺乏上诉救济途径。

（二）肃政厅

肃政厅与平政院同时成立，名义上是平政院的一个组成部分，但实际上却是直属于大总统，独立行使职权的另一个监察机关。肃政厅设都肃政史1人，指挥全厅事务；肃政史16人，法定人数为16名，进行案件的查处工作，皆由大总统任命，任职条件、程序与平政院相同。肃政厅也设有肃总会议，会议组成也与平政院基本相同。

肃政厅所属肃政史独立行使职务，其职权主要包括：

第一，行政起诉权。依《行政诉讼法》的规定以原告身份向平政院提起行政诉讼，就官吏违法、行贿受贿、营私舞弊，或渎职殃民而被国民告发的案件，国民可以向平政院提起行政诉讼，如果超过起诉期限没有提起诉讼的，在诉讼期满后60天内，肃政厅可以原告身份向平政院提起行政诉讼；以及中央或地方各级行政官署的违法处分致使人民的权利遭受损害，国民可以向作出该行政行为的上一级行政机关提起行政复议，如果超过复议期限没有提起复议的，肃政史可以在60天内向平政院提起行政诉讼。

第二，纠举弹劾权。依《纠弹法》的规定纠举除总统之外的各级官吏，对于国务卿及各部总长的违法行为，由肃政厅直接弹劾；对其他官吏的违宪违法、行贿受贿、滥用权威、玩视民瘼等行为，肃政厅可以直接呈请大总统罢免其职务；大总统认为其他官员有法定纠举情况之一的，可以交肃政厅办理；对普通民众危害国家安全的不法行为，肃政厅直接予以举报。肃政史独立行使纠弹权，不受平政院和都肃政史的限制，并实行亲友回避制度。肃政厅纠举的任何官员，应交平政院审理或交大总统裁决，只有获得大总统的许可，才能启动弹劾案，实质上的纠弹处理权最终掌握在大总统手中。

第三，调查权。肃政史拥有询问证人，调查证据，调阅案卷等调查权，调查权是一种辅助性权力，服务于起诉权和弹劾权。

第四，监督权。平政院所作出的裁决，必须呈请大总统批令有关官署执行，并非审判终结即自动生效，肃政厅监督有关官署执行平政院裁判文书的情况。

（三）审计处和审计院①

1912 年 9 月北洋政府在国务院之下设立中央审计机构——审计处。它以事前审计为主，主要负责全国各部门、各地区岁出岁入、国债及国有资产的收支计算等方面的审查监督事务。具体包括稽核支出、审计决算以及核查国库、官产、国债、各官署的簿记等。

1914 年，北洋政府根据《中华民国约法》的规定，把审计处改为审计院。同年 6 月 16 日颁布《审计院编制法》，后来又制定了《审计院分掌事务规程》。根据这些规定，审计院直属大总统，设院长、副院长各 1 人，审计官 15 人，协审官 27 人，分成三个业务厅进行工作。另外还增设外债室和审查决算委员会。

审计院的审计范围是：①总决算；②各官署每月的收支计算；③特别会议的收支计算；④官有物的收支计算；⑤由政府发给的补助费或给予保证的收支计算；⑥法令特定应经审计院审定的收支计算。但对国家每年收支的决算及法令规定的大总统、副总统岁费和政府的机密费不得审计。它的主要职权是：各主管官署必须按期将

---

① 李小沧著：《中国的行政监督》，天津大学出版社 1999 年版，第 48 页、第 49 页。

收支计算送交审计院，经总会议或厅会议审查，合格的发给核准状，解除出纳官吏的责任；如认为不适当的，审计院则可通知原官署执行处分，出纳官吏得提出辨明书要求再议，对应负赔偿责任的，原官署即限期追缴。

（四）惩戒委员会

为进一步加强对文官、司法官及审计官的监督，北洋政府自1913年起相继设立了一些官吏惩戒机构：文官惩戒委员会、司法官惩戒委员会、审计官惩戒委员会。同时，北洋政府颁布了不少文官惩戒法规，如有《文官惩戒法草案》、《官吏惩戒令》、《文官惩戒条例》等，这些法规规定，对文官的失职行为认为有惩戒必要时，须呈请大总统组织惩戒委员会，将官吏的违失事实等情况提交委员会，由委员会全面调查、审核、决定惩戒办法。其中根据《文官惩戒法草案》的规定，文官有背离职守、玷污官吏身份、丧失官职之威严或信用的分别会受到褫职（即丧失现职）并停用2至6年、降等、减俸、记过、申诫（相当于批评）的惩戒。此外，北洋政府还在平政院设立了惩戒委员会，专司对平政院评事及肃政史的惩戒处分工作。

四、广州和武汉国民政府的行政执法监督制度[1]

为了推翻北洋政府的反动统治，1925年7月，在广州成立了国民政府，国民政府实行委员合议制，由国民政府委员会承担实际责任，委员会下设政府各部。广州国民政府后随北伐军迁至武汉。这时期的监察机构主要有监察院和惩吏院（审政院）。1925年8月1日，根据国民党中央执行委员会决议和广州国民政府颁布的《监察院组织法》成立监察院于广州，其职权是监督各级政府机构的工作，并可直接改变其不适当的处置决定；可以采取侦查手段，发觉官吏犯罪，必要时还可逮捕被告，并根据预审结果，向惩吏院提

---

[1]　李小沧著：《中国的行政监督》，天津大学出版社1999年版，第50页。笔者做适当修改。

出起诉；审查各级政府机构的工作，并有权要求对有关问题作出答复；对政府机构的预算收支等进行审计。惩吏院成立于 1926 年 1 月，负责对官吏失职行为的惩办。1926 年 5 月，惩吏院改名审政院，掌理惩吏及平政事项。10 月，审政院又并入监察院。监察院同时负责监察和惩戒事宜。

五、南京国民政府的行政执法监督制度

1927 年 4 月 12 日与 7 月 15 日蒋介石、汪精卫先后发动反革命政变，国民党的新军阀代替旧军阀，走上了独裁统治的道路。以蒋介石为首的南京国民政府以实现孙中山的《建国大纲》为名，推行"以党治国"，在内政、外交各方面采取一系列的措施，以巩固其统治。

（一）军政时期的监察制度

军政时期，具体时间从 1927 年 4 月到 1928 年 8 月，孙中山认为，在此期内，革命政府的工作在"一面用兵力扫除国内之障碍；一面宣传主义以开化全国之人心，而促进国家之统一"。以蒋介石为首的国民党定都南京后，广州国民政府监察院即迁至南京。此前，南京政府的中央特别委员会通过了《国民政府监察院组织法》。由于国家处于战争时期，监察院工作基本上处于停顿状态。1928 年 2 月 4 日国民党中央执行委员会通过了《中华民国国民政府组织法》，并于同年 2 月 13 日由国民政府公布施行，虽然《中华民国国民政府组织法》规定增设最高法院、监察院、考试院和审计院等，但到 1928 年 10 月 8 日该组织法终止时，监察院等机构并没有成立。

根据《国民政府监察院组织法》的规定，监察院设监察委员会 7 人，有关弹劾以及其他院内事务由委员会决定。监察院是在国民党的监督指导下，并受国民政府的领导，行使监察国民政府所属行政、司法机关的官员权力。监察院在弹劾官员过程中如发现有刑事犯罪案件的，应将刑事部分移送到司法机关。监察院指派 1 人行使刑事起诉权。从《中华民国政府组织法》的规定看，监察院实

际上是国民政府中的一个职能机构，不是孙中山先生五权宪法理论中的监察院。[①]

（二）训政时期的监察制度

1928 年 10 月—1948 年 5 月，这一时期，国民政府依照国民党中央执行委员会通过试行的五院制国民政府组织法，实施五院制。国民党称这一时期为训政时期。1928 年 10 月，蒋介石颁布《训政纲领》，该纲领规定，由政治委员会[②]"领导国民行使政权，国民政府总揽治权"，即由国民党指导和监督国民政府的重大国务活动，并负有议决、修正与解释国民政府组织法的权力。国民政府由司法、立法、行政、考试、监察五院组成，但监察院实际上与其他四院共为五个分工不同的政府办事机构，并非最高监察机关，立法院也不掌握立法权，监察院与立法院对行政权制约很小。1931 年 5 月蒋介石在南京召开"国民会议"，通过了《中华民国训政时期约法》。从 1930 年 11 月 24 日至 1943 年，五院制国民政府组织法共经历九次修改，重大的变化主要是根据蒋介石是否担任国民政府主席而改变国民政府主席与行政院长的职权。五院制国民政府时期，国民党通过政治委员会（简称中政会）控制国民政府。1937 年 7 月抗日战争爆发，11 月国民政府迁都重庆。1939 年 1 月，正式成立国防最高委员会，取代了国民党的政治委员会，成为全国最高政治指导与国防决策的机构，是党、政、军的最高权力机关。蒋介石兼任国民党总裁、国防最高委员会委员长、行政院院长、国民政府主席，实行高度的集权统治。

监察院是国民政府的最高监察机构，于 1931 年 2 月成立，它直接向国民党中央执行委员会和任国民党总裁的国民政府主席蒋介石负责，担负着监督国民政府各机关及其公务人员的职责，在性质

①　章剑生著：《行政监督研究》，人民出版社 2001 年版，第 90 页、第 91 页。笔者做适当修改。

②　1925 年 6 月国民党中央决议，在中国国民党中央执行委员会中设立政治委员会，政治方针由政治委员会决定，以政府名义执行。

上属于准司法机关。监察院设院长、副院长各1人，其下设有监察委员及审计部。监察院院长的任命如其他四院院长由国民党中央执行委员会选任。监察委员的名额为29人至49人，由院长提请国民政府主席依法任免。初设监察委员19～29人，由院长提请国民政府任命。1931年12月改为30～50人，其中半数由法定人民团体选举。监察委员无任期的限制，且享受法律特别保障，他们兼有一般议会议员的特权，及一般法院法官的保障，但不得兼任其他官职。为了便于在各地巡回监察，监察院院长有权提请国民政府特派监察使，该监察使可以由监察委员兼任。监察院成立以院长为首的由监察委员组成的监察院会议为决策机构，审议向立法院提出的法律案、院长交议事项及其他事项，但不涉及弹劾权及审计权的行使。监察院的职权如下：

第一，弹劾权①。

监察院主要有两种职权：一为弹劾，另一为审计。弹劾权由监察委员行使；地方的弹劾权亦可由监察使行使。

弹劾权的行使以公务员的违法及失职行为为对象。弹劾法中所指的公务员包括国民政府的一切官吏，无阶级大小之分，亦无中央与地方之分。每个监察委员可以单独提出弹劾案，但必须以书面为之，并应该详述事实，附列证据。提出后，由提案委员以外的监察委员3人审查；如多数认为应予惩戒，便移交惩戒；如多数认为不应交付惩戒，而提案委员有异议时，则交付其他监察委员5人审查，并作最后的决定。弹劾法没有规定此5人的审查意见是否须全体一致，抑或取决于多数，但在实施上，则从后者的办法。与弹劾有关的监察委员不得参加审查，监察院院长亦不得指挥或干涉，审查委员则由监察委员轮流担任。此即所谓"弹劾独立"，其意思与审判独立相似。但事实上，监察委员的任命既出自院长的推荐，院长的权威自然甚高，无形中常可影响弹劾案的成立或不成立。

---

① 王世杰、钱端升著：《比较宪法》，中国政法大学出版社1997年版，第464页、第465页。笔者做适当修改。

弹劾案的提出，或基于监察委员本人的见闻，或基于人民的举发。监察院设有人民书状核阅室，专接受人民举发公务员违法或失职行为的书状，但该室不得擅自答复。这类书状，自1931年至1941年，监察院共接到22619件，而经行文各地高级机关或法院查明者，有7469件，自行派员查明者有811件。

公务员违法或失职的行为，其情节重大，有急速救济的必要者，监察院将弹劾案移付惩戒机关时，得通知主管长官为急速的救济处分。所谓急速救济处分，就是立即纠正被弹劾的行为，其或暂撤被弹劾者之职，以阻止被弹劾的行为继续进行之意。如主管长官不为此种处分，则于被弹劾人受惩戒时应负责任。

监察院虽可弹劾一切公务人员，而惩戒机关却因被弹劾者地位的不同，而有分别。如被弹劾者为中央执行委员会所选任之官或监察院监察委员，则惩戒机关为中央监察委员会；其他政务官归"国民政府政务官惩戒委员会"惩戒；中央的其他公务员及各地方荐任职以上的公务员，归"中央公务员惩戒委员会"惩戒；各地方其他公务员归各省市公务员惩戒委员会惩戒；少将以上的军官归"军事委员会军事长官惩戒委员会"惩戒；上校以下的军官归军政部或海军部惩戒。自1931年监察院正式成立起，至1941年年底，被弹劾者共有1937人，惩戒机关议有结果者则有1291件，约占弹劾案2/3，其余则尚在积压中。之所以积压的缘故，一半是因为惩戒机关的组织不健全，一半是因为有些案件因政治原因难以进行惩戒。依弹劾法，监察院对于延压的案件固有质询之权，但实际上其效力亦甚微小。

第二，审计权。

审计部是监察院的直属机构，具体行使监察院的财政审核权。其前身是1928年南京国民政府设立的审计院，1931年南京国民政府监察院成立后，原审计院撤销，改称审计部，隶属于监察院。审计部设审计长，由总统提名，经立法院同意后任命，其职责是主持监察院的审计业务，负责审计部的管理工作。审计部独立行使审计权，负责审核全国财政，在其行使审计权时对监察院也有相当的独立性，监察院院长无权任命审计长，也不干涉具体审计业务，只是负责其人事、经费及一般行政事务，审计事务均由审计部自行处理。审计部在地方设立审计处，相当于监察部的监察使署；在财务繁重的各个机关特别设立审计办事处，以便就地审计监督。审计部行使职权的主要对象是各级政府机构，包括国营事业机关在内。

审计部审计监督权包括：监督预算的执行，核定收支命令，审核预算决算，稽查财政上不法或不忠于职务的行为。在行使职权时，审计人员具有充分的调查权力，审计人员可以向各机关查阅簿籍、凭证，或其他文件，主管人员不得藏匿或拒绝，对有关疑问，必须详实答复，如果违反以上规定，审计人员可通过一定程序通知该机关长官予以处分或呈请监察院核办。审计中如果发现紧急情况需作出处理，可通知该机关长官从速执行，不执行者，负连带责任。① 审计部不仅有权进行事后监督，而且有权进行事前监督，例如，依据审计法第二章规定，财政机关所发各项经费的支付书及各机关的收支凭证均经审计人员根据预算规定加以核签，未经核签者不得支付。

第三，调查权。

调查权是监察院为了了解有关情况而对各级机关的行政事务进行调查和质询的权力。对于监察机关的调查，"各机关部队或团体主管人员及其他关系人不得拒绝"，并提供监察院所需的一切材料，如果需要临时封存有关物品，除妨害国家利益的外，也应予以配合。有关国家机关对监察院的调查给予协助、配合，如被调查机关的负责人对有疑问的事项做出回答，提供有关的档案簿册。监察院的调查权有两种方式：一是代查。代查是监察院以书面形式委托其他机关代为调查，被委托机关在做出调查后，以书面形式做出答复。二是派查。派查是指监察院为调查人民书状所诉的事项，由监察院直接委派监察委员或监察使单独调查，或遇到重大案件时，依

---

① 汤唯、孙季萍著：《法律监督论纲》，北京大学出版社2001年版，第210页。

据院令或各委员会决议临时组成调查组调查。调查人员在执行调查任务时，不得接受地方的一切赠物。

第四，纠举权。

抗日战争时期，根据《非常时期监察权行使暂行办法》和修正公布的《非常时期监察权行使暂行办法》的规定，纠举权主要是指：监察委员或监察使对于公务员违法或渎职行为认为应迅速免职或者其他紧急处置的，可以超越原来的弹劾公务员的办案程序进行书面纠举，以书面形式单独呈请监察院院长审议，院长同意纠举的，则送交各该公务员的主管机关长官或上级机关长官，如公务员的行为涉及刑事法律或军法的，应交审判机关审理。监察使在监察区内对委任公务员进行纠举，在呈送监察院院长同时，应以书面形式直接送该公务员的主管机关的长官或上级机关长官；长官在接到纠举书后，应即决定撤销被纠举的公务员职务或其他行政处理，认为不应处理的应当提出不处理的理由。被纠举的公务员可以提出申辩意见。监察院对于主管机关或上级机关长官不依规定处理的，可将其作为弹劾案交惩戒机关。

第五，建议权。

建议权同样是根据《非常时期监察权行使暂行办法》赋予监察院的职权，各机关公务员对于非常时期之应办事项有奉行不力或失当者，监察委员或监察使有权以书面形式提出意见或建议，呈给院长审批后，送交各该主管机关或其上级机关处理。有关机关接到建议或意见后，应迅速作出处理。

另外，监察院的职权还包括监视权和视察权。监视权是指举行公务员考试时，依据监察法规定都必须请监察院或监察使署派员监督考试的过程。视察权是指监察委员或监察使对于各级机关及各公立团体所进行的视察。

（三）宪政时期的监察制度

宪政时期，即全国有半数以上的省份实现了各县完全自治，各省的国民代表可以选举省长，视为宪政的开始。抗日战争胜利后，1946年5月国民政府还都南京。1946年12月25日，国民党控制下的制宪国民大会①通过了《中华民国宪法》。1947 年 4 月 18 日蒋介石宣布改组政府，吸收青年党、民社党及"社会贤达"参加政府，开始由训政向宪政过渡。1948 年 3 月 29 日至 5 月 1 日在南京召开了行宪国民大会，以蒋介石为总统、李宗仁为副总统的"行宪"政府成立，宣称开始宪政时期，国民政府随之撤销。"行宪"政府体制确定为总统制，并颁布《动员勘乱时期临时条款》，扩大总统权限，同时保留五院制，于右任出任宪政时期监察院第一任院长。1949 年 10 月 1 日，中华人民共和国建立，结束了中国国民党对中国大陆的统治。

宪政时期的监察制度发生了相应变化，主要表现在：

1. 监察机构的变化

第一，监察院的副院长、监委委员和审计部部长的产生不同。正、副院长由原来的委任制变为选举制，即由国民党中央执行委员会选举和任命改为由监察委员互相推选产生；院长对外代表监察院，对内主管全院事务，监督所属机关的工作。监察委员的产生也由原来的任命制改为选举制，即由以前的院长提名，国民政府批准改由各省市议会和蒙古、西藏地方会议及华侨团体选举产生，任期6 年，可以连选连任；同时《中华民国宪法》还对监察委员规定了言论免责和身体保障权，以确保监察委员独立行使监察权。审计部部长由院长提请国民政府特任改为由总统提名，经立法院同意予以任命。

第二，监察院增设各种委员会，分别掌握内政及外交各方面的监察工作，可行使纠正权和调查权。

第三，在地方设置监察委员行署。把原来派驻地方的监察使署改成监察委员行署，其职权无变化。

①　国民大会是南京国民政府时期名义上代表全国国民行使政权的机关，先后于 1946、1948 年召开。1946 年大会任务为制定宪法，又称"制宪国大"；1948 年大会任务为施行宪法，选举总统，实行总统制，又称"行宪国大"。

2. 监察机关职权的调整

第一，增设同意权。即对司法院院长、副院长和大法官、考试院院长、副院长和考试委员的任命，都必须由总统提名，经过监察院审查和讨论通过后，才可任命；如监察院不同意，总统得另行提名。

第二，设立纠正权。纠正权是在抗日战争时期建议权的基础上扩大而成的。根据有关规定，监察院对行政院及其所属各机关的违法或不当的行为做出调查，并经监察院有关委员会讨论决定后，可提出纠正建议案，直接送达行政院及其有关部会和中央及地方公务员，促使其尽快改善，被纠正的机关必须在两个月内作出答复。

第三，增加调查的方式。在代查和派查两种调查方式之外，增加自行调查，即监察委员在收到人民书状以后自行调查，或为加强监察权的行使而自动进行调查。

3. 惩戒制度的变化①

第一，官吏惩戒机构减小。推行宪政后，只有国民大会和司法院公务员惩戒委员会两个机构负责惩戒工作，前者负责对总统、副总统之弹劾，后者负责对除此以外一切公务人员的惩戒工作。

第二，惩戒种类有所增加。推行宪政后惩戒处分种类在原来撤职、降级、减俸、记过、申诫的基础上，又增加了"休职"即休其现职，并不得在其他机关任职，其期限至少为 9 个月，休职期满，许其复职。休职列在撤职之后。

（四）南京国民政府时期的行政法院

南京国民政府成立后，中央政府五院中的司法院为最高司法机关，但行政诉讼最初由 1925 年 8 月 1 日设立的督察院受理。1928年 10 月，南京国民政府公布的《国民政府组织法》规定，司法院为国民政府最高司法机关，负责管理司法审判、司法行政、官吏惩戒及行政审判，并有解释法令、变更判例之权。明确规定了在司法

①　李小沧著：《中国的行政监督》，天津大学出版社 1999 年版，第 51页、第 52 页。

院中，普通诉讼与行政诉讼并立的二元司法体制。1931 年 5 月，南京国民政府公布的《训政时期约法》第 22 条规定："人民依法律有提起行政诉讼及诉愿之权。"从人民基本权利的角度，确认了诉愿权和行政诉讼权。及至 1931 年 12 月，修正公布的《国民政府组织法》第 36 条规定："司法院设最高法院、行政法院及公务员惩戒委员会。"为中国立法史上第一次使用行政法院这一名称，同时表明行政法院应遵循司法独立原则，以摆脱行政机关的控制。

　　1932 年 11 月，南京国民政府颁布《行政法院组织法》和《行政诉讼法》，具体规定行政法院的组织和职权。1933 年 6 月，行政法院正式开始受理行政诉讼。行政法院设有两个审判庭，每个审判庭由 5 位审判官组成。行政法院的审判官称为"评事"，单独办案。每月月底召开"会议庭"。有时 5 人分庭，有时 10 人合议。院长相当于部长，也是个"评事"，参加合议庭就作为庭长。行政法院是中央机关中最小的机关，所以一般知道它的人很少。因此行政法院与行政院常被人搞混。有时，有人向行政法院去控告行政院。有时行政法院撤销行政院的决定，倒像个大陆法系的行政法院模样。但后来就不行了，很少出现这种情况，特别是蒋介石和何应钦当行政院长的时候，更是如此。①

　　与北洋政府时期的平政院相比，南京国民政府行政法院有以下几个方面改进：第一，从性质上看，南京国民政府的行政法院属于司法机关，隶属于司法院。第二，从机构组织与评事任职资格上看，行政法院仅行使行政审判权，纠弹官员违法案件则由监察院与司法院公务员惩戒委员会负责。行政法院院长与评事的任职资格要求更高。第三，从受案范围和审级制度上看，南京国民政府时期的《行政诉讼法》采纳了法国的概括式规定，即凡属行政处分，不论其关于何种事项，均可提起行政诉讼，并可附带提起损害赔偿之诉。行政法院虽仍实行一审终审制，但兼采德国、奥地利制度，规

---

　　① 龚祥瑞著：《比较宪法与行政法》，法律出版社 2003 年第 2 版，第 333 页。

定当事人可以提起再审之诉。第四，被告行政官署不派诉讼代理人，或不提出答辩书，经行政法院另定期限，以书面催告，而仍延置不理者，则行政法院得以职权调查事实，径为判决。第五，关于行政诉讼准用民事诉讼法的规定，使该法更为严密。但是，从另外一个角度看，在南京国民政府行政法院的实际运作中，受理案件数量寥寥，总体上讲是失败的，其原因主要在于制度本身。首先，一审终审制的科学性存在很大问题，虽一审制以诉愿前置为前提，但诉愿作为一种行政机关内部的救济途径，其公正性远不如行政诉讼。与平政院比较，虽然行政法院增加了再审制度，然而，当事人需要起诉必须经过诉愿、再诉愿程序，手续过为烦琐。其次，行政法院设置于首都南京，不便于人民诉讼。再次，就行政判决的执行来看，南京国民政府行政法院判决须呈请司法院，再由司法院转呈国民政府训令行政机关执行。此种执行制度手续烦琐，且最终仍由行政机关执行，必然难以彻底执行。①

---

① 　郭姝：《中国近代行政法院制度之变迁》，载《人民法院报》2003 年7 月21 日理论版。

第三章 国外的行政执法监督制度

第一节 美国的行政执法监督制度

美国全称为美利坚合众国，采用联邦制的国家结构形式，全国上下分为联邦、州和地方（市、县）三级管理体制。政权组织形式为总统制，实行三权分立与制衡相结合的政治制度。立法、行政、司法三种权力分别由国会、总统、法院掌管，三个部门行使权力时，彼此互相牵制，以达到权力的平衡。国会是最高立法机构，由参众两院组成；总统是国家元首、政府首脑兼武装部队总司令；司法权由法院行使，设联邦最高法院、巡回法院、州法院及一些特别法院。总统对国会通过的法案有权否决，国会又有权在一定条件下推翻总统的否决；总统有权任命高级官员，但须经国会认可，国会有权依法弹劾总统和高级文官；最高法院法官由总统任命并经国会认可，最高法院又可以国会通过的法律违宪为由宣布无效。

一、行政监督制度概述

美国现已逐步建立起一整套内外结合、纵横协调的立体的行政监督体系，这一体系中的各个部分独立行使职权，同时又相互协调、补充和牵制。概括起来，美国的行政监督体系包括国会监督、公众监督、新闻舆论监督、行政机关内部监督、司法监督等内容。它们对于促进政府的廉洁和效能，维护公务人员的职业道德发挥着重要作用。

（一）国会监督

美国国会无疑是当今世界上权力最大的代议制机构。这句话不仅是要表明美国具有强大的力量和财富这一事实，同时也是要承认美国国会作为一个立法机构，由立法机构而派生或享有的权力比其他西方国家立法机构所保持的权力要大。① 概括地说，根据美国宪法，国会对政府具有组织权力（任命弹劾权）、授予进行活动的权力（批准权）、给予活动经费的权力（财政权）和监督行政活动的权力（调查权）。

1. 立法权

立法权是美国国会最基本也是最首要的权力。美国宪法规定，全部立法权属于国会，并在第 1 条第 8 款详细列举了 18 项权力，例如，宣战、征税、铸造货币和规定度量衡等，这 18 项宪法明确列举的权力一般被称为"授予权力"。同时，宪法在列举国会的立法权力后，在该条文的末尾规定了一项兜底条款："为了行使以上权力和宪法授予美国政府或任何部门或官员的一切其他权力，国会有权制定一切必要的和适当的法律。"这是一条极富弹性而又极其重要的条款，被称为"默示权力"。根据美国联邦最高法院的判例，国会有权行使从"授予权力"引申出来的其他权力，并进行相关的立法活动。

美国国会可以通过立法活动对政府部门的行为进行控制与监督。依据法治原则，行政机关的职权必须由法律做出明确规定，行政机关的活动是一种执行法律的行为。美国国会在立法授予行政机关某项职权时，可以批准其拥有广泛的权力，行政机关在行使权力时具有灵活的自由裁量权；国会立法在要求行政机关执行某项任务或完成某项工作时，也可以对行政职权的范围、条件、标准、形式、程序等做出比较详细、具体和明确的规定，这就在最大限度上限制了行政机关的权力。同时，根据"默示权力"条款，美国国会把创设行政机构的权力也掌握在自己的手中，美国总统只有在得到国会明确授权的前提下，才能改变国会设立的行政机构或撤销

---

① 韩大元主编：《外国宪法》，中国人民大学出版社 2000 年版，第 398页。

它；对于新设立机构的职权，国会有权通过立法加以规定，无须征求总统的意见。例如，国会在1958年制定联邦航空法，创设一个新的行政机关——联邦航空署，并具体规定该机构的职权，为了防止其滥用自由裁量权，该项法律长达81页，共5万字。

在立法方面，美国国会监督行政权的方法还包括：

第一，制定行政程序规范。行政活动的程序通常由行政机关自己规定，但对于产生重大效果的程序，国会一般制定法律加以规定。① 例如，国会制定的《联邦行政程序法》，适用于联邦全部行政机关。

第二，设定"日落"条款。它是指国会制定的授权性法律，只在一个比较短的时期内有效，就像黄昏中将要落山的太阳，这样，国会强迫自己定期对授权行为进行复查，以决定是否继续授予行政机关某项权力。

第三，修改授权立法。国会修改法律实质上是对行政机关执法效果的评判。如果社会舆论对某一授权执法机关评价很高，国会可能在修改法律时扩大该机关的权限，以取得更加良好的执法效果；如果情况发生恶化，国会可能会减少或取消授权。

第四，限制委任立法。国会有权变更或取消委任立法，或者限制行政机关行使委任立法的时间、条件和程序。

2. 财政权

根据美国宪法，美国国会拥有财政控制权，财政权（钱袋权）是国会制约和监督政府的重要手段。除行政机关的职权来自于国会的授权外，行政机关要从事各种活动必须得到国会拨付的经费，否则任何行政活动都是不可能的。

美国国会拥有的财政权高于欧洲国家的议会。大多数欧洲国家的议会对政府（或内阁）提出的预算案，在通过之前一般会进行激烈的讨论或辩论，但很少做出更改；尤其是议会不能在政府请求

---

① 王名扬著：《美国行政法》（下），中国法制出版社1995年版，第899页。

的预算项目之外，增加新的预算项目，或增加政府请求的预算数额。美国国会没有这种限制，国会对总统提出的拨款案或税收建议案可以任意修改，不仅有权增加或减少政府请求的预算，而且有权取消政府请求的预算项目，或增加政府没有请求的额外的财政支出项目。另外，国会专门对政府的某项行动或决定增加预算时，有权对该项预算的使用规定各种限制条件，包括使用的方式、禁止使用的情况和必须达到的目的等。

　　在每个财政年度开始前，也就是每年1月国会会议开始后，总统必须向国会提出下一财政年度的预算建议，请求国会审议。审议中，国会要多次举行听证会，要求有关政府机构官员出席，说明现行预算的执行情况，来年的计划项目，回答议员们提出的诸如有关新增项目和增加开支原因等的各种询问。国会对预算建议进行审议、修改后，通过制定政府预算授权法案，经总统签署成为法律。随后国会再根据预算授权法案，制定和通过拨款法，批准政府预算的执行，财政部才能向政府各部拨款。如果国会拒绝通过拨款法，政府机构因缺乏经费而无法运作，这就面临关闭的局面。另外，在一个财政年度结束后，国会还通过联邦审计总署对政府各机构的经费使用情况进行审计，对其经费使用效益、财务工作等做出评价。在美国，国会可以凭借财政权对行政权的行使进行制衡。

　　3. 任命批准权

　　根据美国宪法，总统提名任命的部分官员须征询参议院的意见并经参议院审查批准，这是参议院特有的权力。参议院对于总统提名的高级行政官员，特别是政府部长，一般都予以批准，因为美国的宪法习惯认为总统应该有权任命自己的班子，以推行其治国方略。很少有政府部长遭参议院否决或拒绝的情况。对于有争议的个别人选，参议院一般要举行听证会，对总统提名人选的道德、学问和健康状况等进行考察，并要求被提名者到会回答有关问题，参议院认为其符合有关条件，才通过总统的提名。参议院对于最高法院大法官的任命特别慎重，在美国历史上，总统提名的大法官有20%被参议院否决。

　　参议院行使任命批准权时一个颇为值得称道的制约和监督机制是实行"承诺制"。所谓"承诺制",即在某些特殊情况下,参议院可要求被总统提名者做出恪守某项原则、规定的承诺,以作为批准其任命的条件。实践证明,这种"君子协定"作为一种道德约定,对于规范和约束被任命政府官员的道德行为,保证其诚实、守信,防止违规违纪行为的发生,往往具有重要的不可代替的作用。[①] 参议院的任命批准权已经成为与总统讨价还价、控制总统的行政权力的重要机制。

　　4. 弹劾权

　　弹劾权指议会对国家元首、政府高级官员或法官的不法行为提出控告,提出免职并追究其法律责任的活动。它是美国国会监督其他国家机关的一种重要方式,也是对国家公职人员的一种特别的刑事诉讼程序。美国国会没有不信任表决权,但拥有弹劾权,这与议会政体的国家不同。根据宪法第 2 条的规定,总统、副总统以及联邦政府全部文官,犯有叛国、贪污以及其他犯罪行为的,可由国会弹劾免职。事实上,弹劾的对象不限于政府官员,也包括美国联邦法官和州级法官。

　　弹劾分提出、追诉、审判三个阶段,一般有特定的程序和条件限制。在美国,弹劾的提案权属于众议院。弹劾建议的提出与普通建议案相同,美众议院一名议员就可提出弹劾建议,甚至连议院之外的公民也可向众议院提出弹劾建议。弹劾建议提出后,由司法部长(即总检察长)任命一位独立检察官,由独立检察官进行调查,向众议院呈交报告。众议院即安排特别委员会或常设委员会(主要是司法委员会)开展听证、调查活动,审核有无弹劾依据。若核准,则制定出弹劾理由书,报众议院审理。[②] 众议院经过辩论后开展表决,若有 1/2 以上的多数票议决追诉,即可将此案呈参议院

---

　　① 李道揆著:《美国政府和美国政治》(上册),商务印书馆 1999 年版,第 373 页。

　　② 尤光付著:《中外监督制度比较》,商务印书馆 2003 年版,第 96 页。

审理；若议会决定不予追诉者，弹劾案即告撤销。宪法规定，"参议院有审讯一切弹劾案的全权"，因此弹劾案的审判权属于参议院。审理时，众议院选出 7 名议员组成弹劾处理委员会作为原告，同时行使检察官职权。被弹劾人可以亲自到庭辩护。双方公开辩论结束后，参议院主席（充当审判长）将分三次表决：违法失职是否成立；是否应当免职；免职后是否允许被告再任公务员。对被弹劾者的处分决定一般须经参议院出席议员 2/3 的多数赞成。如美国 1866 年对约翰逊总统的弹劾就因一票之差未能构成 2/3 的多数，使约翰逊总统被宣告无罪。在美国，从联邦政府成立以来，被国会提出弹劾的只有 17 人，其中总统 2 人，国防部长 1 人，法官 13 人，参议员 1 人。弹劾参议员发生于 1789 年，当时美国还沿用英国制度，把参议员也作为弹劾对象。可以看出，被弹劾者中大部分为法官，这是因为行政官员有违法犯罪行为，可由总统免除其职务，而法官由于是终身职，则非经弹劾不能对其免职。弹劾案的判决处分一般以免去职务为限，若认为被弹劾者有刑事犯罪嫌疑，则须依法提起公诉并经美国联邦最高法院审判。在被弹劾的 17 人中，被判定为有罪的只有 5 名法官。

弹劾权是国会最具有威慑力但又很少使用的一项权力。因为美国有关法律对弹劾的程序规定得十分严格，启动和完成弹劾程序均须受到种种限制，为了避免弹劾程序被无限制地拖延下去，造成政府工作的停滞，国会很少使用弹劾权。然而弹劾作为一把悬在空中的"达摩克利斯之剑"，还是具有巨大的威慑和制约作用的。

5. 调查权

调查权，是指议会为了监督政府工作的需要而组织专门机构对行政部门进行调查了解的权力。法律的生命在于执行，没有正确的执行，全部法律只是一纸空文。国会的调查权力是国会控制行政活动的重要武器，其重要性不亚于国会的立法权。① 国会调查的目的

_____

①　王名扬著：《美国行政法》（下），中国法制出版社 1995 年第 1 版，第 916 页。

在于保证行政机关的执法活动符合法律的规定，防止其越权或滥用职权。因为作为民众代表的国会可能随时对公务员的执法情况展开调查，不论国会是否使用该项权力，其本身就使他们时刻保持这种"紧张感"，达到一种独特的"预防效果"，促使其勤政为民。

美国宪法没有直接规定国会的调查权。在1792年，美国军队被印第安部落击败，国会决定对此事进行调查，要求国防部提交有关的文件，当时的政府高级官员一致认为，进行调查和要求提交文件属于国会的权限，从此美国国会拥有了习惯意义上的调查权。美国联邦最高法院在1927年的判决中认定，宪法既然赋予国会立法权和财政权，那么调查权是行使立法权和财政权所必需的和适当的派生性权力，毫无疑问地包括在国会权力范围之内。1946年的立法改组法明确规定，调查权力是国会执行监督职务必不可少的手段。

国会调查的重要内容是政府官员的行为表现，如有无贪污受贿行为等，并为弹劾收集证据。它是国会监督政府的一种最直观的形象的方式。国会主要通过各种常设委员会（其中参议院有18个常设委员会，众议院设有29个常设委员会）、出于专门目的设立的特别委员会和参众两院的联合委员会行使其调查权。为加强对联邦政府的监督，众议院按产业和行业划分成立的23个常设委员会内部均设一个监察小组，专司监督与其相对应的政府部门及其大小官员。① 各委员会进行调查的主要方法是举行听证会，审阅报告和口头交谈。对于重大问题的调查一般采用听证会的形式，国会有权强制不到庭作证的人出席调查听证会并提供证言，对于拒绝到国会调查听证会上作证的人，国会可以蔑视国会的罪名传讯，也可对提供虚假证言的人以伪证罪名加以传讯。国会有权要求行政机关就某一特定事项提出报告，或就其广泛的执法活动定期做出报告，以便于国会的调查和发现问题。对于比较简单的问题，委员会的成员可

---

① 侯志山著：《外国行政监督制度与著名反腐机构》，北京大学出版社2004年版，第117页。

以与有关的工作人员进行面谈，了解情况，传达国会的意见。

在欧洲的其他国家，议会的调查限于重大问题，不涉及细微的行政事件。美国国会的调查和听证，往往不问事件的大小，只要能够满足议员的某种政治目的，都能触发国会的监督程序。① 国会的调查听证会一般是公开的，并通过新闻媒体向外界广泛报道，以取得公众对其调查的关注和支持。现在，国会对行政部门进行调查已成为国会监督总统以及行政部门的一项经常性的形式。

总之，国会对行政的控制是维持美国分权原则，保持立法部门和行政部门互相平衡的宪法手段。正如麦迪逊所言："防止各种权力逐渐集中于一个部门的最大保障，在于给予每一个部门的主管者必要的宪法手段和个人动机以抵制其他部门的侵犯……野心必须用野心来对抗。"事实上，美国国会对政府部门控制的严密程度，超过任何其他西方国家议会对政府部门的控制。

（二）公众监督②

美国公众的民主监督意识很强，这不仅表现在公民个人对公共官员违法违纪行为的揭发检举上，而且表现在民间团体和组织的监督活动非常活跃。美国各州、市、县成立了很多由离职的政府官员和社会名流牵头的民间团体和组织，他们对立法、司法和行政机关施以密切的监督。这些民间团体和组织大都实行会员制，其活动经费主要靠会员缴纳的会费和社会赞助。他们通过会员收集掌握公众对政府的意见，或去议会游说，就一些立法事项等提出批评和建议；或专门去观察法庭对案件的审判是否公正、公平，或揭发、批评政府公务员的失职、渎职及腐败行为，对政府工作进言献策。这些民间团体和组织在认为必要时还组织会员上街游行，或是将掌握的情况在新闻媒体上予以公开披露。这些民间团体、组织的监督活

---

① 王名扬著：《美国行政法》（下），中国法制出版社1995年版，第896页。

② 侯志山著：《外国行政监督制度与著名反腐机构》，北京大学出版社2004年版，第120页。

动直接表达民意，因而往往会对监督对象形成很大压力。

（三）新闻舆论监督①

新闻舆论监督在美国的行政监督中扮演着重要角色。新闻媒介在美国有着"第四权力"或者"第四部门"之称，它对于行政、立法和司法三个部门的过分或不端行为具有很大的监督作用。美国的《独立宣言》起草人托马斯·杰斐逊曾经说过："如果要我来决定是要一个没有报纸的政府，还是要没有政府的报纸，我会毫不犹豫地选择后者。""没有监察官就没有政府，但是，哪里有新闻出版自由，哪里就可以不需要监察官。"在杰斐逊看来，世界上所有政府都有人类的弱点和腐化堕落的胚芽，为了防止政府的蜕化，就必须由人民来监督。人民的良知是维护正确原则的可靠基础。为了防止犯错误，就必须通过报纸让人民充分地了解公共事务。言论出版自由是通向真理的唯一途径。

正是在以上思想的指导下，美国的新闻传媒历来把对政府的监督视为天职，它们对政府的政策、腐败、错误、丑闻，对政府官员的渎职、滥用权力和违法行为总是孜孜不倦地予以揭露和批评。由于新闻媒体在美国政治生活中发挥着举足轻重的作用和影响，当今美国的政治教科书中几乎都有一章专门论述新闻媒体的政治作用。

美国的新闻传媒何以会具有如此之大的自由度和监督政府的作用呢？

第一，法制保障。1789年美国国会通过的宪法第一修正案规定：国会不得制定关于下列事项的法律：确立宗教或禁止信仰自由；剥夺人民言论或出版自由；剥夺人民和平集会及向政府请愿的权利。1925年美国最高法院又通过有关判例，将宪法第一修正案对言论出版自由的保障扩大到适用于各州。②

---

① 侯志山著：《外国行政监督制度与著名反腐机构》，北京大学出版社2004年版，第120—122页。

② 李道揆著：《美国政府和美国政治》（上册），商务印书馆1999年版，第123页。

允许报刊等监督和公开批评政府，是言论出版自由的题中之义。1931 年美国最高法院在涉及报刊批评政府官员的自由的"尼尔诉明尼苏达州案"这个具有里程碑意义的重要判决中，第一次宣布一个州的事先限制言论出版自由的法律违宪，强调了报刊对政府及其官员进行监督的必要性。① 在不少报刊、电视台因批评政府被政府官员控告犯有诽谤罪而要求大量赔偿的情况下，1964 年最高法院在"纽约时报诉沙利文案"的判决中，提出了以是否具有"真正的恶意"来判断新闻媒介的批评构成"诽谤"罪与否的原则。② 最高法院的这两个著名判例明确了新闻媒介批评政府的权利，并为这种批评的自由提供了进一步的保障。

监督先要"知情"。"知情权"的概念是 1945 年由当时美国合众社总经理肯特·库珀（Kent Cooper）提出的，其含义是指民众享有通过新闻媒介了解其政府工作情况的法定权利。知情权是新闻自由的基本含义之一。为满足人民的知情权，保障新闻自由和新闻舆论监督，在立法上，美国通过的《政府文件公开法》（又译为情报自由法）等法律规定，原则上政府要公开其所有的信息资料。公众有权了解议会开会的时间、地点、议程、内容等；有权旁听法院对应公开审理的案件的审判；有权了解政府机关制定的各项政策、做出的决定以及要求提供其不属于保密范围的信息资料。新闻记者可以依法查阅有关政府工作的记录。在司法上，美国也注意通过新闻诉讼的判决来保障公民的知情权。如在 1974 年水门事件中，新闻界要求尼克松总统交出有关材料，遭到拒绝。理由是，"根据行政权力原则，无论何时只要为了公共利益就可以不透露信息资料。至于什么是公共利益和是否确实为了公共利益，则应由总统来决定"。最高法院驳回了这种主张，判决认为，"所谓公共利益的

① 李道揆著：《美国政府和美国政治》（上册），商务印书馆 1999 年版，第 135 页、第 136 页。

② 李道揆著：《美国政府和美国政治》（上册），商务印书馆 1999 年版，第 136—138 页。

标准过于宽泛，须由法院来裁定是否符合这一标准"。在其后发生的许多重大新闻诉讼案件中，美国法院都作出了对新闻界有利的判决。①

第二，历史传统。美国具有言论出版自由的悠久传统，早在殖民地时期，沿袭宗主国英国的习惯，各殖民地就形成了较宽松的言论出版自由的环境。1721 年废除了新闻检查制度，1783 年独立战争胜利之后，以托马斯·杰斐逊为代表的仁人志士就为把言论出版自由写进宪法而奔走呼号。1787 年大部分州的宪法都明确规定了保障言论出版自由的条款。

第三，经济自立。与世界上许多国家不同的是，美国联邦与州的各类新闻媒介基本上是私营企业，它们由私人出资创办，业主自主经营，不靠政府资助。其编辑方针只需听命于出资人和遵从法律，而不必畏惧政府。

（四）美国行政监督制度的特点②

首先，行政监督系统的分散性。在美国分权的政治制度框架内，美国的行政监督权被纵横划分到"两个政府"和政府的三个部门。所谓纵向划分，即在实行联邦制的美国，行政监督权由联邦政府和州政府分别执掌，二者在法定范围内各自拥有立法监督、法律监督和行政监督等独立自主权。这种纵向分权的结果，表现在行政监督机构的建设上，美国至今没有全国统一的行政监督机构，联邦与州各有各的监督机构，联邦与州、州与地方的监督机构设置，既不对口，也无上下隶属关系。它们彼此独立，各司其职。

所谓横向划分，即行政监督权被分别授予立法、行政、司法三个彼此独立而又平等的部门，这些部门在宪法和法律规定的范围内行使监督权。

---

① 徐耀魁著：《西方新闻理论评析》，新华出版社 1998 年版，第 190 页。

② 侯志山著：《外国行政监督制度与著名反腐机构》，北京大学出版社 2004 年版，第 127—130 页。

行政监督权的横向划分，反映到监察机构的建设上，是在联邦与州形成了名目繁多的各种监察监督机构，监察职能由隶属立法、行政、司法的多种机构来履行，每个机构各管一块。与单一制国家比较起来，美国的监察机构不仅设置分散，职能也较为单一。

然而，美国行政监督权的分立并不是绝对的，而是相对的。各监督主体之间，既是分离的，彼此独立，又相互联系，互相制约。联邦政府可对州政府、州政府可对地方政府执行法律的情况实施制约监督，州政府和地方政府亦可分别对联邦政府和州政府的立法权和财政补助权等进行监督：监督是双向的。政府各部门的制约监督也是相互的，国会掌立法权和对行政、司法的监督权，但总统有权否决国会立法并具有立法倡议权，最高法院具有对国会立法的司法审查权。总统执掌行政管理和行政监督权，但总统任命的高级官员、与外国政府签订的条约须经参议院审查批准，行政机构的设置、所需经费要由国会审议和通过相关法律批准，国会还有权通过执法检查、经费开支审计、对官员的道德行为进行调查和弹劾总统、行政官员等手段监督制约行政权。法院也有权对政府制定的行政法规和行政命令及做出的行政处理等作为和不作为进行司法审查和审判监督。法院掌司法权，但法官由总统提名经参议院同意后由总统任命，最高法院法官人数和低级联邦法院的设立，均由国会决定。国会有权弹劾联邦法官。

这种纵横交织的权力监督结构，有效地避免了包括行政监督权在内的整个国家权力向某一个中心集中，从而有力地防止了独裁、专制和暴政，抑制了政府滥用权力，保障了人民的民主权利。

其次，行政监督体制的多样性。美国行政监督制度的分权原则，即，使行政监督机构的布局分散化，同时也造成了行政监督主体多元化，行政监督体制的多样化。不仅联邦与各州的行政监督体制不一致，而且州与州、市与市之间监督体制也各式各样。如全国有的州、市政府设立了监察长及其办公室，有的则未设。有的州议会仿效瑞典等国家的议会监察专员制度，设立了专门处理公民对行政管理和公共机构投诉的监察专员，有的没有设立。有的市设立公务人员委员会监督政府及其公务人员，有的市却在属地的检察官办公室内设专门小组监督政府及其工作人员。

各专门监察监督机构的归属不同，职能、权限也不尽一致。有些机构归属于州议会，其主要官员由州议会选举产生，工作对州议会负责；有些机构隶属于行政，其主要官员由行政首长任命（有的须经州议会同意），工作对行政首长负责。一般来说，美国的专门监察监督机构职能单一，且不具有行政处理和处分权（监察对象的违纪行为由其所属的人事部门予以行政纪律处分，违法行为通过司法部门提出起诉）。多数情况是一个监察机构主要承担一项或两项职能。但也有例外，如肯塔基州廉政委员会除承担腐败的预防职能外，还具有调查、惩处的职能和权力，其对监察对象可处以最高2000美元的罚款，可进行公开警告直至撤职，权力比联邦监察机构还大。

再次，行政监督机构具有较强的独立性和权威性。美国坚持机构法定原则，行政监督机构依法设立，按照法律规定运作。美国法律赋了了其各类行政监督机构足够的相对独立性，以保证它们不受或少受外界和权力的干扰。以独立检察官为例，为确保这个专门对某一高级行政官员贪污受贿或其他违法失职行为进行调查起诉的机制不受行政部门及其官员的干预，法律规定这一职位独立于司法部，直接从属于国会，并对独立检察官的任免和职权等做出明确规定。

20世纪70年代以来，为防止和制止随着以总统为代表的行政权力的扩张所带来的越来越多的政府官员滥用权力和"白领犯罪"现象的发生，美国重视提高现有行政监督机构的独立性与权威性，调整和扩大其职权，以实现权力对权力的有力制约。例如，联邦政府道德办公室于20世纪80年代末从联邦人事管理局分离出来，升格为副部级单位，直接隶属总统领导，不仅独立性增强了，更重要的是，通过提高其地位，使之在主管联邦政府各部门的预防腐败工作中有了更大的权威性。同时，由于地位的提高，权力的增强，其责任和工作任务也增大了。另外，1978年以后美国通过对有关法律的一次次修改，逐步扩大了联邦司法机构对腐败的管辖权和处罚力度，强化了行政监督机构的调查权力。关于联邦司法机构对腐败管辖权的扩大，前面已做了论述。至于调查权力的强化，例如美国的监察长就被赋予了不少司法特权：监察长在认为调查工作需要时，经司法部门批准，可以签发传票强制传唤证人接受调查询问，监察长的传票具有法律效力；监察长派遣的特别调查员可使用跟踪、侦查等司法手段开展调查，并拥有与联邦调查局配备没有什么"不同"的武器及其他先进的侦查工具。

又次，重视廉政监督。随着政府官员道德问题的凸显和腐败犯罪现象的增加，美国自20世纪70年代末以来，加强廉政和反腐败机构的建设，形成了预防、调查和惩处等门类齐全的廉政和反腐败机构，建立了防治结合的廉政和反腐败工作格局。如联邦政府道德规范局专门负责腐败的预防，它主管联邦政府官员的财产申报工作、廉政法规建设和廉政教育等。各部监察长负责对政府行政运作和资金使用进行监督审计和本部门的违法违纪行为进行调查，监察审计结果向各部部长报告；经查实的违法违纪行为，分别转送有关部门进行纪律和刑事处分。负责纪律处分的是政府各部的人事部门，联邦司法部及各级检察机构和法院负责对违法犯罪的刑事处罚。

从上述可以看出，出于维护政治稳定、保障经济健康发展的目的，美国高度重视廉政监督，而且尤其重视廉政的预防监督，联邦政府道德规范局地位的上升和职责的调整就是证明。这一点在美国的廉政与反腐败立法中体现得更为突出。美国廉政和反腐败立法一个显著的特点是预防性规定多于惩罚性规定，即法律不单单规定了违法犯罪后的处罚，而是更多地规定了公务人员应该做什么，不应该做什么；各种情况下何为合法，何为非法。这反映出美国社会对治理腐败的基本态度是避免腐败事件的发生，防患于未然；反映了立法者的宝贵良知：廉政立法的根本目的不在于对违法者的处罚，不在于抓住多少腐败犯罪分子，而在于树规矩、明戒律，使监督对象懂得并遵守这些规矩，不去触犯这些戒律。所以，美国人将有关廉政和反腐败的道德规范和法律规定制定得全而又全，仅联邦制定的公职人员规则就达 4 万多页，举凡涉及廉政的诸如政府官员个人财产申报、业余兼职取酬、利用非公开的政府信息及乘坐公车、吃请受礼、离职后再就业等，均囊括其中，使行事都有法可依；细而又细，立法对有关事项规定得非常具体，适用性很强，便于操作和遵循。完备而细密的廉政和反腐败立法，起到了应有的预防和威慑作用，它使违反廉政道德和法律的行为止于未萌，避免了腐败犯罪行为发生对社会造成的危害，收到了治理腐败的最佳效果。

最后，重视提高监察人员的专业素质。美国对监察长人选的审查很严，监察长在被任命之前不但要对其背景进行调查，还要对其在会计、审计、财务分析、法律、公共行政管理或调查等方面的工作能力进行严格的考核与评估。监察长办公室选用的调查人员都要经过 1 个月至 1 个半月的岗前培训，并经考核合格后方能上岗。岗前培训的内容除了学习会计、审计和调查等方面的专业知识外，还要学习射击、搏斗、侦查、跟踪等技术。另外，监察长办公室还经常根据工作的需要，为调查人员举办诸如电子犯罪、禁毒等方面的专题讲座，以不断补充新知识。

二、美国从政道德立法

政府官员的腐败与道德沦丧问题是当今世界各国普遍存在的问题。虽然美国是一个法制健全的发达国家，但美国联邦政府自成立后也一直未能摆脱政府官员道德与腐败问题的困扰，只不过在每个历史阶段，这些问题的主要内容和表现形式有所变化，发生的程度和所造成的影响不同而已。针对政府官员的道德与腐败问题，美国不断制定出新的从政道德法律规范，并设立相关的监督和执行机构。

（一）美国从政道德立法的提出——彭德尔顿法

"只有拥有正义美德的人，才能了解如何去运用法则。"所谓从政道德，是指国家公职人员在管理活动中应遵循的、体现公共职业特征的道德准则和规范，是评判公职人员职业行为是非、对错的标准，对该公职人员具有特殊的约束力，也称为公职道德或从政伦理。

在美国建国初期，作为一个年轻的移民国家，美国政府官员的从政道德与腐败问题不像同时期有更长久历史的、经历过漫长封建社会的欧洲国家那样严重。然而，到19世纪初，政治腐败在美国开始成为一个司空见惯的现象。从完全没有控制的腐败，到建立起比较严格和周密的对政治腐败的制约，美国经历了一个相对长期的历史过程①。

从19世纪20年代后期起到1883年，伴随着工业革命和政党分肥制，美国面临着第一次政府官员的严重腐化。例如，1872年太平洋联合铁道公司给国会议员大量股票以阻止国会核查该公司在修建铁路时中饱私囊；别有用心的议员提议增加公共开支拨款为特殊利益集团服务；南北战争期间，联邦军事部门的官员通过帮助企业取得采购合同来获得回扣，因此向有关企业采购的往往是伪劣军需品；海军部长不能对他如何在其任职期间聚敛起了几十万美元的财富做出合理解释。许多政府官员都想利用自己手中的权力来牟取各种利益，实力雄厚的财阀能够轻而易举地收买国家高官。尤其是在美国南北战争之后，出钱购买联邦政府中的职位变得司空见惯。严重的腐败最终激起了社会强烈的改革要求。

在这种背景之下，1883年，由俄亥俄州的民主党参议员乔治·彭德尔顿提出，建立以业绩制为基础的公务员制的法案——《彭德尔顿法》（Pendleton Act），通过美国国会的审议并颁布实施。该法案授权总统组成一个专门的道德委员会，道德委员会负责制定委任联邦官员的程序规则，该规则的核心目的是录用"最优秀的"人员为行政部门服务，这也是保障行政管理中高道德标准的需要。这项以提案人命名的彭德尔顿法案成为政党分肥、任人唯亲和注重业绩、任人唯贤两条路线的重大分水岭。该法案标志着美国迈入公

---

① 周琪著：《美国的政治腐败和反腐败》，载《美国研究》2004年第3期，第31页。

共行政管理史上的新阶段，其目的是把政府官员的行为建立在道德的基础之上，美国政府官员的从政道德建设也从总体上步入正轨。

（二）美国从政道德立法的发展——从政道德法

虽然美国在建立从政道德标准方面取得了明显的进步，但各级政府仍然存在着道德与腐败问题。尤其是第二次世界大战结束后，行政权日益膨胀成为国家权力的中心，行政官员的道德问题变得日益突出。为了改善行政官员的道德水准，1961 年 5 月，肯尼迪总统颁布了第 10939 号行政令，提出了政府官员的道德标准指南，1965 年初，约翰逊总统以此为基础提出了更为完善的道德行为标准令——11222 号行政令。尽管政府颁布了官员道德操守的具体标准，但有关执法部门还是发现政府中存在的腐败问题。例如，有的官员考虑到将来离职跳槽到高薪水的某家私人企业，便会在提供信息或签订合同等方面极力为该企业谋取好处，如越战期间为某公司获得重大的国防合同；有的利用职权为自己的亲友上学、经商办企业大开方便之门；有的行政官员未经许可兼职于私人机构；有的行政官员更是依靠内部消息进行股票投机。1972 年的"水门事件"暴露了美国政府道德方面的严重问题，引发了政府的信任危机和社会对政府官员道德行为的质疑。

针对这种道德信任危机的严峻形势，为了制约政府官员违反从政道德的行为，1977 年 1 月，卡特在就职演说中做出改革政府官员制度的承诺。卡特认为，基本的人伦道德是保证政府公正、廉洁的基础和最后防线，腐败根源及后果表现为官员或行政人员丧失基本的廉耻观和道德准则，因此必须将纪律处分、法律制裁与道德培训结合起来。①

1978 年 10 月 26 日，国会通过了《从政道德法》（the Ethics in Government Act）（另外同时通过与此相关的《公务员制度改革法》和《监察长法》）。该法对换届交接、官员任命、选举、募捐、游

---

① 魏宗雷著：《美国的政府道德管理》，载《现代国际关系》2002 年第 4 期，第 12 页。

说（lobbyists）、经济活动中的各种行为进行规范。该法中令人关注的内容共四项：第一，设立联邦道德规范办公室（本文在下面阐述）。第二，规定了行政官员的任后操守问题——"旋转门"限制（the Revolving Door，即离职后再就业，从行政部门转到私人部门或从私人部门转到行政部门工作），其中新规定对高级行政官员离职后的一年冷冻期（cooling off period），禁止他们以公司顾问或职员的名义同其服务过的政府部门进行商务谈判，并禁止其在离开政府一年内为任何事由游说其前机构。第三，所有总统提名的高级官员的额外收入不得超过其正式收入的15%，这一限制实际上防止了被提名者通过兼职或其他手段来获得额外收入；该法还要求行政部门中的几千名高级官员申报财产。第四，根据该法设立了独立检察官制度（篇幅所限不做介绍），专司调查、检控高级行政人员的违法犯罪活动。该法律的推行是美国从政道德管理制度化的产物，标志着美国政府道德管理的进步和道德、廉政监督机制的强化。《从政道德法》说明，政府在建立道德标准的同时，还应设立监督执行道德标准的机构，其主要关注在于事先预防，而不是事后惩罚。该法成为美国现代公共道德管理演变过程中的一个里程碑。

需要注意的是，《从政道德法》属于法律范畴，具有法律效力。一般道德标准只是政府对官员伦理上的要求，不属于法律范畴，无强制力；违反道德标准的行为并不一定违法，官员可能受到社会或有关部门的谴责，有可能被迫辞职，不会受到法律惩罚。但如果一名政府官员被法院裁判违反《从政道德法》，就会受到法律的惩处，《从政道德法》成为提升政府官员从政道德的强有力的手段。

联邦政府设立监督《从政道德法》执行的专门机构。该法第四章专门规定，为了进一步加强对政府道德的管理和制定规范行政人员行为的规章制度，决定在联邦人事管理局内设立新的政府机关——联邦道德规范办公室（OGE，即 Office of Government Ethics，也译为联邦伦理办公室、联邦廉政署），该部门审查政府各部门的官员因利益冲突（conflicts of interest）而出现的道德腐败，负责高级行政人员的财产申报和协调人事管理局对行政人员的监督。它是美国政府公务员制度中，人事管理与道德行为管理初步分工的结果，是政府官员道德行为管理专职化的开端。① 它的建立为政府官员道德行为管理的制度化提供了组织保证。

《从政道德法》同时规定，设立联邦道德规范办公室的法律文件属于"日落"条款——"一定时间后废止"，美国国会分别在1983 年、1988 年、1994 年、1999 年和 2006 年五次修订和重新颁布《政府道德办公室再授权法案》（OGE Reauthorization Act）。独立检察官制度则在 1999 年没有获得国会的授权被废止。

（三）美国从政道德立法的完善——从政道德改革法

《从政道德法》施行后，该法的缺憾逐渐显现出来，尤其是该法只对行政官员进行监督，而不涉及国会议员，而在 20 世纪 80 年代，国会的道德丑闻频出，公众对此非常不满。另外，"伊朗门事件"证明，为更好地履行职责，政府道德规范办公室应该直接对总统负责。

1989 年 1 月，布什总统建立了联邦道德法改革总统委员会，布什总统指示该委员会在修订该法时考虑四个指导原则：①"公共官员的道德标准必须充分严格，以确保官员最诚实地工作，不辜负公众对他们的信任。"②"道德标准必须公平，必须客观且合乎常理。"③"道德标准必须对立法、行政和司法三权一视同仁。"④不可不合理地阻止有能力的人进入公共服务领域。

同年 11 月，布什签署了国会通过的《从政道德改革法》（the Ethics Reform Act），该法适用范畴不再局限于行政领域，立法和司法的官员（包括国会议员、法官及其工作人员）均受此法约束，该法首次为所有政府官员提供了统一的道德行为标准，从而使公职人员的从政道德规范得到进一步的完善。例如，此法明确规定，联邦政府官员不能向"任何人"要求或从其手中接受任何有价值的

---

① 侯志山著：《外国行政监督制度与著名反腐机构》，北京大学出版社2004 年版，第 126 页。

东西，如果"任何人"：第一，寻求该官员个人任职的部门的政府行为、同其部门进行商务活动，或（在行政部门官员参与的情况下）进行受到其部门监管或审批的活动；第二，其利益可能受到执行或不执行该官员个人职权的实质影响。《从政道德改革法》对现存"旋转门"制度的条款只做了微小的调整，并首次增加了对前任国会议员和前任工作人员游说国会的限制。①

《从政道德改革法》从法律上进一步确定了美国的政府官员财产申报制度。以该法的相关规定为基础，美国政府道德规范局又出台了系列配套法规，从而形成了一套较完善的财产申报办法。《从政道德改革法》等法律法规规定，包括总统、副总统、国会议员、联邦法官在内的立法、行政和司法机关中一定级别以上的官员（2003 年约为 2 万人），必须按时公开申报其财产收入，包括动产、不动产、工资收入、接受的礼品、债权、旅游的支出以及其配偶和子女与其有关的财产收入；美国一般公务员（2003 年约为 25 万人）则是秘密申报财产。所有公职人员必须在申报的同时出具一份保证书，声明自己如果故意隐瞒则愿意受到刑事制裁。

联邦道德规范局（英文名称依然为 Office of Government Ethics）成为独立的执法机关。考虑到政府官员道德问题的重要性，而原政府道德规范办公室由于体制的束缚又影响了其发挥更大的作用，《从政道德改革法》规定，该机构于 1989 年 10 月 1 日，从人事管理局脱离出来，并升格为独立的副部级单位，成为现在的联邦道德规范局。这次机构调整使政府官的道德行为管理职能从人事管理中彻底剥离出来，实现了联邦政府道德行为管理的专职化。升格后，直接受总统领导，对总统负责，每两年向议会报告一次工作。同时，由于地位的提高，权力的增强，其责任和工作任务也增大了，在主管联邦政府各部门的预防腐败工作中有了更大的权威性。这表明了美国行政监督机构独立性和权威性的进一步提高，是美国

① 周琪著：《美国的政治腐败和反腐败》，载《美国研究》2004 年第 3 期，第 31 页。

强化国家行政监督机关的重要标志之一。

联邦政府道德规范局专门负责腐败的预防，主要任务是提升联邦政府官员的廉洁和道德水准，增强公众对政府的信心，职责包括调查与协调、咨询与忠告、受理投诉、灌输道德意识，指导各州的"道德委员会"，也对外国政府提供"道德指导"。凡总统提名的政府官员在提交参议院批准任命之前，必须由政府道德办公室对其财产申报及个人品德进行论证考察。

该局现设有局长办公室、国际协助与管理创新办公室、律师及法规办公室、行政规划办公室和后勤办公室五个部门。① 现任局长为康塞克（Robert I. Cusick），共有 82 名正式工作人员，在地方无分支机构。

（四）美国从政道德立法的补充——行政官员道德行为准则

在《从政道德法》和《从政道德改革法》实施后的一段时间内，美国国会对这两部法律进行了数次局部修改。联邦政府道德规范局依据这两部法律制定了一系列配套法规和若干实施细则，使从政道德监管制度更为严格、细密，便于遵循，这一制度逐步完善起来。

2002 年，联邦道德规范局对以前颁布的法规和实施细则进行了集中编撰，于 10 月 2 日公布了《行政官员道德行为准则》（the Standards of Ethical Conduct for Employees of the Executive Branch）。该规则将以前的从政道德法规囊括其中并进行改进，对公职人员的行为作了很详细的规定，例如对演讲费、讲课费和出版费的限制性规定，收受的礼物价值不得超过 20 美元，具有很强的适用性，对公职人员在行使公共权力、进行社会管理、提供公共服务等活动的过程中可以做什么，不可以做什么以及应该怎么做，如果违反规定会受到什么惩罚等作了严格的规定，具有较强的针对性和可操作性。

---

① 马国泉著：《美国公务员制和道德规范》，清华大学出版社 1999 年版，第 95 页。

该规则包括对政府官员的 14 项基本要求，涉及外界赠送礼物、彼此间赠送礼物、利益冲突，公正执法，为亲属就业的考量，滥用职权和外出活动，等等。该规则还要求每位公职人员也要服从其所在部门颁布的针对该规则的补充细则。该规则主要内容如下：

第一，联邦道德规范局有权监督政府的各个部门。联邦道德规范局为政府各个部门提供道德指导，有权复查高级官员的财务报告并要求其更正。对于各部部长、其他高官以及任职于核心决策部门或保密部门的官员，联邦道德规范局有权进行全方位的道德审查。

第二，每个部门的道德监管实行行政首长负责制。该首长任命主管和副主管各一名来具体实施道德伦理监督与培训任务，具体任务如下：①提供辅导及咨询服务；②提供道德教育和培训；③审查上报的个人财务清单；④监督行政行为并惩罚违反道德伦理的行为；⑤与联邦道德规范局保持经常联系。

第三，建立游说披露制度。国家机关必须对外公开一般人员与"特定人员"见面的记录，"特定人员"是指总统、副总统、总统办公室有关人员、军官和任职于核心决策部门（科室）或保密部门的官员。

第四，对假公济私的限制（Federal Employees Seeking Non - Federal Employment）。禁止官员参与可能导致利益冲突的活动，禁止官员为了将来的再就业目的而与公司进行商务谈判，在政府采购中禁止官员收受额外费用。禁止官员滥用行政资源（包括保密材料、动产、不动产、下属职员和工作时间），若官员已经兼职，则必须辞职。

第五，对离职后再就业的规范。如果该官员在职期间作为主管、首席代表、律师或会计师与某公司有业务往来，则该官员终生不得任职于该公司。如果该官员在职期间作为一般工作人员参与了政府与该公司的有关活动，则该官员在离职后二年内不得在该公司任职。任何官员必须在离职一年后才能就职于与该部门业务有关的公司。

第六，保护并公开联邦道德档案。各个部门必须依据国家档案局的规定保存好每一位官员的道德品行档案。任何官员（包括辞职或退休）均有权查阅自己的品行档案。此外，2006 年 6 月 8 日，为了执行《政府文件公开法》（Freedom of Information Act），联邦道德规范局提出了工作改进计划，使自己的行政活动和公职人员的品行档案也置于大众和媒体的直接监督之下。

从美国的从政道德立法可以看出，除了要认识到政府官员道德管理的复杂性之外，也要认识到政府官员道德管理的可行性。政府官员的道德管理固然复杂，但也并不是无法实行的，管理法制化就是一个值得借鉴的方法。法制化的管理比较稳定，不容易更改。法制化的道德管理因为比较一贯、持久，可以作为常亮的灯塔为官员的道德行为指明方向，又可以作为常鸣的警钟，时时提醒政府官员要注意自己的一言一行。

美国从政道德立法一个显著的特点是预防性规定多于惩罚性规定，即法律不单单规定了违法犯罪后的处罚，而是更多地规定了公务人员应该做什么，不应该做什么；各种情况下何为合法，何为非法。这反映出美国社会对治理腐败的基本态度是避免腐败事件的发生，防患于未然；反映了立法者的宝贵良知：从政道德立法的根本目的不在于对违法者的处罚，不在于抓住多少腐败犯罪分子，而是在于树规矩、明戒律，使监督对象懂得并遵守这些规矩，不去触犯这些戒律。[①] 总之，从政道德立法启动了美国公务员制度和政府官员道德行为管理的改革，加强了国家监督制度的建设。

三、美国联邦审计总署

美国联邦审计总署是根据 1921 年的《预算和会计法》成立的美国国家最高审计机关。它属于国会的辅助机构，在国会领导下独立开展工作，直接对国会负责并向国会报告工作。国会的辅助机构还包括：国会预算处、国会图书馆、技术评判局、政府印刷局和国

---

① 周琪著：《美国的政治腐败和反腐败》，载《美国研究》2004 年第 3 期，第 35 页。

会建筑管理局。其中联邦审计总局和国会预算处是权力最大和地位最重要的两大附属机构,前者帮助国会核查政府的财政开支,制定政策和监督行政行为,后者协助国会编制政府预算。

（一）联邦审计总署的产生与发展

依据美国宪法确立美国的政治制度后,掌握"钱袋权"的国会为了避免出现政府滥征税、乱花钱的情况,于1814年建立公共支出常设委员会,以控制政府的财政支出。然而该委员会的成员缺乏会计方面的专业人员,无法对政府收入和开支的细目进行审查,无法履行审计与监督的职责。同时,美国政府在其下属的财政部设有审计员,审计员承担政府的内部审计职责,如果在审计过程中发生争议,该争议由财政部的主计官（comptroller of the treasury）裁决。政府内部审计的缺点非常明显,审计员始终属于总统和财政部长领导,审计员的地位无法完全独立,审计报告无说服力,国会一般不予采纳,只限行政机关内部使用。

第一次世界大战期间国家财政赤字庞大,债务负担沉重。战争结束后,美国爆发了历史上第一次经济危机,行政管理效率低下和财务混乱的情况显现出来,当时美国的两大政党均支持行政改革,以厉行节约,减少开支。在这种背景之下,国会于1921年制定并通过了《预算和会计法》,该法案设立了一个只对国会负责,完全独立于行政机关的联邦审计总署,同时废除财政部的审计员和主计官。

在20世纪40年代以前,新成立的联邦审计总署的职责主要是财务审计和集中审计。财务审计,即票据审计,是检查行政机关内部财务制度的完善程度和财政执行情况,对行政机关的会计凭证、账簿和报表以及已发生的财政财务收支的原始票据是否真实正确、合规、合法所进行的审查和评价。集中审计是要求全国各地及海外行政机构把自己的账簿、凭证和报表,都移送到审计总署所在的华盛顿进行集中的审核。这种以普查为特征的详细的消极审计不仅使审计总署疲于应付、工作迟缓,也导致行政机关的抱怨和指责,有"捡了芝麻,丢了西瓜"的批评,这段时期的审计历史被称为票据审计时代。

　　第二次世界大战期间，美国政府与盟国签订了大量的军售合同，这些合同是不可能集中到华盛顿进行审计的，审计总署决定对这些合同进行当地审计。另外，审计总署也意识到财务审计应该交给行政机关内部的审计人员来执行。1949年，审计总署制定了新的审计和会计制度，该制度的指导思想是①：第一，由审计总署规定联邦行政机关的会计和审计原则；第二，各机关必须主动设计和维持一套会计制度；第三，对财务活动的控制和内部审计是各机关的基本责任；第四，审计总署的审计方面应当指向行政机关的会计制度和内部审计制度是否健全；第五，审计总署应当在审计方法方面对各机关进行指导，必要时，可以对各机关的内部审计就地抽样审核，不实行集中审计；第六，审计总署必须避免一切与宏观审计无关的活动。1950年的《预算和会计程序法》更加明确规定，财务审计是行政机关内部的职责，审计总署的职责是进行宏观的效益审计，即制定会计原则，审核行政机关的财务管理制度，对行政机关提供指导和帮助。

　　经过20世纪40年代末50年代初的改革，审计总署的工作重心由微观的财务审计转向宏观的效益审计。审计总署的主要任务是对政府重大决策的收益性进行评估，分析将来决策执行时的财政负担状况，以及研究决策执行的方法、程序和技术问题。此前的审计总署过于强调独立，与国会联系并不密切，进入70年代，因为审计总署的工作性质具有很大的跨度性，在地方和海外有其分支机构，在各重要部门有特派人员，信息资料丰富，这使其工作人员了解各个行政机关的职能和特点，所以国会在进行有关财政方面的立法时邀请审计总署的工作人员参与法律的起草、听证和审核，国会在调查某些案件时，也要求审计人员准备有关的材料和问题。这样，作为国会辅助机构的联邦审计总署地位更为显要。

---

　　①　王名扬著：《美国行政法》（下），中国法制出版社1995年版，第936页。

（二）联邦审计总署的组织

联邦审计总署的负责人称为主计长（comptroller general，审计长在美国译为 auditor general），由总统任命，但须经参议院提名和同意。第一任主计长为律师出身的麦考尔（J. Raymond Maccarl），由 1921 年的哈丁总统任命；现任主计长为 David M. Walker，1998年 10 月宣誓就职，任期至 2013 年 10 月。主计长全面主持审计总署的工作，除拥有以前财政部主计官的各种权力外，主计长有权创制行政机关的会计制度，审核任何行政机关的财政状况，向国会提出审计报告和财政建议。

审计总署还设有副审计长 1 人，协助总审计长工作；审计长助理 4 人，主管某一方面的业务。副审计长和审计长助理由审计长提名，总统任命。审计总署的机构设置可分为三部分①：一是辅助性的职能部门，即设在审计长、副审计长办公室之下的国会关系部、政策部、项目计划部、人事部、招聘部、培训机构、组织发展部、咨询部、总经济师办公室、一般管理办公室、出版办公室、民权办公室、确认办公室、公共事务室、国际联络部、内部评估办公室、公共信息办公室等。二是负责不同领域审计任务的项目局，分别是一般政府局、人力资源局、国防和国际事务局、资源与社区经济发展局。三是负责某些特别技术任务的技术局以及其他办公室，包括会计与财务管理局、信息管理技术局、项目评估与方法局以及总律师办公室及其特别调查办公室。

审计总署总部设在美国首都华盛顿，在全国各大城市设有 15个分部，在欧洲、南美洲和亚洲设有 3 个分部，它们属于审计总署的派出机构，在审计长的统一领导下开展对管辖范围内的联邦派驻机构的审计监督工作。这些分部的人事、经费和审计业务由审计总

---

①　尤光付著：《中外监督制度比较》，商务印书馆 2003 年版，第 153页。

署直接管理。① 另外，审计总署还在联邦各部门设有若干人员不等的办事处，它们负责对所驻部门的经常性审计工作。

审计总署的工作人员约 3300 人，除传统的会计师和律师外，还有企业管理、行政管理、经济、保险、数学、工程、电脑以及其他专业人士，会计师的比重仅占 15%。审计总署的工作人员属于公务员序列，从社会上公开招聘，享受公务员待遇，但不受联邦人事局的管辖，工作人员一般是终身任职，在审计总署工作到退休为止。大部分人员直接从事审计业务，其余人员从事有关的辅助性工作。审计官员的职级分七等，分别是审计长、副审计长、助理审计长、司长、高级审计师、审计师、审计员。审计总署实行功绩制人事管理制度，对初级工作人员进行职位轮换，促使其全面掌握有关审计工作的知识和经验。对中高级工作人员则尽量不变动工作岗位，培养其成为某一领域的专家。

联邦审计总署的审计是美国国会对政府执法行为的外部审核。这种审核与行政机关自己对会计资料的内部审核虽有联系，但是其功能与目的不同。后一种审计，审核的对象是行政机关具体的财务管理、有关执法活动及其财务鉴证，侧重于机关内部的微观领域。联邦审计总署的审计，审核的对象是机关的财务管理制度是否合理，以及机关执行国会制定的政策和计划的实际效果，更加侧重于宏观内容。因为美国的政体是三权分立与制衡，所以联邦审计总署的审计权在本质上是国会控制行政的有效的工具与手段。

（三）联邦审计总署的权力

联邦审计总署的职权范围十分广泛，除中央情报局和总统办公室之外，凡是联邦政府各部门及其所属企业、事业单位与公共开支有关的事项，都可以审计。审计的内容包括财务审计与效益审计，并逐渐扩大效益审计的比重。为保证审计总署开展审计工作，监督政府的财政支出，美国法律赋予审计总署比较充分的检查权、调查

---

① 侯志山著：《外国行政监督制度与著名反腐机构》，北京大学出版社 2004 年版，第 131 页。

权、建议权和报告权。

审计总署的检查权。美国法律规定，审计总署有权向有关单位和任何公职人员取得审计工作所需的各种文件资料，包括向任何公职人员索取有关文件，查阅有关档案。任何行政机关及其公务员应向监察专员提供其所需要的情况或报告。如有关行政机关故意拖延不交，审计总署有权要求其上级主管部门责令其提交；若还不予配合，则要求法院协助，由法院发送传票强行调卷。审计总署有权派审计人员出席行政机关的工作会议，包括与财务有关的秘密会议，前往被审计机关实地检查资产盘存情况，核查会计凭证，行政机关若不配合，审计总署则有权要求法院协助。

审计总署的调查权。审计机关有权进入任何地方收集第一手的资料，对所有的政府部门和公共机构进行调查、采访，还可以主动约见行政机关的公务员进行工作交流，或约见其他人员以进一步了解情况，这种约见是强制性的，有关人员不得拒绝。通过调查与约见，监察专员可以了解行政机关的财务纪律和工作制度，发现行政机关在财政管理上的缺陷，找寻现行财政立法在执行过程中的问题。

审计总署的建议权。审计总署有权就审计发现的问题提出改进意见，被审计的行政机关必须执行。审计总署拥有一批高素质的巡视员，有权进行特别巡视，帮助审计人员发现行政机关内部可能存在的严重违法行为，并将该情况通知司法部和相关执法机关。

审计总署的报告权。审计总署有权将反映审计情况和审计结果的审计报告直接提交国会，同时还有权公开审计结果。

（四）联邦审计总署的职责

联邦审计总署负责美国政府及其下属机关的审计和监督工作，被称为行政机构的"财务判官"。审计总署的职能是支持国会执行财经法律；对美国政府的决策和国会的有关活动进行财务监督；提出建议，使联邦政府的决策计划和国会的工作更有效率，等等。其基本职责包括：

1. 效益审计

效益审计，即对行政决策收益的估算与评价。效益审计可以是对尚未发生的行政决策将要取得的经济和社会效益进行的事前审查，如对执行方针的制定、执行手段的优选等社会效益的预测审查；也可以是对已经完成的执法事项已实现的社会效益进行的事后审查，如对行政机关的执法效果、行政机关资金使用效果、长远的社会影响等的分析与考核。例如，在 1967 年，国会要求审计总署评估约翰逊总统的全社会反贫困计划，同时要求其在能源政策、生态环境、经济发展等方面做更加重要的工作。

审计总署进行效益审计的标准包括：第一，行政机关是否严格依据法律执行行政决策；第二，该项计划执行后是否达到了预期的目标，国民与舆论的反映如何；第三，基于可持续发展战略和国家利益，继续执行该决策还是有更好的方案来替代它；第四，行政机关是否如实向国会提供各种文件资料；第五，行政机关是否充分有效地使用了国会的拨款；第六，国会希望了解的其他问题。审计总署不可能对所有的行政决策与计划进行效益评价，国会在立法时规定审计总署对某一类型的决策履行审查职责，国会的委员会主席、国会少数党领袖有权要求审计总署对政府使用专门拨款执行决策的情况进行监督，国会的一个议员可以建议审计总署对某项政府决策的执行进行审核，另外，主计长有权决定对某一行政计划的财务状况进行主动的审计。

2. 制定会计和审计的标准和原则

1950 年的《预算和会计程序法》规定，行政机关本身有权进行本单位的财务审计工作并进行会计管理，行政机关必须制定并贯彻一整套完整的财务会计和汇报制度。为了保证国会能够对政府的财务状况进行监督，审计总署应采取措施使国会及时得到正确和完整的政府财务资料。因此，审计总署应该制定行政机关必须遵守的会计和审计原则及标准。行政机关的会计制度必须充分表现财务活动和结果，包括制定和执行预算以及控制收入和支出所需要的信息。审计总署在制定会计原则和标准时，通常与政府的预算管理局、财政部进行协商。此外，这三个机构还共同发展标准的信息和资料处理系统，包括和财务、预算及计划有关的资料，规定标准的术语、定义、分类和信号系统。①

3. 财政性法律的解释权

审计总署的主计长有财政性法律的解释权。如果法律对政府的某项支出没有做出明确的规定，政府在执法时应该事先征求主计长的意见，主计长也有权在事后宣布政府的某项开支违反了法律。如果政府采购合同在执行过程中发生异议，投标者认为合同的招标违法时，应首先向审计总署提出行政复议，对复议决定不服时，才向法院提出司法审查之诉。审计总署定期公布对有关争议条款的解释与界定，行政机关必须遵照审计总署的解释。

审计总署对国会提供财政方面的法律咨询服务。审计总署研究并确定国会审议的各项政府财政支出的法律根据。根据国会委员会的要求，审计总署关注国会进行的财政立法工作，协助国会起草法律并对有关法律草案进行审核，提出修改意见。审计总署审查并调整政府提出的或者向政府提出的各项开支要求。如果政府拖延使用或拒绝使用国会的专项拨款时，由审计总署进行审查，并向国会报告有关事由。根据国会委员会或议员请求，主计长对政府执行决策中包含的法律问题提出建议。

4. 向国会提交相关的工作报告

每一工作年度结束后，主计长就审计工作向国会提出年度报告，该报告应涉及更经济更有效地使用公共资金的建议。审计总署每月总结上月所做的工作，向国会、国会的专门委员会和议员提交报告，抄送有关的行政机关。主计长有权对审核中发现的问题不定期地向国会提交专门的报告，例如行政机关的财务制度是否合理，行政合同是否合法和政府开支是否浪费等。

对行政决策收益的估算与评价结束后，依据国会或国会中专门

---

① 王名扬著：《美国行政法》（下），中国法制出版社 1995 年版，第 942 页。

委员会的要求，审计总署应提交有关的效益审计报告，内容包括调查的过程、研究的方法、分析的手段和得到的结论。国会和国会的专门委员会可以要求审计总署对联邦政府的虚假陈述和不当活动进行调查并提交调查报告。对审计总署主动介入的某些审计案件，调查结束后，审计总署应该向国会提交工作报告，并向行政机关提出建议。报告的形式主要为书面报告，也涉及口头报告，例如，在国会举行的听证会上，审计总署的工作人员对某个问题口头表达的个人理解与意见。

5. 个别的财务审计

1950 年的《预算和会计程序法》把审计总署的审计和行政机关内部的审计结合起来，具体单据和账目的审计由行政机关内部的审计人员执行。审计总署对行政机关进行经济、效率和效益审计，其范围都超出了对财政财务收支的审查，而注重对行政管理业绩和社会效益的审查，① 并帮助行政机关改进管理和审计制度。但是，为了调查一切与公共资金的收入、支出、使用有关的事项，不排除在特殊情况下，或者在必要时，审计总署对某些项目进行具体的或抽样的审计，因为审计总署在重要部门和地区有派驻人员，所以这种审计一般就地进行。

（五）联邦审计总署的地位

联邦审计总署是一个独立的工作机构。审计总署的主计长由总统任命，但须经参议院提名和同意，任期十五年，除在任期内因犯罪被国会两院联合罢免以外，其他机构或人员无权撤销其职务或停止其工作，总统对主计长也没有法律上的支配权力。尽管属于国会的辅助机关，但对国会也保持相当的独立性。审计总署和主计长在政治上保持中立，不受政党意志的左右。审计总署有独立的预算，由国会预算委员会直接核实，不受政府预算的控制。以上措施可以保证审计总署客观地履行职责，既不受政府的干预，也不受国会党

---

① 《中国大百科全书·光盘 1.2 版》财政卷，阎金锷撰写的 "经济效益审计" 部分。

派偏见的影响。由于审计总署独立于被审的行政机关以外，因而它具有内部审计不能取代的独立性和权威性，其所提供的审计报告能够取信于社会，具有公证的作用。

联邦审计总署在国会的各种辅助机关中居于领先的地位，被赋予重大的权力，即享有部分的立法、司法和行政三种权力。审计总署同立法机关一样，有权制定会计和审计的标准和原则，解释有关的法律；又同司法机关一样，有权审判争议案件中关于行政行为是否违法的问题；当然，与行政机关存在更多的相同点，有权查明会计记录和会计报表是否真实、正确，是否符合会计原则和会计制度。这也是由于审计总署承担职责的复杂性所决定的。

审计机关在隶属于政府财政部时代是财政部的看家狗。① 审计总署最初建立的前二十年仍然扮演猎犬的角色，工作重点是监督预算执行，审核预算和决算，确定财务报表的正确性和可靠性。第二次世界大战以后，审计总署的工作重点转向对联邦政府财政支出的总体控制和管理上，审计目标是提高整个行政执法的社会效益，即对行政机关的行政决策和具体执法行为已实现或预计实现的社会效益进行的审查和评价。审计总署以会计资料和其他资料为依据，查明被审计行政决策的所耗与所得，加以分析对比，评价是否节约，是否有效地利用人力、物力和财力，是否达到预定的目标和预期的效果。审计总署进行效益审计时既要分析考核微观效益，更要分析考核宏观效益，从中发现问题，提出提高社会效益的措施，作为国会立法与决算的依据，借以提高政府部门的行政执法水平，指导和帮助行政机关建立健全财务管理制度，最终达到立法与行政的制衡。现在的联邦审计总署具有指导员和教师的角色，被誉为"守门人的守门人"，在美国的政治生活中，发挥着巨大的影响和作用。

---

① 王名扬著：《美国行政法》（下），中国法制出版社1995年版，第942页。

四、美国政务公开制度

政务公开制度是现代法治国家的一项重要制度。"二战"后，政务公开成为席卷全球的潮流。政务公开有不同的含义，本文探讨的政务公开是指公民、法人或其他组织有权了解并取得行政机关的文件、档案和其他资料，宪法上称这种权利为知情权（the right to know）。当然，公众的知情权也会受到一定限制，基于国家安全、行政执法的效率以及保障公民个人的隐私权的目的，宪法也承认政府拥有保密权，即可以不公开行政机关掌握的某些信息。公众的知情权和对知情权的限制构成政务公开的主要内容。制定保障公民知情权的法律，建立公开透明的政府，已经成为许多法治国家的共同趋势和要求。

当代各国政务公开制度影响最大的莫过于美国，美国关于政务公开最重要的法律是 1966 年的《政府文件公开法》（Freedom of Information Act，也译为情报自由法）和 1976 年的《政府会议公开法》（The Federal Government in the Sunshine Act，也译为阳光下的联邦政府法）。除了上述两个法律外，1974 年的《公民隐私保护法》（The Federal Privacy Act）规定行政机关保持的个人资料必须对本人公开和对第三人限制公开的原则，从这个意义上说也属于政务公开的法律，但隐私权法的主要目的在于保护个人的隐私权，不以促进政务公开为主要目的。

（一）政务公开制度的提出——《联邦行政程序法》

依据美国宪法建立美国联邦政府后，美国政府就面对政府文件的公开与保密问题。美国宪法修正案第 1 条规定，国会不得制定限制言论或出版自由的法律；1895 年的《版权法》规定，版权保护不适用于政府的任何文件、报告等文本，排除了行政机关享有版权持有人权利的任何可能性。这两个法律从侧面反映了美国开放政府信息的基本原则，但是没有直接规定政府的政务公开制度。与此相反，早期的家政法（Housekeeping Act）规定："行政部门或军事部门的机关长官可以制定法规管理该机关……以及机关的记录、公文、财产的保管、使用和维持。"该条款授权行政机关负责人管理其所在机关的文件的保密与公开问题。公民个人通常只在诉讼程序中，为了弄清案情，在搜集证据的程序中，可以请求使用行政机关的文件。但联邦政府部门动辄以国家安全、政务机密、行政特权等理由对本应予以公开的资料进行扣压。根据以上辩解，大量的行政文件或者绝对不能公布，或者事先经过法官的审查才能公布。因此，当时的法律除承认行政机关的保密权外，没有具体规定公民个人的知情权。

1945年，美国记者肯特·库柏在一次演讲中首次提出知情权，抗议美国政府消极对待政务公开，任意扩大行政特权的官僚主义做法。库柏以民主和法治为立足点，呼吁美国政府尊重公众的知情权，并提议将知情权提升为一项宪法权利加以保障。[①] 1946年的《联邦行政程序法》首次制定有关政务公开的条款，这部法律第3部分的标题是公众信息，规定公众可以获取行政机关的文件资料，但同时做出了各种各样的限制，尤其是行政机关基于"正当理由"和为了"公共利益"可以拒绝。公共利益和正当理由是非常不确定的、模糊的、使用范围极广的概念，这样，是否公开的内容由政府部门自己决定，政府部门对于自己的成绩与贡献往往主动对公众公开并加以宣传，而对执法的过错与失误则讳莫如深，社会舆论与公众无法知晓真正关心的问题。即使对于某些文件，行政机关无法以公共利益和正当理由进行抗辩，法律要求行政机关的公开义务只针对与文件有利害关系的人，而不是全体大众。另外，《联邦行政程序法》还存在一个严重的缺点，就是没有规定救济手段。在行政机关拒绝公开时，要求了解或得到文件的人不具有法律上的强制手段。在这样广泛的限制和对行政机关缺乏强制手段的情况下，政务公开条款实际上很少触动传统的制度。因此，《联邦行政程序法》的政务公开条款被视为是关于封锁政府文件的"借口"而不

① 宋小卫著：《略论我国公民的知情权》，载《法律科学》1994年第5期，第35页。

是政务公开的保障。

（二）政务公开制度的里程碑——《政府文件公开法》

1. 《政府文件公开法》制定的背景、指导思想与地位

除美国政府以外的社会各界普遍要求国会对政务公开制度进行专项立法，从根本上保障公众的知情权。为了得到有价值的信息和文件，新闻界利用自己掌握大众传媒的优势，对政府的保密制度进行猛烈的抨击，例如，1953 年，著名记者克劳斯受全美新闻编辑者协会情报委员会的委托，出版了《人民的知情权》一书，在社会上引起强烈的反响。① 为了便于案件的调查和取证，律师等法律工作者则利用自己的专业知识，从宪政的角度论证政府滥用保密权是违法的，例如，托马斯·爱默生在他关于美国宪法第一修正案的经典评论中写道："压制信仰、观点和表达是对人的尊严的侮辱，是对人的天性的否定。由此可推导出个人获得信息、形成观点、传播意愿的权利。如果切断他寻求真相或表达意见的途径，就是减少了公民抗议独裁统治的力量。"为了得到公众的投票和支持，开明的政府官员也主张政府的管理和运行应该是透明的，以迎合民主与法治的潮流。在众多社会力量的推动下，1955 年国会将政府文件公开问题纳入立法规划，经过多次调查和听证，1966 年制定了《政府文件公开法》，正式取代《联邦行政程序法》第 3 节的规定。

《政府文件公开法》在指导思想上与《联邦行政程序法》相反。首先，对于政府文件，公开是原则，不公开是例外。该法取消了原来法律中公共利益、正当理由等模糊而广泛的拒绝公开的理由。行政机关几乎所有的记录或者档案都必须以某种形式公开，除非它们被特别豁免或者排除。通常，不公开只能根据该法所规定的九类例外，而这九类例外从性质上讲属于许可性规范而非禁止性规范，即有关行政机关可以不公开，但法律并不禁止有关机关公开这

---

① 宋小卫著：《略论我国公民的知情权》，载《法律科学》1994 年第 5 期，第 35 页。

些信息，因此，即使是九类例外的信息，行政机关也可以将它们公开。① 其次，任何人具有平等地得到政府文件的权利。公开的对象不限于和文件直接有关的当事人，其他公民不需要说明任何理由，只要能够指明所要求的文件，按照行政机关规定的手续和费用，都能得到政府的文件。最后，法院拥有对拒绝公开行为的司法审查权。法律规定了司法救济的途径，行政机关拒绝公开时，当事人可以提起诉讼，请求法院命令行政机关公开当事人所要求的文件。

政府文件公开既是强化民主政治的手段，也是衡量政治民主程度的标尺。就政治而言，专制与秘密同在，民主与公开共生。② 美国人把《政府文件公开法》看成是国家的荣誉、民主的典范和开放社会的象征，这部法律的签署和实施日期都选择在7月4日——美国国庆日。当时的美国司法部长在《政府文件公开法》正式实施的说明中强调："如果一个政府真正的是民有、民治、民享的政府的话，人民必须能够详细地知道政府的活动。没有任何东西比秘密更能损害民主……在当前群众时代的社会中，当政府在很多方面影响每个人的时候，保障人民了解政府活动的权利，比任何时代更为重要。"美国总统约翰逊在签署《政府文件公开法》时宣称："在国家安全许可的范围内，人民能够得到全部信息时，民主政府才能最好地运行。……在这个社会里，人民的知情权应受到重视和保护。"公众对行政机关的知情权已经不是一个愿望，而是一个具有司法保障的权利。这是世界上第一部有关政务公开的专项立法，在美国历史上是一次革命，在世界行政的发展史上也是一个重要的里程碑。③

---

① 周汉华著：《美国政府信息公开制度》，载《环球法律评论》2002年秋季号，第280页。

② 肖金明主编：《WTO与政府法制》，山东大学出版社2002年版，第220页。

③ 王名扬著：《美国行政法》（下），中国法制出版社1995年版，第959页。

2. 应该向公众公开的政府文件

《政府文件公开法》对行政机关的含义做出广义上的解释，泛指任何政府各部、军事部门、国有企业、国家控股的企业、行政机关所属的其他机构（包括总统的执行机构）和独立的管理机构。法院的判例进一步明确了行政机关的外延，即仅仅履行咨询与协助职能的部门不属于机关；除此之外，其他的部门则属于机关；同时，该法不适用于选举产生的官员，包括总统、副总统、国会议员和司法机关。政府文件则包括了行政机关收集的各种资料、档案和行政机关本身创造的各种信息、命令和报告等。

政府公报上公开的文件。行政机关必须通过联邦政府公报（Federal Register，也译为联邦登记、联邦记录，美国国家档案局每个工作日出版一期）及时向社会公开的文件包括：第一，行政机关的设置。该机关的总部及其在各地的工作部门，公众可以获得信息或政策，提出申请或请求的办公地点，具体负责某项行政事务的行政机构和工作人员。第二，行政行为的实施程序。行政机关必须公示其程序规则、格式文本及取得文本的地点。行政机关应当将行政法律规范规定的有关行政行为的事项、依据、条件、数量、程序、期限以及需要提交的全部材料的目录在办公场所公示和在网络上公开。例如，相对人是否可以委托他人提出许可申请，是否可以采用信函、传真或电子数据的形式。第三，行政行为的决策程序。各机关执行职务和做出决定的一般过程和方法，包括一切正式的和非正式的程序的性质和要求。例如，对于轻微违法事件是否应该当场做出处罚决定，行政机关在受理许可申请时的一次性告知义务，审查行政许可申请材料的程序，批准许可时是否应召开专家论证会或进行实地核查等。第四，行政机关的准立法行为。行政机关根据法律授权制定的普遍适用的行政法律规范，行政机关对重大行政政策的说明，行政机关在执法时对某项法律条款的澄清与解释。第五，对上述各项问题的校正、修改和废止。

行政机关必须提供主动检索服务的文件。除公布于联邦政府公报的文件外，在行政活动中还存在一些政府文件，它们或者法律位阶偏低而不适合在公报上发布，或者基于具体案件产生。但是此类文件能够具体指导行政行为，因此，《政府文件公开法》要求行政机关必须为公众提供下列文件的查阅和复制：第一，具体行政决定的理由。行政机关在实施某一具体行政行为时，做出决定的依据和理由，参与评议人员的意见和少数人的反对意见。第二，未公开的执法原则和解释。由行政机关制定，但未在《联邦政府公报》上公布的政策说明和解释。例如，许可的申请人要求行政机关对法律条款予以说明，行政机关应当解释，向申请人提供准确、可靠的信息。第三，执法人员的工作手册或工作指南，该手册或指南应该是工作人员在处理行政事务时应当遵守的标准或指导方针，即与行政执法行为有关，可能对相对人产生不利的影响。第四，合议制机关的表决记录。行政机关还承担编制索引的义务，《政府文件公开法》要求每个行政机关必须备有一份现行的索引，以便于公众查阅或复制。每一行政机关应按季度或在更短的周期内，迅速出版并通过出售或其他方式公开每期的索引及其补编。

　　行政机关提供被动查阅服务的其他文件。事实上，发布于联邦政府公报和通过索引公开的文件仅仅是行政机关档案文献的一小部分，行政机关在具体的执法行为过程中，依法应做出各种记录（agency records），这些记录是具体的、琐碎的，但是却生动反映了行政行为的细节。为了从根本上保障公众的知情权，《政府文件公开法》规定了公众的"个别文件"查阅权。个别文件与上面介绍的通过联邦政府公报和索引公开的文件不同，这两类文件的公开不需要经过任何公民的请求，但是对于个别文件，只有当公众提出查阅的请求时，行政机关才承担个别公开的义务。个别文件指除前两类文件外，其他一切被免予公开的文件，这实质上是《政府文件公开法》要求公开的数量最多的文件。例如，相对人向行政机关申请许可时所提交的全部申请材料，行政机关在做出处罚前对某一证人的询问笔录。公众在查阅个别文件时必须提交书面的申请书，申请书应合理地说明所需要的记录，并符合行政机关公布的制度中的时间、地点、费用和应当遵守的程序。因为具体行政行为一般针对特定的个人做出，所以个别文件一般非常具体翔实，为了防止明显不正当地侵犯个人的隐私权，行政机关在提供公众使用时，可以在必要的范围内，删除暴露个人身份的细节。但是对每项删除，必须以书面形式详细说明理由。

3. 免予公开的政府文件

政务公开是为了保障公民的知情权，以监督行政行为。但是在某些情况下，不必要的政务公开可能会危及国家安全、影响行政效率、侵犯个人隐私和泄露商业秘密。政务公开和不公开同时构成《政府文件公开法》的主要内容，是同一事物的两个侧面。这两个侧面构成了矛盾的对立和统一，在这个矛盾的统一体中，政务公开是主要的矛盾，起主导作用。① 公开不是政府活动追求的唯一价值，对国家秘密、商业秘密和个人隐私的内容，行政机关负有不得公开的义务。政务公开是《政府文件公开法》的根本目标，免予公开起到制约和平衡的作用。

《政府文件公开法》规定了免予公开的九种政府文件（也称为对特殊政府文件的豁免）：第一，国防和外交机密文件。为了国防或外交政策的利益，根据总统用行政命令规定的标准，特别授权保密的文件，并且根据总统的命令实际上已经划定为保密的文件。第二，纯属机关内部人事制度的文件。第三，其他法律增加的免予公开的文件。其他法律在增加保密文件的类型时必须符合：（1）对向公众保密的文件规定得十分明确具体，因而不要赋予行政机关自由裁量权；（2）对应予保密的文件规定了特殊的标准或明确列举了应予保密文件的特定种类。第四，商业秘密。属于贸易秘密和由某人提供的具有特权性或机密性的商业或金融情报。第五，诉讼资料。在行政机关作为一方当事人的法律诉讼案中，法律规定不得向行政相对人公开机关内部或机关之间的备忘录或信函。第六，特殊的档案。若公开可能明显地侵犯个人隐私权的人事的、医疗的和类

---

① 王名扬著：《美国行政法》（下），中国法制出版社1995年版，第975页。

似的档案。第七，执法文件，即为行政执法而编制的特殊的计划或报告。例如，可能为犯罪嫌疑人提供线索或泄露侦查机关意图的调查计划，执法机关的秘密情报来源，可能危害执法人员的生命和身体安全的报告。第八，关于金融管理的情报。负责管理或监督金融机构的机关所编制的、收到的或使用的调查报告、工作报告或情况报告。第九，地质情报，即涉及地质和地球物理的信息，包括有关矿井的地图。《政府文件公开法》同时规定，只有部分内容保密的文件，在删除免予公开的部分后，任何记录可以合理分割的部分，应对任何申请人提供。

行政机关的拒绝承认权。1986 年修改《政府文件公开法》时增加了一项规定，政府对非常敏感的关键情报，不仅可以不公开，甚至可以回避承认它的存在。因为在有的情况下，承认文件的存在，同时声明它属于免予公开的范围，这种承认本身可能已经暴露核心的重要情报。拒绝承认只适用于可能违反刑法，暴露秘密线人的身份，涉及国际间间谍和反间谍的事项，以及恐怖主义的活动，而且要受到各种条件的限制。

4. 政务公开的程序

前文已经介绍，公众可以通过三种方法了解和取得政府文件：第一，有些文件必须在联邦政府公报上公开；第二，有些文件不在联邦政府公报公布的范围内，但行政机关必须主动提供此类文件的索引，以方便公众查阅；第三，其他的个别行政文件，行政机关根据公众的申请被动公开。本部分探讨的政务公开的程序主要是针对第三种情况而言。

行政机关受理申请的期限。政务公开上的受理是指行政机关对相对人提出的申请进行形式审查后，行政机关认为申请查阅的内容属于应当公开的文件，则对相对人的申请予以接受的行为。《政府文件公开法》规定，行政机关必须在收到相对人申请 10 日内，决定是否同意这项申请，并应当立即告知申请人行政机关的决定。如果行政机关拒绝相对人的申请，必须说明理由，以及申请人对该决定不服时，有权向行政机关的负责人申诉。

　　行政机关复核的期限。如果相对人提出申诉，行政机关必须在20日内做出复核决定。如果复核决定维持或部分维持了拒绝公开的内容，行政机关应告知申诉人对该决定有权提请司法审查。

　　行政期限的延长。如果发生特殊情况，例如，发生灾害致使行政机关无法正常办公，进行查验的机器设备需要检修等，行政机关无法按期做出批准或复核决定，必须提前书面通知申请人，说明延长的理由和预期做出决定的时间，但延长的时间不得超过10日。

　　行政救济与司法审查的衔接。申请人如果能证明上述情况，则视为已穷尽行政救济，法院取得司法管辖权。如果行政机关能够证明的确存在特殊原因，而且正在竭尽全力以满足申请人的要求，则法院可以保留管辖权，延长一段时间使行政机关能够完成文件档案的查阅与公开。在司法审查过程中，如果行政机关决定提供所申请的文件，应该将该文件迅速提供给申请人。

　　行政收费的标准与项目。行政机关收取的费用必须符合美国政府预算管理局的标准，并逐步降低甚至取消收费。收费的标准至少符合以下要求：第一，当申请的文件是用于商业目的时，收取的费用包括文件的检索、复制和审查所支出的合理费用；第二，当政务公开申请是由一个以科研、学术或教育为目的的非商业性学术机构提出时，或者由新闻媒体的代表提出时，行政机关只收取复制费，不能收取其他两种费用；第三，如果政务公开是为了公共利益，文件公开可能极大地促进公众对政府运行或活动的了解，而不是为了申请者的商业利益时，文件的提供应不收取任何费用，或者尽量少收费。需要注意的是，各种费用的计算应严格限定在直接成本范围内，而不包括基于直接成本产生的其他可能支出的间接费用。

　　行政机关的报告义务（国会对政务公开的监督）。行政机关应该在每年的3月1日之前，向国会两院的议长提交一份政务公开的年度报告。由议长转交专门的委员会进行审查。这份报告应包括以下内容：第一，对公众申请的登记情况，拒绝提供文件的次数，拒绝的理由；第二，申诉的次数，申诉的处理结论和理由；第三，拒绝申请的有关负责人的姓名、职称或职位，做出拒绝公开的次数；

第四，因法院提出其滥用权力而受到行政处分的情况，没有处分的理由；第五，为落实政务公开而制定的有关政策和法律；第六，有关部门制定的收费标准和实际收取的金额；第七，其他需要补充的内容。同时规定，司法部长应于每年3月1日以前向国会呈交一份年度报告。该年度报告应包括本年度内发生的违反本条规定的案件目录，涉及保密事项的案件及其处理结果，依法收取的服务费用及其所做的处罚，以及司法部为促使行政机关遵守本条规定所作的各项工作情况。

5. 对政府文件公开的司法审查

《政府文件公开法》的司法审查是指公众为查阅某项文件向行政机关提出申请，但遭到行政机关的拒绝，公众把行政机关起诉到法院，诉请法院判决行政机关提供有关的文件。引起司法审查的文件主要是行政机关被动提供的"个别文件"，双方争议的焦点一般是该文件是否属于免予公开的九种类型。

法院的管辖。在职权管辖和级别管辖方面，美国联邦基层法院（即地区法院或哥伦比亚特区法院）对政务公开的案件有初审管辖权，各州法院和其他法院无管辖权。其中哥伦比亚特区法院受理的诉讼案件最多，因为美国首都华盛顿位于哥伦比亚特区，大量的行政机关和档案文献集中于此，而且行政机关做被告时一般由司法部派人进行辩护。在地域管辖方面，原告起诉时的原告居住地、经营场所所在地或被告行政机关的文件保管地的法院有管辖权。

法院的审理。与一般的诉讼相比，法院在审理过程中主要有以下特点：第一，行政机关承担举证责任。因为相对人在提出申请时，不要求说明自己的理由和目的，所以被告在收到原告起诉状30日内，必须做出答复或进行答辩，提供证据证明拒绝公开文件是合法正当的。第二，双重审查标准。基于普通法系的"越权无效"原则，法院一般只审查行政行为的法律适用问题，而不涉及行政机关在做出行政行为时所认定的事实；但《政府文件公开法》要求法院首先要对政府文件的性质重新进行审理，主要是审查该文件是否属于免予公开的文件，然后再对行政机关的法律适用问题做出判断。第三，不公开审理的原则。法院对于行政机关主张保密的文件，应当进行不公开的审理，法官对此有自由裁量权。

法院的判决。法院的判决主要包括三部分内容：第一，律师费与诉讼费的规定。因为美国律师费高昂，一个最简单的政务公开的诉讼，所需要的费用也在1000美元以上，很多人因此不敢提起诉讼。①《政府文件公开法》在1974年修订时，增加了一项规定，若原告胜诉，法院有权判决政府负担合理的律师费用和其他相关的费用。第二，具有强制力的司法建议。1974年《政府文件公开法》修订时，增加了法院的司法建议权。法院在审理过程中，如果发现拒绝公开的原因是行政机关工作人员的专横或任性，法院在判决行政机关败诉时，有权专门对此做出一个书面裁定。根据这个裁定，文官惩戒保护委员会的特别律师必须迅速采取行动，以确定对拒绝公开承担主要责任的负责人或普通职员，对他们是否需要采取行政处分，特别律师在调查和审核有关的证据以后，必须向有关的行政当局提出自己的结论和制裁的建议，并将副本送交有关的行政人员或代理人。行政当局必须根据特别律师的建议对有关人员采取行政处分措施。第三，对妨碍司法的制裁。如果行政机关妨碍司法，在法院判决后仍然拒绝公开文件，地区法院有权对有关人员处以藐视法庭罪的制裁。

6.《政府文件公开法》在电子政务方面的补充

1966年制定的《政府文件公开法》所依据的前提是所有的政府材料都以书面方式保存，并且，对于"个别文件"只在有具体的申请提出后才公开。进入20世纪80年代以后，随着现代信息技术的突飞猛进，电子数据被大量采用，美国国会与政府都意识到《政府文件公开法》已经显得有些过时，无法满足时代的要求。电子数据可以非常容易地放到网络上为使用者使用，可以节省个人提出特定的公开申请的成本与负担。面临这种新的环境，有些行政机

---

① 王名扬著：《美国行政法》（下），中国法制出版社1995年版，第1014页。

关采用了新技术，将大量的政府信息放到了网络中，但有些行政机关则尽量钻法律规定的空子，阻碍公众获得电子信息。为此，美国于 1995 年制定《精简公文法》（Paperwork Reduction Act），通过实行免版税原则，禁止行政机关对公共信息的再流通或传播收费或收使用费；及时、公正地干预政府机构对信息资源的垄断行为，禁止行政机关对信息的流通进行限制或规制。

1996 年，美国国会通过了电子信息自由法修正案，并经总统签署成为法律。1996 年的信息自由法修正案对电子信息的检索、公开等问题进行了规范，把电子信息置于与纸质信息同等的地位，[①] 要求每一个政府机关以电子数据方式为公众提供索引材料或本机关指南，以便利公众提出信息申请。机关指南的目的是向公众说明《政府文件公开法》的目的以及公众获得政府材料的方法。机关指南应包括所有主要信息系统目录与说明，获得各种公共信息的提示，提出信息申请的方式，政府机关决定是否提供信息的标准，政府机关最近涉及的诉讼胜败情况，公众提起诉讼的权利等。[②] 凡是属于必须提供给公众阅览和复制的记录，1996 年 11 月 1 日以后制作的文件，在这一天以后一年内，必须使之可以通过因特网等计算机网络形式获得。《政府文件公开法》1996 年的重大修订，为美国电子政府的政府信息公开服务提供了有力的法律保障。

（三）政务公开制度的发展——《政府会议公开法》

1.《政府会议公开法》的适用

《政府会议公开法》是规定合议制行政机关（collegial agencies）的会议必须公开举行的法律。像法院的公开审理一样，公众可以观察会议的进程，取得会议的信息和文件。这个法律制定于 1976 年，一般译为《阳光下的联邦政府法》，简称为《阳光法》。

---

① 黄梓良著：《美国电子政府的政府信息公开服务》，载《情报杂志》2003 年第 3 期，第 96 页。

② 周汉华著：《美国政府信息公开制度》，载《环球法律评论》2002 年秋季号，第 278 页。

国会在立法时在很大程度上参照了《政府文件公开法》，这两个法律可以说是姐妹法，《政府文件公开法》是以文件公开的形式公开政府信息，是政府结果的公开，该法被收入美国法典第5部（title）第5编（chapter）第2章（section）第1节；《政府会议公开法》是以会议过程公开的形式公开政府信息，是政府行政过程的公开，该法被收入美国法典第5部第5编第2章第3节。两者的目的相同，都是贯彻执行政务公开原则。

《政府会议公开法》只适用于合议制行政机关，合议制行政机关是指由两个或两个以上的成员组成最高决策机构的行政机关，而且决策机构的大部分成员由总统提名并经参议院的同意或批准来任命。例如，联邦通讯委员会、联邦贸易委员会、证券交易委员会等。该法不适用于独任制行政机关（single - headed agencies）。因为这两类机关做出决定的程序不一样。国会设立合议制行政机关的目的在于集思广益，避免一个人见解狭隘的缺点。合议制行政机关在做出正式决定前必须举行会议，在讨论中可能互相让步和妥协，根据多数委员的意见做出决定。会议公开可以看出做出决定的程序。独任制行政机关的决定由长官一人做出，虽然长官在决定的过程中也经常和下级官员进行讨论，但下级官员的意见只供长官参考，没有决定权力，下级官员也不对决定负责。公开这种讨论，从法律的观点看，不代表做决定的过程，反而妨碍下级官员自由地发表意见。①

2. 政府会议的公开与免除

《政府会议公开法》第1条第2款（美国法典第552b之a部分）规定："会议是指决策成员达到最低限度的人数，能够代表行政机关进行研究和讨论；经过讨论后做出决策或者采取共同的行动或者处理机关的正式事务。"根据这个定义，《政府会议公开法》

---

① 王名扬著：《美国行政法》（下），中国法制出版社1995年版，第1027页。

规定的会议必须包含以下因素:① 第一,具备法定人数。最低限度达到能够代表行政机关做出决定的法定人数,没有达到法定的人数不能代表机关通过表决的讨论,不属于《政府会议公开法》意义上的会议。第二,有进行讨论的必要。如果委员会成员只是进行节日聚会,不研究公事;或者只讨论程序性或预备性工作,例如,下一次会议何时何地召开,则不属该法意义上的会议。第三,讨论产生一定的影响。《政府会议公开法》要求会议产生最终的结论或行政事务处理决定。但美国联邦最高法院却认为,只要经过会议讨论,每一个参与者"合理"地表达了对未决事项的明确态度,这次会议讨论就视为产生了必要的影响,应该适用《政府会议公开法》;如果会议只是澄清了要研究的主题和各家不同观点的单纯的"背景式"讨论则不适用该法。《政府会议公开法》对讨论的方式不做要求,现场会议、电话会议或者网络会议等都视为该法规定的会议。

公众根据该法取得列席观察的权利,包括到场、旁听和观看的权利,但无权在会议进行过程中发表自己的观点。美国国会在关于该法的说明中指出,合议制机关举行公开会议时,应尽量选择适当的房间以便容纳更多的公众。但是合议制机关没有义务满足全部公众都参加的要求,只要有一部分公众参加,特别是为新闻记者提供充分的便利,就已经符合公开的要求。是否允许记录、摄影和录像由行政机关自己决定。

《政府会议公开法》规定 10 项免除公开举行会议的理由,合议制行政机关除了能够证明符合其中任何一项理由以外,必须举行公开的会议。同时规定,对于符合不公开条件的会议,如果行政机关认为公开符合公众利益时,也可决定公开举行。在这 10 项免除举行公开会议的规定中,其中 7 项和《政府文件公开法》中免除公开的规定相同,故不再重复介绍。另有 3 条《政府文件公开法》没有规定,它们分别是:第一,讨论控诉一个人的刑事犯罪,或者

---

① 〔美〕威廉·F.芬克、理查德·H.西蒙著:《行政法案件案例与解析》(影印系列),中信出版社 2003 年版,第 366 页。

正式控诉某人的会议。由于会议讨论的最后结果不一定是对该人提出控诉，会议的不当暴露会给当事人造成不可弥补的伤害。第二，讨论行政机关参加诉讼、仲裁，进行正式裁决等事项的会议。该项规定的目的在于保护行政机关在诉讼、仲裁等过程中的战略不被对方不当利用。第三，会议讨论事项过早地公开会引起经济上的投机、危害金融机构的安全或严重妨碍行政机关执行预定的计划。如果行政机关事先已经透露了预定的行动的内容或性质，则举行秘密会议没有必要了。另外，行政机关有事先公开义务的，例如，讨论法规制定的会议，需要事先征得公众的意见，也不能举行不公开的会议。

另外，《政府文件公开法》中有两项规定未为《政府会议公开法》所采用。这两项规定是：第一，地质情报，即涉及地质和地球物理的信息，包括有关矿井的地图。对此，《政府会议公开法》可将其作为商业情报援引，免予会议的公开。第二，诉讼资料，在行政机关作为一方当事人的诉讼案中，法律规定不得向行政相对人公开的机关内部或机关之间的备忘录或信函。这是《政府文件公开法》和《政府会议公开法》最重要的区别。《政府会议公开法》的目的就是让公众了解行政机关的内部讨论过程，而《政府文件公开法》恰恰是要保护内部讨论以充分保障言论自由。正是这样，《政府会议公开法》的价值存在争议。批评者认为，会议公开损害了决策质量，因为在不公开的情况下，参加会议的人员更有可能提出探讨性意见，寻求一定妥协，进行真正平等的交流。[①] 在实践中，合议制机关的确有采取各种方式规避《政府会议公开法》适用的现象。

3. 政府会议公开的程序

会议的通告程序。会议公开的前提条件是公众事先知道合议制行政机关计划召开会议，以讨论并决定某一行政事项。如果没有召

---

① ［美］恩斯特·盖尔霍恩、罗纳德·M. 莱文著：《美国法精要·行政法》（影印本），法律出版社2001年版，第153页。

开会议的通告程序，会议公开将无从谈起。《政府会议公开法》第5节（美国法典第552b之e部分）规定，合议制机关应至少提前7天发出举行会议的通告。该通告至少应该包括以下事项：会议的时间，会议的地点，计划讨论的事项，会议公开举行或不公开举行，为公众了解会议资讯而指定的某一工作人员的姓名和电话。

紧急情况的处理。在特殊情况下，合议制机关必须尽快讨论某个问题，无法提前7天发出通告时，可以缩短通告的时间。但必须：第一，由该机关的多数决策人员投票决定，认为事情紧急，无法将会议推迟到7天以后举行；第二，必须有投票记录；第三，必须在尽可能早的时间以前向公众宣布会议的时间、地点、讨论事项、是否公开举行、联系人的姓名和电话。

会议内容的修改。合议制机关发布召开会议的通告以后，情况发生变化，需要对通告的内容进行调整和修改。《政府会议公开法》规定，调整的项目为会议的时间和地点，行政机关必须在尽可能早的时间以前，通告上述调整。如果会议修改的内容为讨论事项的变更，或会议性质的改变，例如公开的会议变为不公开的会议，行政机关必须履行下列程序：第一，全体决策人员的多数投票表决，认为需要变更，无法履行此前发布的通告中的义务；第二，必须有投票的记录；第三，在尽可能早的时间内通知上述变更，以及每位决策人员的投票情况。

4. 对秘密会议的限制

为了限制行政机关召开不公开的秘密会议，《政府会议公开法》要求合议制行政机关必须履行相当复杂的步骤，除必须满足上述10个免予公开的例外条件外，还需要遵循以下程序：

（1）决定举行秘密会议的决议。

秘密会议的决定程序有两种：普通程序和简易程序。后者要求的程序比较简单，但只适用于特定范围。

普通程序主要包括以下事项：第一，决策机构对会议是否公开进行投票表决。行政机关可以主动对会议是否公开进行投票表决，投票表决前，决策机构往往会征求法律事务顾问（the general counsel or chief legal officer) 的意见；也可以经与会议公开有利害关系的私人请求，由行政机关某一负责人提议而对是否公开进行投票表决。一般来说，每次会议是否公开都要进行一次独立的表决，公开的会议的某些部分是否保密也分别进行表决，但如果连续几次会议涉及同样是否公开的事项（the same particular matters），而且这些会议能在 30 天内召开完毕的，可以对多个会议的同一事项进行一次表决。第二，公布秘密举行的会议的相关事项。行政机关投票结果是秘密举行会议的，应当在投票后的 1 日之内公布机关的不公开决定、每位决策机构成员的投票记录，秘密举行会议的理由的详细说明（full written explanation）、预期参加会议的人员及其隶属关系等。

简易程序主要包括以下事项：第一，简易程序的内容。决定召开秘密会议的简易程序只要求行政机关在每次会议开始的时候投票决定举行秘密会议，并尽快公布投票记录、会议的时间、地点、讨论的事项即可。简易程序不仅不要求公布普通程序中要求公布的不公开理由的详细说明、预期参加会议的人员及其隶属关系，也不要求适用上述的举行会议的通告程序，大大简化了行政机关的程序。第二，简易程序的适用范围。简易程序适用于会议内容一般涉及如下免予公开事项的行政机关：商业秘密、金融信息、提前披露导致经济投机的情报、司法和仲裁事项。这些机关可以制定法规规定适用简易程序的具体问题。

（2）秘密会议的文件。

每一场秘密的会议都要求行政机关的法律事务顾问提供一份公开证明，说明不公开举行会议的有关的法律依据。该项证明以及会议主持人关于会议时间、地点、与会人员的声明，行政机关应当保存，作为会议档案的一部分。秘密举行的会议应该制作会议情况的完整的手写或电子笔录，特殊会议还可以选择制作满足一定要求的会议摘要，并予以保存。上述笔录和摘要在删除保密事项后，行政机关应当迅速向公众公布，并应申请人的申请，向其提供上述记录和摘要的复印件，行政机关有权收取必要的复制费。

5. 对政府会议公开的司法审查

公众认为合议制行政机关的行为违反《政府会议公开法》时，可以提起抽象行政行为之诉和具体行政行为之诉。这两种诉讼对原告的资格没有任何限制，属于纳税人诉讼或公益诉讼的范畴。

抽象行政行为之诉，即公众不服行政机关为执行《政府会议公开法》而制定的行政法律规范，请求法院审查该法律规范的合法性。《政府会议公开法》要求行政机关在该法生效后 180 天内制定规章制度（regulations）具体落实会议公开的要求，该规章制度应当在《联邦政府公报》上公布。如果行政机关消极不作为，未能在法定时间内制定有关制度的，任何人可以向哥伦比亚特区的地区法院起诉，请求法院判决行政机关履行作为的义务。如果行政机关制定的规章制度与《政府会议公开法》的内容发生冲突，任何人也可以向哥伦比亚特区上诉法院起诉，请求法院审查行政机关的有关制度是否违反了《政府会议公开法》的有关规定。

具体行政行为之诉，即公众请求法院审查行政机关的某个具体的会议秘密举行的行为是否违反《政府会议公开法》的有关规定。此类诉讼包括两种情况，独立依据《政府会议公开法》提起诉讼，依据其他法律提起要求撤销行政机关的决定时，附带提起违反《政府会议公开法》的诉讼。美国联邦地区法院管辖依据《政府会议公开法》独立提起的诉讼，具体而言，会议举行地、机关首脑所在地和哥伦比亚特区的联邦法院都有地域管辖权。任何人提起诉讼的期限为会议召开前或举行后的 60 天之内，如果行政机关没有履行会议召开的通告程序，则起诉的期限为原告知道会议召开后的 60 天之内。法官有权采取《政府会议公开法》规定的各种救济措施，例如，颁发强制执行令要求行政机关召开的会议必须对公众公开，会后命令行政机关向原告提供可以公开的会议笔记、电子信息或会议的摘要。附带提起的《政府会议公开法》的诉讼，除依据其他法律提供救济手段外，如撤销行政机关的决定，也能依据《政府会议公开法》提供上述救济手段。在特殊情况下，附带的违反《政府会议公开法》的行为也可以成为撤销行政机关决定的理由，这些特殊情况包括：① ①行政机关故意违反《政府会议公开法》；②行政机关多次违反《政府会议公开法》；③违反阳光法侵犯了当事人的权利；④撤销行政机关的行为明显地符合公共利益。

美国国会、新闻媒体和利益集团对会议公开非常重视，认为它和《政府文件公开法》同样重要。国会认为，政府会议公开是民主政治赖以建立的基础，也是行政活动对公众负责的受公众监督的一项措施；新闻媒体和利益集团则可以充分了解联邦政府做出决定的程序。美国公众对《政府文件公开法》非常重视，但对《政府会议公开法》反映比较冷淡。因为公众关心的是如何得到政府的文件，而不在于出席旁听合议制机关的会议，况且公众不出席会议也可以得到与会议有关的文件，所以花费时间出席会议显得没有必要。

另外，1972年国会制定的《联邦咨询委员会法》（Federal Advisory Committee Act）也推动了政务公开工作。咨询委员会是国会、总统和行政机关设立的，由社会人士、专家和学者组成的民间机构。美国政府在做出正式决策之前，一般都会征求政府以外的咨询委员会的意见。《联邦咨询委员会法》规定，咨询委员会的会议必须公开举行，每次召集会议之前，必须在适当的时间前在联邦政府公报上宣告。公众有权旁听会议，如果得到会议主席的许可，可以口头陈述意见或提交书面意见。咨询委员会必须制作详细的会议记录，其中包括参加的人员，完全地和准确地叙述讨论的事项、做出的决定以及会议收到的、发出的或批准的报告。会议主席在记录上签名以证明其正确性，公众有权查阅咨询委员会的记录、报告、草案、研究或其他文件，并在缴纳复制费用以后，可以得到文件的复制品。② 当然，咨询委员会有权拒绝向公众提供《政府文件公开

① 王名扬著：《美国行政法》（下），中国法制出版社1995年版，第1047页。

② 王名扬著：《美国行政法》（下），中国法制出版社1995年版，第1056页。

法》规定免予公开的政府文件。

（四）政务公开制度的完善——《公民隐私保护法》

《公民隐私保护法》是规定行政机关对个人资料的搜集、利用和传播必须遵守的规则的法律。它保证行政机关对个人资料记录的正确性，制止行政机关滥用个人的资料侵犯个人的隐私权。个人资料存在的形式是文件，所以《公民隐私保护法》是关于行政机关如何处理个人资料的法律。法律规定个人资料必须对本人公开及对第三者限制公开的原则。从这个意义来说，《公民隐私保护法》属于政务公开法律的范畴。然而它和《政府文件公开法》不一样，《政府文件公开法》适用于全部政府记录，《公民隐私保护法》只适用于个人的记录。《政府文件公开法》着重保护公众的了解权，《公民隐私保护法》着重保护个人的隐私权，①《公民隐私保护法》可以视为《政府文件公开法》的重要补充和完善。

《公民隐私保护法》的指导思想共有五个方面：第一，行政机关不能保存公民本人不知道的秘密个人资料；第二，行政机关应当为公民个人了解自己的档案资料提供方便，并告知该资料的用途；第三，公民有权对个人资料的正确性提出质疑；第四，基于某一理由得到公民个人的资料，行政机关在运用于其他事项之前必须得到本人的许可；第五，如果行政机关参与了公民个人资料的制作、保存、使用或传播，该机关必须确保该资料只能用于既定的事项，并采取措施尽量避免资料被滥用。

《公民隐私保护法》的作用和功能是：首先，因为法律保护公民个人的隐私权，所以对于行政机关保存的个人档案资料而言，法律同样承认并保护公民个人在该事项上的重大权益；其次，对行政机关使用个人资料的行为进行监督与控制；最后，平衡公共利益与个人利益，其中公共利益是维护行政机关合法执行职务，个人利益是保障公民得到最大限度的隐私权。例如，法律规定个人资料的公

---

①　王名扬著：《美国行政法》（下），中国法制出版社1995年版，第1058页。

开须征得本人的同意，同时又规定行政机关之间为了常规使用目的而公开个人的资料，不需本人的同意。

《公民隐私保护法》规定的主要内容包括：第一，向他人公开个人资料的行为受到限制，承认公民个人有权查看行政机关保存的有关他们本人的档案文件，并有权更换或修改自己的档案文件；第二，建立合理公正的档案管理制度，要求行政机关对公民档案系统的建立和修改必须在联邦政府公报上公布，行政机关在收集、占有和传播个人资料时应当遵守一定的制度，行政机关保存的个人信息必须准确、全面、及时、合理、相关，联邦政府机关必须直接从材料的主人处获得相关信息；第三，规定例外的情况和豁免适用隐私保护法的条件，以保护公民个人和行政机关的利益；第四，司法救济，如果个人的权利受到侵犯，可以提起民事诉讼，法院有权裁决行政机关承担民事责任并给予违法的行政官员刑事制裁。

（五）结语

政府政务公开可从微观和宏观角度理解，微观意义上政务公开是指行政机关依照法定程序向公众或特定的公民提供有关信息的法律行为，行政机关拒不实施或违法实施该行为，行政相对人可以起诉。宏观意义上的政务公开是行政管理中的一项法律制度，即行政机关向公众或特定公民提供行政管理信息的范围、主体、程序、法律后果等要素组成的法律制度。从世界范围看，政府政务公开可分为这两种模式。宏观模式是行政管理过程向社会和公众开放的模式，任何对行政管理过程有兴趣的公民都可以参与，除非法律另有规定，任何公民都有权了解与行政管理有关的信息。其特点是具有系统全面的法律规定，以建立透明的政府为目标。美国的政府政务公开的法律制度是宏观模式的代表，客观上为宏观模式奠定了理论和实践基础。① 它在一定程度上对世界其他国家的政务公开立法起到了示范的作用，也标志着现代政务公开法治的完善。

---

① 丁先存著：《论美国的政府信息公开制度》，载《情报科学》2001 年第 3 期，第 331 页。

总之,"阳光是最好的防腐剂,路灯是最好的警察"。《政府文件公开法》、《政府会议公开法》、《公民隐私保护法》三者相对独立又相互关联,有机地结合在一起,共同建构了美国政府政务公开的法律制度。政务公开的法律基础是公民的知情权,没有公民的知情权,公民不能监督政府,民主失去基础;反之,没有公民的隐私权,个人失去自由,民主也就不复存在。美国的政务公开法律制度一方面能够保护公民的政府文件获取权、监督行政权,促使其积极参与国家政治生活;另一方面也增加了行政机关权力运作的透明度,同时又避免了因政务公开给国家和个人带来的风险,增进政府决策民主化。

第二节 英国的行政执法监督制度

英国不成文宪法确立的政体为君主立宪制。其政治制度以议会内阁制度为核心,以两党制、常任文官制以及地方自治为主要特点。根据"议会主权"原则,由下院、国王和上院组成的议会是国家最高权力机关,主要行使立法权。国王任命下院多数党领袖担任首相并由他组阁行使行政权,对议会负连带责任。司法权由法院和议会共同行使。虽然立法、行政、司法三个权力机关分别设置,但是,英国的立法权、行政权和司法权实际上并不分立。它对其他资本主义国家政治制度的建立产生了很大影响。

一、行政监督制度概述

20 世纪六七十年代,英国开始进行行政改革,设立了一系列对行政机关及其工作人员进行监督的程序和机构,丰富了现代行政监督的内容和形式。现在英国已形成了以议会监督为主,包括政府各部门内部监督、行政裁判所、司法审查、地方和卫生医疗监察专员等多种形式和层次的行政监督制度体系,它们对保证各级行政机关及其工作人员依法行政,防止权力滥用和维护公民的合法权益,发挥了重要的作用。

（一）议会监督制度

英国议会是世界上最早建立的代议制机构，现在的英国议会由英王、上院和下院构成。上院议员不是选举产生，而是由大主教、主教、世袭贵族、终身贵族、王室贵族、高级法官、总检察长和副检察长等组成。下院议员由选民按小选区多数代表制直接选举产生。上院议长由大法官兼任，下院议长按惯例由多数党议员出任。因为英国议会是英国的最高权力机关和最高立法机关，英国议会有权通过以下方式对政府进行监督。

1. 质询

质询是议员在议会会议期间，就政府的施政方针、行政措施以及其他事项，向政府首脑或高级官员提出质疑或询问并要求答复的活动。这是议会监督政府的一种重要方式，18 世纪由英国首创。19 世纪中期以后，随着议会内阁制的形成，英国议会的质询事项日益增多，逐渐形成了质询制度，并为其他议会内阁制国家所采用。① 质询从性质上可分为询问和质问两种。前者主要针对一般问题，多为议员对个别行政官员所掌管的事项的询问。它只构成质询者和被质询者之间的问答和补充问答，不构成议会的议题。后者所提的问题涉及重大的政府行为，多系议员对内阁施政方针、政府重要政策与措施的质询。它除了质询者和被质询者之间的问答之外，往往构成议会的议题，产生议会辩论，并且可能导致议会对政府提出信任与否的表决，从而导致政府的危机。

在英国只有询问。对于询问，英国议会规定，星期一至星期四的 14：45—15：45，议员可以通过口头或书面形式提出问题。议员可提出 1—3 个质询的口头问题，书面提问不受限制，若要求政府口头答复，则众议院必须至少在 48 小时之前把提问送达质询对象。下院议员每天口头或书面提出的问题约为 70—100 个。凡不属于涉及"国家安全"、"机密"以及带有"讽刺"、"侮辱"性等法

---

① 《中国大百科全书·光盘 1.2 版》政治学卷，何华辉撰写的"质询"部分。

律禁止的问题，大臣或政府有关方面的负责人都应对议员的提问做出答复。如果议员对答复不满意的，议员还可以提出补充性问题，要求政府有关部门再作答复。如果询问事项涉及国家根本政策、国民普遍利益时，议员可提议延长会议时间，变更议事日程，进行议会辩论，举行相当于不信任投票的表决。但这种提议须有40名以上议员赞同才能通过。

适应20世纪以来政府职能作用的不断增加和政府工作越来越复杂化、专业化的发展趋势，20世纪70年代后，英国下院设立了与政府工作相对应的14个专门委员会，负责对政府的对口监督。在下院开会时，这些委员会分别就政府的内政和外交问题向有关政府官员提出质询，揭露政府工作中存在的问题，督促有关部门加以改善。[①] 正如詹宁斯所说：“一个议员无论是想要纠正一件错事，还是想要攻击哪个大臣，提出质询的权力总是重要的。它迫使各部在它们的行动中谨慎小心；它能防止一些小小不公平之事，这些事情是如此普遍地和官僚主义连在一起；它迫使行政人员去注意个人的不平之鸣。”[②] 议员们通过质询，起到了监督检查政府工作，纠正或弥补政府工作的缺失，帮助政府改进管理的作用。

2. 弹劾

弹劾是议会控告和制裁违法失职的政府高级官吏，并追究其法律责任的活动。近代资产阶级议会的弹劾制度起源于英国。1376年，当时正是英王爱德华三世在位期间，英国议会对英王的御衣总管提出控告，由封建贵族把持的议会同国王展开了权力斗争。斗争的结果，议会迫使爱德华三世宣布，议会的贵族院有权控告和审判国家的高级官吏。这开创了弹劾的先例，在王权显赫的时代，弹劾是对付封建专制的有力工具，以至于有学者认为，“在其他民族还苦于找不到一个对付王权、皇权或其他形形色色的独裁和专制的时

---

① 侯志山著：《外国行政监督制度与著名反腐机构》，北京大学出版社2004年版，第29页。

② ［英］詹宁斯：《英国议会》，商务印书馆1959年版，第123页。

候，英国就已经利用了弹劾这个工具制止了国王的随心所欲，艰难却富有成效地保护着贵族进而也保护了千千万万普通人的权利和自由"①。

英国议会弹劾的对象为内阁阁员、各部大臣和议会议员。举凡内阁阁员、各部大臣或议员职务上或非职务上的非法行为，均可构成议会的弹劾案。被弹劾的主要为政府的高级官员，这是因为中下层官员的违法行为，一般都可以通过其上级首长或司法机关给予惩戒、制裁。而对于位高权重的高级官员的违法行为，司法机关往往显得无能为力。这是英国中世纪以来的法律习惯使然。将议员也列入可弹劾对象，是由于议员享有一定的法律豁免权，有时司法机关对议员的违法行为惩戒起来有所不便，因此议员也就构成了弹劾对象。②

根据英国的宪政理论和宪法惯例，因为下院代表民众，上院为最高审判机关；所以在弹劾程序上逐步形成了由下院提出弹劾案，由上院审判弹劾案的弹劾制度。对于高级官员的违法行为，下议院一名议员就可提出弹劾动议，经下议院 2/3 的议员同意和议院会议通过后，便可起草弹劾起诉书送达上议院。上议院接到起诉书后，即传唤被弹劾人到庭，审理弹劾案。这为以后许多国家所采用。但是随着英国内阁责任制理论的发展和司法权的独立，弹劾程序在实践中显得过于烦琐，英国议会从 1864 年起废弃这种监督方式，代之以不信任投票程序。

3. 不信任投票

议会以投票表决方式对内阁的施政方针或阁员、部长的行为表示信任与否的活动。具体而言，在西方责任内阁制的国家里，内阁推行的政策必须得到多数议员的支持。议会如认为内阁成员或全体有违法失职、政策错误或措施失当等情节并对此深感不满时，议会

---

① 储建国著：《弹劾总统》，长江文艺出版社 1999 年版，第 65 页。
② 侯志山著：《外国行政监督制度与著名反腐机构》，北京大学出版社 2004 年版，第 30 页。

可以通过谴责政府某项政策的决议案，可以否决政府的议案，或对政府的议案作重大修改而使政府难以接受，甚至通过政府不赞成的法案，进而对内阁提出不信任案。一旦议会通过这种不信任案，其后果是：或者内阁向国家元首提出总辞职；或者由内阁首相（总理）呈请国家元首解散议会，重新选举议员，由新的议会决定政府的去留。这就是不信任程序，因其目的是促使现任政府总辞职，故又称为"倒阁"权。它是议会监督制约行政机关的一种手段。首创于英国，后为实行议会内阁制的国家所采用。

引发议会动用不信任程序主要有两方面的原因，一是内阁的施政纲领、方针政策或某项重大行政行为违背宪法和法律，议会通过不信任程序对其加以纠正，使之符合宪法和法律。作为一种政治监督，不信任程序具有预防和制止政府政治失误的积极作用。二是内阁成员有严重的违法失职行为，也是引发议会动用不信任程序的一个重要原因。英国内阁实行连带责任制，即使内阁的某个成员有严重的违法失职行为，内阁也必须总辞职。因此，不信任程序对于政府又是一种相当严厉的监督制约措施。①

不信任投票程序的目的在于检验政府是否得到代议机关的足够支持，并通过设立该程序对政府及其人员进行有力监督与控制。根据英国宪法惯例，如果议会通过对内阁的不信任投票或者否决政府的重要法案（如财政法案），内阁必须总辞职，这种后果对国家政治生活的影响非常重大。不信任投票，是一把既对着政府又同时对着议会本身的"双刃剑"，因为议会下院在提出对政府的不信任投票的同时，要承担由此可能引起的下院自身被政府解散的风险。当然，英国的两党制使议会和内阁保持了议行合一，议会一般处于支持政府的地位，这种制度使英国内阁比实行多党制国家的内阁更为稳定。除非执政党本身产生了重大分歧，或执政党的议员在下院丧失了多数议席，否则议会是不可能对政府进行不信任投票的。也就

---

① 侯志山著：《外国行政监督制度与著名反腐机构》，北京大学出版社2004 年版，第 31 页。

是说，议会的不信任程序只有在上述"非常"时期才能启动并奏效。

4. 调查

调查是指议会在行使其职权过程中附带产生的权力，为了更好地进行立法和监督政府工作，由议会组织专门机构对国家机关进行调查了解和确认某种事实的权力。这种调查在英国政治生活中是司空见惯的，一般情况下，由议会任命一个特别委员会或授权某人对政府官员在执行政策过程中表现出来的渎职、无能、腐化堕落等行为进行调查，当事人可以陈述各自的情况和理由。现在议会的调查程序更具有司法性，特别机构在调查时已越来越多地采取司法手段。例如，为了保证调查能够依法顺利进行，英国法律规定有关部门人员有义务予以协助，不得非法妨碍调查，若不出席议会所举行的有关听证会，或拒不作证，或作伪证则处以罚款或以"藐视国会罪"等罪名，追究刑事责任。特别机构实际上是议会指定代表它查明情况的一个组织。特别机构的任务是收集证据，提出报告和建议，最后由议会决定。

一般性的调查包括视察、考察、走访等，没有严格的程序。确认某种事实的专门调查或特别调查包括国政调查、听证调查和特别委员会调查等，其适用范围可能涉及政府要员、法院法官的某些违法行为。调查的程序大致是：（1）通过议会一定数量的议员表决通过或议会授权某委员会决定而提出；（2）组织专门或临时的调查机构开展调查活动；（3）举行各种听证会，邀请或传唤有关公民、社团和有关部门领导参加，并要求他们提供必要的证据和资料；（4）调阅和获取有关信息，包括用秘密手段等从当事人和知情人处搜集情报资料和获得证据；（5）公布调查结果。依照一定程序获准公布的结果，可导致代议机关对某高官的弹劾，也可导致政府的危机。调查中如发现触及刑法的事项，则引起司法追究。①

此外，英国议会还设立了一些专门机构如议会监察专员、国家

---

①　尤光付著：《中外监督制度比较》，商务印书馆 2003 年版，第 92 页。

审计署等，对行政机关及其工作人员实施监督。关于议会监察专员的情况下面将有专门介绍，这里不多述。

（二）政府内部监督制度①

英国为单一制政体，中央政府统一行使统治权。地方政权机关隶属于中央，在中央政府统一领导下，行使其法律规定的职权。在政府内部，英国非常重视对官员和公务员行为的监督。这种监督分为一般性监督和专门机构监督两个方面。一般性监督，即上级对下级的监督，英国与其他国家的情况大致相同，这里不多加介绍。在专门机构中，值得关注的是公民宪章处、公务员制度调查及公职道德规范委员会、反贪污诈骗局等类机构。

公民宪章（事务）处 1991 年由梅杰首相建议成立，并由他直接领导。其职责是研究政务公开的办法，制定政府工作标准，提高公务员素质。让公民更加了解公务员，懂得如何从公务员那里取得帮助。该处的任务是推行公民宪章，以达到实行标准化服务，更好地为公民提供咨询，纠正工作中的缺点，体现公民作用，增进公民对政府政策的了解，加强对公务员的监督等目的。推行公民宪章以来，政府各部门公开了公务员的姓名、简历、工作情况，接受公民监督。每年各个政府部门都要提出为公民服务的标准，由公民宪章处公布于众。公民宪章处每年提出反馈公民对政府部门评价的工作报告，并组织评选优秀公务员，由首相亲自为他们颁奖。

自 1835 年成立麦考莱委员会开始，英国政府已多次任命皇家调查委员会，专门对文官制度进行调研，提出改进意见和建议。其中既有综合性调查委员会，又有专门性调查委员会，前者如麦考莱委员会、英格利西委员会（1982）；后者如 1978 年成立的文官政治活动委员会和 1994 年成立的诺兰公职道德规范委员会等。这些地位颇高、极具权威性的调查机构，对于推动文官制度的改革和加强对政府官员、公务员的监督起过重要作用。

---

① 侯志山著：《外国行政监督制度与著名反腐机构》，北京大学出版社 2004 年版，第 32—34 页。

英国各郡、市、区警察局均设有贪污欺诈案件调查办公室，负责对政府官员的贪污行为以及相关企业欺诈行为的调查。在英国，政府官员与企业相互勾结进行贪污、欺诈的行为主要由警察局贪污欺诈案件调查办公室负责调查，因此该办公室拥有广泛的调查取证的权力。例如它在调查贪污、欺诈案件时，可命令涉嫌企业和个人提交书面证据和其他材料；必要时可向法院申请获得搜查令，对可疑处所进行搜查，搜查和没收任何与涉嫌犯罪者已经或准备实施的犯罪活动有关的合同文书等资料；可查封、扣押任何公民的银行账户等。为防止警察滥用权力，英国政府于1985年又设立了警察不良行为投诉局，受理公民对警察违法违纪行为的控告。该局负责人由内务大臣任命，人选必须是没有担任过警察职务的人员，每届任期3年。

由于贪污、欺诈现象未能得到有效遏制，且在20世纪七八十年代更为变本加厉，人们显露出对警察机关反贪污欺诈工作效率的强烈不满。1986年，皇家严重欺诈案件对策委员会发表报告，建议成立一个新的机构，独立负责侦查并起诉重大复杂的贪污、诈骗犯罪案件。1987年5月15日，英国议会通过《1987年刑事司法法——严重欺诈局法》，批准成立严重欺诈局。依据该法，1988年4月6日，正式建立了总检察长领导下的严重欺诈局（也有人译为反贪污贿赂局），直接立案侦查起诉发生在英格兰、威尔士和北爱尔兰等地的500万英镑以上的重大和复杂的贪污、贿赂和洗钱案件。其他贪污、贿赂案件仍由警察部门进行调查。严重欺诈局人员由检察官、警官和会计师组成，工作任务是对贪污、贿赂和洗钱案件进行调查和起诉，在国外追缴逃款和协助外国司法机关查办重大欺诈案件。法律赋予了该局包括要求警察与司法部门协助侦查权、询问权、搜查权及对于妨害调查的处分权等广泛的调查权力。该局实行侦诉合一的办案体制，腐败犯罪案件从侦查到起诉均由同一组办案人员负责，办案效率较高。从1988年4月6日成立到1996年4月5日的8年间，严重欺诈局共立案侦查500万英镑以上的案件582件，并对其中的154案335人提起公诉，211名被告人被判有罪，定罪率为 63%。从 1991 年到 1996 年的 5 年间，挽回经济损失 211 亿英镑。①

重视财政监督也是英国政府内部监督制度的一个特点。英国许多政府部门设有审计监督机构，这些机构不仅对该政府部门的财务支出情况进行审计，还对其执行政策、遵守纪律、工作效率等方面予以监督。各部门的审计监督机构根据国家审计署颁布的法规制定自己的工作标准，每年的工作计划、报告都上报国家审计署，但行政上不归审计署领导。

（三）司法监督制度

英国法院通过合宪审查和行政诉讼案件审理，行使对行政的司法监督权。

1. 合宪审查②

合宪审查，即通过司法程序对法律、法令、行政法规和行政行为是否符合宪法进行审查和裁决。英国奉行议会至上原则，议会的地位优于司法和行政机关。加之英国没有一部完整和成文的宪法典，所以在英国不存在对议会制定的法律的合宪审查。但应当事人请求，高等法院可以对行政行为、行政法令和下级法院的判决是否合宪进行司法审查，并有权以发出人身保护状、执行令、禁止令等君主特权令状和宣告性判决方式，对行政机关和下级法院的违宪行为加以纠正。

2. 司法审查（行政诉讼案件的审理）

在英国，公法和私法没有严格区别，公民和政府之间的关系以及公民相互之间的关系，原则上受同一法律支配，由同一法院管辖。所以一切行政争议案都由普通法院统一审理，从此意义上可以说没有"行政诉讼"的概念。人们认为行政机构对行政相对人不拥有超过普通法范围的过分的特权，故没有必要制定一部专门的行

---

① 《检察日报》1999 年 6 月 14 日。

② 侯志山著：《外国行政监督制度与著名反腐机构》，北京大学出版社 2004 年版，第 35 页。

政行为法，也没有必要在普通法院之外另设专门机构处置行政争讼，而只需在普通法院系统内有一套特殊的程序来审理涉及行政当局的诉讼，这也是英美法系国家的通常做法。① 司法审查是普通法上的制度，对行政行为进行司法审查是普通法院的正常职责，不需要制定法的授权。英国高等法院王座法庭可以以英王的名义，对下级法院和行政机关行使监督权，禁止它们的活动超出各自的权限范围，维持法律和秩序，这是英国不成文宪法的一个基本制度。②

　　普通法院对行政行为进行司法审查的依据是普通法上的越权无效原则。根据英国的宪法惯例，议会拥有最高的权力，行政机关必须执行议会所通过的法律。所以，如果一个行政机关做出的行政行为没有超过法律所授予的范围，即使法院认为它可能是违法的或者是不当的行政行为，法院都无权过问。只有行政机关行使的权力超越法定范围——越权时，基于越权的行为是无效的行为，法院可以在没有法律明文授权的情况下对行政机关行使司法审查权，宣告该行为是无效的或撤销它。依据越权无效原则法院行使司法审查权是为了保障议会制定的法律得到遵守，是为了维护议会——最高权力机关和最高立法机关的地位。

　　法院依据越权无效原则行使管辖权的情况包括：第一，违反自然公正原则，该原则的含义有两个方面，一方面，听取对方意见，即如果行政行为对相对人不利时，必须给予相对人充分的陈述申辩权；另一方面，任何人不能作为自己案件的法官。第二，程序上的越权，它是指行政机关违反成文法规定的必须遵守的方式、步骤、顺序和时限等，即强制性程序规则而非任意性程序规则，例如成文法规定的听证、说明理由和依法授权；需要注意的是，违反自然公正原则也是程序上的越权，但它是指违反普通法而非成文法上的程

---

① 尤光付著：《中外监督制度比较》，商务印书馆 2003 年版，第 246 页。

② 王名扬著：《英国行政法》，中国政法大学出版社 1987 年版，第 150 页。

序。第三，实质的越权，实质上的越权涉及超越管辖权的范围、不履行法定义务、权力滥用和表面审查失职四个方面。

王座法庭以发布特权令、确认判决等形式对受到行政机关违法侵害的公民实行救济。特权令，就是法院发布的命令，主要有提审令、禁止令、执行令和人身保护状。提审令是有监督权的法院命令低级法院或行政机关把所作出的决定移送审查，如有越权情况可以撤销这个决定的全部或一部分；或命令作出决定的机关按照法院的指示加以改正。禁止令是王座法庭针对低级法院或行政机关所发出的特权命令，禁止它们的越权行为；适用范围和提审令相同，但禁止令中用于做出前和在执行过程中的决定。执行令是有监督权的法院命令低级法院和执行机关履行法定义务的特权令；提审令和禁止令是监督公共机构积极越权的手段，执行令是监督公共机构消极越权的手段。人身保护状是法院根据被拘禁者或其代理人的申请，命令释放不合法拘禁的一种特权救济手段；从 16 世纪以来，人身保护状成为个人自由的基石，是最著名的特权令。① 确认判决是指法院通过案件审理，确认某种法律关系或法律地位是否存在的裁决，该裁决不具有强制执行性。

二、行政裁判所

英国行政裁判所，简称裁判所（Tribunal），是指在普通法院之外，依据法律设立的用以解决行政上的争端，以及公民相互间涉及某些社会政策的争端的特别裁决机构。行政裁判所是这类机构的概称，就具体机构而言，它们被称为委员会、专员、局、署、管理处、法庭和裁判所等。在英国行政裁判所有独立解决行政争端的权力，在监督行政机关依法行政方面发挥了重要作用。本文在下面作简单介绍。

---

① 王名扬著：《英国行政法》，中国政法大学出版社 1987 年版，第 180—189 页。

（一）行政裁判所的产生与发展

自 17 世纪以来，尽管传统的法治原则主张只有法院拥有裁判是非的权力，反对在法院之外另外设立特别的裁判机关，但是1660 年的议会立法授予关税和消费税委员会以司法权力，成为第一个行政裁判所。此后，土地税委员会、铁路委员会、铁路和运河委员会等相继成立，成为最早的一批行政裁判所。因为当时的行政机关仍然是"消极的守夜人"，行政事务不多，所以行政裁判所的建立只是例外情况，而且行政裁判所既承担行政管理职能，又履行行政司法职能，例如土地税委员会既承担土地税收事务的管理，又处理与此有关的行政争议。行政裁判所并不是一个独立的机构。

20 世纪前半期是英国行政裁判所的形成阶段。20 世纪初的社会保障立法为行政裁判所的发展创造了客观条件，随着与社会保障密切相关的行政纠纷大量出现，各类裁判所也随之增加。1908 年，根据老年退休金法，建立了退休金委员会，解决有关退休金方面的争议；1911 年的国民保险法规定，失业保险争议由新成立的国家保险仲裁法庭（后为国家保险裁判所和国家保险委员会取代）裁决。后来，土地裁判所、租金裁判所、定价上诉裁判所、工业伤害裁判所、医疗卫生裁判所、自治学校裁判所、交通运输裁判所、矿山裁判所、劳资关系裁判所、专利裁判所和商标裁判所等一大批裁判所相继涌现。这一时期，因为内阁部长经常干预行政裁判所的事务，引起民众的反感，所以行政司法权与行政管理权逐渐分离，裁判所在组织上实现了独立，专职的裁判所形成规模。

20 世纪后半期为行政裁判所迅速发展时期。这个时期，英国政府提出建立福利国家的口号，行政权迅速扩张，政府积极推行全面的社会安全保障计划，而普通法院在处理社会保障计划中出现的行政纠纷很不得力，舆论界对普通法院的保守倾向持批判态度。政府执行社会立法所发生的争端尽量不由普通法院管辖，而寻求行政裁判所解决，出现了所谓的"裁判所热"，大量设立行政裁判所受理这类行政纠纷案件。

在迅速发展时期，行政裁判所的设立毫无计划。裁判员缺乏训练，程序没有规定，裁判所的裁决往往不能上诉。这种情况迅速引起不满，舆论转而对裁判所持批评态度。1955 年，政府任命以弗兰克为首的委员会（Franks Committee）调查行政裁判所和公开调查问题。委员会于 1957 年提出报告，对行政裁判所的改进提出一些建议。大部分为英国政府所采纳，于 1958 年制定行政裁决所和调查法，这是英国行政裁判所发展史上的一个里程碑。[①] 通过整顿，英国的裁判所普遍得到改进，开始步入正轨，裁判所的权力也普遍得到了承认。

　　从上述可知，英国的裁判所发端于 17 世纪，20 世纪尤其是"二战"后获得了长足发展。然而，行政裁判所制度的设立和发展，并不符合英国传统的法治原则。从历史上来看，西欧大陆各国一般都有两种不同的法院，即适用一般法律，审理民事和刑事案件的普通法院，与审理行政机关行使公共权力引起的行政争端的行政法院。而英国的不成文宪法则认为，公法和私法没有严格区别，所有的人都应服从同样的法律，公民和政府之间的争议以及公民相互之间的争议，原则上由同一法院管辖，所以一切行政争议案都由普通法院统一审理。因此，在英国，长期以来一直没有一套单独的行政法院系统。

　　（二）行政裁判所的组织与分类

　　英国行政裁判所种类繁多，每种裁判所中包括许多独立的裁判所。其中有一部分裁判所采取总裁制（presidential system），同类裁判所中有一个负全面责任的总裁或委员长，协调各裁判所的工作。例如工业裁判所、国民保险委员会、入境裁决官等，都有一个主要的负责人，地位比同类中其他成员高，负责监督和协调各裁判所的工作，有时召集各裁判所主席开会讨论共同关心的问题。[②] 其

---

　　①　王名扬著：《英国行政法》，中国政法大学出版社 1987 年版，第 139 页。

　　②　王名扬著：《英国行政法》，中国政法大学出版社 1987 年版，第 143 页。

余的裁判所中没有设置总负责人，尽管有些属于同一类，但各裁判所独立工作，互不相关。

裁判所主席的任职条件大都由法律规定，有些裁判所的主席由大法官任命；有些裁判所的主席由大臣任命，但必须从大法官同意的事先预定的陪审员名单中确定。裁判所组成成员的多少没有固定的数目，这通常要由各个裁判所的性质及审理工作的需要而定。裁判所的成员一般由民间组织人士和各有关方面的专业人才构成。裁判所除主席以外的其他成员首先从事先预定的名单中筛选，然后由大臣任命，或者由裁判所主席任命。裁判所大部分成员有一定的任期，除大法官外，任何大臣都无权罢免行政裁判所成员的职务。裁判所主席是支付工资的，其余成员一般不支付工资，裁判所的保障人员（如书记员、助理员等）和办公费用通常由相关的部门提供资金。

各裁判所的主席多由合格的法律人士担任，他是超然而独立的，不代表争议双方任何一方的利益。而参与裁判的其他成员则往往采取平衡原则由代表两个不同利益的组织或集团的人员担任。譬如，英国的工业裁判所，这种裁判所由三人组成，其中主席一人，一般是受过法律训练的人，其他二人，一个代表工会，另一个代表资方。按此种方式进行人员组合，保证了裁判所中都有能够了解各自利益的成员，这顾及了各方面的利益，避免了对某一方的偏袒，从而有利于裁判所对争讼事项作出公正的裁决。

若问，当今的英国裁判所的具体数目是多少呢？这是一个难以统计的问题。因为，在英国，行政裁判所基本上是零散发展起来的，为了某一特殊目的或执行某一特定法律，便成立某一方面的裁判所。有时是一个裁判所为全国服务，但较多的情况是各种裁判所都有一个地区或地方的组织网（如每年在大约 180 个地方中心城市设立的处理社会保险纠纷的国民保险裁判所约有 2000 个）。还有一些裁判所只受理与社会政策有关的公民之间的争端。这样设置的结果，就是无法准确统计全国裁判所的数目。因此，有英国的学者建议说："比较稳妥的做法是少考虑裁判所的数目，多考虑它的体制或类型。"①

目前为止，英国的有关法律中未对裁判所的分类确定一个统一的标准。我国著名行政法学者王名扬主张根据英国 1958 年和 1971 年的《行政裁判所与调查法》，对裁判所的分类采取两个标准，即根据裁判所的法律地位分类和根据裁判所的工作对象分类。根据裁判所的法律地位可以分为受裁判所和调查法支配的裁判所和不受该法支配的裁判所两类。受裁判所和调查法支配的裁判所，在 20 世纪 80 年代初有五十多种，数目超过两千多个。② 而不受《行政裁判所与调查法》支配的具有民间性质的裁判所等，究竟可以划分为多少类别，则难以统计。

至于根据裁判所的工作对象分类，由于其工作对象包罗万象，分类时不可能面面俱到，包揽无遗，故一些中外学者择其要者对此做了进一步的不同的分类。英国学者弗兰克斯于 1957 年将由裁判所处理的行政管理问题分为五大类：土地与财产、国民保险与救济、卫生工作、兵役和交通，后来又增加了移民、就业和纳税三类。③ 英国学者加纳 1979 年根据裁判所处理事务的性质，将其分成五大类：土地使用管理类、个人福利类、运输类、移民类、其他类。我国学者将裁判所分为七类：社会和福利类——审理包括国民保险、津贴、家庭补贴和国民保健等案件；税收类——审理所得税和其他形式的税收争端案件；土地类——处理有关地方当局的税率评定，地方当局强制购买土地目的的评价；工业类——起初处理从雇用合同法产生的争端，自 1975 年以来，裁决权包括审理不公平的解雇，以及就业上的各种歧视等；赔偿类——裁决与个人的财产

① ［英］约翰·格林伍得著：《英国行政管理》，汪淑均译，商务印书馆 1991 年版，第 266 页。

② 王名扬著：《英国行政法》，中国政法大学出版社 1987 年版，第 141 页、第 142 页。

③ ［英］约翰·格林伍得著：《英国行政管理》，汪淑均译，商务印书馆 1991 年版，第 266 页。

赔偿有关的事情；租金与住房类——裁决房东与房客之间的租金争端等；许可证类——审理公共服务、货物运输、交通、移民及军事服务等各种许可证发放等方面的案件。①

这些不同类型的裁判所都与政府的行政管理有关，它们决定政府应该给公民的权利是多少，或公民应该对政府承担的义务是多少，或政府是否应该允许你做某件事情。裁判所解决的纠纷既与政府的行政管理有关，它们又是国家行政管理的一个组成部分，所以它们都被称为"行政裁判所"。②

（三）行政裁判所的职责

行政裁判所的职责包括两个方面，一是解决公民与行政机关之间的争端，二是因公共政策引起的公民与公民之间的争端。具体来说，依法设立的行政裁判所主要有两大任务，一是解决个人纠纷，主要是处理土地、其他财产和就业等问题。对于土地问题的纠纷，设立了租金裁判所和租金估价委员会，负责解决土地所有人和承租人之间关于租金和其他问题的争议；对于就业问题，设立了工业裁判所，负责解决雇主和雇员之间关于不公正的解雇和要求增加报酬之类的问题。③ 二是解决以行政机关为主的公务机构与公民之间的纠纷，例如英国的税务稽查员有权决定每位公民的纳税数额，如果某位公民对他的决定持异议，该公民可以向税务裁判所提出申诉，税务裁判所在听取了税务稽查员和公民双方的辩论之后，最后做出该公民应纳税多少的决定。再比如，如果一名移民官拒绝他国公民入境，他国公民可以向移民裁判所提出申诉。当这个裁判所对所有事实作了调查之后，找出可适用的法律，即可决定他国公民是否可

①　胡康大著：《英国的政治制度》，社会科学文献出版社1993年版，第66页、第67页。

②　龚祥瑞著：《比较宪法与行政法》，法律出版社2003年第2版，第455页。

③　李小沧著：《中国的行政监督制度》，天津大学出版社1999年版，第68页。

以进入英国国境。

裁判所与英国议会监察专员公署虽都是根据议会立法设立的行政监督机构，但二者的性质亦不完全相同。它们的区别在于，议会行政监察专员受理的是对公民权益造成侵害的不合理的行政行为，即不良行政行为；而裁判所受理的则是侵害公民权益的违法行政行为。也就是说，前者着眼的是行政纠纷的是非问题，后者注重的是其合法与非法问题。① 实践中，民众很难将英国的行政裁判所受理的行政争议与议会监察专员受理的行政争议区分开来，而且二者的工作也确实存在许多交叉之处，不少纠纷既可向议会行政监察专员申诉，也可向裁判所提出。

尽管就性质来说，裁判所主要是司法机构，且有些裁判所与基层法庭十分相似，但总体来看，它与普通法院还是存在着明显的区别。从组成人员来看，法院的主审官必须是法官，而裁判所的主席可能不是正式法官；法院判案一般都有律师介入，而裁判所的成员中可能未必有律师，处理纠纷也一般不需要律师帮助；法院的诉讼程序有严格规定，裁判所不适用法院的程序规则，其办案程序往往很简易；不执行裁判所的命令一般不构成藐视法庭罪，而法院则对于不执行其命令的人处以藐视法庭罪的处罚。

一个新成立的裁判机构在很难确定究竟是法院或裁判所时，有时可以根据设立这个机构的法律所使用的名称决定。例如管理限制性商业行为的法院（The Restrictive Practices Court）是一个法院，因为 1956 年设立这个机构的法律明确规定它是一个高级纪录法院。土地裁判所（The Lands Tribunal）是一个裁判所，因为 1949 年设立这个机构的法律明确规定它是一个裁判所。实际上这两个裁判机构性质上非常接近。②

---

① 侯志山著：《外国行政监督制度与著名反腐机构》，北京大学出版社2004 年版，第 50 页。

② 王名扬著：《英国行政法》，中国政法大学出版社 1987 年版，第 136页。

（四）行政裁判所的办案程序

1955年英国政府组织的弗兰克斯委员会对行政裁判所的地位和性质进行查证，对于裁判所的地位，该委员会经过调查后认为，行政裁判所的存在是必要的；对于裁判所的性质，该委员会主张，行政裁判所是司法体系的补充，即行政裁判所是按照议会的旨意设立的审判机关，不是行政机关，但不能等同于法院。这样行政裁判所的组织和办案程序不需要和法院一样，同时为了达到裁判上的公平合理，在程序上必须以三个原则作为指导，即公开、公平和公正。所谓公开是指裁判程序公开举行，裁判的决定必须说明理由，保障当事人的了解权；所谓公平是指裁判程序中保障双方当事人充分知道对方的论点，陈述自己的观点和充分行使自己的权利；所谓公正，即无偏私，是指行政裁判所不受做出行政决定的机关的实际的或可能的影响，根据事实和法律处理案件。

英国没有一部适用于一切行政裁判所的程序法典。程序规则必须和裁判所的工作对象相适应，各裁判所受理的案件差别很大，不大可能制定出这样一部法典。但是政府大臣在对于行政裁判所制定程序规则时，必须咨询裁判所委员会的意见。委员会借此把某些重要的原则贯彻到一切程序规则中。行政裁判所的程序规则一般避免复杂的法律术语，尽量结合正式的程序和非正式的气氛。① 行政裁判所的办案程序主要包括以下内容：

首先，在案件的审理程序上，行政裁判所的审理程序和法院类似，采取当事人双方在法庭上对抗的模式而非纠问的模式。裁判所在充分听取双方当事人的意见后作出决定，自己不牵涉到争论中，不偏袒任何一方。当事人有权知道对方论点，以便于捍卫自己的合法权益。审理公开进行，涉及政府秘密、个人隐私、财产和名誉的除外。除极少数裁判所外，当事人有权使用律师作为代理人。

其次，在证据的采信上，行政裁判所不受法院证据规则的约

---

① 王名扬著：《英国行政法》，中国政法大学出版社1987年版，第144页。

束，有权采纳传闻证据，在大部分裁判所中证人不必宣誓。裁判所可以进行现场调查，一般在当事人参加的情况下进行。全部证据必须向当事人宣示，听取当事人的意见。有的裁判所有权传唤证人，命令提供证据。在裁判所没有这种权力时，当事人可以请求高等法院发出传票传唤证人。

最后，在案件的裁判上，行政裁判所的裁决依多数通过，不必全体一致。做出的裁决，经当事人请求时必须说明理由，但在涉及国家机密、个人私事、职业声誉、商业秘密或法律另有规定的情况则可以不说明。[①] 行政裁判所根据具体情况做出判决，虽然不必遵守先例，但这不表示行政裁判所可以不遵循合理的、一贯的原则，或者可以不考虑过去的决定。政府各部有时选择发表某些重要裁判所，例如社会安全专员裁判所、工业裁判所、增值税裁判所等的裁决。

（五）对行政裁判所的监督与上诉

行政裁判所要接受法院和裁判所委员会的监督与控制。法院对行政裁判所的监督，主要表现在：行政裁判所的裁决必须接受法院的审查，同时必须在有限的范围和规定的程序内进行。否则，高等法院就会以禁令阻止，或以调卷令命该裁判所将有关案件移交高等法院审理，并宣布取消该裁判所的裁决。裁判所必须接受高等法院的监督，不然，其裁决将被搁置。

1958 年的《行政裁判所与调查法》要求设立行政裁判所委员会，以便对裁判所的各项工作进行监督，研究和解决裁判所存在的各种问题。该委员会由 16 名成员组成，其中 15 名成员由大法官与检察长任命，另一名成员是议会监察专员。这些成员中非法律专家占多数，他们大都为工业、商业、工会和行政方面的专家或富有经验的人士。这种构成旨在保障委员会以一般公众的公平观念作为指导原则，而不是遵循普通法院的成规。委员会的成员是兼职的，除

---

①　尤光付著：《中外监督制度比较》，商务印书馆 2003 年版，第 247页。

委员会主席外其他成员没有报酬。

按照 1971 年新的《行政裁判所与调查法》的规定，裁判所委员会的任务主要是：第一，检查裁判所的工作制度，监督裁判所的组织和人员构成，不定期提供检查监督报告。第二，对提交委员会考虑的有关行政裁判所的特定问题提出咨询报告，如政府各部在制定有关裁判所的办案程序时一般都要征求该委员会的意见，委员会也主动向议会和政府提出改革裁判所制度的建议。第三，对提交委员会审议或委员会认为特别重要的有关行政程序的问题，加以研究并提出报告。第四，审议政府关于建立新的裁判所或扩大原有裁判所管辖权的法律议案，对裁判所成员的任免施加影响。可见，裁判所委员会只是一个咨询性和顾问性机构，除了提供有关咨询和对裁判所进行一般性监督外，它没有行政性的或其他管理方面的权力。它不是一个高等裁判所，无司法审判权，不能推翻裁判所的裁决或受理上诉。

在英国，对行政裁判所决定不服的上诉不是当然的权利，只在法律有规定时按照法律规定的条件才存在。英国法律上诉没有规定一个统一的上诉格式，某些案件只有法律问题可以上诉，某些案件只有事实问题可以上诉，某些案件法律问题和事实问题都可上诉。受理上诉的机构也是多种多样，主要有：①

第一，向另一裁判所上诉。例如不服社会治安官员的决定，可向地方社会治安裁判所申诉，裁判所由大臣从已经确定的名单中任命一名主席和两名成员组成。不服地方裁判所的决定可向社会治安专员上诉。社会治安专员必须具有十年以上的律师资格，由英王任命。如果地方裁判所的裁决是全体一致做出的，上诉必须取得裁判所主席或社会治安专员的同意才能向后者提出。再如不服移民裁判所的决定，可向移民上诉裁判所上诉。对于工业关系方面的争端也规定有两级制的裁判所，不服低级裁判所的裁决可向上级裁判所上

---

① 王名扬著：《英国行政法》，中国政法大学出版社 1987 年版，第 145 页、第 146 页。

诉。上诉范围一般包括事实问题和法律问题在内。

第二，向大臣上诉。有时法律规定不服裁判所的裁决可向大臣上诉。这样的规定经常受到批评，但是仍然在几个领域中存在向大臣上诉的案件，此类案件一般是要依政策裁判的。

第三，向法院上诉。向法院上诉主要发生在不服裁判所裁决中的法律问题。现在舆论界一般认为对于行政裁判所的裁决，法律问题应向高等法院上诉，以保障法律适用的统一。1971年的行政裁判所和调查法对大部分重要裁判所的决定规定法律问题可向高等法院上诉。此外，大法官可以通过判例扩大法律问题上诉权的范围，有些裁判所的裁决不是向高等法院上诉，而是直接向上诉法院上诉。例如对于不服社会安全专员的裁决，不服土地裁判所的裁决，该裁决中的法律问题可向上诉法院上诉，但这是例外现象。

第四，没有规定上诉的权利。有时法律对于某些行政裁判所的裁决没有规定上诉的权利。例如对入境上诉裁判所的裁决，对赌博税上诉裁判所的裁决都没有规定上诉的权利。但是没有上诉权的情况下，如果裁判所的裁决有越权的情况时，并不妨碍高等法院对这个裁决进行司法审查。

（六）行政裁判所的优点与缺陷

1. 行政裁判所的优点

裁判所之所以能够创立和发展，最根本的是由于它具有普通法院无法比拟的优点：

第一，比较专业化。许多行政争议涉及专业问题和技术知识，解决这些争端，既需要法律头脑，也需要准确把握立法目的和具备一定的专业知识。普通法院法官的专业知识结构决定了他们往往不能胜任这类案件的审理，但是根据需要设立，由具备专门知识和行政管理经验的人员组成的裁判所，例如工业裁判所中有工会代表的参加，处理此类案件最合适。

第二，程序简便、灵活。裁判所不受普通法院程序的限制，可以根据不同性质的案件采用不同的程序规则。它可以采用较方便的证据规则，如传闻证据在裁判所具有证明力。起诉容易和方便，裁判所自然受到人们的欢迎。裁判所受判例和法律程序束缚的程度低于普通法院，所以在判决的时候更能综合考虑本行业或本地方的特殊情况。

第三，效率高，费用低。因为裁判所具有专门性与灵活性的特点，所以审查程序比法院更方便和快速；除主席以外的办案人员一般都是兼职的本地人，当事人也很少找律师，使得裁判所的诉讼费用比法院便宜很多。相比较而言，法院的办案效率非常低，解决一个案件往往需要三至四个月的时间，而且法院审理案件的收费太高，尤其是当案件所涉及的经济数额不大时通过裁判所来解决则更加合适。

2. 行政裁判所的缺陷

民众遇到行政争议时，常常面对行政裁判所的"丛林"而无所适从。这主要是因为：

第一，分工过细。立法在设置裁判所时缺乏系统考虑，议会经常通过一项法律时就设立一个裁判所以解决法律执行过程中的争议。例如，1946 年议会决定设立租金裁判所，受理房屋（无家具）出租的有关争议；1965 年议会通过租金法案时又决定设立一个租金评判委员会，审查关于房屋（有家具）租金的争议，这样两个裁判所分别受理公民对有家具房租的申诉和无家具房租的申诉，而没有扩大原来的租金裁判所管辖权，这个问题直到 1980 年才通过以上两类裁判所的合并得以解决。另外，在社会保障和公民医疗服务方面的各种裁判所的分工更加细致，例如对一般性伤害、导致残疾的严重伤害、职业病伤害、伤害致死和医疗护理等，分别由不同的裁判所管辖。

第二，程序散乱。数量众多且分工过细的裁判所遍布于全国各地，大部分裁判所的受案范围有限，每个裁判所都有自己制定的办案程序。办案程序缺乏一致性，导致当行政争议产生时，民众不知道该争议应该由哪个裁判所管辖，并依据何种程序提起申诉；而且，虽然裁判所的办案程序简便灵活，避免了僵化和刻板，但这也使裁判所在审理案件时产生另一个弊病，不严谨的逻辑和非正式的程序。更重要的是，对裁判所裁决的上诉与救济同样缺乏系统的规范，上诉的期限、上诉的机构、上诉的理由和应该遵循的程序往往只有这方面的专家才能掌握。

第三，缺乏强有力的监督机构。尽管依据《行政裁判所与调查法》成立了裁判所委员会，但裁判所委员会对行政裁判所工作的指导和监督非常有限。首先，裁判所委员会无权对全部裁判所进行监督。例如刑事损害补偿委员会、国外损失补偿金委员会、法律救助委员会、假释委员会以及各种内部裁判所，这些裁判所有权裁判各种争端，但都不在裁判所委员会的监督下。其次，裁判所委员会只是一个咨询机关，可以提出报告和建议，但本身并没有执行的权力。当它的建议不为政府大臣所接受时，除了诉诸舆论传媒以外没有其他有效的强制手段，最后，裁判所委员会的成员除主席外是兼职的，没有工作报酬，辅助人员少，经费有限，无法有效监督每年几十万起的裁决案件。

另外，裁判所的书记员由有关行政部门的工作人员义务兼任，大部分裁判所无权决定诉讼费用的减免，某些重要领域没有设立行政裁判所，等等，这些都可能产生不公正的影响。

总之，行政权的扩张为行政裁判所的创立提供了契机。因为普通法院根本无力承担土地纠纷、纳税纠纷、劳资纠纷、福利纠纷等如此纷繁复杂的大量矛盾，但是如果这些矛盾和纠纷得不到及时处理，就会影响社会安定，正是在这种背景下，行政裁判所出现了，它与普通法院一起共同处理行政争端。据统计，行政裁判所受理的案件约为"高等法院和郡级法院处理的"民事诉讼案件的6倍；仅在1980年，依社会安全法所设立的增补利益裁判所受理的案件达45471件，社会安全地方裁判所受理的案件达25258件，医疗上诉裁判所受理的案件达15127件，还没有包括执行社会安全法的其他裁判所的案件在内。行政裁判所作为行政机关解决行政争议的一种专门组织，有效地监督了行政机关的行政行为。英国通过设立行政裁判所弥补了普通法院司法审查的不足，在行政复议和行政诉讼之间形成一种调解行政争议的途径，所以说，行政裁判所的设立符合社会立法的需要。

三、行政监察专员

法院和行政裁判所对行政机关的监督主要是针对行政机关的违法行为。但是行政机关侵害公民利益的行为不限于违法的行为。各种行政管理不良的行为同样可以侵害公民的利益。例如行政机关的官僚主义作风，拖拉推诿恶习，不负责任的言行等，都可能对公民的利益造成直接的损害。这类行为不够违法的程度，法院不能受理。为了保护公民的利益，这需要在法律的救济手段以外，再设立其他的救济手段。行政监察专员制度（Ombudsman）是在很多国家或地区实行的对不良行政（maladministration）在法律救济手段以外所采取的非法律的救济手段（non-legal remedy），或称法外的救济手段（extra-legal remedy）。英国的行政监察专员有议会的行政监察专员和由此而扩大的卫生行政监察专员和地方行政监察专员。从趋势看，今后似乎还有可能扩大到行政的其他方面。①

（一）议会行政专员

1. 议会行政专员的产生

英国的议会行政专员（Parliamentary Commissioner for Administration）是依据 1967 年的议会行政专员法设置的。建立议会行政专员的原因与 50 年代引起社会广泛关注的克里切尔高地事件（Crichel Down affaire）有关。1937 年，英国航空部依据当时的紧急权力法强行征购了多塞特郡的克里切尔高地，供空军训练用。当时与该地所有人约定，待将来空军不再需要时，由土地所有人赎回该块土地。"二战"结束后，这块土地未归还土地所有人，而将其收归国有，移交给农业部管理，农业部准备出卖或出租。当时，原土地所有人已去世，其女儿和女婿马顿（Marten）夫妇请求赎回土地。农业部拒绝该项要求，把这块土地卖给政府地产管理局，管理

---

① 王名扬著：《英国行政法》，中国政法大学出版社 1987 年版，第 251页。

局又出租给另一农户经营。

马顿夫妇进行了一系列抗议和呼吁，谴责行政机关的行为超越了他们的职权范围。农业部聘请一位皇家大律师克拉克调查这个案件，1954 年这位大律师发表了调查报告，该报告认为，农业部的官员因为马顿夫妇作为普通公众竟然敢和中央官员对抗，批评农业部的决定，因而决定不让马顿夫妇赎回土地。该报告对农业部官员提出严厉的批评，并在议会引起辩论，结果导致农业部长引咎辞职。但这位大律师的调查报告又指出，做出不能归还土地决定的公务员本人并没有过错，而是公务员所依据的法律存在缺陷，因为根据英国法律规定，原来的土地赎回约定由于契约当事人一方死亡而不再有效，原土地所有者女儿、女婿与当时的契约无关，农业部有权对土地自行处理。这样，原土地所有者女儿、女婿的要求就不能通过法律手段得到公正处理。

该土地案件引出这样一个问题：在政府行政活动中，存在着大量公民与政府的纠纷，而解决这些纠纷，通常并没有正式的法定程序可依，对于这类纠纷，应该通过什么途径来解决。为了解决这一问题，牛津大学比较法学教授 F. H. 劳森等人研究了斯堪的纳维亚国家的议会监察专员制度，并考虑了这一制度对英国的可取之处。在劳森教授的发起下，国际律师协会英国分会向保守党麦克米伦政府提出设置议会行政专员的建议。①

但是，当时的保守党政府拒绝接受这个建议，理由是这个做法与大臣向议会负责的宪法原则相冲突，而且受到不良行为侵害的公民可以通过本选区的议员向有关大臣反映。工党却对这一制度感兴趣。1964 年大选时，工党在竞选宣言中写道："工党决心使国家的全部行政具有人性，而建立新的机构——议会行政专员，赋予他调查和揭露对公民有影响的政府滥用权力的活动之权。"1967 年，受工党控制的下院通过了任命议会行政专员的立法。根据此法，英国

---

①　龚祥瑞著：《比较宪法与行政法》，法律出版社 2003 年第 2 版，第 496 页。

设立了议会行政专员。

2. 议会行政专员的组成

议会行政专员署以行政专员为首长，实行专员负责制。现有行政专员 1 名，副行政专员 3 名。行政专员由首相提名，女王任命，终身任职直至 65 岁退休。议会督察专员的身份与由议会下院任命的文官政府成员相同，年薪等同于政府文职官员中的常务次官的薪水。为了保证行政专员免受政府的蓄意攻击和武断解职，排除干扰，独立地开展工作，在免职方面做出严格规定，与高等法院法官和总审计长相同，由议会两院提出建议，女王签署。监察专员不得出任上下两院议员和北爱尔兰下院议员，但兼任全英行政裁判所委员会的成员，以便协调这两个机构之间的工作。

议会行政专员虽由女王任命，但向议会负责，并得到下院行政监察委员会的支持和监督。下院的行政监察委员会成员为下院议员，他们专门处理和协调行政专员公署的工作。起初，行政专员是由政府中的高级文官充任的，前三任行政专员都曾是政府的高级文官。行政专员的这种文官背景，使人们担心他们会在调查中"官官相护"，有失客观公正。加之行政专员署不时流露出明显的官僚主义倾向，对新闻界的接触很谨慎，过分依赖于财政部律师在司法上的建议，以及过分常规式的调查等，更使人们对行政专员能否真正发挥作用疑虑重重。现在，英国已逐渐采取措施纠正这些缺陷。如自 1979 年以来，在任命新的行政专员之前，先与行政监察委员会磋商，同时不再局限于从文官中选调行政专员。同年，在前任行政专员退休之后，便任命了一名法官为行政专员，并且行政专员署不再聘请财政部的律师，而是有了自己的法律顾问，职员也有一部分从文官之外招聘。这些改进使行政专员已更多地独立于政府，它不仅增强了公众对监察工作的信任和信心，同时也加强了行政专员及其职员的公众意识和责任感。①

---

① 侯志山著：《外国行政监督制度与著名反腐机构》，北京大学出版社 2004 年版，第 43 页。

3. 议会行政专员的职责与监察对象

议会行政专员的职责是，监督政府机关及其工作人员，保证他们的行政行为合法、合理，防止其不良行为侵害公民的正当权益，保证对受到政府活动侵害的公民提供必要的补偿。

不良行为指行政活动中存在的主要缺陷，但是范围很不明确，对它的解释非常灵活。下院在讨论 1967 年《议会行政专员法》时，一位议员指出不良行为应该理解为偏见、疏忽、大意、迟延、不称职、无能、刚愎、卑鄙、专横及其他，而且没有界定其他的具体范围。所以，任何不公平、不合理以及压迫性的行为或不作为都包括在不良行为的范围之内，例如，不能对当事人提出的问题做出正确的回答，提出错误的建议，做出错误决定以后未能有效地补救等。

行政专员的监察对象包括国防部、内政部、贸易和工业部、交通部、税务局和海关总署、农业和食品研究理事会等 100 个政府部门和公共事务部门及其该部门的所有大臣和政府官员。英国女王有权根据需要增减行政专员的监察对象。地方政府、教育部门、完全按商业方式运作的公司或团体不在行政专员的监察范围之内。① 如果该案件属于法院或行政裁决所的管辖范围，行政专员不得进行调查。但是，行政专员认为在某种情况下法院或行政裁判所审理该案件不合理时，尽管法院对该案件有管辖权，行政专员可对这个案件进行调查。事实上，行政专员与法院之间在管辖权上并没有绝对的界限，行政专员对自己管辖权的范围有自由裁量的余地，例如，对于法院缺乏自然公正原则而专横裁判的案件，行政专员可以不顾法院管辖权的存在而对案件进行调查。

4. 议会行政专员的工作程序

议会行政专员对申诉的受理。任何个人或团体由于行政机关自己实施的或别人代他实施的行政行为受到侵害时，都可以向行政专

---

① 侯志山著：《外国行政监督制度与著名反腐机构》，北京大学出版社 2004 年版，第 44 页。

员提出申诉，并要求补偿。申诉不需要任何费用，也不必请律师。但是，公共服务性团体或地方政府，国有企业或国家事业机关，由女王或首相任命的、其全部或大部分经费由议会拨款的机构提出的申诉，行政专员不予受理。基于行政专员的设立是为了保护公民个人的指导思想，行政专员不受理一个政府机构控告另一个政府机构的申诉。申诉人原则上必须本人亲自提出，但是在特殊情况下不能由自己提出时，例如疾病、死亡或在国外，申诉人可以指定代理人提出，如诉状律师、工会成员、会计师等人以申诉人的名义提出控告。申诉人提出申诉时无须在英国境内，但必须在侵害行为发生时在英国境内，即使是罪犯也可以不受限制地向行政专员提出申诉。

议员的初步审查。因为议会行政专员是议会的委派机构，所以任何申诉首先要以书面形式向下院某一议员提出，申诉人可以选择本选区的议员，也可以选择申请人所在选区之外的议员。议员在征求申诉人意见后，将申诉转交行政监察专员处理。如果议员认为申诉不成立时，有权不转送行政监察专员调查。申诉人不能直接向行政监察专员提出申诉，如果申诉人直接向行政监察专员提出申诉，行政监察专员认为可以受理时，可将案件送交有关议员征求意见，有关议员同意后行政监察专员方可进行调查。

申诉时效与管辖。申诉人向议员提出申诉的日期不得迟于得知或可以得知不良行政发生侵害后十二个月内。行政监察专员认为情况特殊，可以延长时间的限制。行政监察专员对于议员转送来的案件首先审查是否在其管辖范围以内。对管辖范围外的案件不进行调查；对管辖范围内的案件是否也有自由决定权力，没有任何法律上的限制可以强制行政监察专员必须进行调查。当事人不能向高等法院申请执行令，命令行政监察专员进行调查。①

议会行政专员的调查权。议会行政专员的工作重点在于通过调查找出申诉人申诉的原因。为了查明原因，行政专员有权采取自己

---

①　王名扬著：《英国行政法》，中国政法大学出版社 1987 年版，第 257 页。

认为适当的各种调查方式，行政专员一般先听取有关部门的负责人和有关工作人员对该项申诉的看法，然后询问有关人员，查阅或索取有关的文件资料，除内阁会议文件外，其他资料向行政专员开放。根据调查工作的需要，行政专员有权按财政部规定的标准向申诉人或协助调查（如提供情报）的人支付一定的费用和报酬。在收集证据方面，行政专员拥有高等法院法官的特权，能够要求任何人提供证据，如有人以阻挠、拒绝、伪证、疏漏等行为妨碍调查，行政专员可以向高等法院出示证明，法庭查实后将处以蔑视法庭罪的制裁。调查结束后，行政专员必须将调查结果书面报告转送申诉的议员、有关的部门负责人及其工作人员。在必要的情况下，行政专员可就该申诉案件的前因后果和补救的建议向议会两院提供一个特别的报告。最初，行政专员每年向议会两院提交一份年度工作报告，1972 年开始改为每季度向议会两院提交一份工作报告。这些报告由议会中的行政专员委员会进行审查。

议会行政专员的建议权。当行政专员发现引起不公正待遇的不良行为时，他不能命令有关部门停止、延缓或加快其活动，不能强迫改变任何决定，给予任何经济补偿，以及采取其他强制措施，他只能就他的调查结果提出报告。① 行政专员通常是建议行政机关在法律规定以外补偿申诉人的损失，或者修正已做出的行政行为。如果这些部门的工作人员认为无须补偿，或者无权做出补偿决定时，行政专员就把调查报告提交给有关部门的负责人，并附补偿建议。在某些部门的负责人对建议置之不理或故意拖延不办的条件下，行政专员或是借助议会中的专门委员会和有关议员向行政机关施加影响；或是将调查报告公开发表，寻求社会、舆论的支持；或是将调查报告提交行政监察委员会，由行政监察委员会召开会议，邀请有关法律专家出席，由被指定的政府机关首脑回答询问，并公开报道会议情况；或是在征得议会行政监察委员会同意后，行使最后一项

---

① 龚祥瑞著：《比较宪法与行政法》，法律出版社 2003 年第 2 版，第 500 页。

法定权力，即向议会提出报告，由议会向有关部门施加压力，强迫有关部门执行并追究有关大臣的责任。因为行政专员的建议权有多种行使的方法，通常原先那些对行政专员的建议置之不理或拖延不办的部门和官员最终都会接受行政专员的建议，纠正不良行为，补偿损失。

5. 英国议会行政专员制度的优点与缺陷

（1）英国议会行政专员的优点

英国"成千上万的纳税人、社会服务的接受者"和行政管理人员等，都或多或少、直接间接地因行政专员的工作而有所获益。① 立足于英国议会主权思想和法治原则的议会行政专员制度，作为现代行政监督体系的新发展和补充，从实施以来已经取得一定的成绩，维护了公民的正当权益，改善和提高了英国政府的行政管理水平。这主要表现在以下几个方面：

第一，完善了行政救济制度。通过行政专员的调查和建议，申诉人得到了一些通过法律手段得不到的补偿。例如，行政专员署成立不久，就处理了颇为轰动的萨克森毫森案件，帮助第二次世界大战中萨克森毫森集中营的幸存者得到了应得的补偿。而此前，幸存者的申诉曾被三个外交大臣和首相驳回，直到行政专员介入调查后才圆满地了结此案，使受害者赢得了合理的行政救济。

第二，建立新的行政监督方式。作为现代议会监督制度的新发展和对司法监督的必要补充，行政专员通过对当事人申诉调查，发现个别行政管理领域中存在的官僚主义作风和不良行为，通过提出建议来促使其提高行政管理效率。另外，因为行政专员制度的存在，行政机关及其工作人员处于一种随时被申诉的状态，这促使其转变作风，改进工作，"政府部门和公民打交道时，态度有了很大的改变"，从而提高依法行政的水平。

第三，加强了民众与行政机关的联系。行政专员通过调查和建

---

① 侯志山著：《外国行政监督制度与著名反腐机构》，北京大学出版社2004年版，第48页。

议，维护了申诉人的正当权益，这是一个方面。另一方面，"申诉即使最后被驳回了，但是，做过调查，可以缓和不满的情绪"，也使申诉人明白行政机关的行为为什么是合理的，这就为那些无辜的文官洗刷了不白之冤。从而帮助行政机关做到其自身难以做到的说服教育工作，加强了行政机关和普通公民的联系，民众也会因此而更加支持政府的各项工作。

（2）英国议会行政专员的缺陷

因为英国议会行政专员是在研究了北欧的议会监察专员制度，特别是在丹麦行政监察专员的影响下建立起来的，所以它在设置、组织、职责等方面与这些国家的监察专员有着相同或相似之处。但是与瑞典等国的监察专员相比，"一开始就有人断定这样的专员不顶事，特别是和外国的监督员相比"，英国议会行政专员及其职员的权力甚少，且多从文官中选任，暴露出不少局限性或曰缺陷。这主要表现在以下几方面：

第一，申诉不能直接向行政专员提出。申诉人的申诉必须通过议员转交和"过滤"，妨碍了申诉人接近行政专员的机会。这样做的理由是：其一，防止专员由于申诉太多而"应接不暇"；其二，使议员们放心，明白行政专员是作为选民的不满意见的收集者来辅助他们的，不会使他们的作用受到损害。尽管1978年以后英国改变了原来的申诉办法，即公民直接交给行政专员的申诉不再退回，行政专员可以直接接受申诉，可不经议员同意仍不能对申诉进行调查。

这种做法限制了公民的申诉，使相当一部分申诉不能转到行政专员手中，如有些议员就从来不转交公民的申诉，据统计，1974—1979的五年间，下议院中有41名议员连一件申诉都没有转交。①而瑞典等国的监察专员法律中则无此类限制，除宪法委员会有权对瑞典议会监察专员进行监督外，其监察工作不受议会干涉，具有高

---

① 胡康大著：《英国的政治制度》，社会科学文献出版社1993年版，第247页。

度独立性；世界上大多数国家的监察专员立法，也都将行政专员直接受理公民申诉，作为开展监察工作的一个成功做法。一些国家的监察机构为广泛了解民间疾苦、社情民意，为公民申诉提供方便，还设法扩大这种接触机会（如奥地利人民监察院的接待日制度，瑞典议会监察专员的主动视察权等）。

第二，监察机关和监察事项受到限制。下列对象不在议会督察专员调查范围之内：（1）不代表英王活动的行政机关，如地方政府、发展社会教育组织、完全以商业方式运行的公司或团体。（2）由法院和行政裁判所管辖的案件。但如果情况特殊，议会督察专员可以受理向他申诉的原属法院和行政裁判所管辖范围的案件。（3）《议会行政督察专员法》附表（三）中所列不能由议会督察专员调查的事项，主要涉及外交、国家安全，法院、军事法庭和国际法庭进行的诉讼活动，英王特赦权的行使，地方性机构，专门卫生机构的活动，契约或商业交易事项（土地的强行征购和处理活动除外），军事和文职人员的任免等政府人事行政，英王授予的名誉、奖励、特权或豁免权等。[①] 这样，有关行政管理的一些重要问题不属于它的管辖范围。另外，行政专员的职权只限于调查不良行为造成不公正的案件，而对政府的"错误的决定"即不良的决策和法令则轻易不敢涉及。

在监察范围受到各种限制的情况下，通过议员提出的申诉通常有 2/3 没有被允许进行调查，多半是因为不属于行政专员的管辖范围。例如，1981 年有 3/4 以上的申诉没有被接受：其中被控诉的行政部门不归行政专员管辖的占 23%，申诉不恰当或者与行政行为无关的占 41%，还有 10% 涉及公务人员的问题。所以，由于管辖范围的限制，正当的申诉中有很多都不能进行调查。[②] 推究其原

---

① 尤光付著：《中外监督制度比较》，商务印书馆 2003 年版，第 103 页。

② ［英］约翰·格林伍得著：《英国行政管理》，汪淑均译，商务印书馆 1991 年版，第 277 页。

因，在于中央的大臣害怕行政专员对本部门的政策性决定提出异议，下级官吏更不愿意行政专员对其具体的行政管理工作进行监督，如同上面提及的议员们限制民众直接向行政专员反映问题一样，行政官员也试图将行政专员的权力限制到对他们威胁最少的程度。

第三，人员构成不合理。虽然行政专员隶属于议会，但要由内阁提名。最早的三个行政专员都是从文官中选拔的，给他们配备的工作人员也多数是文官，但瑞典的行政专员必是法官或律师，其属下 50 名职员中有 23 个资深律师。虽然文官的经历有助于履行行政专员的职责，但不免会引起民众的疑心，担心不能做到客观地调查公民对文官提出的控诉。而且行政专员公署在工作过程中表现出强烈的行政色彩，例如过于照章办事的倾向，对行政专员的作用做出过分的限定性解释，对新闻界的态度非常谨慎，调查过于形式化，以及过分依赖财政部法律顾问（属政府官员）的意见。此外，虽然行政专员的薪金是由下议院规定，从统一基金中支付，但是，他的工作人员的数目和条件要经财政部批准。文官监督文官，"惺惺惜惺惺"，有时独立性和公正也难免要打些折扣。

第四，缺乏强制执行权。议会行政专员拥有建议权，有权提出纠正的方案，但无强制执行权，缺乏权威性。而瑞典的议会监察专员则拥有类似检察官的公诉权力，拥有广泛权力的瑞典监察专员能够顺利履行监察职责，"令行禁止"，避免了来自行政、司法方面的诸多干扰。英国行政专员的调查结果不能成为执行的命令，他最多只能就不公正的行为、还没有纠正的情况向议会上下两院提出特别报告。

基于以上的缺陷，英国行政专员不能很好地发挥作用。行政专员公署的性质，甚至它的存在都没有广泛地为公众所了解，所以许多申诉都没有交给它处理，或者不属于它的管辖范围。从国际标准来看，其他国家行政专员收到和处理申诉案件的数量都高于英国议会行政专员署。

（二）卫生医疗行政监察专员制度

为保障、维护民众卫生保健合法权益，1972 年苏格兰首先设立了卫生医疗行政监察专员。1973 年，英格兰、威尔士地区也分别设立了卫生医疗行政监察专员。三者虽然在法律上是和议会行政监察专员公署分开的，但是它们的工作均由后者负责。通常是每年单独向议会的行政专员工作委员会提出一份报告，说明与这三个公署的工作有关的情况。卫生专员虽然和行政专员有很多共同的特征，但也可以看出有两个重要的区别：其一，不需要"通过"议员。如果申诉人已先向适当的卫生部门提过意见，就可以直接向卫生专员反映。其二，卫生专员不仅有权调查对管理不善的控诉，还可以调查对某个卫生部门由于工作疏忽或者失职造成不公正或者困难的不满意见。①

卫生医疗行政监察专员主要负责处理公民对卫生医疗保健机构损害其权益的申诉。例如，公民认为法定的卫生保健机关未能提供应当提供的医疗保健服务，这些机关在提供医疗服务中有违法失职行为，或者某卫生医疗部门进行的活动管理不善等，都可向当地的卫生医疗行政监察专员提出申诉。申诉一旦被受理，卫生医疗行政监察专员遂对所诉事项展开调查。经调查后，卫生医疗行政监察专员如果认定申诉人确实受到了医疗卫生保健服务机关或个人的不公正待遇，遭受了损失或痛苦，他将把补偿建议报告送达侵权单位或个人，要求对受害人进行适当补偿。如果被申诉机关、个人没能对申诉人给予及时或合理的补偿，监察专员还可通过向有关的国务大臣或议会上下两院提交报告等方式，向被诉机关或个人施加压力，以促其尽快采取适当的补偿措施。② 卫生专员和议会行政专员一样对某些重要的问题无管辖权，尤为突出的是卫生专员不能受理对普

① 李小沧著：《中国的行政监督制度》，天津大学出版社 1999 年版，第 78 页。

② 侯志山著：《外国行政监督制度与著名反腐机构》，北京大学出版社 2004 年版，第 37 页。

通医生、牙医和眼镜商的申诉，也无权管辖对卫生人员临床诊断的申诉。

在正常情况下，英格兰、苏格兰和威尔士向卫生专员提出的申诉每年约有 600—700 起。但是卫生专员无权进行调查的申诉很多，其中 1981—1982 年度被驳回的占 81.8%，在被驳回的申诉中有 1/4 是因为涉及临床诊断问题，有 1/5 是因为没有先向卫生部门提出，有 1/8 是因为涉及针对开业医生、牙医、药剂师或眼镜商（1981—1982 年度为 101 起）的投诉。事实上，卫生专员的地位、权力与议会行政专员基本相同，其职权受到一定的限制，导致卫生专员无法充分发挥作用。

（三）地方监察专员制度①

英国仿效瑞典于 1967 年设立了议会行政监察专员，但议会行政监察专员的监察范围只限于中央政府部门，并不管辖地方的监察事务。英国是单一制国家，下辖英格兰、威尔士、苏格兰和北爱尔兰四个地区。为了加强对地方行政事务的监察，英国很快将议会监察专员制度推广到地方。1969 年通过了《北爱尔兰议会监察专员法》，设立了北爱尔兰议会监察专员，负责受理公民对北爱尔兰地区不良行政的申诉。接着，1974 年英国制定的《地方政府法》规定，在英格兰和威尔士设立地方行政监察专员，分别受理这两地的不良行政引起的申诉。1975 年的《苏格兰地方政府法》规定设立苏格兰地方行政监察专员，专门受理公民对该地区不良行政的申诉。根据上述法律，英格兰设监察专员 3 名、威尔士和苏格兰各设置监察专员 1 名。这四地都建有监察专员公署，由监察专员指挥公署的工作人员处理本地的监察事务。至此，英国建立了较完备的地方监察体制。

地方监察专员的管辖范围是地方政府及其官员、地方议会及议员等。其任务是调查处理公民对本地不良行政行为的申诉。法律规

---

①　侯志山著：《外国行政监督制度与著名反腐机构》，北京大学出版社 2004 年版，第 36 页、第 37 页。

定，公民或团体的申诉书首先向地方政府负责人提出，这样做是为了给地方政府部门提供一个调查和解决问题的机会。当政府有关部门不打算或未能解决申诉问题时，再向当地行政监察专员提出申诉。地方监察专员经过调查后，如果认定申诉人确已受到不良行政行为的侵害，将调查报告及相关建议送达被申诉机关，被申诉机关必须在3个月内将其已经或打算采取的补救措施通知监察专员。一般情况下，地方当局都能接受和采纳监察专员提出的处理建议。如果处理建议在一定的期限内不被采纳，监察专员有权采取提出进一步的忠告和直至向主管地方的有关中央大臣报告或向社会公布调查结果等措施，以施加压力。

地方监察专员由内阁主管大臣与地方有关部门协商后提名，由女王任命。地方监察专员一经任命，就不得在一切地方政府部门任职。除非监察专员已年满65周岁或工作无能、行为不端，任何人无权罢免其职务。地方监察专员的薪金、津贴、退休金等由文官事务部大臣和有关大臣共同确定。监察专员的工作向主管地方工作的中央大臣负责。由此可以看出，地方监察专员公署实质上是中央的派出监察机构，它对中央负责，对地方具有一定的独立性。

第三节　法国的行政执法监督制度

法国是成文宪法国家，具有典型的大陆法系的特点。现行的法国宪法（第五共和国时期戴高乐主持制定的宪法）规定国家实施"半总统制"，这突破了传统的议会制度的模式，扩大了总统的权力，总统成为国家权力的中心。总统由选民直接选举产生，任期7年，连选连任。总统除拥有任命高级文武官员、签署法令、军事权和外交权等一般权力外，还拥有任免总理和组织政府、解散国民议会、举行公民投票、宣布紧急状态等非常权力。议会由国民议会和参议院两院组成，其地位和作用较以前有所下降，以前拥有的立法权、预算表决权和监督权三大传统权力受到总统和政府的限制。议会无权干预总统选举和总理的任命。政府设总理1名，领导内阁，内阁对议会负责，其权力和地位比以前大为提高。司法权由各级法院独立行使。

一、行政监督制度概述

法国的行政监督制度几乎涉及政府行政活动的各个领域或方面，它们主要为：第一，对政府的总方针和总政策、对政府各部门的具体方针和政策进行政治监督；第二，对政府、政府部门和各级官员是否违宪进行宪法监督；第三，对政府和政府部门的不良行政行为进行监督；第四，对政府和政府部门的违纪和侵犯公民权利的行为实施监督；第五，对政府和政府各部门进行财政监督；第六，对政府及其官员实施廉政监督，等等。① 从监督客体和内容来看，法国行政监督的对象广泛，它既包括中央政府和地方政府机关从事行政管理事务的人员，也包括地方权力机构（议会），还包括国家公共事业机构和国有企业等。如果从监督内容的性质来分析，法国行政监督又可分为合法性监督和效率性监督两种，前者指行政行为是否符合国家法律，后者注重于行政管理是否有效。② 以下笔者对法国宪法和法律规定的行政监督制度做简要阐述。

（一）议会监督

不言而喻，议会的首要职权是立法权和监督政府权。然而，在谈到法国议会的立法权时，必须首先明确议会立法权的行使需要政府的密切协调合作。有人甚至认为："传统理论之国会政府'立法——执行'分工仅是一种假象；事实上，绝大部分法案（包括预算）为政府所草拟送国会议决通过，即国会在'法案——议决——公布执行'之过程中，仅在议决阶段扮演角色。"自第二次世界大战以后，政府行政权得到了极大程度的扩张，这自然会相应

---

① 吴国庆著：《当代法国政治制度研究》，社会科学文献出版社 1993 年版，第 64 页。

② 卞辉著：《法国行政监督体系的构成和运作方式》，载《经济日报》1999 年 4 月 15 日。

地削弱议会的立法权。由此观之，上述议论也未着意矮化议会，何况法国宪法确实有削弱议会的权力的意图。也正因为如此，第五共和国体制下的议会受到了被称之为"理性化"的加工改造。①

1. 立法权

第四共和国宪法曾规定："国民议会单独享有议决法律案之权，该项权力不得委托代行。"第五共和国时期的总统不仅可以解散国民议会，可以把法案直接提交公民投票决定，总统在"非常时期"还可根据形势采取必要的措施，颁布法令，这些都无须经过国民议会的同意。此外，按现行宪法第38条的规定："政府为了实施其施政纲领，可要求议会授权它在一定时期内以法令对于通常属于法律范围的事项采取措施。"因此，总统和政府随时可以限制议会的立法权或直接取代议会的立法权力。

就普通法律的制定而言，现行宪法直接限定了议会可以立法的范围。虽然宪法也规定了"所有法律均须经议会通过"，但同时又明文规定了议会的立法项目，限制了议会进行立法的范围。宪法第34条允许议会制定的法律事项，只包括有关公民权的保障和限制方面的法律；有关刑事、司法裁判制度和各种税收、货币制度方面的法律；保障国家文职人员和军职人员、设立公共机构和国有化方面的法律以及议会选举制度等。上述列举的事项才可能构成议会的议决范围。

另外，在上述范围之外的事项属于条例性质，诸如地方自治、教育、劳动权、社会安全和国防等方面的立法，议会只能制定一般原则，而具体细则和实施措施则从属于政府的规章制定权。例如议会可以决定劳动权的原则，但工人病假工资照付的期限长短则由政府决定；议会可以决定社会保险的基本原则，但津贴比率则由政府决定；这样，就使政府有很大余地来限制议会所通过的立法原则，或者使其有名无实。

---

① 韩大元主编：《外国宪法》，中国人民大学出版社2000年版，第73页。

因为宪法对纯粹意义的立法权（即议会立法权）和规章制度制定权（由政府行使）加以严格区分，这既缩小了议会的立法范围，也为政府反过来制衡议会创造了宪法依据。因为宪法规定，政府决定并执行国家的政策，总理保证法律的执行，这为政府规章制定权的自主性提供了宪法上的依据。① 政府实际上可以操纵议会立法。这主要表现在：其一，在法条议决之前，倘若政府认为某一议员提案或某一修正案不属于"法律范围"，或者与政府依据宪法第38条所获得的授权范围相抵触，政府可以主张不得受理。其二，宪法第38条还规定，政府为执行其施政纲领，可以要求议会授权自己在一定期限内以法令的方式采取通常属于法律范围内的措施；新政府上台后，常常借助该条款加速落实政策纲领。其三，特别是在议会辩论政府提出的法律草案时，政府可以在它认为合适的时机中断对法律草案的辩论，要求议会立即就法案的全部或部分内容进行表决，这种程序被称为政府的"阻挠投票"。在政府多数派控制议会的情况下，这种程序可以用来迫使议会迅速通过政府所急需的法案。1962年至1967年的第二届国民议会中，政府所使用的"阻挠投票"就达670次之多。

议会的立法权除受到总统和政府权力的直接干预外，还要受宪法委员会的种种限制。宪法规定各项法律在执行以前应提交宪法委员会审查，被它宣布为违宪的条款，既不得公布也不得执行。经宪法委员会审议并被宣布为违宪的国际协定只有在修改宪法之后才可以通过或授权批准。由于宪法第34条和第37条把议会制定法律的权限和政府制定规章的权限区分开来，经常造成议会和政府之间的争议。倘若政府和两院议长意见不一致而引发争议，宪法委员会可根据任何一方的要求，在8日内对该问题做出裁决，对宪法委员会的裁决不得上诉。这样，宪法委员会以审议议会法案的合宪性，来制衡议会对立法权的可能滥用。

---

① 韩大元主编：《外国宪法》，中国人民大学出版社2000年版，第74页。

2. 财政权

财政监督权被视为是议会监督政府的一个传统职权。议会有权决定国家年度总预算，追加预算，以及各项经济建设法案。然而，预算的编制却是由政府负责。在第四共和国时期，议员提出的财政法案若增加国家开支时，可以在以后的条约里予以补偿。这种补偿的办法在第五共和国里是不被容许的，宪法第 40 条规定，议会议员提出的建议案和修正案，如果通过后其结果将减少国家收入或者将新增或加重国家支出时，则不予接受。这又一次将财政预算的最终决定权给了政府，因为政府可以利用该条来支持其预算案。据资料统计，议会就预算案提出的修正案或建议案数量越来越少，如1959 年国民议会提出了 102 件，1995 年至 1996 年没有，1996 年至1997 年 1 件，而参议院则几乎从未使用过该项权力。

在第四共和国时期，议会经常用拖延表决政府财政法案的方法来强迫政府让步。为了避免这种现象的出现，第五共和国宪法规定：如果国民议会在政府的财政法案提出后 40 天内未能一致通过，政府可提请参议院在 15 天内做出决定。在此情况下，如果两院意见分歧，总理有权召集一个双方人数相等的混合委员会，负责对讨论中的条款拟定一个文本，再由政府交付两院通过。如果议会在70 天内仍未能做出决定，则政府可自行通过法令使它生效，议会即使不同意也奈何不得。宪法还规定，如果政府不能及时提出某一年度收支的财政法案，以便在财政年度开始（一月份）之前公布，政府可以提请议会授权政府征税，并依法令先行拨款。

3. 监督权

第五共和国宪法也规定议会有权监督政府。这些监督权主要表现为质询权、弹劾权和不信任表决权。

质询权被视为监督政府的主要方式之一。宪法第 48 条规定，议会"每周要留一次会议，专供议会议员提出质询和政府进行答辩"。在国民议会例会期间，每星期三下午，有关政府部长必须到场接受议员的质询。议员提问可以采用书面或口头质询的方式，也可以对政府的政策声明开展辩论。但质询只能以议员个人身份提出，不得用决议的形式提出，并且不进行表决。议员提出问题，有关部长按规定要在一个月内给予答复。① 议员提出的问题又分为不可以讨论和可以讨论两类。前者，部长答复后只允许提问人发言 5 分钟，其他议员不能发言；对于后者，在部长答复后，议长可以允许其他议员发言，但每人以 15 分钟为限。实际上在听取质询时部长们经常不到场，只派一名国务秘书出席听取，至于解答问题往往要延搁数月，有的竟拖至一年多，部长们还可以用"与公共利益相抵触"为借口而拒绝答复。由于许多质询因政府长期拖延答复而失去意义，或因制造种种借口拒绝答复，因此每当部长进行答辩时，常常只有很少人出席。

法国国会拥有弹劾权。宪法规定，总统的行为若对国家安全构成威胁，譬如犯有叛国罪，国会可对其进行弹劾。国会对于刑事犯罪的内阁官员也有权弹劾。弹劾案的提出须由国会上下两院公开投票，经过两院议员绝对多数通过。弹劾案由议员组成的特别法庭审理。特别法庭由上下两院选举数额相等的议员组成，其中的一位议员经推选担任法庭的主席。特别法庭经审理后，如判定被弹劾人罪名成立，犯罪人将被免除职务且被追究刑事责任。②

法国国会拥有的另一项监督政府的重要权力是不信任表决权。宪法第 49 条规定："总理在内阁会议讨论后，应就政府的施政纲领或者必要时就一项总政策声明向国民议会承担政府责任。""国民议会得通过一项不信任案追究政府的责任。""在内阁会议进行讨论后，总理可就某一项文本的表决向国民议会承担政府责任。"如果出现这些情况时，国民议会通过投不信任票对政府进行改组获得成功，"总理必须向共和国总统提出政府的辞职（宪法第 50 条）"。

---

① 李小沧著：《中国的行政监督制度》，天津大学出版社 1999 年版，第 61 页。

② 侯志山著：《外国行政监督制度与著名反腐机构》，北京大学出版社 2004 年版，第 63 页。

不信任案必须至少有国民议会十分之一议员的签名方能受理，并且为给政府留有调整政策的机会，在提出48小时后才能进行表决。在受理48小时后72小时之前举行一般性辩论。表决时只统计对不信任案的赞成票，没有投票的议员则算作政府方面的支持者；不信任案只有获得国民议会全体议员过半数票赞成时才能通过。一旦不信任案经表决通过，内阁必须总辞职或提请总统解散下议院，重新举行大选。如果不信任案被否决，签名的议员不得在同一次例会期间提出新的不信任案。

有了这样多的限制，所谓议会对政府的不信任案表决权，实际上很难实现，而且议会在政府多数派占优势的情况下，即使议员能获得法定人数提出一项不信任案，也不易通过。自1959年至1996年6月止，国民议会向政府提出过44次不信任案，除1962年蓬皮杜总理领导的政府因提出宪法修正案后未获得议会信任而辞职外，都没有得到通过。仅就这一次，也因为戴高乐总统随即解散了国民议会，把法案直接提交公民投票决定，结果还是通过宪法修正案。

尽管议会的监督权受到种种限制，但依然不可忽视议会的地位和作用。议会除拥有上述职权外，还可以组织调查委员会、资讯特别小组、议会代表团，以便于对特定事项或问题进行调查。议会还可以接受人民请愿，并要求行政调解专员展开调查。

（二）司法监督①

就司法权而言，法国有着不同于其他大陆法系国家的司法体制，即普通司法权和行政司法权分立，且各自独立，形成"双轨制"。这反映了法国人对历史的继承和尊重，也构成了法国司法体制的独特之处。

法国的普通法院体系由最高法院主导并置于其下。最高法院下面设置有27个上诉法院，上诉法院接收不服下级法院裁决的上诉

---

① 韩大元主编：《外国宪法》，中国人民大学出版社2000年版，第78—83页。

案件，它们既审查法律的适用，也审查事实。上诉法院以下的法院基本上可划分为民事和刑事两大体系。作为一审法院，大审法庭可以审理各种民事案件和某些刑事案件；大审法庭之下又可再分为初审法庭、轻罪法庭、警察法庭。上述法庭都由职业法官主理。而关于商业纠纷的案件则由商业法庭受理。商业法庭法官是由专业团体选举出来的专业人士，是兼职法官。同样，关于劳资纠纷的案件则首先由劳资协调委员会（或称劳资调解法庭）来受理，根据诉讼程序劳资双方的代表人名额对等，即遵循对等原则。重大刑事案件一般由巡回法庭直接审理。

行政法院系统是真正构成法国司法制度区别于其他国家的最重要标志之一。根据行政法理论，公法上的"法人"团体必须服从行政法，进而接受行政法庭的裁决（如果冲突与纠纷发生的话）。行政法庭受案范围广，从公务人员的身份、行政合同，到城市规划等。

现在，最高行政法院是法国最荣耀的机关之一，也是今日国家行政学院毕业生的就职首选机关之一。它仍然具有双重角色：一是国家最高行政司法权的掌管者和行使者，一是政府的立法顾问。它内部划分为四个组，即内政组、财政组、公共工程组、社会组，还另设有一个处理争讼的诉讼组。目前，它大约有200人，其中诉讼组人数最多。根据现行法律和宪法委员会的裁决，最高行政法院的"法官——官员"在任期间具有独立的身份。

宪法委员会是由1946年宪法创设的具有政治性和司法特征的一个重要国家机构。在宪法结构中，它仅排在总统、政府和议会之后，却排在司法机关之前。实践中，宪法委员会不断发扬、认可和创立新的宪政原则和重要法律，既发展了宪法理论，又丰富了成文宪法的内容。同时，它还发展出了一套宪法诉讼制度和宪法判例。这一制度不同于美国体制，又有别于德国、意大利和奥地利等欧洲模式。

除此以外，国家审计法院也颇有特色。审计法院是对政府行使预算权的一种制衡。它可以审查任何有关预算的案件。目前，它有

250 名具有法官身份的审计官。各大区还设有地区审计法院，本土共 22 个。审计法院以其独立性而著名，它每年出版一份报告，就国库和支出的各种账目进行评估。它还负责监督国家行政机关及公共机构的公务人员和管理活动，包括国有大型企业的监督。

（三）政府内部监督①

法国政府的内部监督主要包括层级监督和专门监督机构的监督。所谓层级监督，即上级对下级的监督，如部长监督司长、司长监督处长、处长监督科员等。层级监督权的行使主要表现为：上级对下级以通报形式作出规定或指令；对下级行为、行动的批准、异议或矫正、撤销；对下级行为的核查、核准；以及对下级行为的替代等。在这种"上命下从"的关系中，上级对下级有绝对的权威。政府内部的专门监督机构主要有行政调解专员、财政监察专员、财政监察总局、内政监察总局、社会事务监察总局以及反腐败斗争中央局等。

行政调解专员是法国仿照瑞典和英国的做法建立的行政监察专员制度，它主要处理因政府的不良行政引起的侵害公民自由权及其他合法权益的问题，旨在维护公民的自由和一切合法权益。

财政监察专员是财政部在政府各部和各地的派驻监督机构，其主要任务是监督财政拨付的各种资金的使用。政府各部门的每一笔开支，财政监察专员都有权进行监督检查。如果发现某项开支有问题，财政监察专员有权冻结预算。

财政部设立的财政监察总局的主要职责是实施财务审计，其工作范围分为对内和对外检查两部分。对内检查税务、海关、国库、预算等各业务部门，不仅检查这些单位的有关账目，还要检查这些单位的执法质量和工作效率，以及工作人员是否廉洁等。对外检查政府拨款的海外机构的财务管理和工作绩效。它既可以对会计人员的工作结果进行评价，也可对使用政府拨款的单位的工作提出批

---

① 侯志山著：《外国行政监督制度与著名反腐机构》，北京大学出版社2004 年版，第 65 页、第 66 页。

评。在审计过程中，如发现弄虚作假或贪污行为，可提交司法部门处理。

内政监察总局和社会事务监察总局是内政部和社会事务部的监督机构，各自对所属部门职权行使的合法性和有效性进行监督。

法国通常由警察负责贪污贿赂犯罪的侦查，法国国家警察总局和巴黎警察局都设立了财经处，侦查贪污贿赂犯罪。法国总检察长领导和指挥的全国的检察官，除起诉犯罪外，还负有对警察侦查活动的指挥、监督之责。检察官所拥有的侦查权、对警察的指挥和监督权、起诉权、审判监督权等在惩治贪污贿赂犯罪中发挥着重要的作用。

有着"政治厩房"之称的法国政界，官员贪污、受贿和渎职的丑闻历来层出不穷。这些不断爆出的政治丑闻严重损害了国民对政府的信任和政治家们的形象。1992年4月出任法国新总理的贝雷戈瓦下决心从预防和惩治两方面着手遏制政治腐败现象，又组建了反腐败专门机构"反腐败斗争中央局"惩治腐败。该局由一名德高望重的法官主持，其成员由司法和海关等部门的有关专业人员组成。反腐败斗争中央局同司法部和警察紧密配合，收集腐败案件线索，调查腐败行为，严惩与腐败案件有关的官员。

（四）行政调解专员①

1. 引进监察专员制度的背景

法国引进北欧的调解专员制度，一般认为有以下几个方面因素。

（1）有必要建立避免频繁发生的行政当局侵害公民自由、维护公民合法权益的系统。

（2）人们期待着在行政审判制度管辖不到的行政活动，"当"与不当的领域，设立有利于密切行政机关和国民之间关系的机关。

调解专员设置之际，行政法院系统的多数人士，以引进调解专

---

① 侯志山著：《外国行政监督制度与著名反腐机构》，北京大学出版社2004年版，第74页、第75页。

员制度有违法国的行政传统为由，表示反对。政府对引进调解专员制度起初并不积极，并且设立了多项制度以代替之，例如：任命担负听取市民意见，改善国民和行政机关关系等职责的内阁部长；1971 年 6 月，设置了总理领导下的旨在研究简化企业与政府之间关系的委员会；另外，1972 年 2 月 22 日发布的政令检讨了行政法院的改善措施，如制定有关行政法院管辖权争执的解决规定等。

法国行政监督专员又称行政调解专员。作为法国监察专员制度的行政调解专员设置根据的法律——《调解专员法》于 1973 年 1 月 3 日公布。1976 年 12 月 24 日又对该法进行了修订。这次修订做了 20 项修改，扩大、强化了调解专员的活动领域和权限。如修订后的法律规定，除自然人外，法人也可向调解专员申冤；上议院和下议院议长可根据议会常任委员会请求，把向议会提交的请愿委托调解专员处理，以及进一步明确了法令修改的建议权等。

2. 行政调解专员的职责

关于调解专员的职责，调解专员法作了以下规定。

（1）调解专员在调解专员法规定的条件下，受理国民关于国家行政机关、地方共同体、公共设施法人以及被赋予公共服务使命的其他一切机关的申诉。调解专员独立行使职权，不接受来自任何机关的指示。

（2）调解专员任期 6 年，经内阁会议议决后由政府任命。任期结束以前，除非被认为遇到法律所规定的影响其履行职责的"障碍"，否则不得被免职，任期不得被改变。

（3）调解专员不可因履行职责时发表的意见或行为被起诉、搜查、拘留或审判。

调解专员任期结束后不可连任。

3. 行政调解专员的管辖范围

调解专员的管辖范围非常广泛。前面提到，《调解专员法》规定，调解专员受理公民关于国家行政机关、地方公共团体、公共设施法人及被赋予公共服务使命的其他一切机关的运行方面的申诉。被委托执行公共服务使命的机关（含垄断性的国有企业）也包括在内。所以铁路、电力、天然气等国有企业也属调解专员的管辖范围。调解专员在其管辖范围内独立行使职权，不接受任何机关的指示。

《调解专员法》规定，不属调解专员管辖范围的：（1）"调解专员管辖范围内的行政机关及其他地方公共团体与其职员之间发生的纠纷，不得成为向调解专员申诉的内容。"（第8条第1款）不过，"这些职员退职后不适用此项规定"（第8条第2款）。（2）"调解专员不得进入法院的审判程序，或干预法院的判决。但它具有向被申诉机关提出建议的职能。"（第11条第1款）但是，"调解专员在已生效的法院判决得不到执行时，可命令被申诉机关在调解专员规定的期限服从判决。"（第11条第2款）

（五）法国行政监督制度的特点①

第一，监督系统多样化。法国的行政监督体系由多元主体构成，仅宪法确立的行政监督主体就有共和国总统、宪法委员会、议会、高级法院等五个。监督系统的种类根据其性质、地位和作用等的不同，又可划分为权力与权利的监督、司法性与非司法性监督、救济性与非救济性监督、具有执行力量与不具执行力量的监督以及内部与外部监督、纵向与横向监督等若干个层面。多层面的监督，适应了现代社会国家行政机关权力和职能扩张所带来的行政行为复杂性的特点，有利于满足行政相对人不同层次的多方面诉求。

在现实生活中，国家权力的行使往往体现在具体事务的管理上。"二战"后，政府的权能不断扩张，公共管理事务大量增加。在广泛渗透于社会生活各层面的行政行为面前，仅靠权力监督权力和行政机关的内部监督机制，对于防止滥用权力现象的发生，常常显得乏力和难以奏效。"二战"后法国公民权利监督、社会监督和外部对行政机关监督的加强，正是适应了上述特点和情况。政府的行政行为中，既有合法与非法问题，又有效能问题，司法性监督与

---

① 侯志山著：《外国行政监督制度与著名反腐机构》，北京大学出版社2004年版，第70页至第73页。

非司法性监督共存，则针对了行政行为的这一特点。再有，控制行政权力，维护公民的权利与自由，有的需要对公民施以行政或司法救济，有的不需要救济；有时需具有变更或撤销行政决定、命令的执行力量，有时则不必具备这种力量。救济性与非救济性监督以及具有执行力量与不具执行力量的监督并举，无疑可以满足公民不同程度的需求。

法国的行政监督系统在法制的轨道内有序运作。法国法律不但对行政监督主体作了明文规定，还具体规定了各行政监督主体的地位、职责、权限及相互关系等。各监督系统之间既相互制约，又互相配合，具有较好的协调性。如宪法法院与财政监察总局、内政监察总局是监督与被监督的关系，但它们之间又有业务协助关系；财政监察总局与审计法院具有资料共享关系等。

第二，行政监督机构具有较大的相对独立性与权威性。法国的行政监督机构，或组织上实现了与被监督者的彻底分离，成为异体监督（如司法性的监督部门均独立于政府和议会，其工作只向法律负责，不受制于任何部门或个人）；或虽是同体监督，但确保了监督机构具有较高的、超脱的地位，使之相对独立地行使职权。如政府部门设立的一些监督机构，虽在组织上隶属于政府各部，但其级别一般高于部内其他司局。以财政监察总局、内政监察总局和社会事务监察总局为例，其局长均由总统任命；每局各设两名副局长，他们分别由总理和所属各部的部长任命。这三个监察总局在对本部门首长负责的同时，主要向总统负责。行政监督机构这种相对独立的地位，有利于其在监督工作中摆脱和抵制外界的干扰，保障监督的客观、公正性。

法国还从监督机构的领导和管理体制上保证其独立性。如分为初级、上诉和最高行政法院三级的行政法院系统，其初级行政法院、上诉行政法院都不是按省设置，而是分别按 22 个大区和 7 个区域设置。它们只接受上级法院的监督，与属地政府没有关系。此种体制有利于行政法院摆脱来自属地行政机关的干预，独立行使审判权。

　　法国的不少监督机构都在地方设立了分支机构或特派员，执行特定的行政监督任务。这些分支机构、特派员均隶属于总部，人员由总部任命、派出，经费由总部划拨，工作对总部负责。它（他）们除了驻在当地、与当地行政机关具有监督与被监督的关系外，同当地行政机关没有任何其他干系。这种垂直的领导体制，不仅有利于监察权的独立行使，而且便于监察系统内的统一领导和指挥，保证监察权行使的有效性。

　　法国行政监督机构的权威性主要表现在，其首长的社会地位或职级普遍较高。如国家行政法院院长为总理兼任，副院长由总统任命；国家行政调解专员由内阁提名，总统任命；前述财政部、内政部和社会事务部的监察总局局长亦由总统任命等。同时，法国对各类行政监督机构从业人员的职业素质、任职资格也有着较高、严格的明确要求，重视挑选品学兼优、训练有素的人到监督部门任职。首长的高职级和职业的高"门槛"，增强了监督的权威性。它有利于监督权的顺利行使、监督目的和良好的监督效果的实现。

　　第三，监督范围广泛而全面。法国的行政监督对象广泛，它包括中央政府和地方政府机关及其工作人员、地方权力机构（议会）、国家公共事业机构和国有企业等。① 可见，从中央到地方的一切政府行政权力的行使者、所有的国有企事业单位，甚至连地方议会均被纳入了行政监督的视野，法国对行政权控制之严，于此可见一斑。

　　法国行政监督的内容也几乎涵盖了政府行政活动的全部领域和范围。其中，既有决策监督，又有执法监督；既有合法性监督，又有效能性监督；既有勤政监督，又有廉政监督。监督内容的全面性，保证了行政权在政府活动的各个领域和一切范围内的依法、有效行使。

　　第四，监督具有公开性。法国行政监督制度非常注意增强行政

---

　　① 卞辉著：《法国行政监督体系的构成和运作方式》，载《经济日报》1993 年 4 月 15 日。

监督行为本身的透明度。例如行政监督机关做出的案件处理建议，均要送达有关的行政部门执行。如果这些部门不执行监督机关的建议，行政监督机关就要将这一情况记录在季度或年度工作报告中。行政监督机关的工作报告报送总统、议会，并可通过举行记者招待会等方式，向社会公布，唤起舆论监督。这往往会对监督对象形成很大压力，迫使其接纳监督机关的建议。

第五，监督本身具有科学性。法国的行政监督不仅指向行政行为的结果，而且贯彻于行政行为的过程。法国制定有专门的行政程序法，使得公务的执行必须遵守一定的程序，也就是为行政行为的做出预设了一套规制性模式或方式。行政行为的做出只有符合这种模式、方式，才被认为是代表行政机关的行为，受到法律的保护。否则，便被视为公务人员个人的行为，而不再是行政行为，不能享受行政特权的保护。

另外，法国公务员总法对公务行为每一职位的任职条件、行为方式以及公务员具体制度实施的管理等也作了明确、详细的规定。

这些法律的实施，使得行政行为的每一过程、每一环节，均被置于监控之下。法国的行政监督不再仅仅是一种事后的、追惩性监督，而是进一步前移了监督关口，进行事前和事中的全方位监督。即在行政行为发生之前或之中便进行督察、预警或纠偏，从而对违法、不当的行政行为起到防患于未然的作用，或是将其"已然"的危害控制在最低限度，以较低的监督成本投入获取最佳的"产出"。

法国行政监督本身的科学性，还体现在其颇具法国特色的行政管理系统内的层级监控制度上。如果说程序控制表现为行政监督的环环相扣，那么，层级监督则实现了自上而下的层层控制。这种严密的监督，保证了行政权力在行政活动的各个层面得以正确、顺畅的行使，促进了行政管理目标在整体和局部的全面实现。

附带需要提及的是，法国行政监督专门机构监督的主要对象为行政机关、国有企事业单位和公共服务机构，而非个人。它们的职责是解决这些"机关、单位和机构"与公民、社会团体之间的矛盾、纠纷，处理它们的违法违纪行为。监督中涉及公务人员违法犯罪问题，移交司法机关处理；公务人员违纪，则移交其所在单位的上级机关处理。专门监督机关与非专门监督机关（行政首长）之间的这种职能分工，进一步强化了行政管理系统内部的等级、层级控制，更加凸显了其在整个行政监督系统中的重要作用。

最后，法国的行政监督也存在一些缺点，主要是监督机构种类、数量过多，彼此之间职能的交叉亦多，既占用了过多的资源，又给公民申诉、投诉的选择带来一定的困难。从总体上看，各专门监督机构的事后监督多，事前、事中监督不够。

二、行政法院

在法国，司法体制内并存两大系统，互相独立，即普通法院体系和行政法院体系，从而形成了司法权的二元化。法国的司法体制既不同于英美法系国家，也不同于其他大陆法系国家，这反映了法国人对历史的尊重，也构成了法国司法体制的独特之处。行政法院一方面和行政机关不同，另一方面与普通法院不同，它是法国政府设立的行政司法机关，是国家行政机关的自我监督、自我控制机关。

（一）行政法院的历史发展

早在 1641 年，《圣日耳曼敕令》宣布成立一专门法庭来处理行政性质的纠纷。后来陆续设立了租税法庭、河川法庭、森林法庭和审计法庭等行政法庭，但当时的行政法院仍然隶属于司法系统而非行政系统。

法国大革命资产阶级掌握国家政权后，司法系统依旧由忠于国王的保守派掌握，保守派利用其掌握的司法权，控制议会、政府和革命进步力量对抗。在这种情况之下，法国制宪会议于 1790 年 8 月制定了关于司法组织的法律，规定"司法权今后将永远与行政权分离。法院的法官不得以任何方式干扰行政机关行使职权，亦不得对执行职务的行政官员进行讯问，违者以渎职罪论"。1796 年的一项法令再次强调："严格禁止法院审理任何行政活动。"上述条款现在依然有效，它们剥夺了法院审理行政案件的权力。

最初，公民对于行政机关越权行为等的控告，只能由其上级机关审理，最后裁决的权力属于国家元首。但是国家元首每天需要处理的事情相当繁杂，而公民与政府间发生的纠纷又越来越多，国家元首不可能对这些行政纠纷及时做出审查。在这种情况下，1799年12月，拿破仑设立了参政院承担行政审判职责。在同年的宪法框架中，参政院既不在立法机关部分，也不在司法机关部分，而是规定在政府机构的章节之中。依据当年宪法第 52 条的规定："在执政的领导下，国家参政院负责草拟法律草案和公共行政条例，解决行政上所发生的困难。"当时的参政院是整个议会立法环节的一部分，政府在制定任何行政法规之前也必须咨询参政院，同时参政院裁决行政纠纷以解决"所发生的困难"。参政院只限于提出处理建议，其裁决以拿破仑的名义做出，行政审判实质上由作为国家元首的拿破仑保留。普法战争后，1872 年的第三共和国议会制定的一项法律规定，参政院有权裁决所有关于要求宣告各级行政机关的违宪行为无效的请求，其审判以法国人民的名义做出。它不再属于国家元首保留的权力，参政院在法律上成为解决行政争议的最高机关，行政审判正式取得独立地位。1872 年，国家又恢复了冲突法庭，专门协调普通法院和行政法院在司法管辖权上的冲突。

尽管参政院成为审理行政案件的独立的、名副其实的法院，但参政院不能取代政府部长，政府部长在其主管范围之内仍然具有裁决行政争议的权力，参政院只是不服部长裁决的上诉机关。一切行政案件，除非法律规定直接向行政法院起诉以外，必须先由部长裁决。不服部长的决定，才能向参政院上诉，这被称为部长法官制，部长法官制实际上限制了参政院的作用。1889 年 12 月 3 日，参政院在对卡多案的判决中，彻底摒弃了部长法官制。根据该判决确立的原则，一切行政诉讼，除法律另有规定外，不必首先向部长提起，而可以直接向参政院起诉。① 该判例使行政机关失去了司法职能，并确立了行政法院对行政诉讼的一般管辖权。至此，随着时间的推移，行政法院逐渐制度化，行政法官的地位法律化，行政审判与行政权分离，从而形成了对政府使用行政权的一种制约机制。

（二）行政法院的组织

法国的行政法院数量众多，包括普通行政法院和专门行政法院两大类。普通行政法院由最高行政法院、上诉行政法院、地方行政法庭等组成，其管辖范围较广。专门行政法院只审理某类特殊的行政诉讼，例如违反预算和财政纪律方面的案件，各种带有行业特点的案件，涉及国家补助金的纠纷等。普通行政法院和专门行政法院在组织上、职权上、程序上和重要性上大不相同。然而，一切行政法院都具有某些共同的性质，因此成为一个独立的法院系统。这里只简要地介绍普通行政法院中最高法院、上诉法院和地方行政法庭。

1. 最高行政法院

在行政法院系统中，其最高法院是 Conseild' Etat，可译为"国务委员会"，直接源头是拿破仑设立的参政院，因为参政院有权审理涉及行政机关及其公务人员的公务行为的案件，所以拥有行政审判权的参政院被意译为"行政法院"或"最高行政法院"。②

行政法院的成员不是职业法官，而是行政官员，任命和调动按公务员制度规定办理，③ 但又受该职位特别地位法支配，在职业保障方面优于一般公务员。其社会地位高于法国高级文官，而且比高

---

① 黎国智主编：《行政法词典》，山东大学出版社 1989 年版，第 521 页。

② 韩大元主编：《外国宪法》，中国人民大学出版社 2000 年版，第 80 页。

③ 《中国大百科全书·光盘 1.2 版》政治学卷，吴国庆撰写的"法国司法制度"部分。

等法院法官的地位还高。① 最高行政法院的成员本着稳定、独立和专业的原则任用，按职务高低、责任大小而由上向下分为：

第一，院长。总理是法定的院长，但从不参加最高行政法院的活动。最高法院举行重大活动时，由司法部长代表总理出席。司法部长除参加重大活动以外，也不干预最高行政法院的正常工作。

第二，副院长1人。最高行政法院的领导工作，实际上由副院长负责，副院长根据司法部长的提名，由总统任命。

第三，行政法官（含诉讼小组组长和副组长）。行政法官必须是年满45岁的法国人，其中2/3须从查案官中选任，其余的1/3选自政府高级官员（省长、中央各部高官）、将军、教授、工会领袖等各界人物。

第四，查案官（含秘书长和政府专员）。查案官对案件的准备工作负主要责任，进行调查和预审。查案官是从年满30岁且具有10年以上公职经验的文职人员中选任的，其中的3/4由一级助理办案员晋升，1/4从外面聘请。

第五，助理办案员。助理办案员相当于普通法院的书记官，分为一级和二级，二级助理办案员是从1945年成立的法兰西国家行政学院的优秀毕业生中招募来的，一级助理办案员则由二级助理办案员晋升。他们在行政法院工作一个时期后，转入政府部门担任重要职务。

最高行政法院的任务分为二大类：一是立法咨询任务，即为政府的立法活动提供咨询意见；二是审判任务，即审理行政诉讼案件。相应地，立法咨询权和行政审判权分别由不同的部门科室行使。其中，财政部、内政部、公共工程部和社会部分别受理与自己职责有关的行政机关的立法咨询事项。行政审判权由诉讼部集中行使，诉讼部是最高行政法院人数最多、地位最重要的一个部，诉讼部分为10个组，约有一百名法官为诉讼部工作。

---

① 龚祥瑞著：《比较宪法与行政法》，法律出版社2003年第2版，第462页。

最高行政法院中两大门类的工作并非截然分开，而是相互交叉和渗透，联系得十分紧密。政府交给其审议的所有法律草案和重大的政令草案经有关的行政部先行审议后，一般都需提交最高行政法院的全院会议审议，包括诉讼部法官在内的所有行政法官都参加审议会议，对法律、法令草案进行讨论，提出意见。诉讼部审理案件时，一般案件，在有关的诉讼小组审理并提出处理意见的基础上，再由两个或两个以上的小组联合做出裁决；较重大的案件，由诉讼部会议，并有各行政部各派两名行政法官参加，集体做出裁决。特别重大的案件，由副院长主持，诉讼部和 4 个行政部部长及案件承办人参加的最高行政法院全体会议裁决。①

另外，为了防止最高行政法院成员，或者专门从事咨询工作，或者专门从事审判工作，缺乏全盘观点，导致最高行政法院的判决脱离实际行政需要，1963 年的改革法案要求最高行政法院的助理办案员和查案官，必须同时分配在诉讼部和一个行政部中，刚参加工作的二级助理办案员和刚从外界调来的查案官，先分配到诉讼部中培训，3 年后才同时分配到一个行政部。双重职位规则也可以适用于行政法官。② 双重职位规则可以更好地取长补短，每个人所做的此项工作都有利于他的另一项工作，因而使他们全面增长了才干，工作得到了相互促进。

2. 上诉行政法院

最高行政法院由于积压的案件太多，诉讼的最终解决时间太长。从 1983 年到 1987 年每年约有 13% 到 20% 案件是在最高行政法院立案的三年后才做出判决。为了减轻最高行政法院的负担，不得不对行政诉讼制度做出较大的调整，法国议会于 1987 年 12 月 13 日通过了《行政诉讼改革法》，在巴黎等 5 个大城市设置了 5 个

---

① 侯志山著：《外国行政监督制度与著名反腐机构》，北京大学出版社 2004 年版，第 78 页。

② 王名扬著：《法国行政法》，中国政法大学出版社 1988 年版，第 612 页。

行政上诉法院，让其负责受理并裁决地方行政法庭一审判决的大部分争议案件的上诉审，从而分担最高行政法院一部分上诉案件的管辖权。法国原有的行政诉讼体制为二级二审制，即以地方行政法院或专门行政法院为初审法院，最高行政法院为上诉法院即终审法院，少数重大案件也由最高行政法院作为初审法院和终审法院。而上诉行政法院的设立，则把原来行政诉讼审理的二级二审制改为三级二审制。

上诉行政法院院长，由最高行政法院的一名行政法官担任；地方行政法院法官被任命为上诉法院院长时，必须同时使其取得最高行政法院的行政法官资格，而且后者在担任院长的前 5 年，无权同时兼任其他职务。上诉行政法院的法官，至少必须具备地方行政法院一级法官资格，而且已有 6 年工作经验，其中必须从事审判工作 4 年。可见，上诉行政法院对任用的法官的资格规定较严。

3. 地方行政法院

地方行政法院的历史可以追溯到法国大革命之前，当时国王委派于各省的总督，同时承担行政管理和行政审判职责。后来，拿破仑在中央设立国家参政院的同时，也在地方设立省参政院，作为省长的立法咨询机关，同时审理行政案件，省参政院的受案范围以法律明确列举的为限。为了减轻最高行政法院的负担，1953 年的条例规定，在行政案件的受案范围上，只要没有将审理权赋予另一个行政法院的特别法律规定，该案件的审理权就属于省参政院，并改变名称为地方行政法院。

法国在本土的 95 个行省中设有 26 个行政法院，以所在地城市命名；在 7 个海外省中每省设有一个行政法院，全国共设有 33 个地方行政法院，每个地方行政法院一般管辖几个省的行政审判事务，也称为"省际行政法院"。地方行政法院的主要职能仍然是为省级行政长官提供咨询和受理本地区公民与行政机关之间的纠纷。地方行政法院分为三类，分别是巴黎行政法院、外省行政法院和海外行政法院，其中巴黎行政法院的法官数量最多，工作量最大，而海外行政法院的组织比较简单，诉讼案件较少。

（三）行政法院的职能

1. 最高行政法院的职能

第一，立法咨询职能。

立法咨询是指政府提出法律议案或行政法规之前交行政法院参议，以征求意见。它实质上是对行政机关立法行为的一种监督。行政法院前期处理行政诉讼案件，熟悉行政管理中存在的问题，由它们来进行立法监督，有助于发现和弥补立法中的疏漏，使行政法制更趋完善。① 行政法院的立法咨询职能体现在以下几方面②：（1）根据宪法第37条，1958年宪法实施以前，已由法律规定的属于条例范围的事项，政府要用法规条例修改或废除这项法律时，必须征求最高行政法院的意见。（2）依据宪法第38条，根据议会授权，政府在制定行政管理法规方面，必须先咨询最高行政法院。（3）依据宪法第39条第1款，"法律草案由部长会议在征询最高行政法院意见后加以审议，并提交议会两院中任何一院的秘书处"；但议员的法律提案是不必向其咨询的。（4）在行政机关的具体决定方面，最高行政法院必须对任何涉及公民利益的问题提供咨询意见。（5）除答复政府的咨询意见外，最高行政法院还可以主动地向政府建议关于法规和条例的改进，为此，每年须提交一份建议报告。不过，行政法院的意见在法律上不具备强制性约束力。对于那些应咨询但又不咨询，且忽视其建议的行政机关，最高行政法院只能依据自己的司法职能宣布其立法因为缺乏权限而无效。咨询意见原则上由最高行政法院的各个部组提出。若涉及几个部组，则由相关的部组共同提出，或派代表组成共同委员会决定。对于重要的问题，例如法律草案、法令案等，则由最高行政法院大会决定。

最高行政法院对政府提交给它的法律或行政法规草案的审查，

---

① 侯志山著：《外国行政监督制度与著名反腐机构》，北京大学出版社2004年版，第79页。

② 尤光付著：《中外监督制度比较》，商务印书馆2003年版，第240页。

主要是看其是否合法，是否符合适用范围的实际情况，是否与现行的法律、法规协调一致，然后提出自己的意见或建议。如果草案的内容与现行的法律、法规的内容相冲突，行政法院有权建议政府修改、放弃草案文本，或建议废除、修改现行的法律、法规。从理论上说，行政法院对政府准备提交议会讨论通过的法律草案或行政法规草案的审议意见，属于咨询、建议性质，政府可以采纳，也可不采纳。但是，实际上行政法院的审议意见，无论是立法技术方面的意见，抑或是对草案实质性的修改意见，绝大多数是被政府所接受了的。这是因为最高行政法院的工作人员具有丰富的法律知识和行政工作经验，他们所提的意见通常被认为是"明智"和"适当"的。二是根据惯例，如政府不接受行政法院提出的立法意见，就只能回到它原来的提案，而不做任何修改。也就是说，政府不能提出一个既不采纳行政法院意见又与原提案不一致的法律案或政令案。当行政法院以不合法为由对提交给它审查的政令案表示不赞同时，政府如果决定不采纳行政法院的意见，就要冒日后该政令在行政法院裁决行政诉讼案件时被宣布为无效或予以撤销的风险。①

咨询的方式不限于某个决定已经作出以后，再提交最高行政法院讨论。政府可以在制定某一条例时，或讨论某一决定时，请求最高行政法院派人来参加起草工作，或者参加讨论，然后再向最高行政法院提出，征求意见。采取这种方式能够加快行政条例和决定的过程。②

第二，行政诉讼审判职能。

具体说来，最高行政法院管辖的行政诉讼案件有以下几类：（1）上诉案件。最高行政法院在行政诉讼方面最重要和最繁重的工作，是作为地方行政法院的上诉法院和终审法院。（2）初审案

---

① 侯志山著：《外国行政监督制度与著名反腐机构》，北京大学出版社2004年版，第80页。

② 王名扬著：《法国行政法》，中国政法大学出版社1988年版，第614页。

件。最高行政法院的初审案件范围包括：关于撤销总统和部长会议下达的行政命令的诉讼，普遍性条例和具体性的处理均包含在内；有关由法令任命的公务员个人地位的诉讼；属于几个地方行政法院共同管辖的案件，例如撤销全国性职业公会的越权的行政决定的诉讼；法国驻外行政机构发生在本国领土以外的诉讼案；关于撤销部长制定的行政条例的诉讼；有关撤销部长做出的具体行政决定的诉讼，例如承认某个集团为公益法人；关于欧洲议会和大区议会选举方面的诉讼等。（3）审判监督案件。审判监督的案件，也就是复核审查的案件，是指当事人对各行政上诉法院和各专业行政法庭做出的终审判决不服，而请求最高行政法院就法律适用问题进行复核的诉讼。为此，最高行政法院审查原审判决中所引用的法律条文是否有效，有权撤销原审法律适用错误的判决，并发回原审法院或与原审同级的法院重新判决，也可直接改判，但对原审判决中的事实部分不再做出评价。在行政法院系统内部管辖权的调整上，最高行政法院负责管辖的合并、管辖的指定和管辖的移送。

在审理行政诉讼中，一般性案件由两个组联合判决，以诉讼部副部长1人为主席。1980年以后，对于简单的案件，可以由1个组做出判决，这时预审机构和判决机构不分。困难的案件或涉及重要原则的案件，由更高级的机构判决。这样的机构有两个：诉讼部判决庭；判决大会。有权要求把案件提交上述两个机构的人员是：最高行政法院副院长、诉讼部部长、联合小组组长、预审小组组长、政府专员。政府专员参加各种判决会议，但不参加表决。

2. 上诉行政法院的职能

一般而言，对于地方行政法院裁决的一切行政案件，若当事人提出上诉，则上诉行政法院有权对其进行上诉审理和裁判，但上诉行政法院对以下三种案件无上诉管辖权：第一，对行政行为的定性与解释。在普通法院审理案件时，需要首先正确判断某一行政行为的含义和合法性，例如房产确权之前要审查房管部门发放房产证的行为是否合法，但普通法院无权解释与裁判行政行为，当事人对地方行政法院的判决不服则可以直接上诉至最高行政法院。如果由上诉法院审理此类案件，当事人不服上诉法院的判决，一般会请求最高行政法院的复核，导致诉讼拖延。第二，关于政府行政立法的越权之诉的上诉案件。第三，关于市议会和省议会选举诉讼的上诉案件。事实上，地方行政法院的上诉案件，仍有一部分由最高行政法院直接管辖，上诉行政法院的管辖权，实质上只是原来属于最高行政法院上诉案件的一部分。

除地方行政法院外，对于针对专门行政法院的上诉案件，只有在法律有明文规定时，上诉法院才有管辖权，但法律明文规定上诉法院有直接管辖权的范围非常少，一般由最高行政法院管辖。因此，法国行政诉讼的机关与普通诉讼的机关在组织上并不一致，普通诉讼的上诉管辖权基本上完全统一，但法国的行政审判机关，并没有因为上诉行政法院的设立而达到统一。

3. 地方行政法院的职能

地方行政法院的审判职能包括两个方面：一方面，在级别管辖上，最高行政法院与地方行政法院根据案件的重要程度和影响的大小，决定由谁管辖某一案件。另一方面，在地域管辖上，某一地方的行政法院只能对本区域内的行政争议案件有管辖权，这本身也方便了当事人提起诉讼和法院的调查取证。因为在行政案件的数量上巴黎与法国其他地方差异明显，法律在确定地域管辖为原则时，同时规定了若干例外情况，不动产诉讼由不动产所在地而不是由做出决定的行政机关所在地法院管辖，行政合同诉讼由合同履行地法院管辖，因侵权引起的行政赔偿之诉由侵权行为发生地的法院管辖，关于公务员身份确认的诉讼由公务员工作地的法院管辖。

地方行政法院也承担咨询的职责。有关行政法院组织的法律规定："地方行政法院可以被要求回答由管辖区域内省长所提出的问题。"因为实践中地方行政首长很少就行政执法事务向地方行政法院提出咨询，所以地方行政法院并不像最高行政法院那样设有专门的行政部进行行政立法的研究、评议与答复，咨询事务与审判事务由同一机构承担。

地方行政法院成员以个人身份直接承担行政事务的情况较多。

地方首长在得到地方行政法院院长同意时，可以任命法院的某一成员担任行政委员会的主席或委员。法院成员也可请示院长批准其参加某些行政执法工作。

（四）法国行政法院的优势

在一般人看来，如果一个国家存在两套司法系统，可能产生各种各样的弊病，例如，当事人遇到纠纷时，他需要首先判断应该到哪一个法院去起诉，增加诉讼成本；因为某些争议属于公法与私法的交叉领域，普通法院与行政法院在管辖权的划分上容易引起冲突，浪费司法资源。但是，从法国大革命到现在，法国的司法双轨制度经历了二百多年的风雨，在此期间法国政府多次更迭，先后制定了 15 部宪法，尝试了共和制、君主立宪制和帝制等不同政体。而行政法院却在这多变的甚至异常艰难的环境中一直生存下来，而且从名不见经传的参事院发展为闻名欧洲乃至世界的行政诉讼机构。法国的行政法院制度具有以下优势：

第一，行政法院的独立性与创造性。

为了保障行政法院的独立地位，避免其他国家机关的干预，最高行政法院成员的晋升采用年资制，地位的提高不受主管长官好恶的影响。一级助理办案员晋升为查案官，必须服务满 8 年以上，查案官晋升为行政法官，必须在最高行政法院服务超过 16 年以上。尽管这种论资排辈的做法有不少弊病，但国家机关凭借影响提升的手段干预行政法院却是相当困难的。自行政法院建立以来，基于习惯传统和最高行政法院的威信，行政法官被免职的情况罕见，如果政府首脑要打破这个传统，利用免职的手段对行政法院施加影响，是非常困难并且会招致一定的政治风险的。1980 年，作为宪法监督机关的宪法委员会在一个判决中宣称，行政法官独立原则是法国法律认可的基本原则之一。

尽管法国属于大陆法系，但判例法却是法国行政法的主要渊源之一。法国著名行政法学家弗德尔说："即使取消了行政法的成文法典，法国的行政法仍然存在，因为行政法的重要原则不存在于成文法中，而存在于判例之中。"因为行政管理的内容包罗万象而具体的行政事项又各有特点，成文法往往只对特殊事项做出规定，无法适用于其他事项。面对审判实践中出现的新问题而无法可依的现状，法国行政法院在判案时并不墨守成规，受过去的成文法的约束，能够不断创新，极富灵活性，自己修补案件所应用的法律，创造案件所依据的原则。从而使行政法的重要原则，几乎全由行政法院的判例产生。例如，行政合同制度、公务员的法律地位、行政赔偿责任的条件、行政行为无效的理由和公产制度等极为重要的法律原则都由行政判例创造。由于行政法院富有改革精神，能够从其所做判决中归纳得出行政法的原理原则，反映了当前行政司法的实际，行政法院因此取得受尊敬的地位，成为法国最荣耀的国家机关之一。

第二，行政法官的专业化与综合性。

作为大陆法系的法国存在公法与私法两个不同的法律体系，两个法律体系的法律原则、追求的目标和调整的社会关系不同。普通法院的法官一般熟悉私法但不是公法专家，而行政行为及其与居民之间的法律交往与普通生活中的法律交往显著不同，所以专门的行政案件应该对应专门的行政法官，① 行政法官绝大部分经过法兰西行政学院的培训，择优录用，作为例外的一小部分也从高级文官中选任。

因为行政纠纷纷繁复杂，这就要求审理行政案件的法官除必须具备公法知识外，还必须具备行政管理经验。最高行政法院要求法官在任职期间，同时兼任行政部和诉讼部的工作，任何行政法官都要知晓重要的行政管理知识。加之，行政法院利用自己隶属于行政系统的有利条件，与实际行政部门在组织和活动上保持着经常接触，最高行政法院一般外调行政法官到具体行政管理部门工作一段时间，地方行政法院成员则以个人身份直接参加某些行政执法工作。这样，行政法官既具有行政法的专业知识，又具备了行政管理

---

① ［法］莫里斯·奥里乌著：《行政法与公法精要》，辽海出版社、春风文艺出版社 1999 年版，第 170 页。

的综合经验，从而加强了行政法院履行行政审判职责的能力。

第三，行政法院的事前监督权。

法律赋予行政法院咨询职权是为了防患于未然，在行政行为实施之前提前介入的监督职权，这实质上是一种事前监督权。法国的宪政观念主张在行政执行机关之外应另外设立咨询机关，该机关接受政府提出的行政咨询并向政府提供意见参考，这是行政机关做出正式决定前必不可少的步骤。设立咨询机关的目的是使行政措施在生效前接受权威专家的讨论，同时行政管理人员又不因此受到束缚。也就是说，既要充分利用咨询协商的优点，又要避免由此产生的政出多门、议而不决的弊病。行政法院的咨询职能可以预防工作失误和违宪、违法行政行为的发生，避免造成"事先不要求，事中不督促，事后再追究"的消极被动的监督。所以，行政法院的咨询权并非摆设品，而是行政管理中不可缺少的重要一环，它与行政法院的行政审判权前后呼应，相辅相成，形成合力，实现了对行政活动的全面控制，有力地限制了行政专横，维护了法律的公正与公平，保证了行政法治。这也是最高行政法院和地方行政法院历经改革，但其咨询职能却一直保持到今天的原因。

现在，除了在本国的行政立法和行政司法中发挥重要作用以外，法国的行政法院制度还对其他国家行政诉讼制度的构建产生了深刻的影响。行政法院的模式和经验引起世界上众多国家的重视并引为借鉴，先后有荷兰、卢森堡、意大利、比利时、西班牙、土耳其、埃及、叙利亚、德国、奥地利和芬兰等国，仿效法国模式建立了本国的行政法院。

第四节　瑞典的行政执法监督制度

瑞典 11 世纪初形成王国，但国王的权力受到《政府组织法》、《王位继承法》、《出版自由法》和《议会法》等法律的限制，因此瑞典王国是君主立宪制国家。瑞典的政权组织形式采用议会内阁制，实行"三权分立"，由议会、内阁和法院分别行使立法权、行政权和司法权。国王是虚位元首，仅是国家统一的象征，在内阁主持下，代表国家履行礼仪性活动。议会是立法机关，先后实行过四院制、两院制和一院制。内阁由首相和若干内阁大臣组成，《政府组织法》规定，内阁及其政策必须得到议会的信任。司法权由各级法院独立行使，任何机关均不得干预法院的审判。

一、行政执法监督制度概述

瑞典不仅以先进的福利国家著称于世，而且其健全的行政监督制度亦闻名遐迩。后者对于防止国家权力被滥用，维护公民的合法和正当权益，建设廉洁政府，起到了积极的促进和保证作用。作为成熟的法治国家，瑞典已形成了以议会监督为主的多层次、多渠道的监督机制和一系列廉政与反腐败法律制度，它们从全方位和多角度对国家行政机关及其工作人员实施着严格、有效的监督制约。①

（一）议会监督

1971 年，瑞典议会改行一院制。议会共有 349 个议席，议员通过普选产生，每 3 年改选 1 次。议会主要职权有：制定法律；决定税收和公共资金的使用；监督政府行为和国家行政。瑞典议会主要通过以下三种手段实现对政府行为和国家行政的监督。

1. 宪法委员会的监督

在瑞典议会，各常设委员会是最重要的工作机构，任何议案、议员的个人动议以及议会所属机构的提案和年度报告在交付议会议决前都必须由委员会进行讨论。瑞典议会设有宪法、司法、外交、国防、社会保险等 16 个由议员组成的常设委员会，宪法委员会是其中最重要的一个委员会，它的任务主要是从宪法和法律角度，审查内阁的各项条例、决定，监督内阁成员、议会议员、议会监察专员等履行职责的情况。议会的各委员会都具有监督政府之责，不过绝大多数委员会正如它们的名称所显示的那样，只负责审查相应内

---

① 侯志山著：《外国行政监督制度与著名反腐机构》，北京大学出版社 2004 年版，第 1 页。

阁部门提交议会的各项议案，起草修正案并向议会提出立法建议，并监督相应内阁部门的工作。而宪法委员会则对内阁进行全面、综合的监督，特别是对内阁大臣个人进行监督。因为《议会法》第四章第四条规定，宪法委员会除监督内阁的工作外，还负责处理宪法和议会法的事务，所以宪法委员会监督的内容，不仅包括内阁和成员遵守宪法、法律和各项规章制度的情况，也包括对政府采取的行政措施是否合乎时宜、正确的调查。

当然，宪法委员会的职责突出表现在审查各内阁大臣履行职责以及处理内阁事务方面，为此，该委员会有权查阅和索取有关内阁事务的决议记录以及一切与之有关的文件，包括机密文件。内阁可以书面向宪法委员会报告工作情况，宪法委员会如认为必要，也可请大臣和政府官员到宪法委员会来口头汇报情况，并回答有关的一些询问。议会的其他常设委员会以及任何议员均有权会同宪法委员会就内阁大臣履行职责情况或者有关内阁事务的处理情况提出书面质询。宪法委员会每年至少一次负责向议会提交有关上述审查的评述报告，该审查报告对内阁是公开的。议会在收到宪法委员会的评述报告后，研究、确定是否通过对内阁成员的不信任案。如果宪法委员会认为现任大臣或前大臣在任职期间有犯罪行为或严重的玩忽职守行为，则对大臣的弹劾案应由宪法委员会提出，由最高法院审查。

2. 议会监察专员的监督

瑞典议会于19世纪初开创了新型的议会监察专员制度，设立了议会监察专员，代表议会监督行政和司法官员腐败和低效率行为，这项制度对世界近现代行政监督制度的发展产生了重要影响。关于瑞典议会监察专员机构，下面有专门介绍，这里暂且从略。

3. 审计监督

议会从议员中选任审计专员12人，其任期和议会的任期相同。审计专员中1人为主席，副主席视情况设1人或多人不定，议会的审计专员办公室有25名工作人员。审计专员主要负责审查政府、国有企业的财政和公共资金的使用，并向议会报告审计结果；议会有权决定审计专员对其他机构的财政收支情况进行审查；对审计专员的指示必须由议会以正式决议的形式通过。为了保证审查工作的正常进行，审计专员有权根据法律的规定查阅或索取任何机构的档案、资料和报告等各种文件。议会根据审计专员的建议，决定对一些被审计单位采取必要的整顿和改进措施。

（二）行政机关内部监督①

瑞典现政府设 10 个部，包括首相在内，阁员共 20 名，男女各半。全国划分为 21 个省和 289 个市。省长由政府任命，市的领导机构由选举产生，省、市均有极大的自主权。

瑞典政府内部的专门监督机构包括司法总监（亦称大法官②）、行政监察专员、审计局以及各部门的监察局、行业系统监察专员等。它们分为两类，一类是全局性机构，另一类是局部性机构。

全局性机构，即面向政府各部门的监督机构，主要有以下几部分。

1. 司法总监

司法总监（the chancellor of justice）是政府内部的最高行政监察官，隶属于司法部。它最初是由瑞典国王查理十二世于 1713 年任命的，到 1992 年就任的西尔肖菲尔司法官已是第 38 任。现在，瑞典全国有 12 名司法总监，他们由政府任命，司法总监助理由司法总监提名，经政府任命。其他工作人员由司法总监任命。瑞典宪法和有关司法总监的法令规定，司法总监的任务主要是：（1）作为政府的最高法律顾问，为政府提供法律咨询。（2）代表政府处理涉及政府的民事或者行政诉讼案件。瑞典法律规定，由于政府部

---

① 侯志山著：《外国行政监督制度与著名反腐机构》，北京大学出版社 2004 年版，第 4—7 页。笔者做适当修改。

② 国内有的将其译为"大法官"，如《中国大百科全书·光盘 1.2 版》政治学卷，曹沛林撰写的"议会督导制度"部分；侯志山著：《外国行政监督制度与著名反腐机构》，北京大学出版社 2004 年版，第 5 页；龚祥瑞著：《比较宪法与行政法》，法律出版社 2003 年第 2 版，第 484 页。

门行为不当导致企业或个人遭受损失的，企业和个人可要求政府赔偿，赔偿费用从部门预算中支出。此举对于制约政府行为，预防失职、渎职，具有重要作用。（3）监督一切公职人员遵守法令的情况，受理公民的申诉，对违法和不正当的行为提出警告或起诉。现在，司法总监每年受理公民投诉约八百件。司法总监特别注重处理引起公众广泛、密切关注的焦点问题的投诉。司法总监有权起诉违法犯罪的公务员，有权使公务员因渎职而被解雇。（4）在最高法院、最高行政法院法官被最高法院提起刑事诉讼时，担任检察官。当最高法院要求对上述人员的免职、停职、医学诊断的必要性做出判断时，提出和陈述这种判断的任务由议会监察专员或司法总监承担。（5）对于违反《出版自由法》的案件，司法总监是唯一的公诉提起人，媒体的言论是否违反《出版自由法》，由司法总监认定，其有权采取"没收"某一报纸版面等强制性措施（现在司法总监每年受理这方面投诉约三百五十件）；根据诉讼程序法，司法总监拥有就律师违反义务的问题要求瑞典律师联合会的伦理委员会"采取措施"的权限，该伦理委员会负有就其所做出的一切决定向司法总监报告的义务。对该委员会的决定不满意时，司法总监可向最高法院上诉。另外，司法总监还拥有《数据资料法》和有关债权回收的法律等规定的权限和责任。

2. 行政监察专员

政府的行政监察专员设立于1954年，现有监察专员30名，由政府任命，其任务主要是监督国家的经济活动，调查和揭露经济领域的违法行为。

3. 审计局

政府审计局的任务是监督政府的工作效率、财政开支和政令执行的情况等。该局现有人员约三百人。其中约八十人从事效益审计，每年选择一些部门和项目，检查政府的资金使用效益情况。约一百五十人负责年度财务审计，每年约对五百多个中央政府部门和国有企业、公营单位的财务开支进行审计。地方政府的审计一般由地方进行。

局部的监督机构，专门对政府某一部门的工作或某个行业的活动进行监督。其中有代表性的主要有以下几类。

1. 国家警察总局监察局

警察系统内部的监督机构，其职责是以《警察法》为依据，监督检查有关法律的实施和警察执法权的行使。它每年一般要派出由 3 至 5 名监察人员组成的检查组，进行八十多次执法检查。拥有一万六千多名警察的瑞典警察机关权力很大，其执法形象好坏，事关重大。因此，警察总局监察局的工作相当重要。检查中发现的一般问题，监察局以建议方式要求对方改正；对发现的重要问题，责令对方制定切实可行的纠正措施，并书面报告监察局。若有部门或个人拒绝检查，监察局则诉诸法律，由司法机关处理。

2. 国家警察委员会

由警察总局局长、安全局长、秘密警察局长和议会议员等 10 人组成。其宗旨是为了加强警察系统的内部监督和实现监督的公开、公正性。警察委员会也像警察总局监察局一样，每年组织检查组检查警察系统的执法情况。其中对涉嫌警察犯罪案件的调查，必须事先通知警察委员会中的议员，以确保调查的公正性。因为这些议员作为民选人员，是民意代表和公民利益的代言人。警察委员会一般每年召开 5—10 次会议，研究有关内部监督和管理方面的重大问题。

3. 医疗纪律检查委员会

该机构负责执行医疗纪律和受理公众对医疗责任事故的投诉。它隶属政府社会发展局，包括委员会主席、省或市议会代表、政治家在内的 9 名领导成员由政府任命。该委员会有 35 名工作人员，其中多半为律师出身。瑞典为高福利国家，政府对公众的医疗保健十分重视，故在社会发展局专门建立这个医疗投诉机构。该委员会有吊销医生营业执照、限制医生开处方范围的权力。处理复杂问题，实行委员会集体决策制。处理决定报社会局，由社会局执行，所有处理决定都要向社会公布。一个医生被两次处罚，一般便终身不准行医。如果投诉的问题涉嫌犯罪，转司法部和法院处理，法院判决后，通知该委员会，委员会就会吊销犯罪者的营业执照。该委员会每年受理公众投诉约 3000 个，其中 90% 是公众直接投诉，10% 由社会发展局转来。1999 年，委员会作出处理决定 478 件次，占投诉总数的 12%，其中有 29 名违纪的医生被吊销了营业执照。可见委员会作为医疗系统的法庭，其对医务人员的制约作用还是相当大的。该委员会在地方设有 6 个办事处。

（三）司法监督

瑞典全国设平行并相互独立的普通法院和行政法院两大法院系统，法院分三级：最高法院、6 所中级（上诉）法院、96 所初审法院及 24 所省级行政法院。全国设国家检察院、24 个省级检察院和 86 个区级检察院。检察总长和首席检察官隶属于内阁。政府司法部主管司法行政，但不得干涉法院独立审判。

瑞典的行政法院设立较早，最高时行政法院的法官由首相任命，行政法院的设置、审理程序与普通法院基本相同，不过它较多的是采用书面形式审理行政案件。随着"福利国家"制度的推行，政府管理社会经济事务的广泛，行政法院的作用更显得重要。行政法院专门审理行政侵权等行政诉讼案件，对行政机关及其工作人员具有重要的监督作用，它与议会监察专员制度相互配合，构成瑞典司法制度的重要特点。

（四）舆论和社会监督①

瑞典的新闻舆论是行政监督的"重镇"。瑞典法律赋予新闻媒体以充分的"知情权"和报道权，法律规定政府不准干预新闻报道，新闻媒体有据实报道的自由，不准任何人追查消息来源，等等。这就可以使新闻媒体迅速及时地报道新闻，可以大胆地追查和揭露政府机关及其官员的违法或不正当行为；国家和地方政府的工作人员可以"放心"地向新闻媒体提供合法的政府"内幕"消息。只要提供的消息和报道的内容不泄露国防、外交机密，真实、确

---

① 侯志山著：《外国行政监督制度与著名反腐机构》，北京大学出版社 2004 年版，第 7—9 页。

凿，就不必有什么顾忌。于是，各大新闻媒体随时报道议会监察专员等机构受理公民申诉和有关案件的查处情况，一旦政界发生"丑闻"便穷追不舍，很快予以曝光，从而对政府官员形成很大压力，迫使其辞职，或引起司法机关介入。新闻监督这个"经常起作用的因素"在瑞典颇具威慑力，其作用日趋重要，"它使官员们处处小心，谨慎从事"。

在瑞典，社会团体对政府机关及其官员发挥着重要的监督作用。瑞典90%的公务员分别参加了蓝领、白领及高级公务员工会。这些工会独立行事，代表公务员的利益，对政府机关进行监督，一旦发现政府有不良行政行为，或发生政府机关侵犯公务员权益的事情，工会可以对此公开批评，甚至组织罢工或游行示威。

在政党对政府的监督中，反对党是一支重要力量。在瑞典进入议会的在野党共有5个，其中温和民主党、人民党规模较大。在野党除在国内外政策的制定上对执政党进行制约外，对执政的高级官员的工作表现和行为历来监督甚严。一旦抓住高级官员工作和行为中的缺点特别是官员的道德作风问题，反对党便会大做文章，抓住不放。而执政党官员对反对党的批评、指责一般也不敢轻慢，因为这涉及本党的形象，关系到选民的向背。

瑞典大部分行业都成立有内部监督机构，负责监督政府有关部门及本行业的不良行为，维护本行业员工的合法权益。例如，由各报业主共同出资建立的新闻监察专员办事处，专门监督新闻媒体的报道工作，维护新闻道德和报道的真实性。如果新闻报道损害了公民的名誉或其他合法权益，公民可向新闻监察专员投诉，新闻监察专员则代其向新闻单位提出申诉，或要求媒体、记者公开道歉，或要求给以经济赔偿。又如瑞典工业联合会、商人联合会和斯德哥尔摩市商会1923年联合设立的反贿赂事务所，负责宣传反行贿受贿的法规及有关的咨询事宜，检举、揭发行贿受贿行为，维护商业道德和经济贸易活动中的平等竞争原则。几十年来，该事务所坚持不懈地采用多种形式宣传、讲解反贿赂法规，孜孜不倦地同犯罪行为作斗争。

此外，瑞典于 1971 年设立了消费者权益监察专员，负责监督《营销法令》、《禁止不公平合同条款法令》等有关保护消费者权益的法律的执行情况；1986 年设立了种族歧视监察专员；1994 年设立了残疾人事务监察专员，负责监督有关残疾人权益问题，帮助残疾人全面参与社会生活并享受平等权利；根据 1999 年 5 月实施的《禁止工作中的性取向歧视法令》，设立了性取向歧视监察专员等。

为接受社会监督，瑞典很早就奉行政务公开原则。新闻记者和普通市民可在议政厅随意旁听议会的辩论，获取信息。全部官方文件除少数涉及外交、国防机密者外，一律予以公布。任何公民都可去中央或地方国家机构要求查阅 1766 年以后的任何官方文件，或得到政府有关部门提供的文件复印件。

（五）行政监督制度的优点与缺点①

作为议会制君主立宪国家，瑞典在分权原则基础上形成的以议会为主的行政监督制度，具有建立时间长、体系完备、独立性和协调性强、注重监督权的相互制衡等优点。

其一，历史悠久。瑞典是世界上最早建立议会监察专员制度的国家，早在 1809 年该国刚刚确立君主立宪政体，当年瑞典议会通过的第一部民主宪法中第 96 条规定，议会设立 1 名监察专员，执掌对国家行政机关及其官员的监察，纠正违法和不正当的行政行为。瑞典议会监察专员制度由此创立。翌年，即 1810 年议会就依法设置了第一位议会监察专员。如今，议会监察专员署已确立为由 4 位专员组成的稳固的体制。议会监察专员制度自创立至今已有近二百年的历史。如果从国王的监察专员——瑞典国王任命首位司法总监的 1713 年算起，瑞典监察制度的建立已近二百年。其历史不可谓不久远。

瑞典议会监察专员的设置，开了议会专职监察制度的先河。在西方，英国议会监督制度的建立早于瑞典。诞生于 17 世纪的英国

---

① 侯志山著：《外国行政监督制度与著名反腐机构》，北京大学出版社 2004 年版，第 11—14 页。

议会既是立法机关，又是监督机关。也就是说，英国议会对行政和司法的监督属"兼职"性质（英国议会于1967年也设立了专职行政监察机构，但那是后来的事）。而瑞典则最早实现了议会监督的专职化，从而有利于议会监督权的强化和监察业务水平的提高，有利于对国家权力的运行实施有效的控制，使议会作为国民的代言人更好地维护和保障公民的合法权益。它是现代监察制度的一大进步。

议会监察专员制度自问世后的百多年间一直没有越出瑞典国境。不过20世纪以来，随着全球性的国家行政权力的普遍扩张，这一制度开始在世界逐步走俏。先是在60年代前，它在斯堪的纳维亚地区得到推广，继而，六七十年代一些英语国家和西欧其他国家加以效仿，而后广大发展中国家又竞相移植。有资料统计，到目前为止，世界上已有约70个国家设立了国家或州、省级监察专员机构。[①] 发端于瑞典的议会监察专员制度的优越性已经并正在为越来越多的国家所认同和采用。

其二，体系完备。瑞典的行政监督机制健全，从议会监督、政府内部监督，到司法监督、社会监督，不仅监督层次多，而且这每一层次的大监督系统中又都包含有多个子系统，监督的渠道和途径广泛。整个国家和社会形成了全面完善的监督体系，全方位、多角度地实施监察与监督。

其三，监察机构独立性强。瑞典的行政监察机构彻底摆脱了对监察对象的依附关系，地位相当超然、独立。以议会监察专员为例，它归属于议会，只接受议会的指示和监督，工作对议会负责。除议会外，不接受任何其他组织和个人的指示和干预。监察专员虽隶属于议会，但它对议会也保持着一定的独立性。议会给予它的"指示"往往是原则性的，不干涉监察专员的具体工作。从人事上看，监察专员由议会选举产生，其人选必须是德高望重的高级法律专家中的无党派、非政治性人物。监察专员不能担任议员，不能在政界、商界兼职。除议会宪法委员会外，任何部门和个人均无权罢

---

① 孔祥仁著：《行政监察专员制度》，载《中国监察》1999年第5期，第16页。

免任期内的监察专员。监察专员署的经费、工作人员的薪水完全由议会拨付。正是由于在组织、人事和财政上独立，以及上述对议会的相对独立性，保证了监察权的自主行使，避免了外界对监察工作的干扰。监察专员可以自主地对政府机关及其官员的行政行为是否合法或妥当作出裁决；自主地决定调查项目或外出视察，而无须事先向议会请示，无须向被监察机关说明缘由；自主地决定将每一件监察事项向新闻界公布，等等。

其四，协调性好。尽管瑞典的行政监督体系层次多，渠道广，但由于各监督系统和监督机构分工明确，各司其职，协调性较好，形成了井然有序、效能较高的监察机制。如瑞典自1809年以来就形成了议会监察专员与司法总监并存的局面，而这两者的职责在一些方面又是重合的。比如他们都负责处理公民的投诉，调查公共行政的违法、不良行为等。为解决这一问题，更好地形成合力，他们既明确分工，又加强合作。彼此的分工是，一般来说，司法总监负责对涉及政府高级官员的投诉进行调查；议会监察专员负责对涉及政府中下级官员投诉的调查。他们的合作表现在，相互通气，加强联系，当遇到任务重合时，比如公民同时向这两家投诉，他们便采取或联合办理，或看谁办更方便有利的办法处理，彼此之间没有发生过推诿、扯皮现象。

其五，各监督主体之间相互制约监督。瑞典的行政监督机构除普遍受到法律法规的约束外，也要受到其他监督主体的制约监督。如议会监察专员直接接受宪法委员会的监督，他向宪法委员会报告工作，宪法委员会有权就其工作和行为进行质询、批评、弹劾。宪法委员会和所有监督机构一样，都要受到公众、舆论监督。而实施新闻舆论监督的新闻机构和记者则须接受新闻监察专员和司法总监的监督。新闻监察专员有权对新闻单位及其记者的违规、违纪问题进行处理，司法总监有权对新闻单位和记者的违法行为向司法机关起诉等。这样的相互监督机制对于防止监察权的过分集中及可能导致的权力滥用行为起到了制衡作用。

瑞典的行政监督制度也存在着一些明显的缺点。例如，议会与行政两个系统的监督机构设置重复，议会设有监察专员、审计专员，政府也设有司法总监、行政监察专员、审计局。之所以双重设置，是由于瑞典宪法规定，政府各部只负责宏观指导，一般不经办具体业务。部下属的局一级机构具有很大的独立工作的权力。因此，为加强对下属部门权力的控制，政府内部也建立了一套与议会设置差不多的监督机构。① 而且这两套机构在运行中也的确较好地避免了职能重合所造成的管辖权冲突等问题。尽管如此，从合理配置资源和提高效率的角度考虑，这样叠床架屋式的双重设置是否必要仍是值得研究的一个问题。

二、议会监察专员

监察专员的英语单词为"ombudsman"，是来源于瑞典的外来语。"ombudsman"在《牛津现代高级英汉双解词典》译为"国会民间冤情调查委员"②，《英汉法律词典（修订本）》则指出其含义有三：第一，调查专员，指专门调查官员舞弊情况的政府官员，或指机关组织内专门负责听取批评、搜集意见的人；第二，监察专员，指民众可以向其反映冤情的官方或半官方的人员；第三，指斯堪的纳维亚国家的巡视官③。"parliamentary ombudsman"在我国有多种译法，有的译为"议会监察专员、议会调查专员"④，有的译为"议会司法专员"⑤，有的译为"议会督察专员"⑥，有的译为

---

① 中央纪委外事局、监察部外事局：《外国监督制度与实践》，中国方正出版社1995年版，第16—17页。

② 《牛津现代高级英汉双解词典》，商务印书馆和牛津大学出版社1988年版，第781页。

③ 《英汉法律词典（修订本）》，法律出版社1999年版，第552页。

④ 《英汉法律词典（修订本）》，法律出版社1999年版，第573页。

⑤ 《中国大百科全书·光盘1.2版》政治学卷，曹沛林撰写的"议会督导制度"部分。钟海让著：《法律监督论》，法律出版社1993年版，第101页。

⑥ 尤光付著：《中外监督制度比较》，商务印书馆2003年版，第100页。汤唯、孙季萍著：《法律监督论纲》，北京大学出版社2001年版，第247页。

"申诉专员"①，还有的译为"议会监察员或监察官"②。笔者采用大多数人的通常译法——议会监察专员。

考虑到"监察专员"一词在瑞典和其他国家被用于不同的语境，为了进行国家间的比较，有必要对其含义加以规范。国际律师协会曾经归纳过一个定义。按照这一定义，议会监察专员机构是一个活动必须由宪法或法律规定、负责人必须对立法机关负责的机构；监察专员必须处理公众针对公共权力部门或官员所提出的投诉并且必须能够主动采取行动；他必须有权进行调查，提出政策建议和公布报告。③ 笔者认为，这个定义是比较准确地界定了议会监察专员。

（一）议会监察专员的设立

瑞典议会监察专员的前身是司法总监。1709 年，瑞典被俄罗斯战败，国王卡尔十二世逃亡到土耳其并被土耳其软禁，因国王无法返回国内，瑞典国家机构无法正常运作而陷入瘫痪状态。1713 年，为平定内乱，国王卡尔十二世决定设立一个机关，由一位最高监察专员作为其代表管理该机关，司法总监制度由此建立，其职责是作为国王的代表确保法律与法规得到遵守；巡视各地，监督官吏的活动，使其恪尽职守，并受理公众对官吏的控诉和申诉案件。

1809 年，议会通过《政府组织法》，废除君主专制制度，但保留司法总监一职（仍由国王任命），同时，议会认为由司法总监对行政官员进行的监察并没有充分保障公民的权利，需要建立一项独立于政府的，监督行政官员履行职责的制度。这样，监督各级官员活动的职责由议会选举的 1 名监察专员担任，该监察专员根据议会

---

① 陈奇星等著：《行政监督论》，上海人民出版社 2001 年版，第 288 页。

② 李小沧著：《中国的行政监督》，天津大学出版社 1999 年版，第 72 页。

③ ［瑞典］本特·维斯兰德尔著：《瑞典的议会监察专员》，程洁译，清华大学出版社 2001 年版，第 47 页。

发布给他的指令，"监督法官与政府官员是否遵守法律，并按照法律的正当程序，对在履行职责过程中采用暴力、基于个人私利或其他原因违法或未履行与其职务相关职责者进行追诉"。从此瑞典创立了世界上最早的议会专职监察专员制度。

瑞典奉行议会民主和法治原则，这是议会监察专员设立的主要原因。《政府组织法》第1条规定，瑞典的一切政府权力来自于人民，政府权力应依法行使。第3条规定，议会是人民的主要代表；议会制定法律，规定税收并确定公共财政的用途；议会对政府和行政机构实施监督。事实上，在以法律为秩序基础的民主社会中，每一位公民都有权利使行政机关的行为置于一个特别部门的监督之下，并且该部门在与政府及其他行政机关的关系上应当是完全独立的。而且，在中央或地方政府中的官员应该意识到这一点，其行政行为正处在议会监察专员的监察之下，如果他们违法或失当，将会受到议会监察专员的惩罚。议会监察专员就是议会用以监督行政部门的特别机构，议会监察专员由议会选任，根据议会下达的指示对法律和法规的适用进行公开的监督。

根据《政府组织法》，瑞典行政体制实行与大多数国家不同的二元管理模式，这也是议会监察专员制度设立的另一原因。政府内阁受议会委托管理国家，并对议会负责。内阁各部规模较小，通常编制不超过几百人，主要负责法律、方针、政策的调查研究和起草工作，以备内阁大臣提交给政府审议。另设有行政委员会和部附属机构具体主管各项行政执行事务。20世纪80年代末，共设300多个行政委员会。行政委员会和部附属机构根据法律的授权独立行使职权，不受各主管内阁部门的干涉，内阁大臣本人无权直接向行政委员会和部附属机构下达命令，也不承担相应的法律责任，即在瑞典内阁大臣不直接执掌政务。这样，根据《政府组织法》的设计思路，议会主要通过宪法委员会监督内阁大臣履行职责的情况，而由议会监察专员代表议监督中央的行政委员会、各部的附属机构、地方自治政府和法院。

监察专员的任务与警察、检察官不同，其作用主要不是检举犯罪行为，使之被定罪。如果仅仅"监视"就有效果，或仅仅开始调查，问题就基本解决了，那是最好不过。监察专员认定"没有必要进行调查"时，一定会向有关的申诉人说明原因。如对认定不服，作为制度，没有对申诉再行审查的程序。当然，市民有向监察专员再次申诉或将问题向行政法院申诉的自由。监察专员的裁决，除起诉外完全是"表明意见"，没有强制力。不过，当事人一般都会接受监察专员的意见。①

在瑞典，由于议会监察专员制度的建立取得了良好的社会效果，从20世纪50年代起，监察专员这一概念被用于各种公共和私人场合，其共同特征在于处理来自各方面的公众投诉。如1953年设立了"自由竞争监察专员"，其职责是监督商业交易行为，制止欺诈，保证公平竞争。1969年设"新闻监察专员"，这个由报业主出资建立的机构，任务是接受公众对新闻界的投诉，对报刊等新闻媒体和记者违反新闻道德的诽谤性和侵犯私生活类的报道进行调查处理。1970年设"消费者监察专员"，任务为监视市场，监督消费方面的法规、政策的执行，维护消费者的合法权益。另外还包括机关平等监察专员、反对种族歧视监察专员和儿童监察专员等公共或私人机构。上述监察专员不是由议会任命，而是由行政机关或社团赋予他们特殊的监督职权，他们的监督职权比议会监察专员要小得多，更不可能取代议会监察专员，其本身受议会监察专员的监督，在一定程序上可以视为议会监察专员的补充。

在国外，瑞典的议会监察专员制度声名远扬，引起众多国家的兴趣。曾经有人认为，除了瑞典冷拼②之外，监察专员是最为外人所知的"瑞典现象"。但国外真正引进议会监察专员制度则在20世纪初，1918年芬兰建立议会监察专员制度，1953年丹麦建立类

---

① ［日］潮见宪三郎著：《监察专员是什么》，讲谈社1996年版。转引自侯志山著：《外国行政监督制度与著名反腐机构》，北京大学出版社2004年版，第23页。

② 瑞典当地的一道名菜。

似机构，1962年新西兰作为第一个非北欧国家引进监察专员制度。此后，议会监察专员在世界各地迅速扩展开来，目前，全世界大约有六十个左右的国家和地区设立了与瑞典监察专员职能大致相同的职位，它包括英国、中国香港等。① 瑞典的议会监察专员自己每年也要接待来自世界各国的无数次访问，并收到大量的邀请函，邀请其到其他国家访问或参加研讨会等。

（二）议会监察专员的组织

至今尚未对监察专员做任何正式的资格要求。1975年生效的现行《政府组织法》仅要求议会监察专员是精通法律且为人正直、堪为楷模的公民，这仍是监察专员设立时的基本要求。议会监察专员通常都是从最高法院和最高行政法院中被认为合格的成员中选任的，为简化选任过程，现在议会监察专员的薪金高于两个最高法院的法官。专员的选任由宪法委员会筹备，并在议会的全体会议上举行，它与议员在议会中的任期没有任何联系。按照惯例，议会中的全体政党代表必须接受被提名的候选人。② 这样，议会监察专员在履行职责时不受政治因素的影响。

在组织上，自1809年到现在，议会监察专员制度逐步得到完善。根据《政府组织法》第十二章第6条的规定，议会应选出一名或数名监察专员，根据议会的指示负责对公务员执行法律与其他法规的情况实施监督。1810年，瑞典议会依法设置了一名监察专员，后来为防止专员缺位，又任命了一位候补专员。1915年，以议会监察专员为模型，任命了一位军事监察专员，监督军事机构。"二战"后，军事监察专员处理案件的数量明显下降，而议会监察专员处理的案件数量显著增加，基于此，1968年，军事监察专员署与议会监察专员署合二为一，组成了议会监察专员公署，专员增

---

① ［瑞典］本特·维斯兰德尔著：《瑞典的议会监察专员》，程洁译，清华大学出版社2001年版，第47页。笔者做适当调整与修改。

② ［瑞典］本特·维斯兰德尔著：《瑞典的议会监察专员》，程洁译，清华大学出版社2001年版，第21页。

至三人。

1974 年的《议会法》第八章第 10 条规定，议会应设有四位监察专员，其中一位是首席监察专员，其他三位是监察专员。首席监察专员是议会监察专员公署的行政领导，负责决定公署的活动事项。对首席监察专员的选举应当单独进行，其他监察专员分别选举产生。监察专员的任期自其当选之日起至当选后的第四年举行改选时止。但是，议会可以根据审查监察专员履职情况年度报告的宪法委员会的要求，提前解除失去信任的监察专员的职务。如果某监察专员在任期届满之前退休，议会应尽快选出继任者，其任期为 4 年。如果议会监察专员因病或其他原因长期不能工作，则在障碍存续期间，议会应当选举其他人员负责其工作。1976 年议会监察专员增至 4 名。

《议会监察专员训令法》规定，在首席议会监察专员颁发的行政管理性指令中，他有权发布有关从事业务活动的制度和监察专员之间案件分配的原则。但是，除此以外，首席议会监察专员不拥有任何高于其他专员的权力。监察专员根据指令，在分派给他的职权范围内对某一案件调查或决定时，首席监察专员不得干涉。每一位监察专员为自己的行为直接对议会负责。据此，在这 4 名议会监察专员中，其中 1 名为首席专员，负责监督税收、文官和"政府文件向公众公开（即文书档案）"，也处理与选举有关的问题；1 名负责监督司法机关和监狱行政，1 名负责监督军事和地方政府，1 名负责监督企业、事业单位和社会福利部门。监察专员的监督范围几乎涉及政府的所有领域。

议会监察专员的工作由其监察专员秘书处进行管理，其辅助人员包括一名行政总管、各部门主管以及其他由议会设定的行政人员。首席议会监察专员任命行政总管与各部门主管，其他工作人员的任命则由首席专员委托行政总管负责。行政总管、各部门主管以及其他监察专员秘书处的律师一般从普通法院和行政法院及行政机关中聘用，大部分人为年轻的职业法官，受到良好的教育和培训，能够公正地对待各种纠纷。行政总管领导秘书处的工作，隶属首席监察专员，在其他监察专员的要求下，同时协助他们开展工作。如果确实必要，以经费允许的情况下，首席议会监察专员还可以聘用其他工作人员、专家和顾问并分配给他们具体的工作任务。

（三）议会监察专员的监督对象

依据瑞典有关法律规定，议会监察专员有权监督拥有公共权力的组织和个人是否遵守法律、法规及在各个方面履行他们的义务情况。

议会监察专员的监察对象包括：第一，中央及地方的行政机关及其工作人员。第二，拥有行政权的公司、社团和基金会，因为根据《政府组织法》第十一章第 6 条第 3 款的规定，行政职权可以委托给公司、社团和基金会行使，上述机构行使行政职权时视为行政机关。第三，对于军事部门，监督权的行使对象仅限于经过授衔的中尉以上及其他同等级别的官员。第四，法院及法官，一般而言，依据三权分立和司法独立原则，设立于议会的监察专员无权干涉法院的裁判，但是在瑞典，议会监察专员有权就案件审判的程序和期限进行监督，也可以对法院某一个判决发表不同意见，例如监察专员认为法院的判决在某些方面超出了自己的法定权限；同时法律也要求监察专员无权就法院在个案中如何适用法律或取证提出异议。

议会监察专员的无权监督的对象包括：第一，议会的议员和职员，议会的职员指议会管理委员会委员，议会选举复议委员会委员，议会申诉委员会职员及议会秘书处职员。第二，国家银行管理委员会成员，国家银行的董事长及副董事长，但是，以上人员在依据 1992 年公布的《货币与信用法》行使国家银行的行政权力，进行行政决策时除外。第三，内阁或者内阁所属各部的大臣，在前面已阐述过，内阁大臣也不是其下属的行政委员会和部附属机构的首长，行政委员会和部附属机构不是内阁各部的组成部分，议会主要通过宪法委员会监督内阁大臣履行职责的情况。第四，司法总监。第五，地方议会的议员。第六，任何一个监察专员都不受其他监察专员的监督。

（四）监察专员对民众申诉①的审查

在议会监察专员设立之初，瑞典民众知晓该机构的不多，主动向其提供案件线索的很少，议会监察专员主要通过本人主动调查来履行监督职责。据统计，在监察专员设立的19世纪，民众向专员申诉和控告的案件每年不超过70件，进入20世纪，民众认识到监察专员的职责和权力，监察专员受理申诉的数量随之大幅度增长，在七八十年代平均每年3千件左右，90年代则增加到4千件，2000年受理申诉5千多件。

为了协调好与法院等司法机关的关系，瑞典的有关法律规定，监察专员公署一般只受理不够司法起诉程度的公民申诉和举报，对有可能提起公诉的问题，监察专员公署原则上不受理，当事人需向法院申诉或控告。不过，凡监察专员公署已受理了的申诉、举报，一般不会再推到法院。即使是一些需要向法院起诉的案件，法院在判决中也会尊重监察专员公署提出的处理意见。②

任何人，即使是其他国家的公民，或者不在瑞典居住者，都可以向监察专员提出申诉。没有规定要求投诉人本人必须与案件有关。③申诉应当以书面形式做出，若申诉人无法撰写书面诉状，则监察专员秘书处一般会安排专人为申诉人免费书写诉状。《议会监察专员训令法》规定了诉状的内容要件：申诉应当指明申诉对象是哪个行政机关，申诉的具体行政行为，该行为发生的时间，以及申诉人的姓名和地址；如果申诉人拥有与该行政行为存在关联的证据，这些证据就应当附录其中。依据瑞典的法律，犯罪嫌疑人或正

---

① 议会监察专员的监督活动并不限于对申诉的被动调查，监察专员也可以主动地寻找线索。监察专员往往从报纸、电视、广播等大众传媒的报道和与公民交谈等方式主动寻找国家机关及其工作人员违法违纪的线索，如果监察专员发现某一机关在某些事情上存在问题，可主动地对此立案调查。

② 侯志山著：《外国行政监督制度与著名反腐机构》，北京大学出版社2004年版，第19页。

③ ［瑞典］本特·维斯兰德尔著：《瑞典的议会监察专员》，程洁译，清华大学出版社2001年版，第32页。

在服刑的人员在限制人身自由期间，其通信自由也会受到限制，但他们有权写信给监察专员，而不受对其实施的有关禁止寄送信件和其他资料命令的限制。如果申诉人要求回执，监察专员秘书处应当对其收到的申诉书发送回执。

在监察专员收到的申诉中，监察专员经过审查发现该申诉更适合由其他机构来调查和裁判，而该有关机构在此之前并没有对案件进行调查，那么监察专员就可以将申诉移送到有关机构并责成该机构予以处理。例如，如果申诉对象涉及的官员是瑞典律师公会成员，而且，根据《司法程序法》第8条第7款第4项的有关规定，申诉反映的问题能够由律师公会内部妥当处理时，监察专员就可以将申诉移送公会进行处理。同时，《议会监察专员训令法》规定，如果监察专员认为该申诉属于司法总监的管辖范围，则无权直接移送，必须事先照会司法部长并征得其同意后，才能移送至司法总监处。

穷尽行政和司法救济并不是议会监察专员调查申诉案件的前提，当然，作为惯例，若申诉的案件正处在行政复议或司法审查阶段，监察专员除对程序性问题实施监督外，他应暂停对案件的审查。申诉的案件处理完结后，监察专员应当通知申诉人有关其申诉是否被驳回、是否被受理、是否移送其他机关，或者已经开始进行调查的情况，不得延误。需要注意的是，申诉的案件受到两年时效的限制，也就是说，除非另有特别原因，监察专员不得对两年之前或者更早发生的案件进行调查。

对于轻微违法或情节简单的案件，由专门人员向申诉人做出"口头陈述"后结案，专门人员通常是监察专员秘书处的工作人员或监察专员指定的人员。对于受理申诉或驳回申诉的决定则可以不经"口头陈述"而径行做出。申诉人提交的与申诉有关的证据材料在结案前不能返还，但是如果国家机关的原始文件被征用，则在提交经确认的复印件后，可以将原件返还。监察专员秘书处负责保存每项处理决定的文档记录，以表明决定由谁做出，谁负责口头陈述，以及发布处理决定的时间和内容。

对于犯罪或重大违法案件，议会监察专员有义务以公诉人身份展开深入调查，这也是监察专员处理申诉的最高手段。监察专员要求被申诉的行政机关或法院提供相关的文件资料，征求有关专家的意见，必要时则亲自核实材料的真伪并主动收集有关证据，同时听取被申诉国家机关的说明和辩解。议会监察专员在审查和起诉时，可以要求检察官提供协助，并由警察承担具体查证工作，当然，监察专员必须遵循诉讼法确定的各项原则。调查取证工作结束后，像普通的检察官一样，监察专员将向法院提起公诉，因为议会监察专员的工作人员中至少会有一位是经验丰富的法律专家，所以监察专员一般不会亲自出庭支持公诉，检察部门的检察官或监察专员秘书处的指定人员在法庭上具体指控被申诉的国家机关及其工作人员。基于司法独立原则，监察专员无权对案件做出裁决，由法院的审判长对事实和法律适用问题做出评判。对于个别案件，在地方法院做出一审判决后，因被告国家机关的上诉，案件依次转到高级法院，直至最高法院终审。

重大案件调查结束后，监察专员以书面的裁决书形式结束该案的审查。基于监察专员及秘书处职员的职责、资质和背景，监察专员的裁决书具体详细，说理充分，结构严谨，论点明确，与瑞典法院裁判书的格式无明显的区别。该裁决书与议会的决议、法官的裁判及行政部门的命令共同刊登在议会监察专员年度报告中，该裁决书往往会引起大众传媒的广泛注意，中央行政机构也会向地方的行政机构发放与其业务范围有关的监察专员的裁决，各级行政机关在今后的工作也会以此为戒。

（五）监察专员的权力

为保证议会监察专员开展监察工作，处理民众的申诉，瑞典法律赋予监察专员比较充分的调查权、视察权、建议权和公诉权。

议会监察专员的调查权。根据《政府组织法》等有关法律的规定，监察专员可以列席任何法院或行政机关的评议会，包括秘密会议，并有权查阅任何法院或行政机构的会议记录和其他文件。但是，为了防止监察专员干预法院判决或行政决策，当监察专员出席法院或者行政机关的评议会时，他只能处于列席的旁听者地位而无权发表意见。任何法院、行政机构以及中央或地方行政当局的公务员应向监察专员提供其所需要的情况或报告。处于监察专员监督之下的其他人也有责任履行上述义务。任何检察官都应按要求协助监察专员。为了审查投诉或者其他案件的需要，监察专员有权采取各种调查措施。根据《政府组织法》的规定，对于拒绝提供相关资料或做出陈述的人员，议会监察专员有权对他们处以不超过1000瑞典克朗的罚款，并决定何时进行处罚。监察专员可以授权其他人负责一个他已经决定发起的调查，组织和开展监察专员已经决定提起诉讼的案件，除非上述措施涉及最高法院或最高行政法院的成员。

议会监察专员的调查大体上都要几周或几个月，调查绝不是轻而易举的事。要对照法令，研讨惯例，充分听取双方当事人的意见。往往还要对控告进行反驳、再反驳，或者举行有关的听证会。大规模的调查常常要持续1年以上。①

议会监察专员的视察权。《议会监察专员训令法》第5条规定，监察专员行使监督权以评估公众的申诉情况，其途径包括视察以及监察专员认为必要的其他调查方式。视察权是议会监察专员履行监督职责的重要职权，议会监察专员经常对中央和地方的行政机关和司法机关进行例行的视察工作。一般情况下，监察专员每年有五十至六十天的时间对国家机关进行各种实地视察。基于每一位监察专员有自己的分工，《议会监察专员训令法》要求，"监察专员应当就视察及其他们采取的调查方式向首席议会监察专员进行咨询，"以发挥首席议会监察专员的协调作用，防止彼此发生管辖与分工的冲突。

以前，个别监察专员采用"突然袭击"式的视察，因为一位监察专员说过"（政府官员）不知监察专员会何时、何地出现，或

---

① 侯志山著：《外国行政监督制度与著名反腐机构》，北京大学出版社2004年版，第20页。

许一会儿在这儿就会有监察专员出现吧！"个别监察专员认为，只有这样才能使公务员时刻保持这种"紧张感"，才能达到监察专员制度独特的"预防效果"。① 现在，监察专员在采用视察手段时都会事先通知有关部门，尽管有时通知的时间很短。在视察时，监察专员把大量的时间用于查阅会议记录、法院案卷和其他文件；监察专员会主动约见被视察机关的某一工作人员或者由监察专员的随行人员与机关的工作人员进行工作交流和讨论，监察专员也可以主动与被视察机关之外的其他人员会面（包括精神病院的精神病人），以进一步了解情况。通过视察，监察专员可以会见国家不同机关的工作人员，以了解他们的执法情况和工作环境，发现国家机关在组织和运作上的缺陷，找寻现行法律在执行过程中的问题与瑕疵。

监察专员的建议权。在经过调查或视察后，监察专员认为被调查的国家机关及其工作人员的行为属于轻微违法，对于他们的违法行为可以通过行政处分和行政处罚来处理，在这种情况下，监察专员有权将国家机关及其工作人员的违法行为通报给有处分权的惩戒部门，并提出具体的行政处分或行政处罚的建议。《议会监察专员训令法》第6条规定，如果监察专员认为有必要将违法的官员解职或暂时离职时，他们可以将这种情况向有权采取相应措施的机关报告。该条在第6款做了举例说明，若某人具有医师资格（在瑞典医生属于公务员），但不能胜任其专职工作，则监察专员就可以向有权决定是否撤销其职业资格的机关递交工作报告；若该人滥用其医师资格，从事违法活动，则监察专员可以向有权做出决定的机关提出要求，责令其暂缓执业。如果监察专员对惩戒机关做出的处理决定不满意，则监察专员可以将该案移送到法院，法院对该决定进行再次审查并改判。如果惩戒机关依据监察专员的建议对有关机关和工作人员做出惩戒，而被惩戒的机关或工作人员认为处理过重

① ［日］潮见宪三郎著：《监察专员是什么》，讲谈社1996年版，第43页。转引自侯志山著：《外国行政监督制度与著名反腐机构》，北京大学出版社2004年版，第22页。

向法院起诉，则监察专员有权参与诉讼之中并进行抗辩。

监察专员的建议权还包括对抽象行政行为的监督。如果监察专员认为政府的行政决策或行政命令违法或不当，监察专员会指出其违法或不当之处，并提出具体的解决方案，促使政府部门尽快修正错误的行政决策或行政命令。

监察专员的公诉权。对于国家机关及其工作人员的犯罪行为，除了对违反《出版自由法》的案件①外，议会监察专员对其他刑事犯罪具有起诉权。在历史上，监察专员设立的初衷就是国王或国家的公诉人，但发展到现在，监察专员很少提起公诉。当监察专员发现某个国家机关及其工作人员的行为违法时，监察专员首先对此提出类似批评的警告，这种警告实质上属于监察专员建议权的一种形式，在实践活动中以公诉权为基础的警告一般会使国家机关迅速纠正其违法行为，而不至于发展成为犯罪。监察专员公诉权的行使在前文已详细叙述，故不再重复。

（六）议会监察专员的义务

议会评价监察专员工作的材料主要为监察专员向议会提交的年度工作报告。根据《议会监察专员训令法》第11条规定，监察专员每年在11月15日之前要向议会提交一份年度报告，该报告是对上年度（从上一年7月1日至当年6月30日止）的活动状况的汇总。报告具体由监察专员秘书处撰写，现在为打印稿，有500页左右，并有简单的英文摘要。这份报告的内容包括：第一，监察专员对立法或其他国家政策进行修订的建议案；第二，监察专员对具体案件的裁决和建议，这些裁决和建议应该表明监察专员的观点，判定国家机关及其工作人员的行为是否违反法律或其他法规，或者是不当的做法；第三，监察专员对重大案件的具体详细的阐述说明；第四，监察专员不满惩戒机关的处理而移送法院改判的情况；第五，受理申诉案件的数量、部分统计资料和国际交流等；第六，监察专员认为重要的其他问题。在向议会提交报告的同时，监察专员

---

① 司法总监对于该类案件有专属管辖权。

的工作日志、会议记录及登记簿也将呈送宪法委员会。通过这些材料，议会和宪法委员会能够了解到一年中监察专员接到的申诉的数量，监察专员受理的问题是否进行立案调查，哪个问题是由哪个监察专员处理的，采取了什么措施以及全年办了多少案子，等等。

监察专员的权力也要接受监督和制约。议会的宪法委员会对监察专员的工作直接进行监督。监察专员的年度报告必须先由宪法委员会研究通过后再提交议会。公民对公署的公务行为（包括对其申诉、控告的处理结果不满意等）不满，可向宪法委员会申诉。宪法委员会的裁决对监察专员公署具有制约作用。对于不称职的监察专员，宪法委员会还可撤销其职务。另外，驻在议会监察专员署的各大新闻媒体的记者随时报道监察专员处理公民申诉的情况，代表公众密切监督监察专员的工作及其公务行为。如一位前首席监察专员1989年到葡萄牙出公差，花掉15000瑞士法郎。事后，有人告发他此次出差目的不明，有公私不分之嫌。瑞典报纸便立即将此事曝光，公开进行批评，议会宪法委员会也专门对此事做了调查，这位首席监察专员因此而引咎辞职。① 事实上，大多数民众对监察专员的工作表示满意，没有人质疑该机构存在的合理性，民众更加关心是否应该授予监察专员更大的权力以更好地开展工作。

（七）议会监察专员的地位及特点

议会监察专员是瑞典对代议民主制的贡献。它既非司法机关，也非行政机关，却兼有对两者进行监督的职能。监察专员职权广泛，从个案监督到法案咨询，从中央到地方，从行政到司法，无所不包。同时，议会监察专员机构精练，办事程序简便，无须烦琐的形式。可以说，在瑞典任何人（纳税人、军人、议员、牧师、学生、囚犯、精神病人、外籍人和不在国内居住的国民），都可以向监察专员提出控告或申诉，而专员都有责任视情况——予以答复，展开调查或进行裁决。受到监察专员调查或批评的公共机构，也有

---

① 侯志山著：《外国行政监督制度与著名反腐机构》，北京大学出版社2004年版，第23页。

义务配合专员的工作，或根据其批评予以改正。①

议会监察专员的任务就是维护法治原则及保障公民权利与自由。瑞典法律授予议会监察专员各种特权，其目的是为了向民众提供更多的救济途径，而不是与司法机关或行政机关争夺司法审查权或行政裁量权。瑞典首席监察专员克莱斯·艾克吕特说过："评价瑞典的监察专员制度的影响当然十分困难。但如果说瑞典宪法没有议会监察专员是不可想象的却并不为过。该机构成功的一个重要原因即在于，通过为普通公民提供一种经济而简单的途径，将公共权力部门的行为的合法性与公正性置于无私的监督之下，使得该机构发挥了其作为瑞典社会的稳定性因素的作用。"监察专员犹如悬在官员头顶的达摩克利斯剑，它使官员必须兢兢业业，谨慎工作，不敢滥用权力，被瑞典民众赞誉为"法律的监护人"。

综上所述，议会监察专员制度是瑞典宪政制度中最具特色的监督制度。在监督行政机关依法行政方面，既不同于行政机关内部采取的行政复议制度，也不同于由司法机关施行的司法审查制度，更不是议会本身对行政机关所进行的监督，而是一种由议会产生的，并独立开展活动的独特的行政执法监督制度。虽然议会监察专员在处理申诉案件时只能提出不具有法律拘束力的建议或裁决，但是，这种监督形式却能比较好地为行政机关所接受，并且能够有机地容纳到瑞典行政监督体系中，应当说是符合瑞典国情的一种制度性创造，对于促进行政机关的"依法行政"起到了非常重要的作用。

瑞典的议会监察专员具备现代行政监察的基本特征，为各国监督制度的发展提供了许多成功的经验和启示，其特点如下：②

第一，监察机关地位独立。公署是议会设立的监察机构，监察专员代表议会实施监察，其工作只对议会负责，避免了来自行政、

---

① ［瑞典］本特·维斯兰德尔著：《瑞典的议会监察专员》，程洁译，清华大学出版社2001年版，序言部分。

② 侯志山著：《外国行政监督制度与著名反腐机构》，北京大学出版社2004年版，第26页、第27页。

司法方面的诸多干扰，保证了监察权的自主行使。公署虽设在议会，但对于议会也有一定的相对独立性。

第二，行政监督专职化。公署的监察不同于一般的议会监督。西方国家的议会都兼有立法、监督的双重职能，即议会在立法工作的同时也通过质询、调查等方式对政府和国家官吏实施监督。而瑞典议会监察专员制度则是由议会任命的专职人员施行监督，这些人员的职责就是专司监督而不再担负其他任务。这可使监察专员有足够的精力研究监察业务，投入监察工作。特别是这些专职人员大都是精通法律的专家或具有丰富司法经验的专业人士，他们在行政监督工作中所表现出来的良好的法律素养、司法判断能力以及发现问题和解决问题的能力，是非专业人士所难以企及的。他们基于调查、视察所作出的权威性裁决，提出的法律意见和建议，对于保证行政法治，维护公民的合法权益，改善和加强行政管理，具有重要的作用。总之，在确保和提高行政监督的效能方面，专门机构和专业人士的优势地位和重要作用是其他机构和非专业人士所不能替代的。目前建立专门的监察机构，抑制权力的滥用，已成为世界行政监督的发展趋势之一，瑞典议会监察专员的建立无疑对此起到开创性作用。

第三，监察权能的综合协调性。前面曾提及，议会监察专员的管辖范围相当广泛。不论中央还是地方，无论哪个部门、行业，所有法律规定的行政机关及其工作人员的行为均在监察专员的监察视野内。也就是说，议会监察专员不仅可以对法律规定的中央、地方各机关及其工作人员进行监察，还有权对跨部门、行业的属于自己管辖范围的问题进行综合监察和协调处理。监察专员的这一功能，对于随着经济发展和社会生活的变化，政府职能不断扩张、行政事务日益纷繁复杂，对行政权力的综合性控制愈显重要的现代社会来说，尤其难能可贵。20 世纪六七十年代后，瑞典的议会监察专员制度在世界上被广泛推广，与监察专员所具有的这种功能，有着重要的因果关系。

第四，监察法制化。瑞典对议会监察专员机构的设置、权力的赋予等都有法可依，反贪污贿赂的法律严厉、详尽。监察专员公署经过多年实践探索，已形成了一整套科学的工作程序和方法，为别国提供了可资借鉴的范本。

第五，瑞典政治的高度透明和有效的舆论监督是监察专员制度成功的良好外部条件。一定的政治透明度是监督的必要前提条件，瑞典的所有官方文件除少数涉及外交、国防机密者外，一律向全体国民公开。新闻记者和普通市民可在议政厅随意旁听议会的辩论，政府在保障不泄露国防、外交机密的前提下，允许新闻传媒报道政府、议会的"内幕"情况。这些得天独厚的条件有利于监察专员公署广泛地获取行政信息，了解民意，主动及时地开展监察工作。

第五节　日本的行政执法监督制度

日本在第二次世界大战前，长期实行由天皇总揽统治权的君主立宪制。战后，根据1947年《日本国宪法》实行议会内阁制，天皇作为国家的象征仍保留下来。议会（泛称国会）是政权的最高机关，是国家唯一的立法机关，由众议院和参议院构成，两院议员均从国民中选举产生。中央政权机关的领导核心，是由内阁首相及其他国务大臣组成的合议体，行政权不属于个人，而属于统一体的内阁。"二战"后，日本参照英美法系进行了司法制度改革，强调司法独立，废除了明治维新时期仿效大陆法系建立的行政法院和特别法院。

一、日本的会计检查院①

日本在国家机构中设有专门的财政检查机关——会计检查院，它的地位受宪法保障。会计检查院负责严密监督政府机关合理使用国民交纳的税款和其他收入，它专管检查政府和其他国家机关每年

---

①　李小沧著：《中国的行政监督制度》，天津大学出版社1999年版，第85—87页。

度的收支决算是否合法，是否合理。

会计检查院是在明治维新过程中于 1869 年（明治二年）设立的，已有一百多年的历史。战后，日本经过政治体制的"民主改革"以后，颁布实施新宪法和《会计检查院法》，进一步加强了它的地位和权限。宪法第 90 条明确规定："国家的收支决算，每年均须由会计检查院审查，内阁必须于下一年度将决算和此项审查报告一并向国会提出；会计检查院之组织及权限，由法律规定之。"1947 年 4 月实施的《会计检查院法》第 1 条规定："会计检查院对内阁保有独立的地位。"

会计检查院于 1980 年 12 月 10 日在日本报纸上发表的检查报告指出，会计检查院查出政府机关中不正当的开支共有 179 项，金额共达 5275 亿 6600 万日元，约等于前一年度的加倍。检查院在 1979 年 12 月的检查报告说，它对政府机关的决算查核过 6850 万张单据、23.7 万多册计算书，发现开支不当的达 193 项，共计 269 亿 8500 万日元。它提出了避免这些不当支出的具体方案。会计检查院把每年的检查报告都交给内阁，以便由内阁通知有关政府机关，并由内阁提交国会，以便国会在审议新年度国家预算和制定、修改法律时参考，必要时追究有关方面的责任。

日本会计检查院设 3 名检查官，由国会两院同意，内阁任命，天皇认证。检查官的身份，同法官一样受法律的保护。检查官的任期 7 年，只能连任一次，年满 65 岁退休。退休也须国会两院同意，天皇认证。

会计检查院院长，由 3 名检查官互选，按惯例多半是年龄最高的检查官担任。3 名检查官组成"检查官会议"，它是决策机构，下设"事务总局"作为执行机关。事务总局下设 5 个局，分工检查政府有关部门的财政收支情况。会计检查院的人员编制共计 1220 人。

日本会计检查院的检查范围相当广泛。法律规定，它除了可以检查国家的收支决算外，还可以检查法律规定的其他财务。具体来说，它必须检查的内容有下列六项：①国家每月的收入和支出；

②国家现有的现金和物品；③国家的债权和债务；④"日本银行"的现金、贵重金属、有价证券；⑤国家支付一半以上资金的企业和团体；⑥按照法律特别规定应由会计检查院检查的财务。此外，它还可以检查它认为必要的内容和对象，其中包括接受国家补助金和财政援助的一切机关和团体。

检查的方法，分为书面检查和实地检查两种。书面检查是在会计检查院内检查有关机关交来的账目和票证等。实地检查是，派遣检查者到有关机关团体去检查。例如，自 1976 年 11 月至 1977 年 10 月一年内，会计检查院检查的机关团体共计 41800 个。

检查报告的内容，按照《会计检查院法》的规定，必须包括下列几项：①确认国家收支决算；②国家收支决算金额同日本银行的计算书金额的对照；③"违法的"和"不当的"支出项目和金额；④国家预备费中未经国会同意的支出；⑤关于法令、制度、行政工作的改正意见；⑥关于财务人员的处理意见，包括对违法财会人员要求给予处分、赔偿损失、依法起诉等。

日本会计检查院还定有会计检查的纪律，规定检查人员不得在被检查的官厅住宿和接受礼物等，以保证检查的"公正"。

二、日本的惩戒与公平审查制度①

日本政府对各级官员和职员有明确的惩戒制度。对工作较差者给予教育、训诫；对失职、违法者给予不同的处分。

日本《国家公务员法》规定："职员应当进行服务宣誓"，"职员工作时应遵守法令和忠实服从上级命令"，"职员不得损害其职务信用，不得有玷污全体官职名誉的行为"。

日本政府机关对官员和职员的处分有：警告、降薪、降职、停职、免职。受处分的根据有 3 条：①违反《国家公务员法》和有关法令；②违反职责和渎职；③违法乱纪，有损于公务员称号。停

---

① 李小沧著：《中国的行政监督制度》，天津大学出版社 1999 年版，第 91 页。

职处分的期限是 1 年以内，停职者保留职员身份，不发给薪金。降薪的期限是 1 年以内，降薪的比例是月薪的 1/5。

日本设有一种"公平审查"制度，来纠正对官员职员的不正当处分，维护公务员的身份和利益，保证人事行政的公正。

日本《国家公务员法》第 89 条规定："对职员进行降薪、降职、停职、免职或警告处分时，处分者应向被处分者提交记有处分事由的说明书"，"说明书中应写明，对该处分如有不服，有权向人事院提出申诉"。

当受处分的职员认为不符合事实或处分不当时，可以要求人事院进行"公平审查"。人事院接到这种请求后，组织"公平委员会"，调查、审理、裁决这种处分是否正当。审理可以根据受处分者要求，公开进行。在审理过程中，受处分者和处分者都有权出席全部审理会议，有权陈述自己的理由和意见，有权让证人和辩护人出席作证或辩护，提供证据。

人事院经过调查审理后，认为处分不当时，有权取消处分，并指示原处分机关"补发职员因受处分少发的工资"。人事院的裁决，是行政处分的最终裁决；而且，日本法令规定，对于行政处分，"只有人事院有审查权"。

日本的"公平审查"制度从 1949 年开始建立。这种"公平审查"还包括对职员要求改善工作条件、要求给予灾害补偿以及要求给予公平报酬的审查。

第二编　行政执法监督各论

第四章　权力机关的监督

第一节　权力机关监督概论

一、权力机关监督的含义

国家权力机关的监督是指国家权力机关依法对由其产生的行政机关及其所任命的行政机关工作人员是否依法行使职权所进行的法律监督。这种监督制度在西方国家称为议会监督。"政府进行统治，议会从事监督（詹宁斯）"，虽然各国具体方式不同，但它是现代西方国家政治体制的基本内容。我国实行人民代表大会制度，它是我国的根本政治制度。因此，我国人民代表大会对行政机关的监督的具体方式上不同于西方国家的议会。①

尽管代议机关在各国的称谓不同，但是在现代绝大多数国家中，作为国家权力机关的监督总是处于至高的地位。因为根据人民主权原则，国家权力机关是由人民选举产生并由民意代表组成的，行使国家的最高权力，政府及其组成人员都是在国家权力机关同意的前提下才能行使权力。因此，国家权力机关对行政机关的监督具有很高的权威性。这是第一点。第二，国家权力机关对行政机关的监督一般限于重要事项的监督。如审查法律、法规及其他规范性文

---

① 章剑生著：《行政监督研究》，人民出版社 2001 年版，第 117 页。

件是否违反宪法的原则和精神，审查国家机关及其领导人员是否有违反宪法赋予的职责，裁决国家机关的权限争议，权衡并裁决侵犯公民宪法基本权利的行为，决定优先保护哪一种宪法权利。这是因为从国家权力机关的法律地位上看，它除了拥有监督权之外，还有立法权、财政权等重要权力。如果赋予它过多的监督职责，可能会使其无法充分行使宪法赋予的其他权力。因此，国家权力机关在监督行政机关依法行使职权的范围上是有限的。

二、权力机关监督的主体

全国人民代表大会是最高国家权力机关，它处于国家的决策层次上，其他国家机关处于执行层次上，全国人大有权对"一府两院"依法行使监督权。具体讲，全国人大有权监督宪法的实施，有权监督总理、副总理等主要工作人员的任免；有权审查和批准国民经济和社会发展规划以及财政预算及其执行情况的报告；有权撤销或改变国务院不适当的决定和命令；有权监督和保障司法机关依法独立行使职权。根据宪法和地方人大组织法的规定，地方各级人大是地方各级权力机关，与作为地方行政、审判、检察机关的地方政府、人民法院和人民检察院在性质上是不同的，其他地方机关要服从于它。地方各级人大享有对执法行为、人事任免行为和财政预决算行为等的监督权。

人大常委会作为各级人大的常设机构，拥有对本级政府日常工作的监督权，包括对政府决策的监督和对政府法制的监督。专门委员会是根据人大和人大常委会的工作需要而设立的工作机构，事实上，要发挥人民代表大会的功能，必须依靠工作机构提供服务。设置各种专门委员会，研究、审议和拟定有关议案，协助权力机关进行工作，是各国代议机构的普遍做法。[①] 目前全国人大设有民族、法律、财经、教科文卫、外事、华侨、内务司法、环境保护和农业与农村等方面的专门委员会。专门委员会的成员通常由全国人大代

---

① 蔡定剑著：《宪法精解》，法律出版社 2004 年版，第 314 页。

表担任。根据《全国人民代表大会组织法》的规定，专门委员会的职权具体为：审议代表大会或常委会交付的议案，提供审议报告；向代表大会或常委会提出议案；起草与本委员会有关的法律议案或其他议案；对常委会交付的行政法规和地方性法规是否与宪法、法律相抵触提出报告；审议代表大会或常委会交付的质询案，听取质询案的答复，必要时向代表大会或常委会提出报告。在实践中，专门委员会对属于本委员会范围内的立法、监督等工作进行调查研究，提出意见建议。例如，对于宪法监督，通常先由常委会办事机构研究，再提交相关专门委员会审查，专门委员会作出是否违宪的审查意见，可以要求制定机关修改违宪的法规，不予修改的，委员长可以提请常委会审议。

人大代表是人民通过直接或间接选举的形式选举出来的，他们受人民群众的委托，组成各级人民代表大会，通过会议的形式，充当人民的代言人，表达人民的意志，直接行使国家权力。根据我国人大代表法的规定，人大代表享有的主要权利有批评建议权、联名提案权、审议表决权、询问质询权、言行免责权、物质保障权和人身特别权。人大代表在人大开会期间，有权对"一府两院"的工作提出建议、批评和意见，有权提出人事罢免案，有权提出质询案和进行询问；在自己参加的生产、工作和社会活动中，协助宪法、法律的实施，听取和反映人民群众的意见和要求；人大代表还可以持视察证对政府活动进行视察。[①] 作为人大监督的主体之一，人大代表可以通过建立接待群众来信来访日、设立代表信箱和建立代表述职制度等方法，使其成为监督意向的倡导者、确定者和具体实施者。

---

① 尤光付著：《中外监督制度比较》，商务印书馆2003年版，第63页。

第二节　宪法监督

一、宪法监督概述

（一）宪法监督的概念

行政执法是执行宪法和法律的活动，行政执法应该保障宪法在执行过程中得到准确的实施，否则，由宪法所反映的人民的意志和旨在实现的人民利益就不可能达到制定宪法时预设的目的。要维护宪法的尊严和最高法律地位，使宪法得到切实地贯彻执行，必须要有一定的措施和制度予以保证，这一任务由宪法监督制度来承担。

宪法监督是由一定的国家机关审查、裁决法律和其他规范性文件以及政府的行政行为是否违宪的活动，是宪法制定者保障宪法准确实施和完全实现的调控宪法效力的制度。宪法监督源于美国1803 年的马伯里诉麦迪逊案，社会主义国家一般称为"宪法监督制度"，资本主义通常称作"违宪审查制度"。绝大多数国家宪法对这一制度作了明确规定，极少数国家的宪法上未作明确规定（如美国），而是由司法机关根据该国的宪政体制、该机关的职权及性质推导而来。

宪法监督与宪法保障、司法审查、宪法诉讼之间，既有联系又有区别。宪法保障是从加强宪法实施的总的方面来讲的，不仅有专门的宪法监督机关对宪法实施情况进行监督，而且还有国家机关、政党、社会团体和群众组织以及公民对宪法实施的监督与保障，宪法监督仅为宪法保障的一个重要方面；某些国家（如美国）基于本国的宪法的某些规定，采用由普通司法机关通过司法程序进行违宪审查的司法机关监督体制，即司法审查制，可见，司法审查仅为宪法监督中的一种类型；在宪法监督中，有些国家由普通法院或者特别法院通过诉讼的方式审查违宪案件，通常把这种方式称为"宪法诉讼"，可见，宪法诉讼是宪法监督的一种形式。

违宪与违法不同。区分违宪与违法的界限，既具有重要的实践意义，也具有重要的理论意义。违宪与违法是既有联系也有区别的两个概念。就联系来说，宪法虽然在法律体系中处于最高地位，是法的统帅，但就本质属性而言，宪法仍然是法，是法的一种，从这一概念出发，违宪也就是违法。但是，宪法是根本法，是母法，是国家日常立法活动的基础，众多的普通法律、法规等都是根据宪法的原则和精神制定的。因此，违法就必然违宪，但反过来违宪则不一定违法，因为宪法上规定的内容，普通法律上未必做出规定，例如，国家机关职权的划分，公民的基本权利等。

宪法监督与违宪存在着密切的联系。建立宪法监督的目的，就在于对法律、行政法规、行政行为等进行审查以对其是否违宪做出裁决。有的学者认为，违宪既包括国家行为，也涉及公民个人的行为，广义的违宪是指"国家的法律、法规、行政命令、行政措施以及国家机关或公民的行为与宪法的原则或内容相抵触"①。笔者则认为，违宪行为是一种国家行为，它包括国家立法和行政执法活动中的违宪行为以及国家机关之间的有关权限争端，非国家机关的行为不能构成违宪，构成违宪的主体是行使国家权力的国家机关，不包括一般的社会组织和个人。这种观点表面上是为了保障宪法的实施，维护宪法的尊严，但在本质上使违宪与违法无法正确区分。有的学者早已指出这种观点导致的后果："表面上看热热闹闹，似乎很能提高人们的'宪法观念'，保证宪法的实施。实际上，将模糊人们对真正'违宪'案件的注视，会造成'明足以察秋毫之末而不见舆薪'的失误，反而不利于保障宪法的实施"②。同时，国家机关负责人的行为如果与宪法精神原则相违背，则构成了违宪，但这显然也不属于公民个人的违宪（或者违法）行为。对他们的违宪行为由有权机关进行弹劾和罢免，弹劾、罢免是对失职或违

---

① 许崇德主编：《宪法学（中国部分）》，高等教育出版社 2000 年版，第 87 页。

② 罗耀培著：《论宪法的实施保障问题》，载《法学研究》1996 年第 2 期，第 32 页。

法、犯罪的国家元首、政府首脑和其他国家机关负责人追究其法律责任的一项违宪审查制裁方式，这与对公民违法行为的处理不同。

（二）我国的宪法监督制度

我国宪法监督制度的确立，是同我国社会主义宪法的诞生同步开始的。从1954年我国第一部宪法颁布，随着社会主义宪法的产生、发展和完善，我国的宪法监督制度也逐步地得到了建立、发展和完善。同时，我国宪法监督制度的建立是从我国国情出发的，是具有中国特色的。

1954年宪法，是我国的第一部社会主义宪法，对于宪法的监督在第27条中规定，全国人民代表大会有权"监督宪法的实施"；在第31条中规定，全国人民代表大会常务委员会有权"解释法律；撤销国务院的同宪法、法律和法令相抵触的决议和命令；改变或者撤销省、自治区、直辖市国家权力机关的不适当的决议"。在"文化大革命"背景下制定的1975年宪法对宪法监督问题只字未提。1978年宪法在一定程度上恢复了1954年宪法的规定，例如，第22条规定全国人民代表大会有权"监督宪法和法律的实施"，第25条规定全国人大常委会有权"改变或者撤销省、自治区、直辖市国家权力机关的不适当的决议"。但与1954年宪法相比实际上没有进步，而且有所倒退，例如，没有明确规定与宪法相抵触的国务院的行政法规、决定、命令如何处理，由谁进行审查等问题。

在制定1982年宪法时，在总结30多年来制宪经验的基础上，参照外国经验，从我国实际出发，进一步完善了我国宪法的监督制度：

1. 我国宪法序言中明确规定："本宪法以法律确认了中国各民族人民奋斗的成果，规定了国家的根本制度和根本任务，是国家的根本法，具有最高的法律效力。"该条款维护了宪法的统一和尊严，确保宪法的最高法律地位和法律效力。

2. 我国宪法第5条规定："一切法律、行政法规和地方性法规都不得同宪法相抵触。一切国家机关和武装力量、各政党和各社会团体、各企业事业组织都必须遵守宪法和法律。一切违反宪法和法律的行为，必须予以追究。任何组织或者个人都不得有超越宪法和法律的特权。"以上条款是监督宪法实施的总原则和总要求，是非常重要的，一切组织和个人都必须一律遵循，严格照办。

3. 我国宪法规定了完整的、严格的、自上而下的监督体制。从中央看，全国人大有权改变或者撤销全国人民代表大会常务委员会不适当的决定，这是最高权力机关本身的自我监督；全国人大常委会有权撤销国务院制定的同宪法、法律相抵触的行政法规、决定和命令，这是权力机关对行政机关的监督。同时全国人大常委会还有权撤销省一级权力机关制定的同宪法、法律和行政法规相抵触的地方性法规和决议，这是上级权力机关对下级权力机关的监督；国务院有权改变或者撤销各部、各委员会发布的不适当的命令、指示和规章，这是最高行政机关本身的自我监督。同时国务院还有权改变或者撤销地方各级国家行政机关的不适当的决定和命令，这是最高行政机关对下级行政机关的监督。以上是中央一级权力机关和行政机关根据宪法规定对宪法的实施所进行的监督。

从地方看，宪法规定，地方各级人民代表大会和县级以上人大常委会负有保障和监督宪法在本行政区域内得到遵守和执行的职责。同时，宪法还规定，县级以上地方各级人民代表大会有权改变或者撤销本级人民代表大会常务委员会不适当的决定；县级以上的地方各级人大常务委员有权撤销本级人民政府的不适当的决定和命令；县级以上的地方各级人大常务委员有权撤销下一级人民代表大会的不适当的决议；县级以上的地方各级人民政府有权改变或者撤销所属各工作部门和下级人民政府的不适当的决定和命令。这是地方权力机关和行政机关依据宪法规定对宪法实施所进行的监督。

4. 宪法第 70 条、全国人大组织法第 37 条第 3 项规定，由各专门委员会协助全国人民代表大会及其常务委员会行使宪法监督权；各专门委员会审议全国人民代表大会及其常务委员会交付的被认为同宪法、法律相抵触的国务院的行政法规、决定和命令，国务院各部、各委员会的命令、指示和规章，省、自治区、直辖市的人民代表大会和它的常务委员会的地方性法规和决议，以及省、自治区、直辖市的人民政府的决定、命令和规章，提出报告；各专门委员会的审议活动属于预防性原则审查，既可以在规范性文件颁布前进行，也可以在实施以后进行。各专门委员会属于常设机关，由它们协助全国人民代表大会及其常务委员会行使宪法监督权，承担大量事务性的准备工作，能够保证全国人民代表大会及其常务委员会更充分地行使宪法监督权，避免1954年宪法和1978年宪法仅全国人大有宪法监督权的空洞规定。

总之，宪法从我国实际出发，规定以最高国家权力机关为主，专门机关协助，其他国家机关配合，形成一个上下结合，一环扣一环，层层把关的宪法监督制度。这既体现了西方宪政的法治原则，又具有中国特色，保留了人民代表大会作为国家根本制度的特征。

（三）我国宪法监督制度的完善

从实践来看，我国的宪法监督制度还应进一步完善，当前需要制定具体的宪法监督法律，使各自的职责权限、监督办法和处理违宪程序更加明确，对违宪事件做到及时、有力的处理。

对于宪法监督制度问题，当前在我国法学界中是有争议的，除了支持我国现行的宪法监督制度以外，还有不少学者著书立说，主张在我国应当设立专门的机构来负责监督宪法的实施工作。但对专门机构如何设立的观点不一：有的认为，应该在全国人大设立一个监督宪法实施的专门委员会，在全国人大及其常委会领导下，负责审查违宪案件，向全国人大或其常委会提出报告；有的认为，监督宪法实施，是一个重大问题，应该设立一个宪法委员会，与全国人大常委会平行，在全国人大领导下来审查违宪案件；有的认为，应当借鉴外国的经验，设立德国式的宪法法院或法国式的宪法委员会；有的认为，仿效朝鲜，由检察院执行监督国家机关的决议和指示是否同宪法相抵触的任务；有的认为，我国地域辽阔，全国只设立一个违宪审查机构难以保障宪法的实施，应该分两级设立；有的认为，在全国人大常委会之下设立宪法委员会作为其经常工作机构。

事实上，一国采用何种类型的宪法监督制度，并不是宪法制定者脱离实际的任意主张，它通常取决于该国的国家性质、社会历史条件、经济发展状况、政治文化等。而且，更为重要的是，一国的宪法监督制度只能在与该国的国家性质相适应的前提下，才有可能促成整个国家机器和谐运转；否则，不仅不可能发挥作用，反而会导致各个国家机关矛盾重重，无法治理社会，服务人民。我国根本政治制度下的人民代表大会是议行合一的权力机关，国家权力机关在国家机构体系中处于最高地位，不与国家行政机关、审判机关和检察机关分权，不受它们的制约，只对人民负责，受人民监督。全国人民代表大会是最高国家权力机关，全国人民代表大会常务委员会是全国人民代表大会的常设机关，如果设立一个与全国人大及其常委会独立的专门机构来行使宪法监督权，就会造成宪法权和监督权的分离，就会改变最高国家权力机关的性质；如果由最高人民法院来行使宪法监督权，审查全国人大及其常委会制定的法律，因地位上的差异，既达不到通过行使监督权而促使宪法实施的效果和目的，又违反了民主集中制原则。因此，宪法所确立的由最高国家权力机关行使监督权的体制是符合我国现行政治体制的，当前需要解决的不是专设宪法监督机构的问题，而是应该充分发挥现有监督制度的作用。

笔者认为，《立法法》细化了宪法的原则性规定，进一步完善了我国的违宪监督制度，这主要体现在以下三个方面：

1. 明确了对法律进行合宪性审查和裁决的主体。《立法法》规定，改变或者撤销法律、行政法规、地方性法规、自治条例和单行条例、规章的权限是：（1）全国人民代表大会有权改变或者撤销它的常务委员会制定的不适当的法律，有权撤销全国人民代表大会常务委员会批准的违背宪法和本法第六十六条第二款规定的自治条例和单行条例；（2）全国人民代表大会常务委员会有权撤销同宪法和法律相抵触的行政法规，有权撤销同宪法、法律和行政法规相抵触的地方性法规，有权撤销省、自治区、直辖市的人民代表大会常务委员会批准的违背宪法和本法第六十六条第二款规定的自治条例和单行条例；（3）国务院有权改变或者撤销不适当的部门规章和地方政府规章；（4）省、自治区、直辖市的人民代表大会有权改变或者撤销它的常务委员会制定的和批准的不适当的地方性法规；（5）地方人民代表大会常务委员会有权撤销本级人民政府制定的不适当的规章；（6）省、自治区的人民政府有权改变或者撤销下一级人民政府制定的不适当的规章；（7）授权机关有权撤销被授权机关制定的超越授权范围或者违背授权目的的法规，必要时可以撤销授权。

2. 完善了备案制度。《立法法》规定，行政法规、地方性法规、自治条例和单行条例、规章应当在公布后的三十日内依照下列规定报有关机关备案：（1）行政法规报全国人民代表大会常务委员会备案。（2）省、自治区、直辖市的人民代表大会及其常务委员会制定的地方性法规，报全国人民代表大会常务委员会和国务院备案；较大的市的人民代表大会及其常务委员会制定的地方性法规，由省、自治区的人民代表大会常务委员会报全国人民代表大会常务委员会和国务院备案。（3）自治州、自治县制定的自治条例和单行条例，由省、自治区、直辖市的人民代表大会常务委员会报全国人民代表大会常务委员会和国务院备案。（4）部门规章和地方政府规章报国务院备案；地方政府规章应当同时报本级人民代表大会常务委员会备案；较大的市的人民政府制定的规章应当同时报省、自治区的人民代表大会常务委员会和人民政府备案。（5）根据授权制定的法规应当报授权决定规定的机关备案。

3. 规定了启动违宪审查的主体和程序。《立法法》在该方面的内容是：（1）国务院、中央军事委员会、最高人民法院、最高人民检察院和各省、自治区、直辖市的人民代表大会常务委员会认为行政法规、地方性法规、自治条例和单行条例同宪法或者法律相抵触的，可以向全国人民代表大会常务委员会书面提出进行审查的要求，由常务委员会工作机构分送有关的专门委员会进行审查、提出意见。其他国家机关和社会团体、企业事业组织以及公民认为行政法规、地方性法规、自治条例和单行条例同宪法或者法律相抵触的，可以向全国人民代表大会常务委员会书面提出进行审查的建议，由常务委员会工作机构进行研究，必要时，送有关的专门委员会进行审查、提出意见。（2）全国人民代表大会专门委员会在审查中认为行政法规、地方性法规、自治条例和单行条例同宪法或者法律相抵触的，可以向制定机关提出书面审查意见；也可以由法律委员会与有关的专门委员会召开联合审查会议，要求制定机关到会说明情况，再向制定机关提出书面审查意见。制定机关应当在两个月内研究提出是否修改的意见，并向全国人民代表大会法律委员会和有关的专门委员会反馈。全国人民代表大会法律委员会和有关的专门委员会审查认为行政法规、地方性法规、自治条例和单行条例同宪法或者法律相抵触而制定机关不予修改的，可以向委员长会议提出书面审查意见和予以撤销的议案，由委员长会议决定是否提请常务委员会会议审议决定。（3）其他接受备案的机关对报送备案的地方性法规、自治条例和单行条例、规章的审查程序，按照维护法制统一的原则，由接受备案的机关规定。

总之，《立法法》确定了全国人大及其常委会进行宪法监督的法律程序，尤其是对法律、行政法规、地方性法规、自治条例、单行条例和规章是否合宪建立了明确的宪法监督机制，同时也建立了具体负责监督宪法实施的工作机构以处理各项与宪法监督有关的事务。

二、宪法监督的机构

（一）宪法监督的机构概述

宪法监督的机构，是指行使违宪审查权的主体。要监督宪法实施，必须要由权威机关担负此项任务才行。世界各国宪法都明确地赋予了有关权威机关来监督宪法的实施。在世界宪法史上最早的宪法监督机关，是法国1799年宪法规定的"护法元老院"，它有监督宪法实施和撤销违宪的法律和命令的权力。由于各国的国情不同，实行宪法监督机制也各不相同。就现今世界各国来看，主要实行以下三种制度：

1. 立法机关监督制度。即由议会（包括立法机关）或代表大会行使对法律、法令以及行政措施等是否合宪做出裁决的审查权。实行这一制度的有资本主义国家，也有社会主义国家。英国是实行这一制度的资本主义国家，它从"三权分立"原则出发，强调议会权力高于行政权和司法权，主张只有议会有权对宪法进行解释和监督，行政和司法则无此种权力。第二次世界大战前，法国也认为只有议会才有宣布违宪的权力，法院没有审查违宪的权力，否则就是违背分权学说。例如，瑞士宪法规定，联邦议会有权采取"旨在执行联邦宪法，保障各州宪法以及执行联邦义务的措施。"在社会主义国家中，有不少的国家宪法规定监督权由国家最高权力机关行使。例如，前苏联 1977 年宪法第 108 条规定："苏联最高苏维埃是苏联最高国家权力机关，苏联最高苏维埃有权解决本宪法规定属于苏维埃社会主义联盟权限内的一切问题。"第 121 条把"监督苏联宪法的执行并保证各加盟共和国宪法和法律同苏联宪法相适应"的职权赋予苏联最高苏维埃主席团。同时，在最高苏维埃代表机关内设立了人民监督委员会，作为苏维埃代表机关监督宪法实施的具体机关。中国的宪法监督权由全国人民代表大会和全国人民代表大会常务委员会共同行使。大多数社会主义国家实行由最高权力机关监督宪法实施的原因是，民主集中制是社会主义国家机关组织和活动的基本原则。把立法权、解释权和监督权统一于权力机关是有好处的：一是具有最高权威性，由权力机关监督宪法比较符合立法意图；二是能从根本上避免资产阶级"三权分立"产生的互相扯皮的弊端；但是也存在自我监督难的缺陷。

2. 普通司法机关监督制度。由普通司法机关负责监督宪法的实施起源于美国。最早，在英国封建时代，英国法院认为它可以以大宪章为准则，宣布议会的法律无效。其代表人物是柯克爵士。后来，美国制宪者接过了柯克的理论。汉密尔顿认为，宪法是最高法律，由人民制定，是所有政治权威的最终来源；宪法授予政府的是有限的权力；假如政府有意无意地越过宪法的限制，必应有某个权威使政府受到控制，反抗政府的违宪企图，维护和保卫明白无误地写在宪法上的人民意志的不可侵犯性；这样的权力由法院行使，因为法院是三权分立机关中最软弱的一个部门，不像议会那样掌握钱袋，也不像行政那样掌握刀剑；只要让法院独立，就能成为人身和财产权利的保障——法院的职责就是审查一切违背宪法原意的法案并宣布其无效。但美国宪法没有明确规定法院的这一权力，因为大多数制宪者认为民主国家议会是真正的权利保障者。1803 年美国联邦最高法院在审理"马伯里诉麦迪逊"一案时，首席法官马歇尔在判决中宣布：违宪的法律不是法律，阐明法律的意义乃是法院的职权。从而开创了由司法机关进行违宪审查的先例，美国联邦最高法院有权审查联邦的一般法律或各州的宪法和一般法律是否违反联邦宪法。"二战"后，许多国家也都采取了这种宪法监督的模式。例如，《日本国宪法》规定："最高法院为有权决定一切法律、命令、规则以及处分是否符合宪法的终审法院。"《墨西哥合众国宪法》也规定最高法院有权审理"关于法律违宪的案件"。它体现了国家机关之间的制约关系，是"三权分立"理论在制度上的具体化。另外，按照《朝鲜民主主义人民共和国社会主义宪法》规定，检察院执行监督国家机关的决议和指示是否同宪法相抵触的任务，这也属于普通司法机关进行宪法监督的范畴。

3. 特设机关监督制度。即由特别设立的宪法法院①或宪法委员会来行使对宪法实施的监督权，审查、判决违宪案件。奥地利最早于 1920 年设立宪法法院，现在世界上有西班牙、意大利、联邦德国、智利、叙利亚、索马里、扎伊尔、危地马拉、捷克、匈牙利、波兰以及南斯拉夫等 40 多个国家实行这一制度。法国则设立了独具特色的宪法委员会。在普通法院外设立了特设机关来审查违宪问题，已成为一种趋势。宪法法院不审理民事案件和刑事案件，而主要审查法律、法令和某些行为是否合宪，并做出裁决。除此之外，它还有其他方面的职能。例如，意大利宪法法院除行使违宪审查

----

① 除绝大多数国家称"宪法法院"外，少数国家，例如法国称宪法委员会，西班牙、厄瓜多尔称宪法保障法院，摩洛哥称宪法法庭，叙利亚称最高宪法法院等。

权，对国家与省的法律及具有法律效力的法令是否符合宪法的争执案件进行审理外，还行使行政权限争执裁决权，审理国家各权力机关间、国家与各省间以及各省间权限的争执与疑问的案件；行使弹劾案审判权，审理根据宪法的规定对共和国总统和各部部长提出的控告案件。联邦德国联邦宪法法院除行使违宪审查权、行政权限争执裁决权、弹劾案审判权外，还拥有裁决联邦大选中有关选举诉讼案，以及确定某政党或其独立组织是否违法的权力。法国宪法委员会同时还是共和国总统的法律顾问。又如，前南斯拉夫宪法法院的职权有：裁决法律是否同联邦宪法一致，裁决共和国或者省的法律是否同联邦法律相抵触，裁决联邦机关、社会政治团体机关的条例、一般文件、自治区文件是否与宪法一致，评定已经停止生效的法律是否符合宪法，评定已经停止生效的社会团体机关的条例，一般文件、自治区文件是否符合宪法和法律，就联邦共和国议会报告实现宪法和法制的状况和问题向联邦议会提出通过和修改法律以及采取其他措施的意见和建议，就共和国宪法或者省宪法是否同联邦宪法有抵触向联邦议会提出看法等。各国特设监督机关的职权虽然不同，但审查违宪却是各机关的主要职权。实行这一制度的优点在于它克服了由最高国家权力机关确认自己制定的法律、法令违宪的困难。

（二）我国的宪法监督机构

根据宪法规定，我国的宪法监督机构是全国人民代表大会及其常委会。

1. 全国人民代表大会。全国人民代表大会是最高国家权力机关，也是行使国家立法权的机关，在全国国家机构体系中居于首要地位。全国人民代表大会由民主选举产生，对人民负责，受人民监督。全国人民代表大会修改宪法，制定法律，决定国家重大问题；中华人民共和国主席、国务院、中央军事委员会、最高人民法院和最高人民检察院都由它产生，对它负责，受它监督。因为全国人大拥有制宪权、修宪权、立法权、最高决策权、决定权及监督权，所以由全国人民代表大会监督宪法的实施具有可行性和正当性。

2. 全国人民代表大会常务委员会。全国人大常委会是全国人民代表大会的常设机关，是在全国人民代表大会闭会期间行使国家权力的机关，是全国人民代表大会的一个组成部分，由委员长、副委员长若干人、秘书长和委员若干人组成。在全国人民代表大会闭会期间，领导各专门委员会的工作。因为全国人大每年的例会只在春季举行一次，而且每次会议的时间为半个月左右，但违宪行为的发生却是经常性的，因此，作为常设机关的全国人大常委会也具有宪法监督的主体资格。

三、宪法监督的范围

（一）宪法监督的范围概述

对于宪法监督的范围，有学者认为，宪法监督的范围可以分为国家与政府及其部分领导人违宪、公务人员违宪、公民违宪和国家机关违宪；一般讲，违宪主体大多是国家与政府及其某些领导人和国家机关，普通公民违宪很少，即使违宪，对于公民大都按普通法律处理。① 事实上，宪法所调整的基本法律关系是：第一，国家机关与公民的关系；第二，国家机关之间的关系。从宪政理念出发，在前一种关系中，国家机关的权力应该通过公民的权利得到制约，以确保公民的权利不受国家权力的侵犯。国家机关权力的外围边界是公民的权利，国家机关的权力如果超出了这个边界，则其权力行为的性质将质变为违法。在后一种关系中，国家机关之间的权力应当得到相互的制约，从而促进前一种关系稳定、正常的存在和发展。② 美国的制宪者警告美国公民："如果人都是天使，就不需要任何政府了。如果是天使统治人，就不需要对政府有任何外来的或

---

① 李龙著：《宪法基础理论》，武汉大学出版社1999年版，第252页。

② 章剑生著：《行政诉讼基本理论》，中国人事出版社1998年版，第4页。

内在的控制了"①。因此，宪法的主要作用之一是授予并限制国家
各个机关的权力，使国家的各个机关协调运转。如果国家机关行使
权力的行为直接违反了宪法，就属于违宪，这毫无疑问地属于宪法
监督的范围。

各国宪法监督机关的职权范围大小不一。职权范围较大的如法
国宪法委员会，它除了有权对法律的合宪性进行审查外，还有权确
保共和国总统选举的合法性，审查申诉意见并宣布投票结果；有权
就议员选举的合法性的争议做出裁决；有权确保公民投票的合法
性，并宣布其结果。职权范围较小的如朝鲜民主主义人民共和国的
检察院，它只能对最高人民会议及其常设会议、共和国主席、中央
人民委员会和政务院以外的国家机关进行监督，审查其决议和指示
的合宪性。② 宪法监督机关的首要任务是审查法律性文件的合宪
性，具体审查范围各国有不同的规定。有的国家可以对一切法律、
法令和行政法规进行审查，如意大利宪法法院有权审理"国家与
省之法律及具有法律效力的法令与宪法合法性相抵触之案件"。有
的国家可以对法令和行政法规进行审查，并加以变更，如匈牙利人
民共和国主席团可以废除或变更与宪法相抵触的法令，处理机关的
决议或决定。有的国家可以对行政法规和地方性法规进行审查，并
加以变更，如朝鲜民主主义人民共和国检察院有权监督政务院以外
的行政机关和地方国家机关的决议和指示是否同宪法、法律、法令
等法律性文件相抵触。

各国宪法监督的范围主要包括：①法律。这是违宪审查最主要
的对象。②州或省的法律、行政命令。例如，南斯拉夫宪法规定，
宪法法院裁决共和国或者省的法律是否同联邦法律抵触，裁决联邦
机关、社会政治团体机关的条例、一般文件、自治区文件是否与宪

---

① ［美］汉密尔顿、杰伊、麦迪逊著：《联邦党人文集》，商务印书馆
1995 年版，第 264 页。

② 《中国大百科全书·光盘 1.2 版》（法学卷），吴家麟撰写的"违宪
审查制度"部分。

法一致。③行政行为。例如，意大利宪法规定，宪法法院行使弹劾案件审判权，审理对共和国总统和各部部长提出的控告案件。④条约。绝大多数国家不把条约作为宪法监督的对象，只有少数国家例外。例如，1986年《菲律宾共和国宪法》规定，"一切涉及同外国缔结的条约、协定或行政协定或法律是否违宪的案件，应由最高法院全庭审理"。

（二）我国宪法监督的范围

根据我国宪法和法律的规定，宪法监督的范围主要是：

1. 审查法律、法规、规章和其他规范性文件是否违背宪法的基本原则和精神

宪法第六十二条规定，全国人大有权改变或者撤销全国人民代表大会常务委员会不适当的决定；宪法赋予全国人大的该项权力，可以确保全国人大常委会制定的法律符合宪法。宪法第六十七条规定，全国人大常委会有权撤销国务院制定的同宪法、法律相抵触的行政法规、决定和命令，撤销省一级权力机关制定的同宪法、法律和行政法规相抵触的地方性法规和决议；全国人大常委会审查行政法规、地方法规、部门规章、自治条例和单行条例是否违反宪法。但是如何保障法律、法规和规章等符合宪法，我国的宪法条文没有做出具体的规定。

《立法法》细化了宪法的原则性规定，明确了对法律进行合宪性审查和裁决的主体，完善了备案制度，并规定了启动违宪审查的主体和程序。该部分内容已在前文做出详细阐述，故不再重复。

中共中央与国务院联合发布的规范性文件，国务院与有关社会组织联合发布的规范性文件等，是我国一种独特的法的渊源。① 国家机关的活动不仅受到宪法和法律的调整，而且广泛地受到党的政策的指导和社会组织的规范性文件的调节。这类政党的规范性文件虽然数量不多，但往往意义重大，值得重视。现在的问题是，此类规范性文件是否属于宪法监督的范围？

---

① 罗豪才主编：《行政法学》，北京大学出版社2001年版，第7页。

笔者认为，在社会主义国家，"社会主义民主政治的主体、基本部分，同样是人民主权机关——人民代表大会制度和社会主义法制，公民依法获得应有的自由和平等权利，党的领导不过是一种推动力量或创造力量"①。因此，政党和政党制度与一国的根本政治制度或政权组织形式比较起来，只占一个从属的地位。② 在我国，宪法是人民的意志和党的正确主张的统一。因此，严格地遵守宪法，既是为了维护宪法的尊严，也是为了体现党对国家生活的领导。如果没有一种制度能够保证政党的规范性文件与宪法确立的国家的各项原则保持一致，与宪法保护公民基本权利的目的相符合，宪法所确立的依法治国的宪政目标将无法根本实现，而且会使个别领导人利用党的权力从事非法活动成为可能。

正是鉴于中国共产党在过去出现的"一言堂"尤其是"文化大革命"的深刻历史教训，所以，党章规定"党必须在宪法和法律的范围内活动"，党的十五大报告在论及反对腐败的问题时指出："坚持标本兼治，教育是基础，法制是保证，监督是关键"。由于共产党是我国的执政党，所以，共产党模范地遵守宪法和法律，无论对于健全我国的法治建设，还是对于改善和加强党的领导，都有着特别重大的影响和作用。宪法的序言和第5条规定"各政党"与一切国家机关和武装力量、各社会团体和各企业事业组织、全国各族人民一样，也都必须遵守宪法，都必须以宪法为根本的活动准则；并指出一切违反宪法和法律的行为，必须予以追究。这就为对政党的规范性文件实施宪法监督提供了法律依据。当然，对法律与政党的规范性文件违宪的处理方式应该是不同的，国家权力机关有权撤销或修改违宪的法律、法规和规章等，并有权撤销或罢免国家机关领导人的职务；但对于政党的规范性文件，国家

---

① 吴江、牛旭光著：《民主与政党》，中共中央党校出版社1991年版，第18页。

② 许崇德主编：《宪法学（中国部分）》，高等教育出版社2000年版，第174页。

权力机关应该首先建议其自行修改，对违宪者可以提出各种处理的建议。

对法律和政党的规范性文件进行宪法监督的根本目的，在于保证宪法在国家法律和一切政策文件中的最高法律效力和权威地位，以维护社会主义法律的统一，保障依法治国的宪政精神在法律和文件中得到贯彻。

2. 监督国家机关及其负责人员

国家机关负责人的违宪与普通公民的违法不同。国家机关的负责人因为担任国家机关的某种职务，因而获得了很大的职权，所以宪法为其规定了职权范围。国家机关负责人以国家名义，代表国家行使权力和对国家进行事务管理过程中实施的行为，是具有政治性的国家行为。国家机关负责人在这种情况下违反法律，则属于违宪。如果将普通公民的违法行为也视为违宪，不仅会降低违宪监督的权威性，而且也会混淆违法与违宪的区别。国家负责人违宪与普通公民违法的区别如下：

首先，国家负责人违宪与普通公民违法侵害的客体不同。普通公民的违法行为侵害的客体是比较单一，例如，违反婚姻法所侵害的客体是婚姻法所保护的婚姻家庭关系，违反治安管理处罚条例所侵害的客体是正常的行政管理秩序。而国家机关负责人违宪侵害的客体是宪法及宪法性文件所保护的社会制度、国家制度及其有关权利和义务的关系。例如，最高司法部门宣布国家处于紧急状态，省人大制定的地方性法规与宪法抵触，这些行为破坏了宪法赋予国家机关之间的权利与义务关系。

其次，国家负责人违宪与普通公民违法的后果不同。普通公民的违法行为虽然也具有一定的破坏性和严重性，但在涉及的范围上和影响后果上则相对有限。而国家机关负责人的违宪行为不是危害到整个国家，就是危害到某一地区的政治生活、经济生活、社会生活和公民的根本权益。例如，某一部门规章违反了宪法的精神和原则，但该规章已交由各级行政机关和部门执行，或者公共安全部门对某一地区实施戒严，都会对全社会造成重大的消极影响，其后果的严重性远远大于普通公民违法犯罪所造成的危害。

最后，国家负责人违宪与普通公民违法的制裁方式不同。普通公民的违法行为一般都由普通法律通过诉讼程序追究其相应的法律责任，包括刑事制裁、民事制裁和行政制裁。对于国家负责人的违宪行为，一般由专门的机关进行审查，并对其进行弹劾或罢免。

社会主义国家，一般都实行人民代表制，国家机关主要负责人都是由人民直接选举或间接选举产生，负责人要向代表机关负责，并受其监督。对违反宪法的负责人，要视其情节和根据法律程序以罢免。犯有严重罪行的负责人则交给国家司法机关审判。例如朝鲜民主主义人民共和国宪法第 76 条规定，国家最高权力机关——最高人民会议有权罢免由自己选出的人民共和国副主席、中央人民委员会秘书长和委员以及最高人民会议常设会议议员、政务院总理、国防委员会副委员长、中央法院院长、中央检察院院长等；第 125 条规定，地方国家权力机关——地方人民委员会有权罢免本级行政委员长，副委员长、秘书长和委员。我国宪法对全国人大常委会、国务院、最高人民法院、最高人民检察院以及中央军事委员会的职权都做了规定。上述国家机关或者其领导人如果违反宪法履行职权，超越职权或滥用职权，国家权力机关都可以追究宪法责任。此外，如果国务院、中央军委、最高人民法院、最高人民检察院在行政职权时发生权限争议，国家权力机关根据争议的任何一方请求，可进行审查并提出报告，请全国人大裁决。

在我国，虽然权力机关具有最高法律地位，但在实际地位上，行政机关仍处于国家机关体系的中心。在现实生活中，过分强大的行政权仍缺乏有效的制约机制。目前行政机关行政权的扩张与日益强大并不是行政机关的过错，而是社会发展的必然。但是，行政权的强大如不能受到有效的制约，则滥用行政权将会从可能转化为现实性。根据我国现行宪法和法律的规定，人大是一个全面监控同级政府的一个国家机关，法院、检察院则从不同角度对政府行使监督权。但是，因为行政权与监督其权力行使的监督权之间存在着不合理的结构，实践中行政机关可以反过来控制监督者，使监督者无法发挥监督功能。例如，政府强大的财政权，可以牵制其他国家机关的活动，而人大财政监督权多半流于形式的事实，使这种权力结构更趋向不合理。再如，各级人大组织的各种执法监督活动，绝大多数不是针对本级政府的，而是下级政府，这也说明人大对同级政府监督的难度。① 因此，笔者认为，对国家机关及其负责人员进行宪法监督的重点是对行政机关的行政行为进行制约和监督。

3. 监督并制裁侵犯公民基本权利的行为

公民的基本权利，是指由宪法所规定的、公民享有的最主要的权利。权利的基本性体现在，它构成权利体系的基础，表明公民在国家生活中的法律地位，如果公民不享有这些权利，则无法体现民主国家的人民主权性。多数基本权利的规定是相对于国家的义务而言，即公民的基本权利就是国家的责任。所以，宪法规定的公民的基本权利，对国家和公民来说，都是必不可少的，这是一个方面；另一方面，它也是普通法律规定公民权利的基础和依据。例如，我国宪法规定了妇女在政治、经济、文化、社会和家庭生活等方面享有同男子平等的权利。婚姻法根据宪法这一原则进一步具体规定：男女婚姻自由；一夫一妻；夫妻在家庭中的地位平等；夫妻双方各自有使用自己姓名的权利；夫妻双方都有参加工作、生产、学习和社会活动的自由；夫妻双方都有实行计划生育的义务；夫妻都有平等处理共同财产的权利，等等。可见，普通法律规定的公民一般权利，都是宪法规定的公民基本权利的具体化。

根据宪法规定，我国公民的基本权利包括：①平等权，②政治权利和自由，③宗教信仰自由，④人身自由，⑤监督权和取得赔偿权，⑥社会经济权利，⑦文化教育权利和自由，⑧特定主体的权利。应该说对公民上述宪法所规定的基本权利的侵犯是违宪行为。但是，这个结论至少需要附加两个条件：第一，违宪行为是一种国家行为，由某个国家机关或者以国家的名义行使职权的人侵犯了公民上述基本权利的行为，才构成违宪；第二，对上述宪法权利的侵

---

① 章剑生著：《行政监督研究》，人民出版社2001年版，第136页。

犯必须是直接的，而不是间接的。不满足这两个条件，就不是违宪行为，而是一般违法行为。① 例如，普通公民强制其他公民加入自己信仰的宗教，或者子女虐待自己的父母，就是一般违法行为，而不是违宪。

不过，也不能认为，只要符合这两个条件的行为都属于违宪的行为，因为违反行政法的行为在某些条件下也符合这两个条件，例如，警察私自闯入民宅拘留了观看色情光碟的夫妇，劳动部门怠于保护民工的劳动权。受侵害的公民有权向法院提起行政诉讼，通过行使行政审判权而不是宪法监督权，使受宪法保护的权利得到恢复。但是，如果对公民基本权利的侵害不是来自于任何个人或具体的某个机关，而是来自于某种国家权力，例如，地方权力机关颁布的某项地方法规对公民的人身自由进行了限制，或者，行政机关通过制定的规章，对公务员报考人员的身高、体重、性别和疾病做出歧视性的限制，这些规范性文件的规定违背了宪法的规定或者精神，必然损害宪法赋予公民的基本权利和自由。这种情况下，为了保障公民的基本权利，就需要宪法监督。国家权力机关可以通过宪法监督程序，保证法律、法规等规范性文件与宪法规定的一致性，使公民的基本权利免受法律、法规等规范性文件带来的普遍性侵害。

可见，公民权利保障是一个有机组成的体系，包含着不同层次、不同形态的法律监督要素，其中宪法监督构成这个体系的基础。宪法监督在客观上具有不可取代性，是保障公民基本权利的不可缺少的部分。其他法律监督类型是宪法监督的具体化，是从宪法监督这个基础性监督中派生出来的。宪法监督确定了公民享有的最低限度的基本权利保障，以清除那些可能普遍侵犯公民基本权利的行为，维护公民的宪法地位。

---

① 李小沧著：《中国的行政监督制度》，天津大学出版社 1999 年版，第 136 页。

四、宪法监督的程序

(一) 宪法监督程序概述

宪法监督的程序,是指监督主体实施宪法监督在时间和空间上的表现形式,也就是指宪法监督所遵循的方式、步骤、顺序以及时限的总和。任何对宪法实施的监督都有反映在时间和空间上的形式,没有无形式的内容,也没有无内容的形式。所谓空间形式,是指实施宪法监督的表现形式。例如,德国宪法法院的裁判,从形式上可以分为判决和裁定两种,凡以言词辩论为基础做出的裁判为判决;不经过言词辩论做出的裁判则为裁定。所谓时间形式,是指实施宪法监督所必须履行的每个环节和每种形式的时间限制。

在法治社会里,国家机关的活动应当受到宪法的严格约束,而宪法监督程序正是对国家机关的活动进行约束的重要机制之一。法治的首要含义就是对国家机关的权力进行限制,使国家机关权力的行使有法律上的依据。而要使国家机关权力受到限制和不被滥用,仅仅赋予宪法监督主体强大的监督权是不够的,还需要借助一套设计严密、合理的宪法监督程序。行使宪法监督权,必须履行正当程序 (natural justice),不正当的程序一般不会产生权威的结果,也就难以纠正国家政治生活中出现的各种违宪行为。正当的宪法监督程序能把国家机关的活动纳入到一个受钳制的架构里,为权力的行使设立监控,使其受到掣肘,形成一个有效的制约网络。宪法监督程序以其特有的功能达到维护宪法崇高地位的效果。

世界各国的宪法监督制度中一个极其重要的内容就是对违宪监督程序的规定。从世界各国的宪法性法律文件的规定看,宪法监督程序主要有:

1. 违宪审查的提出

违宪审查的提出仅仅是宪法监督启动的前提条件,而不是唯一条件。如果宪法监督机构发现违宪审查的动议不涉及宪法问题或不符合宪法规定的条件时,则有可能在正式审查前驳回。例如,美国宪法规定,只有诉讼当事人在争议中涉及宪法问题,并由当事人向联邦最高法院提出要求时，联邦最高法院才通过调卷令审查下级法院的判决以及判决所涉及的法律是否合宪。

由于各国违宪审查的理念和体制不同，各国启动违宪审查的主体也有所差别。美国的宪政观念认为，"不告不理"的司法原则同样适用于违宪审查。只有维护自己权益的诉讼案件当事人，在涉及宪法问题时，才有要求违宪审查的动力，也有提出违宪审查的必要。当事人是否要求宪法审查，属于当事人的处分权，宪法监督机构既无法知悉，也不好代劳。提出违宪审查的要求后，就当事人而言，表明了其要求宪法审查的意向；就宪法监督机构而言，引发了其依据宪法审查国家机关活动并做出相应决定的义务。因此，美国的违宪审查是附带性审查，启动主体是诉讼案件的当事人。德国在该问题上与美国差别不大，对启动违宪审查的主体没有任何限制。德国基本法（即宪法）第 94 条规定，所有人，无论是组织还是个人在认为自己的基本权利受到公权力或法律的侵害时，都有权向宪法法院提起诉讼，要求宪法法院依法行使违宪审查权，以保护其合法权益。法国启动违宪审查的主体因对象不同而有所区别。法国宪法第 61 条规定，各项法律在颁布以前应由共和国总统、内阁总理、两院中任何一院的议长，或由六十名国民议会议员或六十名参议院议员提交宪法委员会审查；各项组织法在颁布以前，议会两院的内部规章在执行以前，均应提交宪法委员会审查，以裁决其是否符合宪法。这也就是说，对于一般性法律，启动的主体是国家领导人或一定数量的议员；对于组织法等特别法律、规章，因为属于自行交付的强制审查，不涉及启动主体的问题。

2. 违宪审查的方式

在监督机关审查处理违宪案件的方式上，各国也各不相同。主要有以下两种不同方式：

（1）具体的违宪审查。即审查机关只有在出现了具体纠纷并由利害关系人提出诉讼以后才进行审查。由普通法院行使违宪审查权的国家都采取这种方式，一些设立违宪审查特设机关的国家也采取这种方式。

（2）抽象的违宪审查。即行使违宪审查权的机关审查法律、行政行为，既不以发生具体纠纷为前提，也不以利害关系人提出审查请求为要件，当宪法中规定的有违宪诉讼主体资格的国家机关或个人认为某项法律、命令违宪而请求审查时，即可进行审查。由立法机关或最高国家权力机关行使审查权的国家及由特设机关行使违宪审查权的国家都采取这种方式。① 抽象的违宪审查又可以分为事前审查和事后审查。事前审查指为了防止违宪问题的发生，在法律、法令未公布之前，要对其进行合宪性的审查。这是一种事前预防性审查，是积极主动的方式。例如，意大利宪法规定，内阁在某项法律正式公布后的 15 天内，省政府在某项中央议会立法正式公布后的 30 天内，省政府在该省某项法律正式公布后的 60 天内，可以申请宪法法院对相应的有关法律进行审查。事后审查制，这是在法律、法令颁布以后，且产生了违宪问题，为了纠正违宪法律产生的后果，而对其进行合宪性的审查。这是一种消极被动的方式。

（3）宪法控诉，或称宪法请愿。即任何公民在穷尽了各种救济方式之后，仍然认为某些国家权力行为侵犯了自己的宪法权利时，有权向宪法法院提出审查请求。如果是直接针对某项法律，则要在该法律生效后一年内而且能够说明其基本权利直接受法律侵犯的原因，方可提出。经过审查，如果宪法监督机构认为法律、法令等与宪法相冲突，有权撤销。作为保障公民宪法权利的最后的例外的补救措施，是联邦德国特有的审查方式。

3. 违宪审查的裁判

在国家法律生活中，违宪有两种情况：一种是由于国家机关制定的法律、法规、命令和采取的行政措施与宪法精神原则相抵触，而违反了宪法；另一种是国家机关领导人的行为与宪法精神原则相违背，而违反了宪法。宪法监督机关对上述两种情况的合宪性进行审查之后，要做出是否违宪的结论，这种结论一般都具有强制性。

---

① 《中国大百科全书·光盘 1.2 版》（政治学卷），胡锦光撰写的"违宪审查制度"部分。

就世界各国对违宪审查的裁判来看，也主要有两种方式：

（1）宣布违宪的规范性文件无效。在各国的宪法监督程序中，对违宪的法律、法规、命令和行政措施，大多是经过最高法院或者宪法法院的司法审理，宣布其全部或部分条款无效。在美国，被最高法院宣布为违宪的法律，虽然没有被废止，但由于美国法院实行判例法，上级法院的判决对下级法院有约束力，对于被宣布为违宪的法律下级法院就不能再援用，因此这一法律实际上已经失效。在法国，被宣布为违反宪法的条款不得公布，也不得执行，而且对宪法委员会的裁决不得上告。在意大利，当宪法法院宣布法律或法令的某项条款为违宪时，这些条款在判决公布的第 2 天就失去效力。在捷克斯洛伐克，被宪法法庭裁决为违宪的法规的某项条款，有关机关应在 6 个月内加以修改，否则这些条款就在裁决公布 6 个月之后失效。

（2）弹劾、罢免（惩罚）失职、违法、犯罪的国家元首、政府首脑和其他国家领导人（国家机关负责人、政团领袖及其他人员）。弹劾、罢免是对失职或违法、犯罪的公职人员追究其法律责任的一项违宪审查处理方式。现在多数国家一般都实行弹劾制，少数社会主义国家实行罢免制。例如，美国宪法第 2 条第 4 项规定："合众国总统、副总统和合众国的所有高职官员，因叛国、贿赂或其他重罪和轻罪而受弹劾并被定罪时，应予免职。""合众国总统受审时，最高法院首席法官应为主席。"同时宪法还规定："弹劾案的判决，以免职及剥夺享受合众国尊荣并担任有责任或酬金职位的资格为限。但被定罪者应依法受公诉、审讯、判决及惩罚的处分。"这是宪法对受弹劾者判决的责任界限及定罪程序所作的原则规定。

另外，绝大多数宪法监督机构做出的裁判为最终决定，不得上诉。但个别宪法监督机构做出的审查结论仅具有建议性质，不是最终裁决。例如，罗马尼亚宪法规定，大国民议会设立一个常设委员会——宪法与法律委员会，作为受最高国家权力机关直接领导的宪法监督机构；根据大国民议会或国务委员会的委托，该委员会对法律草案、法令、命令、决议进行合宪性审查，但是该委员会做出的审查结论并无法律效力，只能向最高国家权力机关提出报告与意见。

（二）我国的宪法监督程序

目前，我国除了宪法上的规定外，严格地说，现实中还没有真正建立起宪法监督制度，并不是现实中没有违宪的事情发生，问题在于没有专门机构从事这项监督工作。[1] 尽管现行宪法实施至今已有二十多年时间，但是最高国家权力机关在行使宪法监督权方面做得仍不尽如人意，没有行使过宪法监督权，或者至少没有宣布改变、撤销过一个法律、行政法规、地方法规，甚至行政规章。[2] 我国宪法和法律缺乏对宪法监督程序的具体规定，国家权力机关行使宪法监督权面临各种实际困难。事实上，任何法律活动都伴随着程序的要求，宪法监督的程序操作同样重要，而这在我国现阶段的宪法监督制度中是一个重大疏漏。

虽然《立法法》对宪法监督程序做出一些规定，但仍然缺乏可操作性。问题主要表现在两个方面[3]：第一，宪法监督程序启动之后，还应对随后的审查阶段设定必要的程序。监督机关在发现问题或受理公民、组织的立法违宪案件的投诉后，应采取什么样的措施进行必需的审查，审查的组织和权限，审理的时限要求，审查后对相关问题应以什么方式做出结论等，都应当有详细的法律规范加以明确。第二，对于违法情况应如何处理，处理的有权机关以什么样的方式告知被监督的国家机关，被监督的国家机关在接受监督过程中拥有的权利和必须履行的义务都有哪些。

---

① 蔡定剑著：《中国人民代表大会制度》，法律出版社1998年版，第416页。

② 胡锦光著：《中国宪法问题研究》，新华出版社1998年版，第201页。

③ 汤唯、孙季萍著：《法律监督论纲》，北京大学出版社2001年版，第318页。

结合宪法和立法法等法律，我国的宪法监督程序主要包括以下内容：

1. 宪法监督程序的启动

第一，由中央国家机关和省级人大常委会行使的动议权。立法法第九十条规定，国务院、中央军事委员会、最高人民法院、最高人民检察院和各省、自治区、直辖市的人民代表大会常务委员会认为行政法规、地方性法规、自治条例和单行条例同宪法或者法律相抵触的，可以向全国人民代表大会常务委员会书面提出进行审查的要求，由常务委员会工作机构分送有关的专门委员会进行审查、提出意见。

第二，由全国人大专门委员会行使的动议权。立法法第九十一条规定，全国人民代表大会专门委员会在审查中认为行政法规、地方性法规、自治条例和单行条例同宪法或者法律相抵触的，可以向制定机关提出书面审查意见；也可以由法律委员会与有关的专门委员会召开联合审查会议，要求制定机关到会说明情况，再向制定机关提出书面审查意见。制定机关应当在两个月内研究提出是否修改的意见，并向全国人民代表大会法律委员会和有关的专门委员会反馈。

第三，由其他社会组织和公民个人行使的建议权。立法法第九十条规定，前款规定以外的其他国家机关和社会团体、企业事业组织以及公民认为行政法规、地方性法规、自治条例和单行条例同宪法或者法律相抵触的，可以向全国人民代表大会常务委员会书面提出进行审查的建议，由常务委员会工作机构进行研究，必要时，送有关的专门委员会进行审查并提出意见。

2. 宪法监督的方式

我国采用事前审查和事后审查相结合的方式。我国宪法第116条规定："民族自治地方的人民代表大会有权依照当地民族的政治、经济和文化的特点，制定自治条例和单行条例。自治区的自治条例和单行条例，报全国人民代表大会批准后生效。"这"批准后生效"，就是事前审查的方式。我国宪法第67条规定的全国人大常委会有权撤销国务院和各省、自治区、直辖市的与宪法和法律相抵触的行政法规和地方性法规等，就是事后审查的方式。应该说，这两种方式的并用，互相补充，对监督保障宪法实施是有积极作用的。

3. 宪法监督的裁判

对于违反宪法的规范性文件。立法法规定，全国人民代表大会法律委员会和有关的专门委员会审查认为行政法规、地方性法规、自治条例和单行条例同宪法或者法律相抵触而制定机关不予修改的，可以向委员长会议提出书面审查意见和予以撤销的议案，由委员长会议决定是否提请常务委员会会议审议决定。因此，在我国，因违宪而被全国人民代表大会常务委员会撤销的行政法规和地方法规以及未经全国人民代表大会常务委员会批准的自治条例和单行条例，都没有法律效力。

对于违反宪法的国家机关负责人。因为我国的政治制度是人民代表大会制度，国家机关主要负责人都是由人民直接选举或间接选举产生，负责人要向代表机关负责，并受其监督。对违反宪法的负责人，要视其情节和根据法律程序予以罢免，犯罪的移交国家司法机关进行审判。

总之，我国的宪法监督程序是低效、高成本、缺乏操作性的监督程序，这不仅会阻碍监督程序自身目的的实现，还会影响实施宪法监督的社会效果。

（三）我国宪法监督程序立法的目标模式与结构模式

宪法监督程序立法的目标模式是指宪法监督程序法根据所需达到的目的而形成的总体特征。宪法监督程序立法可以发挥多方面的作用，立法者可以按照社会的需求和自己的目标进行选择，这种选择会使一国的宪法监督程序法形成一定的目标模式。宪法监督程序立法的目标模式主要有三种：

1. 效率模式

此种模式的宪法监督程序主要以提出违宪审查的效率为目标，宪法监督程序立法的设计主要考虑如何更有利于宪法监督机关行使监督权力，如何更有利于宪法监督机关对国家各个机关活动的监督，更有利于其提高监督效率。效率模式的主要特征有：①宪法监督机关的自由裁量权较大；②实施宪法监督的过程步骤紧凑，简便易行；③对宪法监督机关的职权和职责规定明确；④注重宪法监督程序规范的科学性、合理性。

2. 权利模式。此种模式的宪法监督程序主要以保障被监督组织的权益为主要目标，宪法监督程序立法的设计主要考虑如何防止和控制宪法监督权滥用，如何避免宪法监督机关在行使权力中以权谋私和侵犯被监督组织的合法权益。权利模式的主要特征有：①注重对影响被监督组织权利的监督行为的控制；②注重宪法监督职权行使中被监督者权利的程序保障；③注重监督行为尽可能为被监督者提供参与机会；④程序设计比较完备。

3. 并重模式。即保护被监督者权利和提高宪法监督效率同等重要。既不能完全选择效率模式，忽视对监督权力的控制和对被监督者权益的保护，也不能完全选择权利保障模式，忽视提高监督效率和保障宪法监督的顺利进行。在对各种程序制度和规范的设计上，尽可能做到二者兼顾，既有利于控制滥用宪法监督权力和保护被监督者合法权益，又有利于提高宪法监督效率。这样的宪法监督程序立法目标模式既不是完全的效率模式，也不是完全的权利保障模式，而是一种介于两者之间的中间模式。

笔者认为，应选择效率兼容权利模式作为我国宪法监督程序立法的目标模式。在我国，人民是国家的主人，国家的一切权力属于人民。因此，制定宪法监督程序法的目的在于维护宪法和国家权力机关的权威，避免其他国家机关权力的运作脱离法治轨道。不可否认，宪法监督程序法兼有维护宪法权威和保护被监督者合法权益两个方面的内容，但它主要是通过维护宪法权威来实现其目的。强调该模式并不排除某些情况下保护被监督者的权益，但保护被监督者的权益时，考虑到我国的国情，更应维护宪法至高无上的法律地位，才会产生相应的社会效益。因此，在我国宪法监督程序法的整体取向上应为效率优先兼容权利模式。

宪法监督程序法的结构模式是指一国宪法监督程序法律制度的

构成样式。主要有两种模式，即统一式和分散式。

1. 统一式是指制定统一的宪法监督程序法典。在统一模式下，并不排除某些专业性单行宪法监督程序法律为特定领域和特定事项规定较具体的宪法监督程序；也不排除个别法律文件在规定宪法监督的实体问题时，规定有关宪法监督程序的内容。

2. 分散式是指一国宪法监督程序立法文件分散规定于宪法、法律和法规之中，不制定统一适用于宪法监督领域的各部门、各类别的宪法监督程序法典。在分散式模式下，国家权力机关分别就特定领域或特定事项制定单行宪法监督程序法律。这种模式不排除个别宪法监督实体法中规定有关具体的宪法监督程序，如立法法、公民基本权利保障法等。

随着民主与法治的发展，当代世界越来越多的国家都已经制定或准备制定统一的宪法监督程序法典，走统一式的宪法监督程序立法道路。从 1986 年酝酿到 2006 年正式出台的《各级人民代表大会常务委员会监督法》建立了执法检查机制和备案审查机制，成为我国第一部真正意义上的监督法但仍未正式确立宪法监督机制。

第三节　　法律监督

一、法律监督概述

法律监督，是指为全面维护国家法律的实施和保障公民的合法权益，各级人大及其常委会通过法定的方式和程序，对由其产生的其他国家机关实施的行为是否合法所进行的监督。它又可以称为"人大监督"或"立法监督"，是国家监督的一种基本形式。法律监督从根本上说，是人民当家做主参与国家事务管理权利的表现，对于防止行政机关、司法机关滥用权力具有重要的意义，是仅次于违宪监督的国家监督制度。

在世界各国，代议机关的设置目的，除进行立法之外，主要是为了监督行政机关，法律监督权是国家权力机关一项固有的权力。

19世纪末20世纪初，随着行政机关权力的日益扩张，西方国家的政治理论家普遍认为代议机关有必要扩大对政府的监督范围。正如美国总统威尔逊在其所著的《国会政体》一书中所言："一个有效率的，被赋予统治权的代议机构，应该不只是像国会那样，仅限于表达全国民众的意志，而且做民众的眼睛，对政府的所作所为进行监督。严密监督政府的每项工作，并对所见到的一切进行议论，乃是代议机构的天职。"① 英国政治思想家密尔也指出："代议制议会的适当职能不是管理——这里它完全不合适的——而是监督和控制政府。把政府的行为公开出来，迫使其对人们认为有问题的一切行为做出充分的说明和辩解；谴责那些该受责备的行为，并且，如果组成政府的人员滥用职权，或者履行责任的方式同国民明显的舆论相冲突，就将他们撤职。"② 因此，在现代法治国家，人大及其常委会对行政机关的监督是行政监督制度中的重要内容。

在我国，人大及其常委会对行政机关的监督，有一种"工作监督"的观点，并认为："其监督的内容，基本上可以分为法律监督和工作监督两大方面。……工作监督具体包括：全面工作监督，计划监督，财政监督，对人民代表议案、意见、建议办理情况实行的督促，对司法工作的检查督促，对国家机关组织人员选举、任命、决定以及罢免、撤职等方面的监督，对重大军事、外交事务的监督。"③ 对此，大部分学者持不同意见："从形式上说，这种区分并不是完全没有意义。但必须指出，这种划分是很不科学的。人民代表大会的监督从本质上来说都是法律监督。人民代表大会监督的

---

① ［美］威尔逊著：《国会政体——美国政治研究》，商务印书馆1980年版，第164、167页。

② ［美］密尔著：《代议制政府》，商务印书馆1982年版，第80页。

③ 尤光付著：《中外监督制度比较》，商务印书馆2003年版，第84—88页。

根本特点就在于它全面监督国家法律的实施。"① 笔者赞成后一种观点。理由如下：

首先，法律监督一词明确了法律在社会生活中的最高权威性。法律监督要求一切组织和公民个人都必须在宪法和法律的范围内活动，不允许任何人、任何组织凌驾于法律之上。在新中国宪政史上，尽管宪法赋予人民代表大会监督权，但个别国家领导人法治观念淡薄，不受法律的监督和约束。在所有对人的行为有约束力的社会规范中，法律具有最高权威，这是一切权力属于人民的宪法原则的体现。工作监督一词难以表达现代社会中法律的最高权威性。

其次，法律监督一词显示了法律介入国家监督的广泛性。从字面上看，狭义地说，工作监督仅指相对于政治监督、生活监督的一种制度；广义地说，它也只包括国家权力机关对法律的实施进行监督在内的一种活动，而对法律在国家监督中的作用范围从字面上无法界定。而法律监督一词的含义比较明确，就是在全部的国家生活和社会生活中都必须接受国家权力机关的监督。法律不仅在国家政治生活中具有重大作用，而且在国家的政治生活中也同样具有重要作用。

最后，法律监督一词蕴涵了法律监督国家机关活动的正当性。工作监督所包含的法律和制度，其含义从字面上看是中性的，解决不了宪政体制下国家机关所依之法的正当性要求。例如，在中国近代革命史上，法律长期被少数人作为镇压人民，维护自己统治地位和腐朽政权的工具；纳粹德国时期的监督制度更使人们意识到法有善恶之分。而法律监督一词则蕴涵了这种正当性。法律监督的法是由国家机关通过民主程序制定的，集中反映了广大人民的意志；法律监督要求国家机关活动的法律化，可以从根本上改变我国国家生活中各种文件（包括红头文件）"满天飞"的弊病，使国家机关的活动具有可预测性和确定性，使国家机关的活动具有程序化、制度

---

① 蔡定剑著：《中国人民代表大会制度》，法律出版社1998年版，第373页。

化的保证。

总之，法律监督较之工作监督，其内涵更为丰富，更符合依法治国的目标要求。工作监督是一种手段，而法律监督则不仅是一种监督方略，而且也是一种价值选择。当然，工作监督并非没有意义，实际上，工作监督正是法律监督的重要前提。没有健全的国家权力机关的工作制度，法律监督也不可能实现。

二、法律监督的主体

法律监督的主体，简言之，是指行使法律监督权的国家机关。在我国，国家权力机关监督中的法律监督主体是人民代表大会。本文分别介绍如下：

（一）全国人民代表大会及其常务委员会

全国人民代表大会是中华人民共和国的最高国家权力机关，也是行使国家立法权的机关，在全国国家机构体系中居于首要地位。宪法规定，全国人民代表大会由省、自治区、直辖市和军队选出的代表组成。各少数民族都应当有适当名额的代表。代表以间接方式选举产生，名额以一定的人口比例为基础，同时又适当照顾地区和单位。在城乡之间、汉族与少数民族之间，人口比例也有一定差别。1979 年通过、1995 年修订的《中华人民共和国全国人民代表大会和地方各级人民代表大会选举法》，对各省、自治区、直辖市和人民解放军选举出席全国人民代表大会的代表总名额，原则上规定不超过 3000 人，并规定了农村每 1 代表所代表的人口数 4 倍于城市每 1 代表所代表的人口数。少数民族代表名额，由全国人民代表大会常务委员会参照各少数民族的人口数和分布等情况，分配给各省、自治区、直辖市。人口特少的民族至少应有 1 名代表。各届代表中妇女代表和少数民族代表都占相当的比例。全国人民代表大会是代表全国人民行使国家权力的最高国家权力机关，它的权力来自人民，根据宪法，其职权包括：修改宪法，监督宪法的实施和制定、修改法律；决定、选举和罢免国家领导人；决定国家生活中的重大问题；监督权；此外，全国人民代表大会还行使应当由最高国家权力机关行使的其他职权。

全国人民代表大会常务委员会是全国人民代表大会的常设机关，是在全国人民代表大会闭会期间行使国家权力的机关，是全国人民代表大会的一个组成部分，由委员长、副委员长若干人、秘书长和委员若干人组成。常务委员会的组成人员必须是全国人民代表大会的代表，并由每届全国人民代表大会的第一次会议选举产生。常务委员会对全国人民代表大会负责并报告工作，受全国人民代表大会的监督。全国人民代表大会有权罢免常务委员会的组成人员。常务委员会和全国人民代表大会相同，它行使职权到下届全国人民代表大会选出新的常务委员会为止。常务委员会的委员长、副委员长、秘书长和委员连选都可以连任，但是 1982 年宪法规定，委员长、副委员长连续任职不得超过两届；又规定常务委员会的组成人员不得担任国家行政机关、审判机关和检察机关的职务。全国人大常委会主要是举行会议，讨论和决定各项重要工作。常务委员会会议一般每两个月举行 1 次，由委员长召集。全国人民代表大会各专门委员会、国务院、中央军事委员会、最高人民法院、最高人民检察院，可以向全国人民代表大会常务委员会提出属于常务委员会职权范围内的议案，由委员长会议决定提请常务委员会会议审议，或者先交有关的专门委员会审议，提出报告；再提请常务委员会会议审议。常务委员会的决议由全体委员的过半数通过。常务委员会举行会议的时候，可以由各省、自治区、直辖市的人民代表大会常务委员会派主任或者副主任 1 人列席会议，发表意见。

（二）地方各级人民代表大会及其常务委员会

地方各级人民代表大会是我国地方各级行政区域的国家权力机关。在国家机构系统中占有重要地位。中华人民共和国宪法对地方各级人民代表大会的设立、组织、任期、职责、权限、代表的产生及其与选民的关系等，都作了明确规定。根据 1982 年《宪法》以及《地方各级人民代表大会和地方各级人民政府组织法》，省、自治区、直辖市、自治州、设区的市的人民代表大会代表由下一级人民代表大会选举产生；县、自治县、不设区的市、市辖区、乡、民族乡、镇的人民代表大会代表由选民直接选举产生。省、自治区、直辖市、设区的市、县、自治县、不设区的市、市辖区、乡、民族乡、镇的人民代表大会每届任期 5 年。地方各级人民代表大会行使的职权依照 1982 年《宪法》和《地方各级人民代表大会和地方各级人民政府组织法》的规定，可以归纳为下列 5 类：①保证宪法和法律以及上级人民代表大会的决议在本行政区域内的遵守和执行；②决定重大事项，有权通过和发布决议；③对国家机关负责人人选的决定权；④监督权；⑤省级人民代表大会和它们的常务委员会的地方性法规制定权。

县级以上地方各级人大常委会是本级人大的常设机关，也是地方各级人大闭会期间行使地方国家权力的机关。在 1979 年以前，一直没有单独的常设机关，而由各级地方人民政府（人民委员会、革命委员会）行使本级人民代表大会的常设机关的职权。1979 年颁布《地方各级人民代表大会和人民政府组织法》之后，县以上的人民代表大会都设立了常务委员会。乡、镇的人民代表大会则仍由本级人民政府行使常设机关职权。省、自治区、直辖市的人民代表大会及其常务委员会根据本行政区域的具体情况和实际需要，在不同宪法、法律、行政法规相抵触的前提下，可以制定地方性法规。较大的市的人民代表大会及其常务委员会根据本市的具体情况和实际需要，在不同宪法、法律、行政法规和本省、自治区的地方性法规相抵触的前提下，可以制定地方性法规，报省、自治区的人民代表大会常务委员会批准后施行。

三、法律监督的对象

法律监督的对象，是指由宪法所规定的法律监督权所指向的客体。狭义的法律监督对象，仅是指那些由人大及其常委会产生、并向人大及其常委会负责的国家机关及国家机关组成人员。这里的"国家机关"是指本级人民政府、人民法院和人民检察院。就全国人大而言，还要监督由其产生的国家主席、中央军事委员会。"国家机关组成人员"是指上述国家机关中，由人大及其常委会选举产生和决定任命的工作人员。广义的法律监督对象涉及人大对人大常委会，上级人大常委会对下级人大及常委会。当然，其他监督关系与人大上下级之间的监督关系有所不同，他们不是产生和负责的关系，而是一种纯粹的法律监督关系。

政府一般公务人员不属于法律监督的对象。因为：我国宪法规定，作为权力机关的人大及其常委会有权监督法律的实施，即监督执行机关执行法律。执行法律的"人"是指国家机关和能以国家名义掌握执法权的"个人"。这些"个人"也绝非普通政府公务人员，而是由权力机关选举或决定任命的"个人"，他们包括国务院总理、各部部长，也包括司法机关的法官和检察官。法官和检察官在法律上也是以国家名义执行法律，并能独立地对法律负责，他们的职务也必须经人大常委会的任免。但是，政府一般公务人员除非受到由权力机关选举、任命的行政首长的委托，否则是不能以国家名义执行法律、独立地对法律负责的，而只是对行政首长负责。他们在执行职务中有违法行为，也不能由人大对其实施监督，而只能由行政首长或专门的行政监察机关来实施监督。① 如果政府一般公务人员的违法行为造成了严重后果，权力机关也只能对向它负责的行政首长采取惩罚措施。所以，法律监督的对象不涉及政府一般公务人员。

普通公民不属于法律监督的对象。因为：在我国的人民代表大会制度下，国家监督体系是封闭的制衡的循环圈。我国公民通过选举确定人大代表，人大代表组成权力机关——人民代表大会，所以普通公民有权监督人大代表和代议机关是否表达了自己的意志和保障他们的权益。人民代表大会得到公民的授予的权力，并产生自己的执行机构——人大常委会，其目的是执行自己制定的法律，因此权力机关有权监督执法机关是否忠实地执行法律。执法机关又受到代表机关的授权，组织公民实现法律赋予的公民权利，因而执法机

---

① 李小沧著：《中国的行政监督制度》，天津大学出版社 1999 年版，第144 页。

关有权监督公民是否守法。同时，公民对自己选出人大代表和权力机关进行监督。这种封闭的循环监督体系保证了国家的民主、法治和秩序。所以，如果不是公民监督自己的人大代表和权力机关，而是人大代表和权力机关监督公民，那就本末倒置了。而且，如果权力机关与执法机关共同直接监督公民守法，就会导致权力机关与执法机关的职责不清，造成权力机关干涉执法机关的工作。

四、法律监督的范围

国家权力机关的法律监督是代表人民的监督，因而根本性和广泛性是法律监督的两大特点。其他国家机关依法行使职权的范围都是法律监督的范围，当然法律监督的重点是在宏观领域内对其他国家机关的活动进行控制、调节和制约。

这里需要的明确的是，法律监督的有效性与监督的范围并不一定成正比例，也就是说，监督的内容无所不包，并不一定能实现监督的目的。监督的范围过宽，不仅有可能侵犯其他国家机关的职权，而且可能使国家权力机关力不从心，使监督徒有其名。但是如果监督范围过窄，又不足以防止其他国家机关超越职权或滥用职权。① 理想的法律监督应该立足于一国的国体和政体，根据实际情况确定疏而不漏的宽窄适度的监督范围。

法律监督的范围主要包括以下内容：

（一）政策与计划的监督

政策与计划的监督是指国家权力机关对政府在政治、经济和社会领域所推行的宏观政策及国民经济、社会发展计划的监督。国家权力机关的法律监督主要表现在审议政府工作报告和批准政府提出的国民经济与社会发展计划。

我国宪法第 62 条、第 67 条、第 99 条和第 104 条分别规定中央和地方国家权力机关法律监督的范围：全国人大负责审查和批准

---

① 王勇飞著：《中国行政监督机制》，中国方正出版社 1998 年版，第 63 页。

国务院编制的国民经济和社会发展计划和计划执行情况的报告；在全国人民代表大会闭会期间，全国人大常委会审查和批准国民经济和社会发展计划在执行过程中所必须作的部分调整方案；地方各级人民代表大会在本行政区域内，依照法律规定的权限，通过和发布决议，审查和决定地方的经济建设、文化建设和公共事业建设的计划；县级以上的地方各级人民代表大会审查和批准本行政区域内的国民经济和社会发展计划、预算以及它们的执行情况的报告；县级以上的地方各级人民代表大会常务委员会讨论、决定本行政区域内各方面工作的重大事项。

（二）财政监督

财政监督是指国家权力机关对政府的财政收支状况所实施的监督，它包括审查和批准国家或地方的预算和决算。政府预算是国家行政机关根据其施政方针所编制的一定时间内的财政收支计划，政府预算经国家权力机关批准后，成为该财政年度内政府工作经费的来源和支配的依据，对预算的批准是国家权力机关的事前监督程序。决算是国家行政机关按年度预算执行的最终结果所编的会计报告书，它是国家预算执行情况的总结，必须得到国家权力机关的审核和批准，这是国家权力机关的事后监督程序。

我国宪法、地方组织法和全国人大议事规则对各级国家权力机关监督政府编制预算和批准决算的权力做出原则性规定，全国人大负责审查和批准国务院编制的国家预算和预算执行情况的报告；在全国人民代表大会闭会期间，全国人大常委会审查和批准国家预算在执行过程中所必须作的部分调整方案；县级以上的地方各级人民代表大会在本行政区域内，依照法律规定的权限，通过和发布决议，审查和决定地方的经济建设、文化建设和公共事业建设的计划。审查和批准本行政区域内预算以及执行情况的报告。

（三）司法监督

司法监督是指国家权力机关对人民法院、人民检察院的司法工作以及对司法人员在司法工作中是否严格依法办事实施的监督。

根据宪法和其他有关法律，国家权力机关的司法监督主要包括：通过听取工作报告了解司法机关有关适用法律和司法政策的基本情况；做出相关决议，指导司法机关的司法工作；对司法解释是否符合法律实施审查；受理人民群众对司法机关所办案件的申诉和对司法人员违法行为的控告。除上述方面的法律监督外，近年来，为加强国家权力机关对司法的监督，在实践中形成了最高人民法院和最高人民检察院向全国人大常委会报告重大事项的制度。根据这几年形成的惯例，司法机关应该及时向全国人大常委会报告的重大事项是：某一时期重点打击某类犯罪或法律适用情况的总结；全国范围内有重大影响的案件的侦查、检察、审判和监督情况；检察、审判体制内存在的问题及改革。

（四）人事监督

人事监督是指国家权力机关依据法律的规定，对特定范围内的政府的组成及特定范围内的公职人员履行职责情况所进行的监督。人事监督的核心是政府公职人员的任免权，尤其是各级政府负责人的任免，是国家权力机关人事监督权的集中体现。人事监督权是强化各级政府负责人对国家权力机关负责，使国家权力机关有效地控制政府的政策和活动的根本性手段。

根据我国宪法及相关法律的规定，国家权力机关对政府的人事监督权主要表现在以下几个方面：全国人民代表大会根据中华人民共和国主席的提名，决定国务院总理的人选；根据国务院总理的提名，决定国务院副总理、国务委员、各部部长、各委员会主任、审计长、秘书长的人选；全国人民代表大会有权罢免国务院总理、副总理、国务委员、各部部长、各委员会主任、审计长、秘书长；在全国人民代表大会闭会期间，全国人民代表大会常务委员会根据国务院总理的提名，决定部长、委员会主任、审计长、秘书长的人选；地方各级人民代表大会分别选举并且有权罢免本级人民政府的省长和副省长、市长和副市长、县长和副县长、区长和副区长、乡长和副乡长、镇长和副镇长；县级以上的地方各级人民代表大会常务委员会依照法律规定的权限决定国家机关工作人员的任免。

（五）军事和外交监督

军事监督是指国家权力机关对军事行政机关特定范围内的军事活动所进行的监督。军事监督主要包括批准重大军事行为、审核国防计划等重大事项。

根据我国宪法的规定，国家权力机关的军事监督主要表现为：全国人民代表大会选举中央军事委员会主席；根据中央军事委员会主席的提名，决定中央军事委员会其他组成人员的人选；决定战争与和平的问题。全国人民代表大会有权罢免中央军事委员会主席和中央军事委员会其他组成人员。全国人民代表大会常务委员会在全国人民代表大会闭会期间，根据中央军事委员会主席的提名，决定中央军事委员会其他组成人员的人选；全国人民代表大会常务委员会在全国人民代表大会闭会期间，如果遇到国家遭受武装侵犯或者必须履行国际间共同防止侵略的条约的情况，决定战争状态的宣布；决定全国总动员或者局部动员；决定全国或者个别省、自治区、直辖市的戒严；全国人民代表大会常务委员会规定军人的衔级制度。

我国国家权力机关对政府外交权的监督，主要表现为三个方面：一是任免外交人员，我国宪法规定，全国人民代表大会常务委员会有权决定驻外全权代表的任免；二是审查批准条约，我国宪法规定，全国人民代表大会常务委员会有权决定同外国缔结的条约和重要协定的批准和废除；三是听取国家机关负责人出访报告和外交情况汇报。

五、法律监督的方式

（一）法律监督方式的概念与特征

法学界对"法律监督"是以"监督"为中心从多角度进行研究：从方式上看，法律监督是一种诸如质询、批准、罢免、调查等监督性措施；从行为上看，这是一种以采用监督手段为特征的法律行为；从制度上看，它则是一种由一定的监督主体、监督手段、实施程序等所构成的系统。总之，作为国家权力机关行使职权的一种，法律监督正是以手段的监督性为其主要标志，离开了监督方式，法律监督将成为一句空话。

方式是指为达到某种目的而采取的具体方法。在汉语语义上，方式与手段、方法、办法、措施等词义相近，它们往往相互通用，相互解释。法律监督的方式就是拥有法律监督权的国家权力机关为实现维护法律贯彻实施而采取的具体手段、方法或者措施，它们是法律监督行为的具体表现形式。也可以说，法律监督的方式是国家权力机关在实施法律监督过程中采取的不同种类、不同形态的监督手段的综合概括，是对众多监督方法、手段概念的抽象。

法律监督方式具有如下特征：

第一，法律性

从目的上看，法律监督方式是拥有法律监督权的机关为实现一定的法律目的而实施的；从主体上看，监督方式必须由法定监督主体——国家权力机关实施。以上两点使法律监督方式区别于行政监督方式或司法监督方式。而且，法律监督方式的种类必须由宪法和法律进行设定或规定，任何监督主体不得随意自己创造监督方式。

第二，监督性

所谓监督方式当然具有监督的性质，即监督性本身就是监督方式应有的属性。这里的监督性，主要表现在，作为监督主体的国家权力机关是否采取监督方式以及采取何种监督方式，无须顾及其他被监督对象的意愿，而是依据宪法和法律行事，具有单方意志性和支配性；同时，作为被监督对象的其他国家机关对监督方式的采取即使有异议，也必须执行，只能依法寻求救济。

第三，多样性

监督手段的多样性是由国家监督事务的复杂性、广泛性所决定的。面对各种各样、层出不穷的监督事务的需要，宪法和法律有必要赋予国家权力机关根据不同的需要和条件采取不同的监督方式的权力。例如，西方代议机关的监督方式就包括质询、举行听证会、国政调查、不信任投票、弹劾和罢免以及监察专员的批评建议等。

（二）运用监督方式所考虑的因素

在法律监督过程中，法律监督的方式居于中心环节，法律监督的过程实际上就是运用法律监督手段的过程。宪法和法律对法律监督的规范，主要也是对法律监督手段的规范。法律监督方式的严厉程度决定着法律监督的严厉性，其适用程序也决定了法律监督的最终效果，监督方式在法律监督中的这一地位决定了监督主体在采用监督方式时必须合法及合理。国家权力机关在采取监督方式时应该考虑以下因素：

第一，保障宪法和法律的权威性

在现代绝大多数的国家中，代议机关的监督总是处于至高的地位。在我国，国家权力机关的法律监督具有很高的权威性。根据人民主权和民主集中制原则，国家权力机关是由人民通过选举产生的，代表全体人民的共同意志，行使国家的最高权力，其他国家及其组成人员都是在国家权力机关同意的前提下才能行使自己的权力。法律监督手段的运用，不能为监督而监督，如果国家机关无违法行使职权的行为，国家权力机关也就无行使监督权的必要。法律监督的目的是保障宪法和法律的权威性，这种法律监督是以国家机关违法行使职权为前提。

第二，维护公共利益和社会秩序

设定法律监督权的主要目的，就是维护公共利益和社会秩序，确保国家法律的顺利实施。相应地，法律监督权的行使也必须与这个目的相符合。法律监督方式的采取和实施当然应受到维护公共利益目的的限制，一旦背离了这个目的就将丧失其存在的必要。"人类之所以有理有权可以个别地或者集体地对其中任何分子的行动自由进行干涉，唯一的目的只有自我防卫。这就是说，对于文明群体中的任一成员，所以能够施用的一种权力以反其意志而不失为正当，唯一的目的只是要防止对他人的危害"①。法律监督的方式多

---

① ［美］博登海默著：《法理学——法律哲学和法律方法》，邓正来等译，上海人民出版社 1992 年版，第 333 页。

为事后监督，这种事后监督的合理性在于它可以避免对其他国家机关的正常工作产生消极影响，确保其他国家机关履行维护社会秩序的职责。

第三，在宪法和法律范围内实施职权

任何权力的行使都有一定的限度，法律监督权必须在宪法和法律设定的范围内行使，法律监督的采取也必须受宪法和法律规定的限制。拥有法律监督权的国家权力机关在什么条件下，可以采取哪一种或哪一些监督方式，采取监督方式时必须遵循什么样的程序等，都必须严格依据宪法和法律。凡违反法律规定而采取监督方式的行为，国家权力机关应当承担相应的法律责任。在法律监督过程中，监督方式的采取包括监督方式的种类、强度、程度等应以实现监督目的为限，尽量把对其他国家机关的消极影响减轻到最低程序，为其他国家机关及相关人员提供申辩和救济的机会。

（三）审议工作报告和专题汇报

审议工作报告，是各级国家权力机关进行法律监督的最基本、最经常的形式。根据我国宪法和法律的有关规定，这种工作报告分为两种：一种是例行工作报告；另一种是专题工作报告。

在人民代表大会举行会议的时候，同级人民政府应向人大报告本年度的工作。人民代表大会全体会议听取例行工作报告以后，先由各代表团进行审议。代表团审议工作报告，由代表团全体会议、代表小组会议审议。各代表团审议工作报告的时候，有关部门应当派负责人员到会，听取意见，回答代表提出的询问。主席团有权将工作报告交给有关的专门委员会进行审议，并要求其提出审议报告。专门委员会审议工作报告，涉及专门性问题的时候，可以邀请有关方面的代表和专家列席会议，发表意见。有关的专门委员会的审议报告应当及时印发会议。主席团和专门委员会对工作报告进行审议的时候，国务院或者有关机关负责人应当到会，听取意见，回答询问，并可以对有关议案作补充说明。对于例行工作报告由主席团审议决定提请大会全体会议表决。

在人民代表大会常务委员会开会期间，人大常委会有权决定或应委员长会议、有关专门委员会和十人以上委员联名的提议，或应同级人民政府的请求听取专题工作报告。专题工作报告的内容应当是现实工作中的热点问题和重大问题。人大常委会全体会议听取专题工作报告后，可以由分组会议和联组会议进行审议。委员长会议可以决定将专题工作报告提交有关专门委员会审议，有关专门委员会审议以后必须提出审议意见。人大常委会认为必要的时候，可以对专题工作报告做出有关决议。在审议专题工作报告期间，人大常委会分组会议有权要求有关部门派人参加会议，听取委员的意见，并回答询问；人大常委会联组会议则有权要求有关的负责人到场听取意见，并回答委员的询问。

以前，由于我国人大代表整体法治观念偏低等原因，人大代表对政府的工作报告经常以"学习"的态度对待，审查政府的工作报告基本上流于形式。现在，我国的各级人大代表的法治观念有了很大提高，参政议政能力增强，在审议工作报告时出现了对某些内容的批评、指责甚至是否决的情况，从而在很大程度上提高了国家权力机关法律监督的权威。

此外，依据地方人大组织法关于"主任会议处理常务委员会的重要日常工作"的原则，一些地方人大的主任会议，为了及时纠正行政机关的违法、渎职行为，在实践中采用评议专题汇报①的方法进行法律监督。专题汇报是指地方国家权力机关就该区域的具体问题，要求有关部门进行汇报和解释，并且提出建议或做出决定。

---

①　专题汇报的具体事例是：2005年4月，北京市人大常委会听取副市长牛有成的述职报告并进行评议。人大常委会对牛有成副市长的工作成绩予以充分肯定，同时，9位委员和人大代表分别从其负责的卫生、水资源和三农等方面提出了批评和建议。例如，刘宝善委员提出，北京水资源紧缺形势日趋严峻，亟须研究落实应对对策和措施；应当加强节约用水的管理，进一步调整工业结构和布局，加强节水宣传。根据常委会的意见，副市长牛有成将在3个月内提交自己的整改情况汇报。

（四）审查政府财政收支

审查和批准国民经济计划和财政预算、决算，是各级国家权力机关实施财政监督的主要方式。根据宪法和法律的规定，全国人大负责审查和批准国民经济和社会发展计划和计划执行情况的报告，审查和批准国务院编制的国家预算和预算执行情况的报告；在全国人民代表大会闭会期间，全国人大常委会审查和批准国民经济和社会发展计划、国家预算在执行过程中所必须作的部分调整方案；县级以上的地方各级人民代表大会在本行政区域内，依照法律规定的权限，通过和发布决议，审查和决定地方的经济建设、文化建设和公共事业建设的计划，审查和批准本行政区域内预算以及执行情况的报告；县级以上的地方各级人大常委会根据本级人民政府的建议，决定对本行政区域内国民经济和社会发展计划以及预算的部分变更。

1. 国家权力机关对国民经济和社会发展计划的监督

2000 年 3 月 1 日，九届全国人大常委会第十四次会议通过《全国人民代表大会常务委员会关于加强经济工作监督的决定》，对全国人大及其常委会监督国民经济和社会发展计划的程序做出了系统的规定。

国家权力机关对年度计划实施监督的基本要求。全国人民代表大会常务委员会依法对国务院经济工作行使监督职权。国务院编制的国民经济和社会发展年度计划草案、五年计划草案以及长远规划草案，应当在全国人民代表大会举行的一个月前，报送全国人民代表大会常务委员会。对涉及面广、影响深远、投资巨大的国家特别重大建设项目，国务院可以向全国人民代表大会或者常务委员会提出议案，由全国人民代表大会或者常务委员会审议并作出决定。

全国人大财经委员会的审查权。全国人民代表大会会议期间，财政经济委员会根据各代表团和有关专门委员会的审查意见，对计划草案和计划报告进行审查，并提出审查结果报告，经主席团审议通过后，印发代表大会。财政经济委员会对年度计划草案和计划报告的审查重点是：编制的指导方针要符合全国人民代表大会批准的国民经济和社会发展五年计划以及长远规划；主要目标和指标要符合持续、稳定发展国民经济的要求；主要措施要符合加强宏观调控，优化经济结构，安排好国家重点建设，切实改善人民生活，积极促进就业，做好社会保障工作和可持续发展等要求。

全国人大常委会进行监督的具体职权。在经济运行过程中，全国人民代表大会批准的年度计划、五年计划和长远规划必须作的部分调整，由国务院提请常务委员会审查批准。除特殊情况外，国务院应当在全国人民代表大会常务委员会举行会议一个月前，将调整方案的议案报送全国人民代表大会常务委员会。国务院应当在 8 月向全国人民代表大会常务委员会报告上半年计划执行情况。经济运行发生重大变化时，国务院应当向全国人民代表大会常务委员会报告，做出说明。全国人民代表大会常务委员会可以根据需要，听取并审议国务院经济工作方面的专题汇报。全国人民代表大会常务委员会应当对国民经济和社会发展计划的执行情况进行监督，对计划安排的国家重点建设项目，可以根据需要听取国务院的工作汇报，进行监督。同外国或者国际组织缔结、废除有关经济方面的条约和协定，凡依照中华人民共和国缔结条约程序法的规定，必须由全国人民代表大会常务委员会决定批准的，国务院应当向全国人民代表大会常务委员会提出议案，提请审议决定。

全国人大各专门委员会的职责。受委员长会议委托，有关专门委员会可以召开全体会议，听取国务院有关部门的专题汇报。国务院有关部门的专题汇报由国务院统一安排。财政经济委员会应当在 4 月、7 月和 10 月的 15 日前分别召开全体会议，听取国务院有关部门关于一季度、上半年、前三季度国民经济运行情况的汇报，并进行分析研究。专门委员会在召开全体会议听取国务院有关部门汇报后提出的意见和建议，应当报告委员长会议，由委员长会议审议决定是否批转国务院及其有关部门研究处理，并将结果报告全国人民代表大会常务委员会。

政府部门的配合义务。全国人民代表大会常务委员会会议审议讨论本决定所列事项时，国务院应当根据要求，及时提供相关的信息资料及说明，并派国务院负责人或者有关部门负责人到会，听取意见，回答询问。专门委员会全体会议审议讨论本决定所列事项时，国务院有关部门应当根据要求，及时提供相关的信息资料及说明，并派有关负责人到会，听取意见，回答询问。

政务公开的要求。全国人民代表大会常务委员会开展经济工作监督的情况向社会公布，法律另有规定的除外。

2. 国家权力机关对财政预算、决算的监督

为了加强全国人大常委会对国务院财政预算、决算进行监督的权力，1998年12月29日，九届全国人大常委会六次会议审议并通过了全国人大常委会委员长会议关于提请设立全国人大常委会预算工作委员会的议案，成立预算工作委员会作为全国人大常委会的工作机构。全国人大常委会规定预算工作委员会的职责是：协助全国人大财政经济委员会承担全国人民代表大会及其常务委员会审查预决算、审查预算调整方案和监督预算执行方面的具体工作，受常务委员会委员长会议委托，承担有关法律草案的起草工作，协助财政经济委员会承担有关法律草案审议方面的具体工作，以及承办预算备案工作和常务委员会、委员长会议交办以及财政经济委员会需要协助办理的其他有关财政预算的具体事项。经委员长会议专项同意，预算工作委员会可以要求政府有关部门和单位提供预算情况，并获取相关信息资料及说明。经委员长会议专项批准，可以对各部门、各预算单位、重大建设项目的预算资金使用和专项资金的使用进行调查，政府有关部门和单位应积极协助、配合。

1999年12月25日九届全国人大常委会第十三次会议通过了《全国人民代表大会常务委员会关于加强中央预算审查监督的决定》，该决定对全国人大和全国人大常委会的审查政府财政收支职权做出了比较详细的规定。

政府部门必须改善预算编制工作。要坚持先有预算，后有支出，严格按预算支出的原则，细化预算和提前编制预算。政府部门应当按照预算法的要求编好部门预算和单位预算，有关部门要按时批复预算、拨付资金。积极创造条件做道：中央本级预算的经常性

支出按中央一级预算单位编制，中央预算建设性支出、基金支出按类别以及若干重大项目编制，中央财政对地方总的补助性支出按补助类别编制。在每个财政年度开始前将中央预算草案全部编制完毕。

全国人大财政经济委员会初步审查中央预算。对中央预算的审查，应当按照真实、合法、效益和具有预测性的原则进行。国务院财政部门应当及时向全国人民代表大会财政经济委员会和全国人民代表大会常务委员会预算工作委员会通报有关中央预算编制的情况，在全国人民代表大会会议举行的一个半月前（全国人大议事规则要求一个月前），将中央预算初步方案提交财政经济委员会，由财政经济委员会对上一年预算执行情况和本年度中央预算草案的主要内容进行初步审查。国务院财政部门应积极创造条件，提交财政经济委员会审查的材料包括：科目列到类、重要的列到款的预算收支总表和中央政府性基金预算表，中央各预算单位收支表，建设性支出、基金支出的类别表和若干重大的项目表，按类别划分的中央财政返还或补助地方支出表，中央财政对农业、教育、科技、社会保障支出表等，以及有关说明。

全国人民代表大会审查、批准财政预算。在全国人民代表大会会议期间，财政经济委员会根据各代表团和有关专门委员会的意见对中央及地方预算草案进行审查，并提出审查结果报告。全国人民代表大会关于中央及地方预算的决议，国务院应当贯彻执行。

全国人大常委会监督预算超收收入的使用。中央预算超收收入可以用于弥补中央财政赤字和其他必要的支出。中央预算执行过程中，需要动用超收收入追加支出时，应当编制超收收入使用方案，由国务院财政部门及时向财政经济委员会和预算工作委员会通报情况，国务院应向全国人民代表大会常务委员会做预计超收收入安排使用情况的报告。

全国人大常委会监督不同预算科目之间的资金调剂。政府各部门的预算支出应当按照预算科目执行，中央预算安排的农业、教育、科技、社会保障预算资金的调减，须经全国人民代表大会常务委员会审查和批准,以后根据需要还可以逐步增加新的项目。

全国人大常委会审查、批准中央预算调整方案。因特殊情况必须调整中央预算时,国务院应当编制中央预算调整方案①,并于当年7月至9月之间提交全国人民代表大会常务委员会。国务院财政部门应当及时向财政经济委员会和预算工作委员会通报中央预算调整的情况,在常务委员会举行会议审批中央预算调整方案的一个月前,将中央预算调整方案的初步方案提交财政经济委员会,由财政经济委员会进行初步审查。

全国人大财政经济委员会初步审查财政决算。中央财政决算草案应当按照全国人民代表大会批准的预算所列科目编制,按预算数、调整或变更数以及实际执行数分别列出,变化较大的要做出说明。中央决算草案应在全国人民代表大会常务委员会举行会议审查和批准的一个月前,提交财政经济委员会,由财政经济委员会结合审计工作报告进行初步审查。

国务院审计部门审计中央预算的执行情况。国务院审计部门要按照真实、合法和效益的要求,对中央预算执行情况和部门决算依法进行审计,审计出的问题要限时依法纠正、处理。国务院应当向全国人民代表大会常务委员会提出对中央预算执行和其他财政收支的审计工作报告,必要时,常务委员会可以对审计工作报告作出决议。

全国人大财政经济委员会监督中央预算的执行情况。在全国人民代表大会及其常务委员会领导下,财政经济委员会和预算工作委

---

① 中央预算调整的具体事例是:1999年8月30日,九届全国人大常委会第十一次会议听取了财政部部长项怀诚代表国务院对《国务院关于提请审议财政部增发国债用于增加固定资产投资投入和今年中央财政预算调整方案(草案)的议案》所作的说明,审议了国务院提请审议的增发国债和调整中央预算的议案。会议同意国务院提请审议的议案,决定:批准增发国债和1999年中央财政预算调整方案。同时,要求将1998年增发国债的情况向全国人大常委会做出专题报告。在当时,为了推动经济迅速增长,国务院推行积极的财政政策,通过增发国债加快基础设施建设。

员会应当做好有关工作。国务院有关部门应及时向财政经济委员会、预算工作委员会提交落实全国人民代表大会关于预算决议的情况，对部门、单位批复的预算，预算收支执行情况，政府债务、社会保障基金等重点资金和预算外资金收支执行情况，有关经济、财政、金融、审计、税务、海关等综合性统计报告、规章制度及有关资料。

全国人大常委会监督预算外资金的使用。要采取措施将中央预算外资金纳入中央预算，对暂时不能纳入预算的要编制收支计划和决算。预算外资金的收支情况要向全国人民代表大会常务委员会报告。

（五）询问和质询

询问和质询是指各级人大及其常委会在开会期间，通过人大代表采取的对国家机关实施监督的方式。质询与询问既有联系也有区别。质询带有质问、追查、批评、谴责之意，适用于政府违宪、违法或渎职行为，具有法律强制性，为一种要式行为，通常以"提案"的方式提出，与对国家机关及其工作人员的责任追究联系在一起。而询问是在人民代表大会和人大常委会开会期间，代表或委员在审议工作报告、专题报告或汇报过程中，向有关机关及行政首长询问事项、了解情况的行为。询问一般以口头方式提出，当场回答，也可以在一定期限内做出答复。如果询问的问题比较集中、重大，有关部门就对此做出书面的解释和说明。询问只要求有关国家机关或负责人，对有关问题做进一步的说明，以便人大代表和权力机关更深入地了解情况，实事求是地做出批准、通过议案或否决方案的决定，并不导致直接法律责任的产生。①

我国宪法第 73 条规定："全国人民代表大会代表在全国人民代表大会开会期间，全国人民代表大会常务委员会组成人员在常务委员会开会期间，有权依照法律规定的程序提出对国务院或者国务

---

① 王勇飞著：《中国行政监督机制》，中国方正出版社 1998 年版，第 77 页。

院各部、各委员会的质询案。受质询的机关必须负责答复。"全国人大组织法第17条规定:"在全国人民代表大会审议议案的时候,代表可以向有关国家机关提出询问,由有关机关派人在代表小组或者代表团会议上进行说明。"地方人大组织法第28条和第47条分别规定,地方各级人民代表大会举行会议的时候,人大代表可以书面提出质询案;在常务委员会会议期间,省、自治区、直辖市、自治州、设区的市的人民代表大会常务委员会组成人员可以向常务委员会书面提出质询案。

基于询问和质询的区别,询问在宪法和法律上没有规定严格的程序,但全国人民代表大会议事规则、全国人民代表大会常务委员会议事规则和地方人大组织法对质询①的程序做出严格规定,现介绍如下:

提出质询案必须符合法定的人数。全国人民代表大会会议期间,一个代表团②或者三十名以上的代表联名,可以书面提出对国务院和国务院各部门的质询案。在常务委员会会议期间,常务委员会组成人员十人以上联名,可以向常务委员会书面提出对国务院及国务院各部、各委员会和最高人民法院、最高人民检察院的质询案。地方各级人民代表大会举行会议的时候,代表十人以上联名可以书面提出对本级人民政府和它所属各工作部门以及人民法院、人民检察院的质询案。在地方人大常务委员会会议期间,省、自治区、直辖市、自治州、设区的市的人民代表大会常务委员会组成人员五人以上联名,县级的人民代表大会常务委员会组成人员三人以上联名,可以向常务委员会书面提出对本级人民政府、人民法院、人民检察院的质询案。

提出质询案必须依据法定的方式。全国人大代表、全国人大常

---

① 质询的具体事例是:1998年5月,湖南省人大常委会就省移民局挪用移民资金2600多万元用于建造豪华宾馆和办公楼一事提出质询,最终导致该局局长受到处分,副局长曾振华被免职。

② 以代表团名义提出的质询案,由代表团全体代表的过半数通过。

委会委员、地方人大代表和地方人大常委会委员都必须以书面的形式提出质询案，而且应该写明质询对象、质询的问题和内容。

答复质询必须符合法定的要求。在全国人大会议期间，质询案按照人大主席团的决定由受质询机关的负责人在主席团会议、有关的专门委员会会议或者有关的代表团会议上口头答复，或者由受质询机关书面答复。在主席团会议或者专门委员会会议上答复的，提出质询案的代表团团长或者代表有权列席会议，发表意见。在专门委员会会议或者代表团会议上答复的，有关的专门委员会或者代表团应当将答复质询案的情况向主席团报告。主席团认为必要的时候，可以将答复质询案的情况报告印发会议。质询案以书面答复的，受质询机关的负责人应当签署，由主席团决定印发会议。

在全国人大常委会会议期间，质询案由委员长会议决定交由有关的专门委员会审议或者提请常务委员会会议审议。质询案由委员长会议决定，由受质询机关的负责人在常务委员会会议上或者有关的专门委员会会议上口头答复，或者由受质询机关书面答复。在专门委员会会议上答复的，专门委员会应当向常务委员会或者委员长会议提出报告。质询案以书面答复的，应当由被质询机关负责人签署，并印发常务委员会组成人员和有关的专门委员会。专门委员会审议质询案的时候，提质询案的常务委员会组成人员可以出席会议，发表意见。

地方人大及其常委会对答复质询的要求与全国人大及其常委会的规定相同。

需要注意的是，如果提质询案的人大代表、代表团或者常委会委员对答复质询不满意的，可以提出要求，经主席团、委员长（主任）会议决定，由受质询机关再作答复。

实践中，有待完善的是：书面质询案的提交期限；被质询人或被质询方的答复和辩解；质询案可能引发的后果的处理机制（含表决、调查、制裁和申诉等）；与质询案相联系的询问及其答复的时限、内容和程序。

笔者认为，人大对行政机关的监督作用，除了通过立法控制和审议预算之外，还应建立对行政机关的执法活动进行经常性监督的制度——提问日和质询制度。

提问日制度就是规定每周的某一天，由人大代表就某项重大行政决策或者是就某个具体的行政行为对政府所持的观点和态度提出问题，要求解答。具体过程是，在提问日，在第一阶段，首先由行政机关有关人员直接回答人大代表所提出的口头问题。这些问题一般事先不通知有关行政机关，此阶段通常不超过1个小时。接下来是常规提问阶段，由行政机关有关人员回答由人大代表在上周五以书面形式提出的要求有关行政机关回答的问题。行政机关有关人员对这些问题可以当场回答，也可以在6个工作日的时间内以书面形式回答。

质询制度一般是由人大代表将质询案以书面形式提交人大常委会负责人，然后由该负责人将质询案以书面形式送交相应的行政机关负责人。对于人大代表提出的质询案，常委会负责人有权进行审查，对明显不合适的予以拒绝。对于质询案，一般允许行政机关负责人做出申辩或者是解释实施某些行政行为的动机。行政机关负责人在接到人大常委会负责人送交的质询案时，必须以书面形式答复人大常委会负责人是否准备回答质询，该答复时间最多不超过1个月。如果产生申辩，允许提出质询案的人大代表与行政机关负责人进行当场辩论，其他人大代表和行政机关的相关人员也有机会参与提问或回答问题。

应该说，如果我国建立了提问日和质询制度，对监督行政机关的日常执法活动将起到及时有效的监督作用，真正体现人民代表大会作为国家权力机关的特征。

（六）检查与视察

1. 宪法概念上的检查

宪法意义上的检查是指为了维护宪法的尊严，促进法律、法规等规范性文件的贯彻执行，由国家权力机关对宪法、法律和法规等规范性文件的实施情况进行的监督。1993年9月2日八届全国人大三次会议通过了《全国人民代表大会常务委员会关于加强对法律实施情况检查监督的若干规定》，对全国人大及其常委会检查[①]的原则、程序等问题做出了具体的规定。

国家权力机关的检查监督的含义。全国人大常委会和全国人大专门委员会的执法检查，主要是检查监督法律实施主管机关的执法工作，督促国务院及其部门、最高人民法院和最高人民检察院及时解决法律实施中存在的问题。执法检查组不直接处理问题。

国家权力机关进行检查监督的范围。全国人大常委会和全国人大专门委员会对全国人大及其常委会制定的法律和有关法律问题的决议、决定贯彻实施的情况，进行检查监督。应围绕改革开放和社会主义现代化建设的重大问题，以及人民群众反映强烈的问题，确定一个时期执法检查的重点。特别要加强对有关社会主义市场经济方面法律实施情况的检查监督，保障和促进社会主义市场经济的发展。

国家权力机关的检查监督必须制作计划。执法检查的计划应包括检查的内容、检查的组织、检查的时间和地点、检查的方式和要求等。全国人大常委会的执法检查计划，由常委会办公厅在每年代表大会会议后一个月内拟定，报委员长会议批准，印发常委会会议。全国人大各专门委员会的执法检查计划，也应在每年代表大会会议后一个月内制定，经全国人大常委会秘书长协调后，报委员长会议备案。执法检查计划由全国人大常委会办公厅通知国务院及其

---

① 国家权力机关实施检查权的具体事例是：2005年上半年，全国人大常委会副委员长蒋正华率领统计法执法检查组分赴各地进行检查。经检查，全国人大常委会认为统计法的执行现状是：尽管统计执法力度不断加强，违法行为受到严格查处，但弄虚作假等违法案件仍时有发生，处理难度也较大。"数字出官，官出数字"的问题的确存在，但这种现象不是主流。统计执法难的问题没有得到根本解决，而且这是一个全国性问题。这与统计体制、机制上存在不足有很大关系。所以，统计法需要不断完善，执法需要不断加强。总的来说，各级党政领导对统计法有了更多的了解，统计法得到比较好的贯彻执行，统计数字更加准确；统计法的实施对社会经济的发展作出了重大贡献，使党和政府能够在可靠数据的基础上做出正确的决策。

有关部门、最高人民法院、最高人民检察院及有关的省、自治区、直辖市人大常委会。

国家权力机关进行检查监督的具体程序：首先，组织执法检查组。要本着精干、效能、便于活动的原则，组织执法检查组。全国人大常委会的执法检查组由组长一人、组员若干人组成，由委员长会议从常委会组成人员中确定。检查组可分为若干检查小组，并配备必要的工作人员。专门委员会的执法检查组，由本专门委员会组织。常委会和专门委员会的执法检查组可以吸收全国人大代表和有关专家参加工作，也可邀请法律实施主管机关和地方人大常委会的有关负责人参加工作。其次，对检查组人员的具体要求。执法检查组成员和工作人员应熟悉和掌握有关法律、法规和政策，收集有关法律实施情况的材料，并听取法律实施主管机关的汇报。再次，执法检查的方式。执法检查组要深入基层、深入实际、深入群众，采用听取汇报、召开座谈会、个别走访、抽样调查、实地考察等多种形式，了解和掌握法律实施的真实情况，研究法律实施中存在的问题。有关部门和地方应支持执法检查组的工作，提供真实情况和其他必要的帮助。最后，制作执法检查报告。检查结束后，由执法检查组组长主持，写出执法检查报告。执法检查报告的内容应包括：对所检查法律实施状况的全面评价；法律实施中存在的问题及原因分析；对改进执法工作的建议；对法律本身需要修改、补充、解释的建议等。报告必须客观真实地反映情况，不回避矛盾。

国家权力机关审议检查报告。全国人大常委会执法检查组的执法检查报告，由委员长会议提请常委会决定列入会议议程。全国人大专门委员会执法检查组的执法检查报告，由委员长会议决定是否提请常委会决定列入会议议程。列入常委会会议议程的，由执法检查组组长向常委会全体会议汇报，并在分组会议和全体会议上审议。法律实施主管机关的负责人应到会听取意见，回答询问。常委会组成人员可以就法律实施中存在的重要问题提出质询。必要时，常委会可作出有关决议。未列入常委会会议议程的专门委员会的执法检查报告，可由专门委员会审议。

国家权力机关对报告和审议意见处理情况进行监督。全国人大常委会会议审议的执法检查报告和审议意见，由委员长会议以书面形式交法律实施主管机关。有关机关应切实改进执法工作，并在六个月内将改进的措施以及取得的效果向常委会作出书面汇报。必要时，由委员长会议提请常委会决定列入会议议程，进行审议。全国人大专门委员会审议的执法检查报告和审议意见，由专门委员会转法律实施主管机关。有关机关应向专门委员会汇报改进执法的措施和效果。专门委员会如对汇报不满意，可以向常委会提出议案，提请常委会会议审议。

国家权力机关应该采用特别程序处理重大案件。对执法检查中发现的重大的典型违法案件，委员长会议可以交由专门委员会或常委会办事机构进行调查。调查结果应向委员长会议报告，委员长会议可根据情况，要求有关机关限期处理，有关机关应及时报告处理结果。必要时，委员长会议可提请常委会会议审议。对特别重大的典型违法案件，常委会可依法组织特定问题的调查委员会。常委会不直接处理具体案件，具体案件应由法律实施主管机关严格依照法律程序办理。

国家权力机关的检查监督应该对外公开。新闻媒体要对全国人大常委会的执法检查活动及时进行宣传和报道。全国人大常委会办公厅可以就执法检查举行新闻发布会。对执法检查中发现的重大典型违法事件及其处理结果，可以公之于众。

2. 宪法概念上的视察

宪法意义上的视察是指为了掌握政治、经济和社会等诸方面的情况，人大代表通过实地考察、查阅文件和进行座谈等方法进行调查研究。1992年4月3日全国人大制定的《全国人民代表大会和地方各级人民代表大会代表法》和1987年7月2日全国人大常委会办公厅制定的《关于全国人大代表持视察证视察的意见》，对人大代表进行视察①的有关问题，做出了概括性的规定。

人大代表视察的组织与范围。县级以上的各级人民代表大会代表根据本级人民代表大会常务委员会的统一安排，对本级或者下级国家机关和有关单位的工作进行视察。视察的范围包括：围绕人大会议即将审议的议题进行调查研究；了解宪法、法律的实施情况，了解人大决议和决定的贯彻执行情况；了解收集人民群众的意见和要求。

人大代表视察的时间与权力。人大代表每年要有一定的时间集中进行视察，每年人大代表脱产视察时间为半个月，一般安排在每次人大会议之后，由人大常委会根据人大议程及代表的意愿安排。人大代表进行视察时，有权提出约见本级或者下级有关国家机关负责人，被约见的有关国家机关负责人或者由他委托的负责人员应当听取代表的建议、批评和意见。

代表有权持代表证就地进行视察。就地视察是指人大代表利用业余时间，结合工作就地就近进行经常性的视察活动。视察地点一般在其工作和居住的地、市的范围内就近进行。县级以上的地方各级人民代表大会常务委员会根据代表的要求，联系安排本级或者上级的代表持代表证就地进行视察。持证视察的代表可以到基层单位进行视察，由熟悉情况的负责人或工作人员介绍情况。

人大代表无权直接解决问题。人大代表有权向被视察单位提出建议、批评和意见，但无权对有关问题做出直接处理。人大代表在视察中发现的问题地方可以处理的，由人大代表交给地方人大常委会转有关部门解决；需要中央国家机关处理的，交给全国人大常委

---

① 《首都经济杂志》1996 年第 1 期：1995 年 10 月，北京市人大常委会组织 224 位人大代表，对本市集贸市场工作进行视察评议；同时，请市工商局局长就集贸市场管理工作述职，以推动集贸市场管理工作。人大代表视察了 260 个市场，占集贸市场总数的 27%。在肯定工商行政管理工作的同时，人大代表提出了 800 多条意见和建议。市人大常委会还组织 13 位代表到辽宁、江苏和上海考察集贸市场管理工作，对代表评议北京市的集贸市场管理提供了借鉴。

会办公厅转中央有关国家机关解决。

（七）特定问题调查委员会

特定问题调查委员会是指人大及其常委会为调查国家机关发生的重大违法失职案件或者其他重大事件而组成的一种临时性调查机构。特定问题调查委员会是人大监督政府的一种重要方式，它具有了解情况的性质，也具有解决问题的性质。特定问题调查委员会①调查的事项，一般是国家机关工作中出现的比较严重的问题，而这些问题通过质询等监督方式往往是不能解决的。

我国宪法第 71 条规定："全国人民代表大会和全国人民代表大会常务委员会认为必要的时候，可以组织关于特定问题的调查委员会，并且根据调查委员会的报告，做出相应的决议。调查委员会进行调查的时候，一切有关的国家机关、社会团体和公民都有义务向它提供必要的材料。"全国人大组织法第 38 条规定："全国人民代表大会或者全国人民代表大会常务委员会可以组织对于特定问题的调查委员会。调查委员会的组织和工作，由全国人民代表大会或者全国人民代表大会常务委员会决定。"地方人大组织法第 31 条和第 52 条规定："县级以上的地方各级人民代表大会可以组织关于特定问题的调查委员会"；"主任会议或者五分之一以上的常务委员会组成人员书面联名，可以向本级人民代表大会常务委员会提

---

① 《瞭望新闻周刊》2001 年 7 月 23 日第 30 期报道：2000 年 8 月 30 日，合肥市第 12 届人大常委第 20 次会议通过关于汪伦才案调查报告的决定。汪伦才案件是一起简单的民事纠纷，发生在 1996 年 11 月，合肥市肥东县糖茶烟酒公司供销经理部主任汪伦才到其下属单位东风商店，要求参加承包盘点，与该店主任王丽萍发生争执，并发生吵骂、撕扯的纠纷，后王丽萍将汪伦才告上法庭，由于办理此案的一些司法人员办人情案、徇私枉法，违反了有关法律、法规和职业道德，致使案件多次开庭，三次抗诉，一拖就是 3 年，给一个普通家庭带来了经济和精神上的巨大损害，并造成恶劣的社会影响。合肥市人大常委会经主任会议研究，成立对汪伦才案件的特定问题调查委员会，对此案展开认真的调查。在特定问题委员会的全力监督下，含冤三年的受害人终于得到昭雪，有关犯罪嫌疑人得到了法律的严惩。

议组织关于特定问题的调查委员会，由全体会议决定。"

根据全国人大议事规则、全国人大常委会议事规则和地方人大组织法的规定，特定问题调查委员会的成立和调查程序如下：

特定问题调查委员会依法成立。在全国人大会议期间，主席团、三个以上的代表团或者十分之一以上的代表联名，可以提议组织关于特定问题的调查委员会，由主席团提请大会全体会议决定；调查委员会由主任委员、副主任委员若干人和委员若干人组成，由主席团在代表中提名，提请大会全体会议通过。地方人大主席团或者十分之一以上代表书面联名，可以向本级人民代表大会提议组织关于特定问题的调查委员会，由主席团提请全体会议决定；调查委员会由主任委员、副主任委员和委员组成，由主席团在代表中提名，提请全体会议通过。全国人大常委会组织的调查委员会的组成人员由委员长会议在常委会组成人员中提名，提请常委会全体会议通过。地方人大常委会的调查委员会由主任委员、副主任委员和委员组成，由主任会议在常务委员会组成人员和其他代表中提名，提请全体会议通过。调查委员会可以聘请专家参加调查工作，但专家不是调查委员会成员，不能参与调查委员会对案件或事件的表决和决定。

有关组织和公民必须配合调查委员会的工作。调查委员会进行调查的时候，一切有关的国家机关、社会团体和公民都有义务如实向它提供必要的材料。提供材料的公民要求调查委员会对材料来源保密的，调查委员会应当予以保密。调查委员会在调查过程中，可以不公布调查的情况和材料，调查委员会有权要求有关国家机关（包括公安、安全、检察和法院等机关）协助调查。

特定问题调查委员会应该制作调查报告。调查委员会应当向人民代表大会或人大常委会提出调查报告。调查报告的内容包括：调查事项、调查方法、调查结论，对所调查问题及有关人员的处理意见，并附以充分确实的证据材料。调查委员会应当采取民主集中制原则，在议决问题时采取少数服从多数的方法，在重大问题上有分歧意见时，或者主任委员、副主任委员与大多数人意见不一致时，应将他们的意见用附件形式加以反映。

人民代表大会审议调查报告。各级人民代表大会根据调查委员会的报告，有权做出相应的决议。人民代表大会也可以授权人民代表大会常务委员会在人民代表大会闭会期间，听取调查委员会的调查报告，并可以做出相应的决议，报人民代表大会下次会议备案。对于各级人大及其常委会根据调查报告做出的决议，有关国家机关、社会团体、企事业单位和有关公民必须执行。如果对决议存在异议，可以向本级人大或上级人大及其常委会提出申诉。

第五章　行政机关的监督

第一节　行政机关监督概论

一、行政机关监督的含义

行政机关的监督，是指在行政机关系统内部，上级机关、监察机关等监督主体运用监督职权，通过对作为监督客体的其他行政机关的检查和督促，实现对违法活动的检举和矫正的行为。国家权力机关的监督是外部监督，而行政机关的监督则是一种内部监督，是行政机关的一种自我纠错制度。从法律意义上说，权力机关的监督主要体现在确立监督原则和监督方向，制定监督立法等方面；权力机关监督更注重对所辖范围行政活动的宏观控制。行政机关的监督则与此相反，两者的不同决定了行政机关监督具有自身的监督功能、方法和程序。

行政机关的监督具有以下特征：

第一，自我修复性。这是由行政机关监督在行政系统内的特殊地位所决定的。行政机关监督是行政监督的重要组成部分，它以行政权力作为后盾和保障，对行政活动进行自我纠错和修复。行政机关监督的目的是保证国家法律和政策的贯彻执行，它为其他行政机关的行政行为确定价值、规范、方向和目标，对行政行为的检查和督促着眼于整体和长远利益。行政机关监督的正确与否关系到行政机关系统内部的稳定和前途。

第二，独立性。这是监督权区别于行政权的特征之一。这里的独立性既是绝对的，也是相对的。所谓绝对的，是指行政机关的监督权力是独立行使，不受其他任何机关、社会团体和公民的干扰。

同时，具有行政监督活动的一整套法定程序和措施。所谓相对的，是指在体制上，行政机关的监督权力是受双重领导的。它既是同级行政首长职权的分解的一部分，又受上级行政监督机关的制约。从我国的实际情况看，它更应在中国共产党的领导机关监督下，履行监督职责。[①]

第三，综合性。行政机关的监督具有对全部行政活动进行指导、检查和督促的功能，它对行政活动实行针对性和具体性监督，通过层级、监察和审计等方式的贯彻，实现行政监督权。行政机关监督的指导性政策一经确定，就会产生具有权威性和相对稳定性的约束力，并影响到微观行政执法活动的每个层面。这也要求它的监督活动必须同行政活动紧密地联系在一起，对全部行政活动进行富有成效的监督，从而使行政活动达到合法、合理的目的。

二、行政机关监督的主体

行政机关监督的主体即监督行为者。广义指所有的监督行为者，其相对的监督客体是监督行为赖以发生的监督环境。狭义指在监督过程中处于支配和主导地位的监督行为者，其相对的监督客体是其行为所涉及的被动的监督行为者；或者，也可以把监督主体看作是监督权利和监督义务的承担者，只有那些被国家的法律赋予一定的监督权利和监督义务，并且实际地参与国家监督活动的人，才是监督主体。

行政机关的监督是一种自我纠错的监督机制。我国的行政组织分为中央行政机关系统和地方行政机关系统，除最基层的乡、镇人民政府外，它们都能成为层级监督的主体。国务院在行政机关监督体系中是最高主体，负责监督所属各部门及地方各级政府的行政执法活动；地方的上级政府分别行使宪法和法律赋予的监督权；"各级政府根据工作需要设立工作部门，其大量活动是通过各工作部门

---

① 王勇飞著：《中国行政监督机制》，中国方正出版社 1998 年版，第170 页。

实施的，它们与下一级政府的对口部门有业务上的指导关系，在一定条件下可以成为监督的主体"①。另外，我国各级政府实行首长负责制，行政首长具有组织、决策、协调和监督等众多职权；同时，为了避免个人负责制在民主性方面的弱点，法律又规定了常务会议和全体会议的集体讨论制度；因此，行政首长和某些会议也是行政机关监督主体的组成部分。

行政机关监督的主体可分为个人和团体两类。在传统的行政监督中，发挥主导作用的监督主体一般只有上级机关和行政首长。随着监察机关、审计部门和金融监管等监督组织在监督生活中的出现，监督主体的形式开始多样化。在现代社会中，形形色色的监督团体成为监督主体的主要类型之一。"行政机关监督的主体与客体共同处于行政活动中，是行政权力分解造成的行政权力与行政监督权力的分离，从而使行政机关的监督权具有了游离于行政权力之外的相对独立的职权"②。同时，任何监督主体都是与监督客体相对而言的，一切监督过程都是监督主体与客体相互作用的表现，所有监督事件也是监督主体与客体相互作用的结果。

三、行政机关监督的客体

各级行政机关的执法行为是行政机关监督的客体。在各级行政机关的权限中，除了部分行政机关具有制定行政法规和行政规章的行政立法权外，行政机关的权限主要是具有执行性的具体行政行为。国务院制定行政法规的行为由全国人大常委会监督，这属于国家权力机关的违宪监督范围。根据《立法法》的规定，国务院有权改变或撤销不适当的部门规章和地方政府规章；省、自治区的人民政府有权改变或者撤销下一级政府制定的不适当的规章。行政机关制定行政规章虽然具有立法性质，但它仍应属于具有执行性的行

---

① 钟海让著：《法律监督论》，法律出版社1993年版，第373页。

② 王勇飞著：《中国行政监督机制》，中国方正出版社1998年版，第169页。

政行为，因此，它可以纳入行政机关监督的客体。①

具体行政行为是各级行政机关及其工作人员在运用行政法律时实施的行政措施和手段。它的特点是：第一，由行政机关及其工作人员所为；第二，属于行政管理行为，包括行政决策、行政执行、行政监控等；第三，具有法律意义，产生法律后果。② 与行政立法行为（抽象行政行为）相比较，具体行政行为大量存在，每时每刻地对行政相对人的权益产生重大影响，行政机关监督的主要客体应该是具体行政行为。

四、行政机关监督的程序

行政机关监督的程序，是指在政治程序中与行政机关监督的权力和决策有关的一系列活动，它是行政机关监督制度的动态方面，包括了监督系统从输入到输出的全部活动。或者表述为，行政机关监督的程序是一个由互相联系的相关步骤组成的完整过程，尽管层级、监察和审计监督的具体程序不完全一样，但基本步骤大致相同。

行政机关监督程序是由监督行为者在行政机关监督系统的输入与输出程序中所发生的一系列互动行为构成的。行政机关监督行为者既可以是个人，也可以是团体。社会中的每一位成员在行政机关监督程序中或多或少起着作用。在现代社会中，个人在行政机关监督程序中的重要作用日益让位于各种监督团体。在当代行政机关监督生活中，影响行政机关监督程序最重要的行为者实际上是政党和国家机关。行政机关监督程序赖以运行的动力是监督职权，监督职权是实现团体和个人各种重大利益的最有效手段之一。从某种意义上说，行政机关监督程序就是为实现监督职权而进行的活动。行政机关监督的各种形式，如批准、备案、惩戒、监察检查、监察调查、监察建议、监察调查、审计报送、审计处理、审计通报等行政

① 章剑生著：《行政监督研究》，人民出版社 2001 年版，第 175 页。
② 钟海让著：《法律监督论》，法律出版社 1993 年版，第 376 页。

机关的监督职权，是构成行政机关监督程序的重要内容。行政机关监督程序作为政治程序的一部分，它与其他政治活动密切相关，受到诸如立法程序、选举程序、政党程序等其他政治程序的极大影响；还受政治生活诸要素的影响，其中主要有行政机关监督活动的规范、行政机关监督行为者的状况、权力的配置、行政机关监督机制的运行模式和行政机关监督的结构等。

行政机关监督的程序主要包括如下几个方面：

第一，立项，即选择监督对象和建立假设。发现问题是行政机关监督的第一要素，它指出监督的方向及监督的内容。监督对象部分来自于行政系统内部的自己问题，部分来自于社会领域中的外部监督反映的问题。有些监督对象在调查前已经明确；有些监督对象在开始时并不明确，是在检查督促的过程中逐渐明确的。

监督对象确定后，监督者应就这一问题做出尽可能详细的假设。假设是关于现象间关系的设想或假说，它能指出监督方向，引导监督者搜集有用的资料。

假设建立后，监督者还需进一步将它从抽象化和概念化的形式中转换成可观察和可度量的形式，即通过对概念的操作定义，将所要监督的问题具体化为一些经验事项，以确定所要分析的中心。

第二，制订监督方案。监督方案是监督进程的蓝图，它包括选择监督类型和监督方法，制订核查方案，设计调查表格或调查大纲，确定证据分析方法，对监督的时间、地点、人财、物力的安排等。详细具体的监督计划可使监督者正确有效地达到监督目的。这一阶段也称为监督设计。

第三，搜集证据。实施已拟订的监督方案，进行实地调查或证据收集。证据来源有二，一是个人或机关基于某种意图记录下来的文字材料，其中包括：①日记、信件、自传等私人文件（书证和视听资料）；②机关团体的会议记录、文件、档案（书证和视听资料）；③各种实物、调查报告和总结材料（物证、书证、视听资料、证人证言和当事人的陈述）；④由上述资料制成的第二手资料，如鉴定结论。二是监督者通过观察、试验、访问等实地调查获得的证据，如勘验笔录和现场笔录。

第四，整理与分析证据。为了从搜集到的大量粗糙、杂乱的原始证据中揭示行政活动的本质及内在规律，须对其进行整理与分析。在行政机关的监督中，证据整理首先是对所获资料进行检查、核实，并对错误和遗漏加以修正、补充，然后将其分类编码，再进一步综合简化。证据分析包括统计分析与理论分析。前者主要是定量分析，后者需采用定性分析，包括逻辑分析、历史分析、比较分析、系统分析等。

第五，解释证据与提出监督报告（或决定）。通过证据分析得出行政行为是否违法的结论后，监督者还必须对这些结论进行讨论与解释。解释是运用归纳法、演绎法、类比法以及一般的推论方法对结论做出推论和概括。

监督报告（或决定）除了叙述监督过程、方法以及监督结论外，还要说明对该问题具体的处理措施和解决方案，并说明监督中存在哪些问题，哪些问题尚未解决，同时指出哪些问题可作为进一步行政机关监督的起点。

总之，行政机关的监督虽然存在自身的缺陷，例如，因为监督主体与监督客体之间无法摆脱的利害关系，所以监督的公正性和有效性受到质疑。但是，行政机关的监督也有它的优点，行政机关的监督具有灵活性、简便性和实效性，这决定了监督的高效率，从而提高了行政机关行使职权的有效性，进一步增加了行政机关在社会公众面前的权威。

第二节　层级监督

一、层级监督概述

层级监督是行政机关监督的一种类型，又称分级监督、科层监督或军队型监督。它是指行政机关监督纵向划分为若干层级，各层级的业务性质和职能基本相同，不同层级的监督范围自上而下逐层缩小，各层级分别对上一层级负责而形成的层级节制的监督体制。

层级监督的优点是行政机关分层监督，各层级都有确定的监督范围，上层监督幅度较宽，下层监督幅度较窄，有利于建立稳定的监督秩序；各层级监督职权集中，责任明确，监督效能高；层级间上下节制，指挥命令统一，行政协调一致。缺点是不利于行政机关监督上、下级之间的直接沟通，容易造成监督信息失真，使行政监督决策失误；而且监督层中间环节过多也妨碍行政机关监督整体作用的发挥。

层级监督由下列要素构成：①层级监督的主体。主要是上级机关和行政首长。在我国，国务院是最高权力机关的执行机关，也是最高行政机关。国务院等上级机关对下级机关的监督，是通过行政首长的作用具体实现的。行政首长是一定行政机关监督体系的核心，是该体系监督权力的最高承担者。他的价值观念、素质、能力和心理的优劣关系到层级监督作用的发挥。同时，行政首长的产生方式、他们掌握监督权力的方式等层级监督体制对层级监督作用的发挥有着重要的影响。②层级监督方式，是层级监督主体影响、支配层级监督客体的方式。层级监督主体可以运用自己的监督权威进行说服教育，以自己的价值观、信仰诱导或引导被监督者，赢得被监督者的情感认同，吸引他们自愿服从和主动配合监督主体的检查和督促；也可以运用监督权力进行思想控制，或用暴力强制被监督者服从；通常是将监督权力和监督权威结合运用。层级监督的方式是否适当，往往是层级监督成功与否的关键。成功的层级监督主体总是注意建立自己的监督权威，通过合法、公正的方式来影响和支配被监督者。③层级监督的客体，即被监督者。被监督者在层级监督过程中不是完全被动的，被监督者是否服从和配合，是层级监督成败的关键。层级监督的一切方式、手段、过程的最终目的是让被监督者服从，没有达到这个目的，层级监督就失败了。层级监督的几个要素是互相联系的，它们的不同组合形式反映出层级监督的不同类型。

层级监督主要有以下 5 个基本特征：①它是少数人对多数人的

监督，监督的主体主要是上级机关及行政首长，下级机关和普通公务员是监督的客体。②它主要是一种行为监督，监督的对象是行政机关的行政行为，具体包括行政立法行为、行政执法行为和行政裁决行为等，同时还重视对影响行政行为的政治环境进行宏观调控。其监督的范围是公民、法人和其他组织的与行政管理有关的活动，没有进入行政管理领域的公民、法人和其他组织的行为都不在层级监督的范围之内。③它是一种自上而下的权力运行过程。④它是政府的职能，具有极大的权威性。⑤它所要解决的基本问题是权力对权力的制约问题。这一基本问题贯穿于层级监督的所有领域和整个过程之中。

二、层级监督的方式

层级监督的方式，是指上级行政机关和行政首长对下级行政机关和普通公务员进行监督的方法和手段。层级监督作为行政机关监督系统中最基本、最经常的监督类型，其监督的形式也多种多样，随着行政管理领域的扩大，行政管理水平的提高，出现了新的科学化、标准化和系统化的监督方式。根据有关法律和监督实践，目前的监督方式主要有以下几种。

（一）工作报告

工作报告，是指行政机关监督中发挥报告工作、提出问题或信息贮存作用的一种政府文件。在行政机关监督中，作为书面文体的工作报告应该包括行政活动的过程、有关文件资料的阐述，说明或解释文件资料的意义、文件资料之间的关系和工作结论。

工作报告根据其作用可分为3种类型：①描述性报告。描述作为监督对象的行政活动的一般状况，客观地反映现状的特征。②解释性报告。在对行政活动进行描述的基础上，着重说明各种行政措施之间的相互关系，对产生的原因、发展过程及其后果或趋势作出科学的解释。③建议性报告。主要是被监督者根据对文件资料的分析提出一些建设性的意见或措施，为有关方面提供咨询和服务。这3种类型不是截然分割的，往往在一份工作报告中同时具有这3种类型的特点。根据监督主体的不同亦可分为面向一般公众的通俗性报告和面向上级机关的专业性报告。专业性报告又可分为全面工作报告和专题工作报告。

工作报告的内容一般包括6个方面：①说明行政活动目的和主要行政措施。行政活动目的可以是解决已有的行政管理活动中的问题，也可以是提出并验证行政管理过程中新的问题和弊端，向监督主体说明行政活动的重要性。主要行政措施的介绍可以引起监督主体的注意和兴趣。②介绍行政活动的背景。在这方面曾经有过哪些主要的措施，说明行政活动是在什么情况下进行的，属于哪一方面的，已经取得什么成果，存在的问题是什么。③说明行政管理中存在的问题并对该问题的起因和事实做出解释。④介绍主要行政措施。包括界定性质、行政措施所遵循的方式、步骤、顺序和时限等。⑤对行政措施的分析和解释是工作报告的主要成分，主要是阐述行政管理对象的基本特征、各种行政行为之间的相互关系、需要进一步解决的问题。⑥总结。说明工作结论或提出建议。上述6个方面在具体撰写报告时，可以根据监督主体的特点和报告的作用进行调整。最主要的是报告的真实性和可读性，除了合理安排内容结构外，工作报告的语言要求准确、简明、通俗，不宜过多地使用专业术语，统计表格的形式要清晰明了。

工作报告在行政机关的监督中大量使用，它是监督对象向监督主体主动提供情况，反映意见的方式。上级行政机关和行政首长通过审阅工作报告，可以了解下级机关和普通公务员的行政执法情况，对其中存在的违法行为进行监督。工作报告信息量大，如果下级机关能够及时经常地向上级机关报告自己的行政活动，"有利于上级行政机关全面掌握行政管理的实际情况，为科学决策提供正确的保障"①。但是，由于工作报告是由监督对象做出的，基于地方经济利益的驱动和干部任用制度上的缺陷，工作报告有时存在失实、片面、文过饰非和报喜不报忧等问题，这种工作报告无法客观

---

① 章剑生著：《行政监督研究》，人民出版社2001年版，第182页。

地反映下级机关行政管理的实际问题，导致上级行政机关不能及时有效地进行监督。

（二）检查

与工作报告不同，检查是监督主体主动了解监督对象活动的监督行为，一般具有直接、实地和深入的特点。检查能够比较全面客观地了解和掌握实际情况，听取和收集各方面的反映和要求。《行政许可法》第六十条规定："上级行政机关应当加强对下级行政机关实施行政许可的监督检查，及时纠正行政许可实施中的违法行为"；根据不同的情况，执法检查的方式也有所不同，例如，《税收执法检查规则》规定，执法检查可以分为全国性执法检查、日常执法检查和专案执法检查。下面介绍几种主要的检查方式。

1. 普查（全面检查）

普查是对监督对象的全体作无一遗漏的逐个调查，亦称全面检查。它是在一定时空范围内，一次性地搜集调查对象资料，目的在于了解事物的共性，把握事物的发展趋势。

普查是专门的一次性调查，其特点包括：①组织领导的高度集中和统一。无论在全国或一个局部区域内进行普查，均应统一筹划和部署，统一内容、时间和调查方法，以保证资料的准确性和可靠性。②调查时间的标准性和特定性。因为普查是监督主体观察行政活动在某一时期内的定量和定性特征，获得的是静态资料，所以必须确定一个标准时段，这个标准时段应与调查对象的正常状态大体一致。例如，法律从颁布实施到被行政机关和普通公民所熟悉需要一个过程，为了验证《行政许可法》的作用，应该在该法实施一年后进行执法效果普查。为保证资料在静态上的对比和动态上的连续性，标准时段一经确定，不得轻易更改。③涉及面广，工作量大，时间性强，对调查工作本身要求甚高，并需耗费巨大的人力和物力。这种调查方法在一般情况下不宜经常采用。④获得的是宏观资料，对问题只能做综合性的全面分析。⑤调查内容的局限性。上述第 3 个特点决定普查项目不能多，一次只能查 1~2 个主要问题，从属的项目必须与主题直接相关。科学、合理地设置调查项目是普查的关键，应视具体情况而定。

　　普查工作可分为3个阶段：①准备阶段。包括普查方案和实施细则的拟订，普查力量的组织与培训，物资、技术的准备，小规模试点等。②组织实施阶段，又称正式普查、全面搜集资料阶段。这是普查工作的高峰，在限定的较短时间内，集中人力与物力全力以赴完成全部的调查任务。③复查、审核、汇总资料和撰写调查报告阶段。为保证资料的准确性和可靠性，对调查获得的原始资料要进行复查、审核，发现差错及时纠正后再进行汇总。此阶段工作艰巨，要求深入、细致。普查所需时间长，一次大型的普查需 1～2 年时间才能得出全面性的调查结果。

　　2. 典型检查

　　从监督对象中有意识地挑选出少数具有代表性的对象进行检查，以达到了解总体的特征和本质的方法。它是实现"一般与个别相结合"的检查方法，也是解决问题、履行职责的有效方式。典型检查应借鉴数学上的概率计算法，虽然少数对象不能精确地代表总体，但比其他类型的对象更具代表性。

　　典型检查要求搜集大量的第一手资料，搞清所检查的典型中各方面的情况，作系统、细致的解剖，从中得出用以指导监督工作的结论和办法。典型检查适用于检查总体同质性比较大的情形。例如，某些省份主动废止了有关经济事务的行政审批事项，对该问题的监督与审查，应选择经济比较发达的东部省份。同时，它要求监督主体有较丰富的经验，在划分类别选择典型上有较大的把握。实施典型检查的主要步骤是：①根据监督目的，通过多种途径了解监督对象的总体情况；②从总体中初选出备选单位，加以比较，慎重选出有较大代表性的典型；③进点（典型）检查，具体搜集资料；④分析研究资料，得出结论。

　　典型检查的优点是：①鲜明的目的性和应用性，有利于决策和监督；②涉及单位少，成本低，速度快；③调查人员少，可进行专业训练，能提高调查结果的准确性。缺点是：①获得资料较少，应用的范围少于普查。②选择典型十分不易。③监督主体主观作用和监督对象的迎合性都会对典型检查产生不利的影响。

3. 专案调查（个案调查）

专案调查，是一种从整体上对一个监督对象进行详细考察的方法。专案调查可以对监督对象做深入的质的研究，彻底把握监督对象的全貌。一般而言，上级机关和行政首长对下级机关和普通公务员发生的重大违法案件或带有普遍的违法行为组织专门人员进行专案调查。专案调查可以较为全面客观地了解事件发生的详细情节以及责任人员的违法犯罪情况，为处理事件提供证据和条件。专案调查组织是由上级政府及有关主管部门组织的，还可以聘请有关专家参加。一般来说，专案调查组织只负责了解情况和提出处理意见，并不直接处理问题。因此，专案调查基本上属于行政监督的了解方式。

上级机关的专案调查的内容程序和方法现在还无法律规定，一般是由上级机关根据需要临时确定的。这一点与人民代表大会的特种问题调查不同。但从实际情况看，政府的专案调查也是有强制性的，调查人员可以要求有关人员作证，提供文件和实物，并要求其如实反映情况，予以积极配合，保守秘密等；调查结束后应当写出调查报告。①

（三）审查

行政机关的审查是对行政法律文件、行政命令、措施及财政预算、决算、账册、报表等进行审阅核对的行为，旨在确定其合法性。审查有事先审查、事中审查和事后审查三种形式。事先审查是在监督对象做出正式行政行为以前进行的审查，这种审查往往和批准共用，经审查批准后，对象才可行动。事先审查可以起到预防违法犯罪的作用。事中审查是在监督对象采取行政措施的过程中进行的，与行政行为同步进行，便于及时发现问题及时予以纠正。事后审查是在行政行为做出之后施行的审查，以维护正确合法的行为，

---

① 钟海让著：《法律监督论》，法律出版社 1993 年版，第 381 页。

改正或撤销违法行为。① 行政机关的审查不同于一般意义上的审查，它具有高度的目的性和计划性，要求监督主体对审查结果作出系统的描述和实质性的解释。

行政机关实施审查的基本要求包括：①审查前，尽量了解审查对象的基本情况，对审查的项目和程序做周密的思考和设计，熟悉和掌握必需的审查技巧和手段。②审查时，持客观、科学的态度，避免个人偏见；详细、完整地作好审查记录，不漏掉有价值的资料。③审查后，设法利用其他监督方式（如检查、工作报告等）来检验审查结果的可信度和正确性。

审查的优点是：①在保持监督对象正常的社会活动的条件下，搜集研究所需的资料。②监督主体者到现场审查，可以了解社会现象发生和变化的过程及其特定环境，有时还能搜集到具有相当隐秘性的资料。③适合于进行较长时间的纵向监督，可以考察行政活动发生和发展的全过程。

审查的缺点是：①进行审查时，需要较多的时间和人力，不能进行大规模的审查。②审查结果中有可能掺杂监督主体的个人主观因素，影响的程度难以估计并无法排除。③如果采用事后审查方式，监督主体只能被动地等待所要监督的行政行为发生。④并非所有的社会现象都能被审查，如反社会行为和家庭私生活等。

（四）谈话（访问）

谈话是层级监督中以交谈方式了解情况的一种方法，又称访问、访谈。与其他方式相比，谈话的最大特点是通过交谈方式了解监督对象的行政活动，可以作为监督行政活动的主要方法，也可以作为辅助方法去验证或补充其他方法获得的信息。它适用于监督比较复杂的行政活动，或对问题进行深入的追查。

按照不同的标准，谈话可分为不同的类型。例如，按照与谈话对象的接触方式，可以划分为直接谈话与电话谈话等。其中，最常见的分类是，按照谈话前是否拟定详细的标准化的访谈提纲，将谈

---

① 钟海让著：《法律监督论》，法律出版社1993年版，第381页。

话分为结构性谈话和非结构性谈话。

1. 结构性谈话

谈话者（即监督主体）在谈话前，制定好详细的标准化的访谈提纲，对监督对象进行谈话。特点是：获得的资料便于比较和进行细化处理，能减少交谈中的主观成分，避免监督对象含糊的回答或偏离访谈提纲的谈话。在进行结构性谈话时，监督主体应该遵循事先制定好的访谈提纲，按照一定的顺序提出问题，不能随意偏离访谈提纲。制定访谈提纲是进行结构性谈话的一项重要工作。监督主体可以将需要询问的问题及其可能出现的答案筛选排列，分类编码，制成统一的谈话调查表；访谈提纲中也可以包括少量的开放性问题。

2. 非结构性谈话

谈话者（即监督主体）不依照某种统一的谈话调查表，而是围绕研究的问题与监督对象进行自由交谈。特点是：交谈自然，可以深入了解多方面的情况。它常用于对重大或复杂行政活动的监督。与结构性谈话相比，它对监督主体的要求较高，谈话耗费的时间较多，监督主体与监督对象之间的默契和配合①对谈话调查的结果的影响更为显著。进行非结构性谈话的关键在于有效地控制谈话，准确地作好访谈记录。监督主体要在保持融洽的交谈气氛的前提下主动地引导交谈，随时纠正偏离研究主题或冗长的谈话。

该种监督方式的优点与缺点同样明显。谈话的优点是：谈话具有很大的灵活性，可以对问题进行深入的追查，有效地控制交谈的过程，对监督对象的各种疑问进行解释，还能根据交谈时监督对象的非言语行为和表现，验证谈话记录的真实性。谈话的缺点是：组织工作复杂，耗费较多的人力、时间与经费；监督主体与监督对象

---

① 例如，谈话开始时，监督主体应向监督对象说明谈话的目的和意义，保证不损害监督对象的声誉和利益；交谈时，监督主体的言行举止要自然，平易近人，使用通俗易懂的语言，对询问的问题保持中立的立场，注意观察监督对象的非言语行为。

之间的直接交谈，有可能使监督对象出现猜测和迎合监督主体意图的倾向，也可能使监督对象感到调查不具备保密性，不愿提供敏感性的资料。

（五）备案

备案作为层级监督的一种方式，是指根据法律或监督主体的要求，监督对象将做出行政行为的基本情况以书面形式上报的行为。这是监督主体了解监督对象工作的一个重要方式。备案具有告知作用，属于程序性行为，是监督主体对监督对象实施事后监督的形式；需要注意的是，"法律规定需要备案而没有备案的，不影响行政行为的效力"①。根据我国的监督实践，备案可以分为：

1. 对抽象行政行为的备案。抽象行政行为是指行政机关制定的行政法规、行政规章和其他规范性文件。关于抽象行政行为的备案，我国目前的法律、法规和规章已有不少规定。例如，《立法法》第 89 条规定："行政法规报全国人民代表大会常务委员会备案"。再如，《法规规章备案条例》第 3 条规定，部门规章由国务院部门报国务院备案，两个或者两个以上部门联合制定的规章，由主办的部门报国务院备案；省、自治区、直辖市人民政府规章由省、自治区、直辖市人民政府报国务院备案；较大的市的人民政府规章由较大的市的人民政府报国务院备案，同时报省、自治区人民政府备案。对抽象行政行为的备案有利于维护社会主义法制的统一，加强对法规、规章的监督，从而为具体行政行为提供正确的依据。

2. 对具体行政行为的备案。具体行政行为是指在行政管理过程中，针对特定的人或事所采取的具体措施的行为，其行为的内容和结果将直接影响某一个人或组织的权益。② 相对于实施抽象行政行为的行政机关受到严格限制而言，实施具体行政行为的行政机关则具有一定的普遍性，所以，行政机关在行政活动中做出具体行政

---

① 章剑生著：《行政监督研究》，人民出版社 2001 年版，第 183 页。

② 罗豪才主编：《行政法学》，北京大学出版社 2001 年版，第 85 页。

行为的数量远远大于抽象行政行为，这样，监督主体一般只要求监督对象将重大的具体行政行为上报备案。例如，《音像制品管理条例》第十一条规定："音像出版单位的年度出版计划和涉及国家安全、社会安定等方面的重大选题，应当经所在地省、自治区、直辖市人民政府出版行政部门审核后报国务院出版行政部门备案；重大选题音像制品未在出版前报备案的，不得出版"。重大的具体行政行为涉及国家利益、公共利益和第三人的合法权益，应该将其纳入到上级行政机关的监督范围。

（六）批准

批准是指依据法律的规定和授权，作为监督主体的上级行政机关对作为监督对象的所属工作部门或下级行政机关的行政活动，进行审查并予以确认的一种层级监督方式。与备案程序不同的是，它是一种约束力较强的事先监督方式，违反批准程序的行政行为是无效的。在我国，上级行政机关批准的主要是行政立法等抽象行政行为，也涉及某些重大的具体行政行为。

1. 对抽象行政行为的批准。根据宪法、立法法和国务院组织法等法律相关规定，特定的行政机关被授予对抽象行政行为的审批权。例如：《规章制定程序条例》第十一条规定："国务院部门法制机构，省、自治区、直辖市和较大的市的人民政府法制机构，应当对制定规章的立项申请进行汇总研究，拟订本部门、本级人民政府年度规章制定工作计划，报本部门、本级人民政府批准后执行"。再如，《行政许可法》第二十一条规定："省、自治区、直辖市人民政府对行政法规设定的有关经济事务的行政许可，根据本行政区域经济和社会发展情况，认为通过本法第十三条所列方式能够解决的，报国务院批准后，可以在本行政区域内停止实施该行政许可"。对抽象行政行为实施审批权，可以规范抽象行政行为的制定程序，保证抽象行政行为的立法质量，起到统一行政行为依据的功能。

作为监督主体的上级行政机关批准抽象行政行为依据四项标准：第一，该抽象行政行为应当切实保障公民、法人和其他组织的合法权益，在规定其应当履行的义务的同时，应当规定其相应的权利和保障权利实现的途径。第二，该抽象行政行为应当体现行政机关的职权与责任相统一的原则，在赋予有关行政机关必要的职权的同时，应当规定其行使职权的条件、程序和应承担的责任。第三，该抽象行政行为应当体现改革精神，科学规范行政行为，促进政府职能向经济调节、社会管理和公共服务转变。第四，该抽象行政行为应当符合精简、统一、效能的原则，相同或者相近的职能应当规定由一个行政机关承担，简化行政管理手续。

2. 对具体行政行为的批准。对于涉及国家利益、公共利益和其他第三人利益的某些行政行为需要经过作为监督主体的上级机关批准后才能生效。例如，《行政许可法》第二十五条规定："经国务院批准，省、自治区、直辖市人民政府根据精简、统一、效能的原则，可以决定一个行政机关行使有关行政机关的行政许可权"。《音像制品管理条例》第九条规定，"申请设立音像出版单位，由所在地省、自治区、直辖市人民政府出版行政部门审核同意后，报国务院出版行政部门审批。国务院出版行政部门应当自收到申请书之日起 60 日内作出批准或者不批准的决定，并通知申请人。批准的，发给《音像制品出版许可证》，由申请人持《音像制品出版许可证》到工商行政管理部门登记，依法领取营业执照；不批准的，应当说明理由"。

另外，行政机关层级监督的方式还包括：改变或撤销不适当的决定，对违法行为的惩戒，督促行政不作为，进行项目评价等。

总之，在行政监督系统中，上级行政机关对下级行政机关进行层级监督，由于存在固有的领导关系和工作上的密切联系，因而这种监督是各种监督中最经常、最直接、最有效的一种监督，具有特别重要意义。

第三节　行政监察

一、行政监察概述

（一）行政监察的概念

行政监察是监察主体对一定监察客体依法进行检举和纠查的活动，在我国，行政监察是指监察机关依照《行政监察法》等法律规范对国家行政机关、国家公务员和国家行政机关任命的其他人员实施监察的行为。

行政监察机关的监督，是行政机关的一种内部监督，行政监察监督的专门性、全面性和法制性的特点，决定了它是行政机关内部监督的重要形式，在行政机关乃至整个行政监督体系中具有不同于其他形式的特殊地位和特有的优势。由于行政监察是行政系统的内部监督，它能够更加直接、及时地了解行政决策信息，并紧紧围绕政府的中心工作开展监察，有利于寓监察于行政决策和执行的全过程，有利于对行政管理的各个环节实行有效监督。行政监察机关监督的全面性，使这一监督成为对监察对象进行全面监督的有效形式。行政监察机关监督的法制性，决定了它是一种有法律权威的有效监督。由此可见，行政监察这种监督形式，在行政体系中具有特定的重要地位，是其他任何形式所不能替代的。[①] 国家设立行政监察制度的目的，在于保证政令畅通，维护行政纪律，促进廉政建设，改善行政管理，提高行政效能，以促进和保证国家行政机关依法行政。

依据《行政监察法》的规定，监察机关应该建立举报制度，依法行使职权，不受其他行政部门、社会团体和个人的干涉。监察工作应当依靠群众，坚持实事求是，重证据、重调查研究，实行教

[①] 中纪委监察部宣教室著：《中国行政监察简论》，中国方正出版社2002 年版，第 7 页。

育与惩处相结合、监督检查与改进工作相结合，在适用法律和行政纪律上人人平等。

（二）行政监察的要素

行政监察是行政监督在行政管理领域中的特殊表现。行政监督在本质上意味着"检查"或"矫正某种违法行为的活动"。自人类有了政治生活以后，监督一词就被广泛应用。在当代政治制度的各领域中，行政监督一般被认为是行政法治的保障系统，其目的在于保证法律在现实生活中统一正确地贯彻实施。在政治生活中，凡是国家和社会对行政活动进行检查、督促的现象，都是行政监督现象，行政监察即是其中的一种。行政监察与一般行政监督不同之处在于，它是一种内部纠错机制，所要实现的目的与行政效能相联系。一般地说，行政监察的概念包含着如下的要素：

第一，行政监察的主体。它相对行政监察的客体而言，在一定的监督关系中，处于主动和支配地位的即是主体，而处于被动和被支配地位的便是客体。在我国，行政监察的主体主要是各级行政监察机关；在国外，瑞典的议会监察专员、英国的诺兰公职道德规范委员会、法国的行政调解专员、美国的联邦政府道德规范局、韩国的监察院等，也可以成为行政监察的主体。在某种特定条件下，通过互相作用，主客体的地位可以互易。

第二，目的性。行政监察的主体通过行政监察所要实现的目的，主要表现为自我纠错。这种自我纠错表现在广泛的方面，并对于监察主体具有根本性的意义。它构成行政监察运行的内在动力，使监察主体的支配意识不断地转化为支配的意志和行为而施加于监察客体，以期达到其所追求的自我纠错的目的。

第三，强制力。行政监察主要是一种强制力，同时包括各种半强制力和非强制力。在行政监察的运行中，这些力量往往结合在一起发挥作用。

第四，监察的方式。监察主体对监察客体的作用方式和手段是多样的。作为强制性的支配，它可以责令有违反行政纪律的人员在指定的时间、地点解释和说明问题，或对违反行政纪律的人员予以行政处分，或依法没收、追缴和退赔有关人员违反纪律所取得的财物等。作为半强制性和非强制性的支配，可以是提请法院冻结案件涉嫌单位和涉嫌人员在金融机构的存款，或建议暂停有严重违反行政纪律嫌疑的人员执行职务，或对拒不执行法律的人员向有关机关提出监察建议。

第五，监察的过程和实现。行政监察的大小和效能（即其实现的程度），是通过监察客体的行为符合监察主体意志的程度表现出来的。在行政监察作用的过程中，监察客体并非绝对被动，它必然会对监察主体产生反作用，并造成监察主体能量的消耗（即付出某种代价）。行政监察作用的过程，实际上是主、客体之间的某种斗争和较量的过程，其结果必定是某种相对平衡状态（即动态平衡状态）。一般说，行政监察的实现只表现为监察客体的行为大体符合监察主体意志的要求，完全符合的情况是极少的。

第六，监察关系的稳定度。行政监察一旦实现，监察主体必然要以各种方式和手段将这种监察关系尽可能长久和牢固地维持下去，从理论上和实践上使某些重大的监察关系合法化、合理化、普遍化甚至神圣化，以保证监察主体的意志能够持续地发生作用，其所追求的宗旨或目标能不断地实现。但行政监察关系本质上是一种动态平衡，永恒的、绝对的监察与被监察是不存在的。随着监察关系运行中各方力量的变化，到一定时候将引起监察关系的变化，一种监察关系模式便发展到另一种监察关系模式。

行政监察概念反映的是各种监察实体之间的相互影响、相互作用和相互制约的关系，它强调的是这种影响、作用、制约的一定方向和某种特定的实际结果。由于监督过程中的各种实体不是孤立的和静止的，因此其相互关系中必然贯穿着监督现象。从行政监察的角度分析监督现象是辩证思维在监督学研究中的体现。

二、行政监察的主体

现行宪法第89条规定，国务院行使的职权包括："领导和管理民政、公安、司法行政和监察等工作"，因此，宪法是行政监察机关设置的根本法律依据。《行政监察法》第 2 条规定："监察机关是人民政府行使监察职能的机关，依照本法对国家行政机关、国家公务员和国家行政机关任命的其他人员实施监察。"行政监察法是宪法关于监察条款的细化与延伸，是监察机关机构设置的具体法律依据。在我国，行政监察的主体是指行使行政监察权的中央国家监察机关、地方各级监察机关和各级政府派出的监察机构或者监察人员。以下分别予以介绍：

（一）中央国家监察机关

在 1948 年，华北人民政府曾设立人民监察院，负责监察各级政府及其工作人员。中华人民共和国成立后，在政务院设立了人民监察委员会，人民监察委员会下设四厅两处，一至三厅分别掌管各种监察，另一厅两处处理通常行政事务和资料研究事项。人民监察委员会在中央直属各机关、各大型国营企业、人民团体及新闻机构设置了监察通讯员；在各级地方政府相应设置了各级人民监察委员会。这时期监察机关采用检举、纠正、惩处、建议和表扬的监督方式处理有关问题。1954 年 9 月，一届全国人大召开后，撤销人民监察委员会，改设监察部。1959 年 4 月，在二届全国人大开会期间，部分代表提出："这项工作必须在各级党委领导下，由国家机关负责，并且依靠人民群众，才能做好，因此，监察部已无单独设立之必要。"大会决定："今后对于国家行政机关工作人员的监察工作，一律由各有关国家机关负责进行。"在这种极"左"思潮的干扰和破坏下，国家监察部和相应的各级监察厅局被撤销，再没有统一的行政监察机关。1986 年 12 月六届全国人大常委会第 18 次会议批准国务院的提请，设立国家监察部，重新确立了国家行政监察体制。1987 年下半年开始，国务院逐步在县级以上政府和一些行政机构、企事业单位恢复设置监察部门。

中华人民共和国监察部是国家最高行政监察机关，在国务院的领导下进行工作。根据《行政监察法》第七条的规定，国务院监察机关主管全国的监察工作。监察部设立部长一人，由国务院总理提名，由全国人民代表大会或全国人大常委会决定，中华人民共和国主席任命。设立副部长若干人，由部长提请国务院总理任命。

（二）地方各级人民政府的监察机关

地方各级监察机关是指省、自治区、直辖市的监察厅（局），设区的市、自治州、盟的监察局和县、自治县、不设区的市、市辖区的监察局三级。地方各级监察机关与纪委合署后内部机构设置为：

1. 省、自治区、直辖市的监察厅（局）内部机构一般包括：办公厅、监察综合室、研究室、法规室、宣传教育室、党风廉政室（省政府纠正行业不正之风办公室）、执法监察室、纪检监察室、案件审理室、信访室（举报中心）、干部室等内部职能部门。

2. 市、盟、自治州的监察局内部机构一般包括：办公室、执法监察室、纪检监察室、案件审理室、信访室（举报中心）、干部室等内部职能部门。

3. 县、县级市、旗、市辖区的监察局内部机构一般包括：办公室、执法监察室、纪检监察室、案件审理室、信访室（举报中心）等内部职能部门。

部分省、自治区、直辖市参照 1987 年 8 月《国务院关于在县以上地方各级人民政府设立行政监察机关的通知》精神，在乡、镇也设立了行政监察室，配备了专职或兼职的监察人员，对乡、镇人民政府各部门及其公务员，乡、镇人民政府及其各部门任命的其他人员进行监察。纪检监察机关合署办公后，均与乡、镇纪委合署办公。①

（三）派出监察机构或派出监察人员

《行政监察法》第八条规定："县级以上各级人民政府监察机关根据工作需要，经本级人民政府批准，可以向政府所属部门派出监察机构或者监察人员。"

派出监察机构或监察人员设置的目的，是使监察工作更好地

---

① 中纪委监察部宣教室著：《中国行政监察简论》，中国方正出版社 2002 年版，第 63—64 页。

深入到政府所属的部门，经常、及时、准确地了解情况，并围绕所在部门的中心工作，有效地开展事前、事中和事后的全过程监督。

派出监察机构或监察人员设置的原则，主要是根据工作的需要，视政府所属部门监察对象的多少、监察任务的轻重而定。例如，监察部就在国务院系统中监察对象多、监察任务重的部门中设置了监察局或监察专员办公室，负责对所驻在部门的各职能部门及其工作人员实施监察。而对监察对象比较少，监察工作任务相对较轻的部门，就未设立派出监察机构或监察人员，而是委托该部门主管干部、人事工作的机构履行行政监察职能，监察部对其进行业务指导。

派出监察机构或监察人员设置的程序，必须由监察机关提出设置的意见和建议，报经本级人民政府批准，并拨给相应的人员编制和经费后实施。

派出监察机构或监察人员是监察机关的组成部分，代表派出它的监察机关行使监察职能，对派出它的监察机关负责并报告工作。对于案件的查处，原则上实行分级管理，监察机关负责对驻在部门负责人违纪案件的查处工作，而派出机构负责驻在部门各职能机构及其工作人员违纪案件查处工作。①

《行政监察法》第七条第二款规定："县级以上地方各级人民政府监察机关负责本行政区域内的监察工作，对本级人民政府和上一级监察机关负责并报告工作，监察业务以上级监察机关领导为主。"这就是说，我国行政监察机关实行双重领导体制，即地方各级监察机关受本级政府和上级监察机关的双重领导，监察业务以上级监察机关领导为主。关于我国行政监察机关的领导体制，1986年国务院向全国人大常委会提交的《设立国家行政监察机关的方案》中就已规定：国家监察部受国务院领导，地方各级监察机关

---

① 中纪委监察部宣教室著：《中国行政监察简论》，中国方正出版社2002年版，第64—65页。

受上级监察机关和所在地的人民政府双重领导。这种双重领导体制，有利于下级监察机构得到上级监察机构的强有力的业务指导，有利于得到本级政府从本地情况出发提出的要求，以及组织人事、物质条件等方面的支持，有利于各级监察机关充分发挥职能作用，符合行政管理体制内部自我纠错的立法本意。

三、行政监察的对象

行政监察对象，是指国家法律规定的接受行政监察机关监察的组织和人员。《行政监察法》第二条规定："监察机关是人民政府行使监察职能的机关，依照本法对国家行政机关、国家公务员和国家行政机关任命的其他人员实施监察"。

（一）国家行政机关

行政机关，亦称行政机构、国家管理机关、政府。它是行使国家行政权力的机关，是国家机构的重要组成部分。它执行代议机关制定的法律和决定，管理国家内政、外交、军事等方面的行政事务。按照管辖范围，行政机关分为中央行政机关和地方行政机关。地方行政机关又可分为若干层次。①

在我国，国家行政机关是中华人民共和国政权机关的重要组成部分。我国的行政机关共分五级：第一级是国务院即中央人民政府，第二级是省、自治区、直辖市的人民政府，第三级是市（设区的市）、自治州的人民政府，第四级是市（不设区的市）、县、自治县的人民政府，第五级为乡、民族乡和镇的人民政府。

中央人民政府，即中华人民共和国国务院。它是最高国家行政机关，由总理、副总理、国务委员、各部部长、各委员会主任、审计长、秘书长组成。国务院实行总理负责制。总理领导国务院的工作。国务院工作中的重大问题，必须经国务院常务会议或全体会议讨论决定，但总理拥有最后决定权，并对决定的后果承担全部责任。国务院下设各部、委机构，以及直属机构和办事机构。各部、

---

① 《中国大百科全书·光盘1.2版》（政治学卷），撰写人为何华辉。

委员会实行部长、主任负责制。部长、委员会主任领导本部门的工作，召集和主持部务会议或委员会会议、委务会议，签署上报国务院的重要报告和下达的命令、指示，各部、委工作中的方针、政策、计划和重大行政措施，应向国务院请示报告，由国务院决定。根据法律和国务院的决定，主管部、委可以在本部门的权限内发布命令、指示和规章。国务院可以根据工作需要和精简的原则，设立若干直属机构主管各项专门业务，设立若干办事机构协助总理办理专门事项。

地方各级人民政府，它包括：省、自治区、直辖市、自治州、设区的市；县、自治县、不设区的市、市辖区、乡、民族乡、镇的人民政府。它们是国务院统一领导下的地方国家行政机关。省、自治区、直辖市、自治州、设区的市的人民政府分别由省长、副省长，自治区主席、副主席，市长、副市长，州长、副州长和秘书长、厅长、局长、委员会主任等组成。县、自治县、不设区的市、市辖区的人民政府分别由县长、副县长，市长、副市长，区长、副区长和局长、科长等组成。乡、民族乡人民政府设乡长、副乡长。民族乡的乡长由建立民族乡的少数民族公民担任。镇人民政府设镇长、副镇长。地方各级人民政府分别实行首长负责制。省长、自治区主席、市长、州长、县长、区长、乡长、镇长分别主持地方各级人民政府的工作。县级以上人民政府通过常务会议或者全体会议制度，讨论政府工作中的重大问题，但最终决定权仍由行政首长行使。

（二）国家公务员

我国公务员是指各级国家行政机关中依法行使国家行政权，执行国家公务的、除工勤人员以外的工作人员。所谓工勤人员，是指在国家行政机关中从事后勤杂务的人员，例如，司机、清洁工和修理工等；工勤人员的工作不具有行政执法的性质，对他们的录用、管理和考核一般适用与劳动有关的法律规范。国家公务员可以依照各种行政法律规范的规定，以国家行政机关的名义，行使其职权，可以采用各种行政手段，实施各种行政行为。

需要注意的是，2005年4月27日，第十届全国人民代表大会常务委员会第十五次会议通过《公务员法》，该法予2006年1月1日起施行，该法第二条规定，本法所称公务员，是指依法履行公职、纳入国家行政编制、由国家财政负担工资福利的工作人员。依据该法对公务员范围的界定，国家公务员除包括国家行政机关的正式在编人员外，还包括各级中国共产党党委、人大常委会、审判机关、检察机关、共青团团委、妇联等政党、权力机关、司法机关和政治团体的所有正式在编人员。但是，笔者认为，行政监察机关无权对行政机关以外的正式在编人员（国家公务员）实施行政监察。因为，行政监察机关的监督，是行政机关的一种内部监督，它以行政权力作为后盾和保障，对行政活动进行自我纠错和修复；所以，《行政监察法》第二条中规定的"国家公务员"仅仅是指服务于国家行政机关的公务员。

国家行政机关的公务员一般可分四类：第一，选任的公务员，即通过各级国家权力机关选举或决定而任职的各级国家公务员，如中华人民共和国国务院总理及国务院组成人员，省长、副省长，自治区主席、副主席，市长、副市长，州长、副州长，县长、副县长等都是。选任制公务员在选举结果生效时即任当选职务；任期届满不再连任，或者任期内辞职、被罢免、被撤职的，其所任职务即终止。他们是中国各级人民政府的主要负责人，他们对同级国家权力机关负责并报告工作，其任期与同级国家权力机关每届的任期相同。第二，委任的公务员，即依法由有权机关任免的国家公务员，如全国人民代表大会根据国务院总理提名决定任免的国务院各部部长；县以上各级人民代表大会常务委员会任免的本级人民政府的秘书长、厅（局）长、主任、处（科）长等；国务院任免的各部副部长，直属机构的局长、行长等；各省、自治区、直辖市人民政府任免的厅（局）长，直属处（科）长等；县（自治县）任免的局长、办公室主任、科长等。委任制公务员遇有试用期满考核合格、职务发生变化、不再担任公务员职务以及其他情形需要任免职务的，应当按照管理权限和规定的程序任免其职务。第三，考任的公务员，即通过公开考试、严格考核所录用的一般行政工作人员，不包括前两项担任各级行政部门领导职务以外的行政机关工作人员，如各级行政机关的科员、办事员、资料员、收发员等。考任的公务员试用期为一年。试用期满合格的，予以任职；不合格的，取消录用。第四，聘任的公务员，《公务员法》新增加了聘任制公务员，行政机关根据工作需要，经省级以上公务员主管部门批准，可以对专业性较强的职位和辅助性职位实行聘任制。行政机关聘任公务员可以参照公务员考试录用的程序进行公开招聘，也可以从符合条件的人员中直接选聘。行政机关聘任公务员应当在规定的编制限额和工资经费限额内进行。

（三）国家行政机关任命的其他人员

行政机关任命的其他人员，主要是指国家行政机关直接委任的事业单位、国有或国有经济控股企业的领导人员；实行选举、招聘、租赁、承包和股份制等制度的企业、事业单位中，经国家行政机关以委任、聘任、派遣等批准从事公务的人员等。① 例如，国有企业的厂长、经理，各级学校的校长，文艺团体的领导等。

在我国的行政管理实践中，行政行为的做出并不仅仅局限于国家行政机关及其国家公务员，企事业单位也拥有行政管理职责，例如，中国证券监督管理委员会、中国保险业监督管理委员会、地方卫生防疫站、地方电力公司等。《行政处罚法》和《行政许可法》明确规定，法律、法规授权的具有管理公共事务职能的组织以及国家行政机关依法委托的组织及其工勤人员以外的工作人员也有权做出行政处罚、行政许可等行政行为，承担一定的行政职责。

但是，依据《行政监察法》的规定，监察机关除了对上述组织中由国家行政机关任命的人员进行监察外，对上述组织以及由上述组织任命的工作人员则无权监察，而根据行政监察对行政权力的行使进行监察的目的，监察机关对行使行政权力的法律、法规授权

---

① 中纪委监察部宣教室著：《中国行政监察简论》，中国方正出版社2002年版，第70页。

的具有管理公共事务职能的组织以及国家行政机关依法委托的组织及其工勤人员以外的工作人员进行监察是应有之义，应当将其纳入监察对象的范围。否则，对行政权力的监督就会出现漏洞。因此，为适应我国现行行政管理体制下加强对行政权力的行使进行监察的需要，《行政监察法实施条例》第二条第一款明确规定："国家行政机关和法律、法规授权的具有管理公共事务职能的组织以及国家行政机关依法委托的组织及其工勤人员以外的工作人员，适用行政监察法和本条例。"以行政法规的形式将法律、法规授权的具有管理公共事务职能的组织以及国家行政机关依法委托的组织及其工勤人员以外的工作人员纳入了监察机关的监察对象范围，这有利于加强对行政权力行使的监督，以推进依法行政，从严治政。①

因此，《行政监察法实施条例》施行后，监察机关的监察对象为：国家行政机关和法律、法规授权的具有管理公共事务职能的组织以及国家行政机关依法委托的组织及其工勤人员以外的工作人员，国家行政机关任命的其他人员。

四、行政监察的职责

行政监察机关的职责，是指由行政监督法律规范规定的行政监察机关为实现行政监察职能而应当承担的与其性质相适应的各种责任。行政监察机关切实履行监察职责，对于及时发现、查处和纠正行政机关及其工作人员的违纪行为，保护国家、集体和公民个人的合法权益，维护行政纪律，具有重要意义。

《行政监察法》第十八条从法律条文上具体规定了行政监察机关的职责，它们分别是：检查守法和执法情况，受理控告和检举，调查处理违纪案件，以及受理申诉。在监察理论上，一般将行政监察机关的职责划分为：第一，廉政监察，即针对违反廉政法律而出现的各种不廉洁的问题而进行的监察；第二，效能监察，即针对违

---

① 谭焕民：《行政监察法实施条例解读（一）》，载《中国监察》2004年第11期，第55页。

反勤政高效法律的失职渎职、管理混乱、效能低下等问题所进行的监察；第三，执法监察，即针对其他违法行为（即廉政、勤政范围之外的）而进行的执法检查；第四，诉愿监察，即受理申诉、控告和检举。以下本文将结合监察理论和法律条文，对行政监察机关的职责做出具体的阐述。

（一）检查守法和执法——执法监察

检查守法和执法，是指监察机关检查国家行政机关在遵守和执行法律、法规和人民政府的决定、命令中的问题，并做出相应处理的监察活动。

法律、法规、决议和命令是人民根本意志和利益的体现，行政机关及其工作人员必须贯彻执行。它既要靠执法机关和人员自觉遵守，也要靠外部力量严格监督。检查，是为发现和解决问题而展开的一种考察、查究和询问的行为，它是实施监察，纠正偏差，保障国家行政机关依法行政的一种有效方式。执法监察中的检查包括两方面的内容：一是国家行政机关在行使职权过程中是否遵纪守法的问题；二是作为行政执法主体的行政机关在执行法律、法规和人民政府的决定、命令中的问题。

在执法监察实践中，存在多种检查方式。从检查涉及的范围划分，有依据本级人民政府或上级监察机关的决定，或依据本地区、本部门工作的需要，在一定时期内进行的专项检查；也有定期或不定期进行的综合性的检查。从监察对象范围划分，有针对个别单位的重点检查；有针对某个系统或某些行为、地区的中型检查；有针对全国各级国家行政机关的全面检查。① 从检查主体的情况看，有由监察机关单独进行的检查，也有监察机关与中央纪律检查机关、立法机关联合进行的检查；还有由政府统一组织的监察机关参加的有关法律执行情况的检查等。行政监察机关通过多种方式的检查，可以督促国家行政机关遵守和执行法律和有关政策，保证国家的各

---

① 中纪委监察部宣教室著：《中国行政监察简论》，中国方正出版社2002年版，第46页。

项法律和政策得到有效实施。

监察机关的执法监察活动，贯穿于国家各级行政机关及其公务员履行法定义务的全过程，它依据国家机关有关的法律、法规、决议和命令，侧重于行政执法行为的综合情况的监督检查，它注重解决执法过程中各行政环节的一贯性和彻底性，即行政机关及其公务员执法行为的合法性。① 它既可以采用事前监察的方式进行监督防范，又可以采用事中监察的方式进行跟踪检查，还可以采用事后监察的方式进行检验考核，执法监察是行政监察机关的一项基本职能和经常性工作。因此，在整个行政监督制约体系中，执法监察具有其他监督方式和监督手段不可替代的特殊地位和作用。

（二）受理控告、检举——诉愿监察

受理控告、检举，是指监察机关在各自的职权范围内，受理公民、法人和其他组织对国家行政机关、公务员和行政机关任命的其他人员违反行政纪律行为的控告、检举。现行《宪法》第四十一条规定："中华人民共和国公民对于任何国家机关和国家工作人员，有提出批评和建议的权利；对于任何国家机关和国家工作人员的违法失职行为，有向有关国家机关提出申诉、控告或者检举的权利，但是不得捏造或者歪曲事实进行诬告陷害。"《行政监察法》关于"受理控告、检举"的诉愿监察实际上是通过具体法律落实公民的宪法权利。

诉愿监察中的检举和控告既有联系，又有区别。检举是指公民、法人或其他组织揭发国家行政机关、公务员以及国家行政机关任命的其他人员违反行政纪律的行为，请求监察机关对违反行政纪律的人员给予法律制裁的活动。控告是指公民、法人、其他组织认为国家行政机关、公务员以及国家行政机关任命的其他人员的违反行政纪律的行为，侵害了自己的合法权益，向行政监察机关提出指控和告发，要求追究相应的法律责任的活动。检举与控告存在一定

---

① 王勇飞著：《中国行政监督机制》，中国方正出版社1998年版，第176页。

的差异：第一，检举人一般与事件无直接牵连，而控告人则是受违纪行为侵害的人；第二，检举一般是出于义愤或者为了维护公共利益，提出的关于处理违纪人员的要求，而控告则是为了保护自身的权益而要求依法处理。

在诉愿监察中，行政监察机关接到有关人员的检举或控告材料后，不能敷衍、推诿、刁难、任意搁置或者草率处置，而必须按照法律的有关规定，及时组织调查，弄清事实真相，并做出处理决定或者提出处理意见；被检举或控告人更不得利用职权或者其他手段，在事后对检举或控告人员进行任何形式的打击、迫害和报复。否则，将依据有关法律追究刑事或行政责任。为防止检举或控告人员遭受被检举或控告人的报复，行政监察机关处理检举或控告材料的负责人与工作人员，应该对检举或控告材料严加管理，注意保密，以防发生意外事件，给查处案件造成困难。

（三）调查处理违纪案件——廉政监察

调查处理违纪案件，是指行政监察机关依法专门调查处理国家行政机关、国家公务员和国家行政机关任命的其他人员违反行政纪律的行为。调查处理监察对象违反行政纪律的廉政监察，是监察机关的一项重要职责，也是监察工作的一项重要内容。

根据我国《公务员法》第五十三条的规定，国家公务员必须严格遵守纪律，不得有下列行为：散布有损国家声誉的言论，组织或者参加旨在反对国家的集会、游行、示威等活动；组织或者参加非法组织，组织或者参加罢工；玩忽职守，贻误工作；拒绝执行上级依法作出的决定和命令；压制批评，打击报复；弄虚作假，误导、欺骗领导和公众；贪污、行贿、受贿，利用职务之便为自己或者他人牟取私利；违反财经纪律，浪费国家资财；滥用职权，侵害公民、法人或者其他组织的合法权益；泄露国家秘密或者工作秘密；在对外交往中损害国家荣誉和利益；参与或者支持色情、吸毒、赌博、迷信等活动；违反职业道德、社会公德；从事或者参与营利性活动，在企业或者其他营利性组织中兼任职务；旷工或者因公外出、请假期满无正当理由逾期不归；违反纪律的其他行为。

调查和处理是行政监察机关在履行廉政监察职责过程中两个基本的手段，行政监察机关必须依法运用。调查是指行政监察机关依法定程序查清监察对象违法违纪行为事实，收集有关证据，通过证据证实监察对象的违法违纪事实。① 行政监察机关在调查过程中，应当充分听取被调查人员的意见，对被调查人员提出的事实、理由和证据，应当认真进行复核。处理是指行政监察机关就所调查的事实和取得的证据材料进行分析判断，去伪存真，由表及里，准确地认定违法违纪行为的性质，合理合法地确定有关人员的责任，并根据有关人员行为的性质、危害、责任大小，以法律和有关政策为依据，对整个监察事项形成一个总体的认识，从而做出适当的处理决定。

调查处理违纪案件的廉政监察一般以事后监督为主要方式，它是依据政府颁布的有关廉政政策、法律为依据，按照行政监察案件的主要程序实施监督检查活动。监察机关通过廉政监察，可以教育违纪人员和其他公务员，维护行政纪律，保持良好的行政管理秩序，促进廉政勤政建设，保证政令畅通。

（四）受理申诉——诉愿监察

受理申诉，是指监察机关依法接受和处理国家公务员和国家行政机关任命的其他人员不服主管行政机关给予行政处分决定的申诉，以及法律、行政法规规定的其他由监察机关受理的申诉。

诉愿监察的受理申诉包括两种情况：第一，有关行政处分的申诉。根据《行政监察法》第三十七条和第三十八条的规定，国家公务员和国家行政机关任命的其他人员对主管行政机关做出的行政处分决定不服的，可以向监察机关提出申诉，监察机关应当做出复查决定；对复查决定仍不服的，可以向上一级监察机关申请复核，上一级监察机关应做出复核决定。这里的"主管机关"，是指有关人员行政关系所隶属的行政机关。国家公务员及其他有关人员不服

---

① 章剑生著：《行政监督研究》，人民出版社 2001 年版，第 199 页。

主管机关给予的行政处分，可以向原处理机关或其上级行政机关申诉，也可以向行政监察机关申诉。对于公务员和其他有关人员的申诉，监察机关应当受理。监察机关对受理的不服主管行政机关行政处分决定的申诉，经复查认为原决定不适当的，可以建议原决定机关予以变更或者撤销；监察机关在职权范围内，也可以直接做出变更或者撤销的决定。第二，法律规定的其他由监察机关受理的申诉。例如，《中华人民共和国全民所有制工业企业法》规定，企业认为行政机关侵犯其经营自主权的，可以向有关行政监察机关提出申诉。

受理申诉的主要作用，在于保证行政机关在实施行政行为时，不冤不纵，保障公务人员和普通公民的合法权益，及时有效地受到社会监督。受理申诉也是一种行政救济制度，但它是一种与行政诉讼、行政复议存在本质区别的自我纠错制度。

（五）监察职责的综合与提高——效能监察

行政管理要求科学化、现代化，要求运转协调，办事高效，因而，行政监察机关对行政机关及其公务员在行政管理中大量存在的缓慢拖拉、遇事推诿、消极怠工、渎职枉法、贻误时机、管理混乱、官僚主义、造成重大事故等行为，也应该依法予以必要的纠举和惩戒。效能监察的目的在于促使被监察机关和个人改进作风，提高效率，保证各行政管理部门正常工作，这不仅使社会生活秩序井然，而且也使行政行为在良性循环的机制中获得升华。[①] 因此，各级行政监察机关必须正确、及时和合法地履行《行政监察法》对行政监察机关所规定的法定职责，对于监察机关不履行或拖延履行法定职责的不作为行为，应追究其相应的法律责任。

效能监察的作用是督促政府公务员恪尽职守，各司其职，高效率地依法行政。效能监察的方式可以是事先监察，也可以是事中监察，还可以是事后监察；在目前，一般是以事中和事后监察为主。

---

①　汤唯、孙季萍著：《法律监督论纲》，北京大学出版社2001年版，第352页。

效能监察的直接目的是解决行政运行环节中的迟滞型行政行为或失去法律效力的行政行为；其间接后果表现为简政、高效和节约。

（六）总结

行政监察职责的划分，是一种科学的抽象。四种职责之间，实际上存在内在的、有机的联系。只要我们弄清各监察职责的区别和联系，就能够全面地把握行政监察的性质和任务，全面地实现行政监察职责。第一，效能监察与执法监察、廉政监察、诉愿监察是包容的关系。实践证明，执法监察、廉政监察、诉愿监察并不排除解决行政机关及其公务员不廉洁、效率低的问题，从这个意义上讲，效能监察包容了执法监察、廉政监察和诉愿监察这三种职责。而执法监察、廉政监察和诉愿监察都是依法监督检查行政机关及其公务员的行政行为，当然包括对行政法律规范和行政执法目的、程序及手段的监督检查，其实又统属效能监察的内容。所以，这三者是互相包容的关系。第二，效能监察与执法监察、廉政监察、诉愿监察各有其履行职责的特点。四种监察在监督检查的目的上、各自的性质上，都有区别。

另外，监察机关除履行上述四项职责外，还要履行有关法律规范规定由监察机关履行的其他职责。当前，我国的政治、经济、文化教育、卫生管理体制正处于深刻的变革过程中，行政监察的职责也会随着改革的不断深入而不断地扩大和完善。

总之，行政监察职责是就监察机关的整个活动而言，不是指监察机关内部某一具体单位和部门的活动。监察机关的内部机构，不应该依据职责设置，也没有必要依据职责设置。行政监察职责的实现，就意味着行政监察机关在依法行政中作用与功能的发挥。只有全面、正确地认识行政监察职责，才能充分发挥行政监察机关在依法行政中的作用与功能。

五、行政监察的权力

(一) 行政监察权力的含义

行政监察的权力，是指由国家宪法和法律赋予的国家行政监察机关执行法律规范，实施行政监察活动的权力，是行政监督权的组成部分。根据《行政监察法》，我国监察机关拥有四项基本权利，它们分别是：检查权、调查权、建议权和决定权。

行政监察权力的定义有三层意思：第一，行政监察权来源于国家宪法和法律，没有宪法、法律的确认或设定，行政监察权就失去了存在和行使的合理基础。第二，行政监察权由国家行政监察机关代表国家行使，上级机关、审计机关以及其他国家机关就其各自所监督的事项行使的权力分别为层级监督权、审计权等。第三，行政监察权系行政监督权组成之一，是国家检查和督促行政活动的一种，因而行政监察权多含有强制力的性质。一般社会组织或个人之间，就无所谓行政监察权的存在了。有时，一般社会组织或个人经国家法律授权或经行政机关依照法律规定委托亦可行使一定的行政监督权，但权限范围小，且受到法律的严格限制。

(二) 监察权力的结构

监察权力的结构蕴涵在监察主体的结构之中，它所涉及的往往是同一监察关系的模式。当人们把一定的监察关系作为监察行为借以活动的空间来观察时，这种监察关系的结构可被视为监察主体的结构。而当人们把同一监察关系作为监察行为相互作用的一定效应来观察时，这种监察关系的结构就可被视为监察权力的结构。就监察机关与同级政府部门的监督关系，从主体结构方面看，它表现为一系列的行政机构和规章制度，形成了监察行为得以运行的一定的空间网络。从监察权力结构方面看，则表现为按照某种特定方式进行的意志的强加和服从所构成的监察权威运行的特定方式。作为监察主体结构来观察，主要是着眼于静态的分析；作为监察权力结构来考察，则主要是着眼于动态的分析。

监察权力结构包含下列几方面：第一，权力作用的方向和方式。监察权力运行必然具有某种确定的指向，并在现实过程中形成确定的权力运行轨道，而监察权力的一定作用方式，则对轨道起着充实的作用，使其获得现实性。

第二，权力作用的层次。监察权力往往需要经过许多中间层次才能达到最终客体。而这些中间层次会使权力的强度有所增强或减弱，使权力作用的方向产生偏离，从而使监察权力的运行呈现非常复杂的情况。

第三，权力作用的时间。在监察权力运行中，时间的因素具有极重要的意义。一种监察权力若不能在有效的时间内到达客体，其作用将丧失，这意味着权力的中断。权力中断以后，需付出几倍的力量和代价才能恢复，而且难以恢复到原来的状态。此外，权力的运行随着时间的推移会产生磨损和消耗，需要不断补充能量。

第四，权力作用的结果。监察权力的效应是以其结果来衡量的，即要看在权力的作用下，客体的行为符合主体目的的程度。因而，权力作用的结果成为权力结构的最终环节。

（三）检查权

检查权是指监察机关对行政机关系统内部遵守和执行法律、政策的情况进行监督的权力。监察机关在行使检查权时可采取的措施也是监察机关在履行各项职责时可采取的监察措施。检查权具体包括：

1. 查阅和复制材料。依据《行政监察法》的规定，行政监察机关为了履行监察职责，有权要求被监察的部门和人员提供与监察事项有关的文件、资料、财务账目及其他有关的材料，进行查阅或者予以复制。查阅和复制材料是监察机关查清监察事项的重要前提条件。这里的"材料"是指一切用于记载与监察事项有关内容的书面材料，包括工作计划、工作报告、工作总结、有关决定、命令、行政合同、档案、账册、报表、会议记录、谈话记录、电话记录、电报、信件、工作笔记、光盘、磁盘等。监察机关有权对其中可能作为监察事项证据的材料，采用拍照、复印、摘录等方法进行复制，进行复制时应该注明复制件与原件核对无误。

2. 要求解释和说明问题。依据《行政监察法》的规定，行政监察机关有权要求被监察的部门和人员就监察事项涉及的问题做出解释和说明。行政监察机关在行使职权的过程中，对于一些为被监察的部门或人员所掌握而无法了解清楚的，有权要求这些部门或人员向行政监察机关做出解释或者说明。被监察的部门或人员对监察事项做出的解释或者说明，可以是书面形式，也可以是口头形式。① 被监察的部门和人员承担如实回答的义务，无权拒绝或者拖延。

3. 责令停止违法违纪行为。依据《行政监察法》的规定，行政监察机关为了履行监察职责，有权责令被监察的部门和人员停止违反法律、法规和行政纪律的行为。在行政监察的过程中，监察机关发现被监察的部门和人员正在实施着违反法律、法规和行政纪律的行为，如行政审批机关违反《行政许可法》向申请人乱收费，可以责令该行政审批机关停止乱收费的行为，以防止或减轻违法违纪行政行为给国家、集体的利益和公民的合法权益所带来的危害。

因为这项措施具有一定的强制性，所以，行政监察机关在采取这一措施时，不能违背有关法律和政策的具体规定，也不能影响被监察部门和人员正常行使行政管理权和对社会秩序的依法维护，尤其是对行政机关的具体行政行为采取责令停止措施时，监察机关必须严格地依据法定程序慎重地行使这一行政强制措施。

（四）调查权

调查权是指监察机关依法拥有对监察对象违反行政纪律的行为进行专门的核查纠举的权力。监察机关在行使调查权时，除可采取上述的三项措施之外，还可以根据需要，采取下列措施：

1. 暂予扣留和封存与案件有关的材料。依据《行政监察法》的规定，监察机关在调查违反行政纪律行为时，可以根据实际情况和需要，暂予扣留、封存可以证明违反行政纪律行为的文件、资

---

① 章剑生著：《行政监督研究》，人民出版社 2001 年版，第 201 页。

料、财务账目及其他有关的材料。行政监察机关暂予扣留或封存的材料应该是与案件有关的材料，即该材料必须是与监察事项具有内在联系，这种联系既是多方面的也是多层次的，有条件上、原因上和结果上的联系，也有直接或间接联系、必然或偶然联系以及肯定性或否定性联系等。

该措施是监察机关为查清违反行政纪律行为所采取的一项临时的强制性措施，目的在于防止违反行政纪律的被监察对象和人员转移、隐匿、篡改或者毁灭证据。对于暂予扣留或者封存的材料，行政监察机关必须认真地加以保管，不得损毁、遗失或者挪作他用，并在案件查结后，按照有关规定妥善处理。

2. 保全与案件有关的财物。依据《行政监察法》的规定，行政监察机关有权责令案件涉嫌单位和涉嫌人员在调查期间不得变卖、转移与案件有关的财物。监察机关在调查违反行政纪律案件期间，发现某些财物，如现金、证券、家用电器、金银首饰、古玩字画、家具、衣物等可以证明案件情况，或者发现上述财物的取得有违纪嫌疑时，有权责令案件涉嫌的部门和涉嫌人员予以保全，不得转移和变卖。被责令单位和人员有义务对上述财物予以妥善保管。① 为了进一步强化监察机关的办案手段，尽可能减少国家、集体和公民的财产损失，2004 年 11 月实施的《行政监察法实施条例》第十二条第二款规定，监察机关在调查贪污、贿赂、挪用公款等违反行政纪律的行为时，经县级以上人民政府监察机关领导人员批准，可以暂予扣留与贪污、贿赂、挪用公款等有关的财物。这在事实上已经赋予监察机关暂予扣留与案件有关财物的权力。

3. 限制人身自由的行政强制措施。依据《行政监察法》的规定，行政监察机关有权责令有违反行政纪律嫌疑的人员在指定的时间、地点就调查事项涉及的问题做出解释和说明，但是不得对其实行拘禁或者变相拘禁。责令有违反行政纪律嫌疑的人员在指定的时

---

① 中纪委监察部宣教室著：《中国行政监察简论》，中国方正出版社 2002 年版，第 86 页。

间、地点就调查事项涉及的问题做出解释和说明是具有限制人身自由性质的行政强制措施，其目的是为了确保监察机关排除各种压力和干扰，及时查清违反行政纪律人员的问题。"必须明确的是，《行政监察法》所规定的这条措施，仍然是对调查对象的纪律要求，是在必要情况下采取的行政纪律约束，它在性质上完全不同于司法、公安机关所采用的拘留、传唤等的措施"[1]。

从实践中看，它往往适用于被监察对象[2]：其一，拒绝或者拖延行政监察机关的调查、检查，使行政监察工作无法正常进行下去的；其二，可能发生被监察人员之间互相串供，为行政监察工作设置障碍的；其三，被监察人员可能实施销毁、转移对其不利的证据，行政监察机关对其提出不利指控的；其四，被监察人员可能外逃，使监察机关失去监察对象的。

4. 建议暂停职务。依据《行政监察法》的规定，监察机关在调查违反行政纪律行为时，可以根据实际情况和需要，建议有关机关暂停有严重违反行政纪律嫌疑的人员执行职务。"有严重违反行政纪律嫌疑"是指监察机关虽然没有确凿充分的证据证明有关人员的严重违纪事实，但也不排除其有严重违纪行为的存在，而且，尽管现有证据并非确凿、充分，但这些证据具有较大的可信度，能够使监察机关相信严重违纪事实的存在比不存在更具有可能性。如果允许有严重违反行政纪律嫌疑的人员继续执行职务，该人员可能滥用职权或者超越职权继续实施违法行为，给国家、集体和公民的利益造成重大的损失，或者降低行政机关的威信，造成不良的社会影响。更为重要的是，如果该人员是行政机关的负责人，他可能利用自己的权力设置各种障碍，以阻止监察机关对其违反行政纪律行为的查处。

---

① 中纪委监察部宣教室著：《中国行政监察简论》，中国方正出版社2002年第1版，第87页。

② 章剑生著：《行政监督研究》，人民出版社2001年版，第203页。

另外，暂停职务是一项临时性、预防性的措施，在对有关人员调查结束后，如认定其有严重违反行政纪律的行为，需要追究行政责任的，应依法给予相应的行政处分；对不存在违反行政纪律事实，或者不需要追究行政责任的，应及时提请有关机关解除该项措施，恢复有关人员的职权和职责。

5. 查询金融账户。依据《行政监察法》的规定，监察机关在调查贪污、贿赂、挪用公款等违反行政纪律的行为时，经县级以上监察机关领导人员批准，可以查询案件涉嫌单位和涉嫌人员在银行或者其他金融机构的存款；必要时，可以提请人民法院采取保全措施，依法冻结涉嫌人员在银行或者其他金融机构的存款。

查询是行政监察机关向银行、信用社或其他有储蓄义务的单位调查、询问涉嫌单位和涉嫌人员的存款情况。冻结是银行、信用社或其他有储蓄义务的单位根据行政监察机关通过人民法院采取的保全措施，不允许其随意支取或转户。查询在金融机构的存款，是一种调查核实的行为，是为了监察机关及时收集与监察事项有关的证据。冻结存款，则是一种限制财产流通的强制保全措施，目的在于防止违纪机关和人员非法转移涉嫌财产，防止国家和社会财产受损。

（五）建议权

建议权是指监察机关依照法律规定的职权，就监察事项在调查、检查的基础上，向被监察部门和人员或者有处理权的有关机关提出处理问题及改进工作的一种书面建议。监察机关行使建议权的表现形式就是提出监察建议，监察建议与一般的工作建议不同，依据《行政监察法》第二十五条的规定，监察机关依法提出的监察建议，有关部门无正当理由的，应当采纳；这也就是说，监察建议的接受者应当履行该建议所确定的义务，如无正当理由不履行有关的义务，监察机关有权追究其相应的行政法律责任。

根据检查和调查的结果，行政监察机关认定被监察对象有下列情形之一的，可以提出监察建议：

1. 拒不执行法律、法规或者违反法律、法规以及人民政府的决定、命令，应当予以纠正的。所谓拒不执行，是指被监察对象公开拒绝执行有关的法律和行政决定，经指出后仍不改正的消极不作为行为。违反法律、法规以及人民政府的决定、命令，则是指被监察对象在执行上发生差错，导致法律、法规和人民政府的决定、命令得不到有效地贯彻落实的情形。

2. 本级人民政府所属部门和下级人民政府做出的决定、命令、指示违反法律、法规或者国家政策，应当予以纠正或者撤销的。依法行政的基本要求就是本级人民政府所属部门和下级人民政府做出的决定、命令、指示必须符合法律、法规或者国家政策。但是，如果本级人民政府所属部门和下级人民政府违反法定的程序，或者超越法律赋予的职权，或者虽然在其职权范围内，但违背合理原则，从而致使自己做出的决定、命令、指示与法律、法规或者政策发生冲突，行政监察机关有权通过监察建议的形式让其自己纠正或者予以撤销。

3. 给国家利益、集体利益和公民合法权益造成损害，需要采取补救措施的。现代行政管理的内容包罗万象，从治安管理、民政管理、卫生管理到教育文化管理，涉及社会的各个领域，与公民、法人或者其他组织的合法权益息息相关。如果行政机关及其工作人员因失职或者行使职权不当，就有可能给国家利益、集体利益和公民的合法权益造成损害。在这种情况下，监察机关有权提出监察建议，要求被监察部门和人员采取必要的补救措施，这些具体的处置办法包括承认和纠正错误、赔礼道歉、消除影响、恢复名誉、经济补偿和经济赔偿等。

4. 录用、任免、奖惩决定明显不适当，应当予以纠正的。这一规定主要适用于人事管理领域。"明显不适当"是指录用、任免、奖惩决定明显不符合或者违反国家有关法律和政策的规定，在工作人员之中或者在社会上产生较大的不良影响。例如，违反任职回避制度的，被录用人员德才等条件明显违反任职的要求，违反录用、任免、奖惩程序或者越权做出录用、任免、奖惩决定的，违反奖励规定导致奖罚畸轻畸重。行政监察机关认为被监察的部门在人事管理上有上述情况之一的，有权做出监察建议，要求被监察的部门纠正。

5. 依照有关法律、法规的规定，应当给予行政处罚的。行政处罚是指行政机关依法对违反行政法律规范但尚不够刑事处分的社会组织和个人实施的法律制裁。在检查和调查过程中，如果监察机关发现被监察的机关和人员的行为违反了有关法律、法规和规章，依照规定应当给予行政处罚的，可以建议有处罚权的行政机关予以相应的行政制裁。

6. 其他需要提出监察建议的。这是一条兜底条款。因为行政监察事项涉及的内容广泛，成文法无法列举穷尽，对于不能涵盖的其他情形，监察机关仍有权提出监察建议。

（六）决定权

决定权是指依据法律规定的有关监察职权，监察机关在调查和检查的基础上，就监察事项向被监察的部门或者人员做出的一种书面处理决定。监察机关行使决定权的表现形式是做出的监察决定。监察决定具有直接执行和遵守的行政法律效力，被监察的部门或者人员接到监察决定后，必须无条件地履行监察决定，否则将承担相应的行政法律责任。与监察建议相比，监察决定具有更强的执行力和约束力。

根据《行政监察法》的规定，在行政监察过程中，遇有以下两种情形之一的，行政监察机关可以对被监察部门或者人员做出监察决定或者提出监察建议：

1. 行政处分权。根据《行政监察法》的规定，在行政监察过程中，对于违反行政纪律，依法应当给予警告、记过、记大过、降级、撤职、开除行政处分的被监察人员，行政监察机关可以做出监察决定或者提出监察建议。行政处分，也就是公务员承担行政责任，这是公务员违反其法定义务而引起的最为常见的法律后果。《国家公务员暂行条例》第三十二条规定，国家公务员有法定的违纪行为，尚未构成犯罪的，或者虽然构成犯罪但是依法不追究刑事责任的，应当给予行政处分；违纪行为情节轻微，经过批评教育后改正的，也可以免予行政处分。《行政监察法》赋予了监察机关对监察对象中违反行政纪律行为的人员依法给予行政处分的权力，该权力也是监察机关所拥有的决定权的重要组成部分。监察机关处分国家公务员，必须依照法定程序，在规定的时限内做出处理决定。对公务员的行政处分，应当事实清楚、证据确凿、定性准确、处理恰当和手续完备。

与建议暂停职务相比，行政监察机关必须在事实清楚和证据确凿的情况下才能做出行政处分，即根据调查和检查的证据能够使监察机关相信其所认定的违纪事实排除了所有的怀疑，各个证据之间具有清楚的逻辑关系，证据充分并且具有一定的说服力。

2. 违纪财物处理权。根据《行政监察法》的规定，在行政监察过程中，对于违反行政纪律取得的财物，依法应当没收、追缴或者责令退赔的被监察部门或者人员，行政监察机关可以做出监察决定或者提出监察建议。

这里讲的"依法"是指依照有关法律、法规的规定，例如，根据《国家行政机关工作人员贪污贿赂行政处分暂行规定》的有关规定，对国家行政机关工作人员贪污、挪用的公共财物，监察机关有权予以追缴；贿赂财物及其他违法所得，监察机关有权予以没收。根据《行政监察法》该条款的立法本义，法律、法规没有规定由监察机关予以没收、追缴或者责令退赔的，监察机关就无权没收追缴或者责令退赔。在《行政监察法实施条例》施行前，监察机关有权予以没收、追缴的，只有《国家行政机关工作人员贪污贿赂行政处分暂行规定》中规定的贪污、贿赂挪用取得的财物。对于违反行政纪律取得的其他财物，如违反规定从事营利活动等违纪行为取得的财物，因法律、法规没有规定由监察机关予以没收、追缴或者责令退赔，监察机关应无权予以没收、追缴或者责令退赔。这样，不仅使违反行政纪律的人员在经济上占到了便宜，而且无法挽回违纪行为给国家、集体和公民个人财产造成的损失，为解决这一问题，《行政监察法实施条例》第二十六条明确规定："监察机关根据检查、调查结果，对违反行政纪律取得的财物，可以做出没收、追缴或者责令退赔的监察决定，但依法应当由其他机关没收、追缴或者责令退赔的除外。"这条规定的本义是指：监察根据检查、调查结果，对违反行政纪律取得的一切财物，只要不是违法活动应当由其他机关没收追缴或者责令退赔的，监察机关都有权予以没收、追缴或者责令退赔。也就是说，《行政监察法实施条例》施行后，监察机关对所有违反行政纪律取得的财物，如贪污、贿赂、挪用、违反规定从事营利活动（经商、办企业、从事中介活动、兼职取酬等）取得的财物以及利用职务上的便利在操办婚丧、喜庆等事宜中借机收取的财物等，都有权予以没收、追缴或者责令退赔，但依法应当由其他机关没收、追缴或者责令退赔的除外。"但依法应当由其他机关没收、追缴或者责令退赔的除外"，是指虽然是违反行政纪律的财物，监察机关有权予以没收、追缴或者责令退赔，但有关法律、法规中规定了由其他机关对该财物予以没收、追缴或者责令退赔，而不应当由监察机关予以没收、追缴或者责令退赔，例如，监察对象走私取得的财物（走私货物、物品及违法所得），依照《海关法》规定，应当由海关予以没收，监察机关就无权没收监察对象走私取得的财物。再如，监察对象赌博取得的财物，依照《治安管理处罚条例》的有关规定，应当由公安机关予以没收，监察机关就无权予以没收。① 如果其他机关怠于履行自己的职责，监察机关有权向其他机关提出监察建议，要求其他机关依法予以没收、追缴或者责令退赔。

为了确保监察建议和监察决定有效执行，我国《行政监察法》还做出规定，对于监察机关依法作出的监察决定，有关部门和人员应当执行；监察机关依法提出的监察建议，有关部门无正当理由的，应当采纳。

---

① 谭焕民：《行政监察法实施条例解读（一）》，载《中国监察》2004年第 12 期，第 55 页。

六、行政监察的程序

（一）行政监察程序的含义

行政监察程序是国家为保证行政监察权的正确行使而规定的进行行政监察活动所应当遵守的步骤、措施和方法等规则的总称。建立、健全行政监察程序，规范行政监察活动是各国建立现代化行政制度的一个重要组成部分，对于发展完善行政监察制度具有十分重要的意义。《行政监察法》、《行政监察法实施条例》和《监察机关审理政纪案件的暂行办法》规定了行政监察程序的各种步骤、措施和方法等，使之构成有序统一的整体。

行政监察程序应当是由按照社会发展需要和行政监察活动自身的发展规律而设定的各种步骤、措施和方法等具体规则构成的统一体。各种规则之间应当按照其内在的规律和客观的需要有序、协调地组成一个完整的体系，覆盖行政监察活动的全过程，规范涉及行政监察的一切重要活动，只有这样才能充分地发挥程序的功能，保障行政监察活动的顺利、有效进行。支离破碎、相互冲突的规则，不仅不利于行政监察活动的开展，也构不成完整的行政监察程序。

行政监察活动的有序性与统一性的特点，一方面要求行政监察法律关系参加者在行政监察活动中应当严格依法办事；另一方面也要求规则制定机关要研究、发现客观规律，从行政监察活动的实际需要出发，加强规则制定工作，弥补疏漏，消除冲突，完善程序；此外，还要求行政监察机关不仅要分清行政监察活动的步骤与环节，更要规定出保证这些步骤与环节有机衔接，保证行政监察活动公正、有效进行的各种措施和方法。

（二）检查程序

检查主要是对被监察机关或者人员是否执行法律、法规和规章以及决定、命令、政策等情况所进行的了解、督促活动。从实践中看，这种检查可以分为一般检查和专项检查。①

---

① 　章剑生著：《行政监督研究》，人民出版社 2001 年版，第 209 页。

行政监察机关一般按照下列程序进行检查：第一，立项。对需要检查的事项予以立项，行政监察的检查事项，由监察机关根据本级人民政府或者上级监察机关的部署和要求以及工作需要确定。重要检查事项的立项，应当报本级人民政府和上一级监察机关备案。所谓"重要检查事项"，是指根据本级人民政府或者上级监察机关的部署和要求确定的检查事项，或者监察机关认为在本行政区域内有重大影响而需要检查的事项。第二，制订检查方案并组织实施。第三，向本级人民政府或者上级监察机关提出检查情况报告。第四，根据检查结果，作出监察决定或者提出监察建议。

（三）政纪案件的审理程序

政纪案件的审理程序，是指行政监察机关依据有关法律规范，对行政监察对象违反行政纪律的行为所进行的收集证据，查明事实，分清责任，定性处理的专门程序。行政监察机关审理政纪案件应依次经过立案、调查、审理、处理和送达五个阶段，各阶段互相衔接，缺一不可。

监察机关按照下列程序对违反行政纪律的行为进行调查处理：

第一，立案。对违反行政纪律行为进行初步审查，应当经监察机关领导人员批准。初步审查后，应当向监察机关领导人员提出报告，对存在违反行政纪律事实并且需要追究行政纪律责任的，经监察机关领导人员批准，予以立案。监察机关决定立案调查的，应当通知被调查单位的上级主管机关或者被调查人员所在单位，但通知后可能影响调查的，可以暂不通知。监察机关已通知立案的，未经监察机关同意，被调查人员所在单位的上级主管机关或者所在单位不得批准被调查人员出境、辞职、办理退休手续或者对其调动、提拔、奖励、处分。

重要、复杂案件的立案，应当报本级人民政府和上一级监察机关备案。所谓"重要、复杂案件"，是指有下列情形之一的案件：（1）本级人民政府所属部门或者下一级人民政府违法违纪的；（2）需要给予本级人民政府所属部门领导人员或者下一级人民政府领导人员撤职以上处分的；（3）社会影响较大的；（4）涉及境外的。

监察机关在办理监察事项中，发现所调查的事项不属于监察机关职责范围内的，应当移送有处理权的单位处理；涉嫌犯罪的，应当移送司法机关依法处理。监察机关移送案件，应当制作移送案件通知书。接受移送的单位应当将处理结果按照监察机关移送案件通知书的要求，告知移送案件的监察机关。

第二，调查。行政监察机关组织实施调查，收集有关证据。监察机关调查取证应当由两名以上办案人员进行，调查时应当向被调查单位和被调查人员出示证件。监察机关在检查、调查中应当听取被监察的部门和人员的陈述和申辩。行政监察机关的案件调查部门在调查终结后，应将下列材料提供给案件审理部门：（1）立案依据；（2）调查报告；（3）案件移送单位的意见及其主管领导的批示；（4）全部证据材料；（5）被调查人违纪事实见面材料、被调查人对事实见面材料的意见及案件调查部门对其意见的说明；（6）被调查人所在单位或其主管部门的意见；（7）其他应当移送审理的材料。

因主要涉案人员出境、失踪，或者遇到严重自然灾害等不可抗力事件，致使调查工作无法进行的，监察机关的调查可以中止。中止调查应当经监察机关领导人员批准，并报上一级监察机关备案。经本级人民政府备案的立案案件中止调查的，应当再报本级人民政府备案。中止调查的情形消失后，监察机关应当恢复调查。自恢复调查之日起，办案期限连续计算。

办理监察事项的监察人员有下列情形之一的，应当自行回避，被监察人员以及与监察事项有利害关系的公民、法人或者其他组织有权要求其回避：（1）是被监察人员的近亲属的；（2）办理的监察事项与本人有利害关系的；（3）与办理的监察事项有其他关系，可能影响监察事项公正处理的。监察机关领导人员的回避由本级人民政府领导人员或者上一级监察机关领导人员决定，其他监察人员的回避由本级监察机关领导人员决定。本级人民政府或者上一级监察机关发现监察人员有应当回避的情形，可以直接决定该人员回避。

第三，审理。对有证据证明违反行政纪律，需要给予行政处分或者作出其他处理的案件，行政监察机关进行审理。审理案件应坚持专人审核、集体审议的原则。案件审理部门受理案件后，应及时指定承办人办理。一般案件应由两人办理，重要、复杂案件，应由两人以上办理，并确定一人主办。在审理案件过程中，案件审理部门认为必要时，可以同被调查人核对违反行政纪律事实，听取被调查人的陈述和辩解。审理案件过程中，遇有适用国家法律、法规、政策、地方性法规和规章方面或专业技术方面问题时，应征求有关部门的意见。案件审理部门在审理案件过程中，如发现事实不清、证据不足、有关人员责任不明时，应同移送单位交换意见，确需补充调查的，一般应由案件调查部门进行补充调查，必要时案件审理部门也可协同案件调查部门进行补充调查或经分管审理的领导批准后直接补充调查。

承办人在审理中，要审查核实：（1）被调查人实施的每一违反行政纪律行为的时间、地点、情节、原因及造成的后果；（2）证据是否确实、充分；（3）有关人员责任的划分是否准确；（4）案件调查部门对被调查人违反行政纪律行为性质的认定是否准确，适用法律、法规及提出的处分意见是否恰当；（5）调查工作是否符合规定的程序和要求；（6）是否还有其他应认定的违反行政纪律行为。承办人阅卷后，应将案件审阅情况和初步处理意见提交案件审理部门集体审议并形成审议意见。承办人根据审议意见，草拟审理报告。

第四，处理。行政监察机关作出监察决定或者提出监察建议。案件审理报告经审理部门负责人审核后，连同移送或呈报单位报送的有关材料一并呈报本监察机关主管领导。案件经本监察机关作出决定后，案件审理部门负责办理呈报、批复或处分决定等手续。监察机关对于立案调查的案件，经调查认定不存在违反行政纪律事实的，或者不需要追究行政纪律责任的，应当予以撤销，并告知被调查单位及其上级部门或者被调查人员及其所在单位。重要、复杂案件的撤销，应当报本级人民政府和上一级监察机关备案。

监察机关作出的重要监察决定和提出的重要监察建议，应当报经本级人民政府和上一级监察机关同意。国务院监察机关作出的重要监察决定和提出的重要监察建议，应当报经国务院同意。所谓"重要监察决定"和"重要监察建议"，是指监察机关办理重要检查事项和重要、复杂案件所作出的监察决定和提出的监察建议。重要监察决定和重要监察建议应当报经本级人民政府和上一级监察机关同意。本级人民政府和上一级监察机关意见不一致的，由上一级监察机关报同级人民政府决定。

第五，送达。行政监察机关的监察决定、监察建议应当以书面形式送达有关单位或者有关人员。监察决定自作出之日起生效；需批准的，自批准之日起生效。监察决定书和监察建议书可以由监察机关直接送达有关单位和人员，也可以委托其他监察机关送达。受送达人在送达回证上的签收日期为送达日期。受送达人拒绝接收或者拒绝签名、盖章的，送达人应当邀请受送达人所在单位人员到场，见证现场情况，由送达人在送达回证上记明拒收事由和日期，由送达人、见证人签名或者盖章，将监察决定书和监察建议书留在受送达人的住所或者所在单位，即视为送达。有关单位和人员应当自收到监察决定或者监察建议之日起三十日内将执行监察决定或者采纳监察建议的情况通报监察机关。

监察机关立案调查的案件，应当自立案之日起六个月内结案；因特殊原因需要延长办案期限的，可以适当延长，但是最长不得超过一年，并应当报上一级监察机关备案。所谓"特殊原因"，是指下列情形：（1）案件发生在交通不便的边远地区的；（2）案件涉案人员多、涉及面广、取证困难的；（3）案件所适用的法律、法规、规章需要报请有权机关作出解释或者确认的。

（四）救济程序

所谓救济，据《牛津法律大辞典》解释，是指纠正、矫正或改正已发生或业已造成伤害、危害、损失或者损害的不当行为。①
行政监察中的救济是指直接面向和专门保护在行政监察程序中可能
受到侵害的行政监察对象的合法权益的制度。建立行政监察救济程
序，就是要对行政权力的行使进行必要的控制和监督，以防止其违
法或滥加行使行政权。行政监察的救济可以分为以下三种：

第一，对行政处分不服的救济。国家公务员和国家行政机关任
命的其他人员对主管行政机关作出的行政处分决定不服的，可以自
收到行政处分决定之日起三十日内向该主管行政机关同级的监察机
关提出申诉，监察机关应当自收到申诉之日起三十日内作出复查决
定；对复查决定仍不服的，可以自收到复查决定之日起三十日内向
上一级监察机关申请复核，上一级监察机关应当自收到复核申请之
日起六十日内作出复核决定。复查、复核期间，不停止原决定的
执行。

监察机关对受理的不服主管行政机关行政处分决定的申诉，经
复查认为原决定事实清楚、证据确凿、适用法律法规规章正确、定
性准确、处理适当、程序合法的，予以维持。监察机关复查申诉案
件，认为原决定有下列情形之一的，可以在其职权范围内直接变更
或者建议原决定机关变更；上一级监察机关认为下一级监察机关作
出的监察决定有下列情形之一的，可以直接变更或者责令下一级监
察机关变更：（1）适用法律、法规、规章错误的；（2）违法违纪
行为的情节认定有误的；（3）处理不适当的。监察机关复查申诉
案件，认为原决定有下列情形之一的，可以在其职权范围内直接撤
销或者建议原决定机关撤销，决定撤销后，发回原决定机关重新作
出决定；上一级监察机关认为下一级监察机关作出的监察决定有下
列情形之一的，可以直接撤销或者责令下一级监察机关撤销，决定
撤销后，责令下一级监察机关重新作出决定：（1）违法违纪事实
不存在，或者证据不足的；（2）违反法定程序，影响案件公正处

① 《牛津法律大辞典》（中译本），光明日报出版社1989年版，第764页。

理的；（3）超越职权或者滥用职权的。

第二，对监察决定不服的救济。对监察决定不服的，可以自收到监察决定之日起三十日内向作出决定的监察机关申请复审，监察机关应当自收到复审申请之日起三十日内作出复审决定；对复审决定仍不服的，可以自收到复审决定之日起三十日内向上一级监察机关申请复核，上一级监察机关应当自收到复核申请之日起六十日内作出复核决定。复审、复核期间，不停止原决定的执行。

上一级监察机关认为下一级监察机关的监察决定不适当的，可以责令下一级监察机关予以变更或者撤销，必要时也可以直接作出变更或者撤销的决定。上一级监察机关的复核决定和国务院监察机关的复查决定或者复审决定为最终决定。

第三，对监察建议的异议程序。对监察建议有异议的，可以自收到监察建议之日起三十日内向作出监察建议的监察机关提出，监察机关应当自收到异议之日起三十日内回复；对回复仍有异议的，由监察机关提请本级人民政府或者上一级监察机关裁决。

第四节　审计监督

一、审计监督概述

审计，是指审计机关依法独立检查被审计单位的会计凭证、会计账簿、会计报表以及其他与财政收支、财务收支有关的资料和资产，监督财政收支、财务收支真实、合法和效益的行为。因为审计的内容具有专门性和特殊性，主要限于经济生活中财政财务执法活动的审查监督，所以，审计监督在维护国家财政经济秩序，促进廉政建设，保障国民经济健康发展等方面，具有独特的、其他监督制度所无法替代的作用。

接受审计监督的财政收支，是指依照《中华人民共和国预算法》和国家其他有关规定，纳入预算管理的收入和支出，以及预算外资金的收入和支出。接受审计监督的财务收支，是指国有的金融机构、企业事业单位以及国家规定应当接受审计监督的其他有关单位，按照国家有关财务会计制度的规定，办理会计事务、进行会计核算、实行会计监督的各种资金的收入和支出。

国务院和县级以上地方人民政府设立审计机关。审计机关依照法律规定独立行使审计监督权，不受其他行政机关、社会团体和个人的干涉。国务院各部门和地方各级人民政府及其各部门的财政收支，国有的金融机构和企业事业组织的财务收支，以及其他依照法律规定应当接受审计的财政收支、财务收支，依照法律规定接受审计监督。审计机关依照法律规定的职权和程序，对上述财政收支或者财务收支的真实、合法和效益进行审计监督。审计机关以法律、法规和国家其他有关财政收支、财务收支的规定为审计评价和处理、处罚依据。

国务院和县级以上地方人民政府应当每年向本级人民代表大会常务委员会提出审计机关对预算执行和其他财政收支的审计工作报告。审计机关对预算执行情况进行审计监督的主要内容包括：①各级人民政府财政部门按照本级人民代表大会批准的本级预算向本级各部门批复预算的情况、本级预算执行中调整情况和预算收支变化情况；②预算收入征收部门依照法律、行政法规和国家其他有关规定征收预算收入情况；③各级人民政府财政部门按照批准的年度预算和用款计划、预算级次和程序，拨付本级预算支出资金情况；④国务院财政部门和县级以上地方各级人民政府财政部门依照法律、行政法规的规定和财政管理体制，拨付补助下级人民政府预算支出资金和办理结算情况；⑤本级各部门执行年度支出预算和财政制度、财务制度以及相关的经济建设和事业发展情况，有预算收入上缴任务的部门和单位预算收入上缴情况；⑥各级国库按照国家有关规定办理预算收入的收纳情况和预算支出的拨付情况；⑦按照国家有关规定实行专项管理的预算资金收支情况；⑧法律、法规规定的预算执行中的其他事项。审计机关对其他财政收支情况进行审计监督的主要内容包括：①各级人民政府财政部门依照法律、行政法规和国家其他有关规定，管理和使用预算外资金和财政有偿使用资金的情况；②本级各部门依照法律、行政法规和国家其他有关规定，管理和使用预算外资金的情况；③本级各部门决算和下级政府决算。

二、审计监督的主体

审计监督的主体主要有三种类型：一是国家审计机关；二是单位内部审计机构；三是社会审计组织。依据《审计法》和其他有关的法律规范，作为国家行政监督体系组成部分的审计监督，仅指国家审计机关的监督。在审计监督的体制上，我国的审计监督机关设置在国务院和地方各级政府之内，对本级政府和上级审计机关负责，实行双重领导。

国务院设立审计署，在国务院总理领导下，主管全国的审计工作。审计长是审计署的行政首长。审计署是中央一级的最高国家审计机关，负责组织和领导全国的审计工作，有权拟订审计法规草案，制定审计方针政策，确定审计工作重点，指导地方审计工作。

地方各级审计机关在本级人民政府行政首长和上一级审计机关的领导下，具体而言，省、自治区、直辖市、设区的市、自治州、县、自治县、不设区的市、市辖区的人民政府的审计机关，分别在省长、自治区主席、市长、州长、县长、区长和上一级审计机关的领导下，负责本行政区域内的审计工作，履行法律、法规和本级人民政府规定的职责。地方各级审计机关对本级人民政府和上一级审计机关负责并报告工作，审计业务以上级审计机关领导为主。同时，省、自治区人民政府设立的地区行政公署审计机关，对地区行政公署和省、自治区人民政府审计机关负责并报告工作，审计业务以省、自治区人民政府审计机关领导为主。审计机关根据工作需要，可以在其审计管辖范围内派出审计特派员。审计特派员根据审计机关的授权，依法进行审计工作。

审计机关履行职责所必需的经费预算，在本级预算中单独列项，由本级人民政府予以保证。审计机关编制履行职责所必需的年度经费预算草案的依据包括：①有关的法律和法规；②本级人民政府的决定和要求；③审计机关的职责、任务和计划；④定员定额标准；⑤上一年度经费预算执行情况和本年度的变化因素。

审计人员应当具备与其从事的审计工作相适应的专业知识和业务能力，审计人员实行审计专业技术资格制度。审计机关根据工作需要，可以聘请具有与审计事项相关专业知识的人员参加审计工作。审计人员办理审计事项，与被审计单位或者审计事项有利害关系的，应当回避。具体而言，审计人员办理审计事项，遇有下列情形之一的，应当自行回避；被审计单位有权申请审计人员回避：①与被审计单位负责人和有关主管人员之间有夫妻关系、直系血亲关系、三代以内旁系血亲以及近姻亲关系的；②与被审计单位或者审计事项有经济利益关系的；③与被审计单位或者审计事项有其他利害关系，可能影响公正执行公务的。审计人员的回避，由审计机关负责人决定；审计机关负责人的回避，由本级人民政府或者上一级审计机关负责人决定。

审计人员对其在执行职务中知悉的国家秘密和被审计单位的商业秘密，负有保密的义务。审计人员依法执行职务，受法律保护。任何组织和个人不得拒绝、阻碍审计人员依法执行职务，不得打击报复审计人员。审计机关负责人依照法定程序任免。审计机关负责人没有违法失职或者其他不符合任职条件的情况的，不得随意撤换。地方各级审计机关正职和副职负责人的任免，应当事先征求上一级审计机关的意见。审计机关负责人在任职期间没有下列情形之一的，不得随意撤换：①因犯罪被追究刑事责任的；②因严重违法失职受到行政处分，不适宜继续担任审计机关负责人的；③因身体健康原因不能履行职责1年以上的；④不符合国家规定的其他任职条件的。

三、审计机关的职责

审计监督，在我国从体系上属于行政监督的大范畴，具有不同于立法型和司法型的审计监督的属性。同时，审计监督又具有不同于其他行政监督的特殊职责和使命，这使各国的审计监督独具一格，这正是审计监督赖以存在的前提，也是审计监督愈来愈被各国所重视的缘由。审计机关的职责和使命如下：

第一，对预算和预算外资金的审计。

审计机关对本级各部门（含直属单位）和下级政府预算的执行情况和决算，以及预算外资金的管理和使用情况，进行审计监督。审计机关对与本级人民政府财政部门直接发生预算缴款、拨款关系的国家机关、军队、政党组织和社会团体，依法进行审计监督；对与本级人民政府财政部门直接发生预算缴款、拨款关系的企业和事业单位，依法进行审计监督。

接受审计监督的预算外资金，是指国家机关、事业单位和社会团体为履行或者代为履行政府职能，按照国家有关规定收取、提取和安排使用的未纳入预算管理的下列财政性资金：①财政部门管理的未纳入预算的各项附加收入和筹集的其他资金、基金；②行政机关和事业单位未纳入预算的各项行政收费和事业收费；③政府有关主管部门从所属单位集中的上缴资金；④未纳入预算管理的其他财政性资金、基金。

审计机关应当在每一预算年度终了后，对预算执行情况和其他财政收支情况进行审计。必要时，审计机关可以对本预算年度或者以往预算年度财政收支中的有关事项进行审计、检查。

审计署在国务院总理领导下，对中央预算执行情况进行审计监督，向国务院总理提出审计结果报告。地方各级审计机关分别在省长、自治区主席、市长、州长、县长、区长和上一级审计机关的领导下，对本级预算执行情况进行审计监督，向本级人民政府和上一级审计机关提出审计结果报告。审计机关对本级预算执行情况的审计结果报告，包括下列内容：①财政部门具体组织本级预算执行的情况；②本级预算收入征收部门组织预算收入的情况；③本级国库办理预算收支业务的情况；④审计机关对本级预算执行情况作出的审计评价；⑤本级预算执行中存在的问题以及审计机关依法采取的措施；⑥审计机关提出的处理意见和改进本级预算执行工作的建议；⑦本级政府要求报告的其他情况。

第二，对金融机构的财政收支进行审计。

审计署对中央银行及其分支机构从事金融业务活动、履行金融监督管理职责所发生的各项财务收支，依法进行审计监督。审计署向国务院总理提出的中央预算执行情况审计结果报告，应当包括中央银行的财务收支情况。

审计机关对国有金融机构的资产、负债、损益，进行审计监督。审计机关对下列国有金融机构，依法进行审计监督：国家政策性银行、国有商业银行、国有非银行金融机构、国有资产占控股地位或者主导地位的银行或者非银行金融机构。

第三，对国有企业、公共事业单位的财务收支进行审计。

审计机关对国家的事业组织的财务收支，进行审计监督。审计机关对国有企业的资产、负债、损益，进行审计监督。审计机关对与国计民生有重大关系的国有企业、接受财政补贴较多或者亏损数额较大的国有企业，以及国务院和本级地方人民政府指定的其他国有企业，应当有计划地定期进行审计。

审计机关对国有资产占控股地位或者主导地位的下列企业，依法进行审计监督：国有资本占企业资本总额的50％以上的企业；或者，国有资本占企业资本总额的比例不足50％，但是国有资产投资者实质上拥有控制权的企业。

第四，对国家投资建设项目、社会公共资金、国外援助或贷款项目等的财务收支进行审计。

审计机关对国家建设项目预算的执行情况和决算，进行审计监督。接受审计监督的国家建设项目，是指以国有资产投资或者融资为主的基本建设项目和技术改造项目。与国家建设项目直接有关的建设、设计、施工、采购等单位的财务收支，应当接受审计机关的审计监督。审计机关应当对国家建设项目总预算或者概算的执行情况、年度预算的执行情况和年度决算、项目竣工决算，依法进行审计监督。

审计机关对政府部门管理的和社会团体受政府委托管理的社会保障基金、社会捐赠资金以及其他有关基金、资金的财务收支，进行审计监督。接受审计监督的社会保障基金，包括养老、医疗、工伤、失业、生育等社会保险基金，救济、救灾、扶贫等社会救济基金，以及发展社会福利事业的社会福利基金。接受审计监督的社会捐赠资金，包括境内外企业、团体和个人捐赠用于社会公益事业的货币、有价证券和实物。

审计机关对国际组织和外国政府援助、贷款项目的财务收支，进行审计监督。审计机关对国际组织和外国政府下列援助、贷款项目，依法进行审计监督：①国际金融组织、外国政府及其机构向中国政府及其机构提供的贷款项目；②国际组织、外国政府及其机构向中国企业事业单位提供的由中国政府及其机构担保的贷款项目；③国际组织、外国政府及其机构向中国政府提供的援助和赠款项目；④国际组织、外国政府及其机构向受中国政府委托管理有关基金、资金的社会团体提供的援助和赠款项目；⑤利用国际组织和外国政府援助、贷款的其他项目。

第五，对特定事项的专项审计。

审计机关有权对与国家财政收支有关的特定事项，向有关地方、部门、单位进行专项审计调查，并向本级人民政府和上一级审计机关报告审计调查结果。审计机关进行专项审计调查时，应当向被调查的地方、部门、单位及有关人员出示专项审计调查的书面通知并说明有关情况；有关地方、部门、单位及有关人员应当接受调查，如实反映情况，提供有关资料。除《审计法》规定的审计事项外，审计机关对其他法律、行政法规规定应当由审计机关进行审计的事项，依照本法和有关法律、行政法规的规定进行审计监督。

四、审计监督的管辖

从总体而言，我国审计工作的主体是审计机关，但是具体到某个审计对象或某个审计事项究竟由哪级审计机关、哪个审计机关受理并审查，就涉及审计管辖问题。审计管辖在理论上主要分为级别管辖、地域管辖和裁定管辖三种。这里的所谓管辖，是指审计机关之间从事审计监督业务的分工和权限。级别管辖解决审计机关管辖的纵向分工；地域管辖解决审计机关管辖的横向分工；裁定管辖是相对法定管辖的另一种形式，它主要包括移送管辖、指定管辖和移转管辖。

（一）级别管辖

级别管辖，也称类别管辖，是指按照审计机关的组织系统来划分上下级审计机关之间开展审计和审计调查工作的分工和权限。划分级别管辖的根据是审计事项的性质、情节的轻重以及影响的范围等。级别管辖是审计管辖的基本形式，它是依据审计对象的直接隶属关系而确立的，是我国国家行政体制和审计体制特点的体现。我国审计机关的设置分为四级，即审计署、省级审计厅（局）、市地级审计局、县级审计局。需要注意的是，审计署的审计机构包括专业审计司和派出机构，这二者也存在权限分工，基于篇幅原因，本文不涉及该问题。

我国《审计法》第二十八条第一款规定，审计机关根据被审计单位的财政、财务隶属关系或者国有资产监督管理关系，确定级别管辖范围。《审计机关审计管辖范围划分的暂行规定》第四条对级别管辖做出明确具体的规定：第一，财政、财务关系隶属中央的被审计单位，由审计署审计管辖；财政、财务关系隶属地方的被审计单位，由地方审计机关审计管辖。不能按财政、财务隶属关系确定审计管辖范围的被审计单位，其国有资产属中央部门监督管理的，由审计署审计管辖；国有资产需地方部门监督管理的，由地方审计机关审计管辖。第二，国有资产占控股或主导地位的被审计单位，按股份确定审计管辖范围。中央单位所占股份大于或等于地方单位所占股份的，由审计署审计管辖，中央单位所占股份小于地方的，由占主导地位的地方审计机关审计管辖。第三，国家建设项目（含技术改造项目），实行业主制的，审计管辖归属与业主的审计管辖一致。业主的审计管辖归属根据本条第一项确定。未实行业主制的，或中央与地方共同投资的建设项目，比照前两项规定划分。第四，国税、关税系统及省级（含计划单列市，下同）财政决算，由审计署审计管辖。省级财政预算执行情况由审计署和省级审计机关审计。第五，国有企业、事业单位兴办的经济实体比照本条第一项、第二项的规定确定审计管辖范围。第六，中央统借统还或按贷援款协议规定应当由审计署审计的世界银行、亚洲银行以及其他国际组织和外国政府的贷、援款项目，由审计署审计管辖。第七，中央单位交纳和代收代管的属地方的各项资（基）金，在中央单位发生的财务收支，由审计署负责审计。地方单位交纳和代收代管的属中央的各项资（基）金，在地方单位发生的财务收支，由地方审计机关负责审计。

总之，对于级别管辖，审计机关根据被审计单位的财政、财务隶属关系，确定审计管辖范围；不能根据财政、财务隶属关系确定审计管辖范围的，根据国有资产监督管理关系，确定审计管辖范围；两个或者两个以上国有资产投资主体投资的企业事业单位，由对主要投资主体有审计管辖权的审计机关进行审计监督。

（二）地域管辖

地域管辖又称区域管辖，是指同级审计机关之间在各自辖区内受理监督事项的分工和权限。级别管辖只解决审计事项由哪一级审计机关监督的问题，地区管辖进一步解决审计事项由同一级审计机关中哪一个审计机关监督的问题。一个具体的监督事项首先应确定级别管辖，然后进一步确定地域管辖。因此，级别管辖是地域管辖的前提，只有在明确级别管辖后才能通过地域管辖进一步落实具体受理审计事项的审计机关，最终解决审计事项管辖问题。我国有关审计的法律规范并没有具体规范地域管辖问题，笔者认为，行政审计在确定地域管辖时应依据以下三个原则：行政审计辖区与行政区划相一致，行政审计辖区与审计对象有一定联系，审计事项与行政审计辖区相一致。

在实践中还会遇到共同地域管辖问题。共同地域管辖，是指两个以上同级审计机关对同一审计事项都有管辖权的情况。对于该问题，应依据以下两个原则：第一，"先查处"原则，即对某个审计事项数个审计机关都有管辖权，在这种情况下，由首先介入的审计机关负责管辖，这有利于审计监督行为的快速有效的处理；第二，

"以重吸轻"原则，即某一财政收支或财务收支事项涉及不同管辖范围的多个审计对象，则由级别较高的行政审计机关调查，然后按照管辖权分别处理，避免一事多头，重复调查的问题。

（三）裁定管辖

裁定管辖是相对法定管辖而言的，属于审计管辖的另一种分类。一般而言，由法律直接规定审计事项管辖的机关的，称为法定管辖。上述级别管辖和地域管辖都是法定管辖。不是依据法律直接规定，而由审计机关直接作出裁定和决定确定审计管辖的，称作裁定管辖。裁定管辖包括移送管辖、指定管辖和移转管辖。

第一，移送管辖。

移送管辖是指某个审计机关把已经受理的审计事项移送给有管辖权的行政审计机关。我国有关审计的法律规范没有具体规定移送管辖问题，笔者认为，审计事项移送必须具备下列条件：第一，移送的审计机关已经受理了该审计事项；第二，移送的审计机关发现对已经受理的审计事项没有管辖权；第三，接受移送的审计机关对该事项有管辖权。移送管辖的实质是审计事项移送，起到纠正管辖错误的作用，而不是管辖权的移送。因此，移送管辖一般只能在同级审计机关之间进行，也不需要经过上级审计机关的批准。移送管辖的目的是，便于行政审计机关对审计对象的审查，防止行政审计机关互相扯皮。

第二，指定管辖。

行政审计中的指定管辖，是指由于特殊原因，或两个行政审计机关对同一审计事项的管辖权发生争议，由上级审计机关以裁定方式，决定该事项由哪个审计机关管辖的制度。管辖权争议，即管辖权冲突，它可以分为管辖权积极冲突和管辖权消极冲突，前者是指两个以上的行政审计机关对同一审计事项都认为有管辖权而引起的争议，后者是指两个以上的行政审计机关对同一审计事项都认为没有管辖权而引起的争议。对此，我国《审计法》第二十八条第二款规定："审计机关之间对审计管辖范围有争议的，由其共同的上级审计机关确定。"这一规定为解决行政审计管辖权冲突提供了法定程序。

第三，移转管辖。

移转管辖是指经上级审计机关决定或同意，对审计事项的管辖权，由下级审计机关移送给上级审计机关，或者由上级审计机关移交给下级审计机关。

在审计实践中，有些审计事项比较疑难复杂，或者难以排除外来干扰和阻碍，下级审计机关难以处理，需报请上级审计机关决定，由上级审计机关审理；有些本属上级审计机关管辖的案件，但上级审计机关认为有必要将管辖权下放，交下级审计机关审理更为妥当。我国《审计法》第二十八条第三款规定："上级审计机关可以将其审计管辖范围内的本法第十八条第二款至第二十五条规定的审计事项，授权下级审计机关进行审计；上级审计机关对下级审计机关审计管辖范围内的重大审计事项，可以直接进行审计，但是应当防止不必要的重复审计。"从该条文可以看出，我国的行政审计法既规定了向上的移转管辖，也规定了向下的移转管辖。另外，《审计机关审计管辖范围划分的暂行规定》第六条规定："审计署根据工作需要统一组织或授权派出机构和地方审计机关对中央被审计单位进行审计，不受已划定审计管辖范围和审计分工的限制。"这也可以视为移转管辖的一种形式。

移转管辖与移送管辖的区别主要表现为两个方面：第一，移送管辖一般是同级行政审计机关之间进行的，它是地域管辖的一种补充措施，其目的是将没有管辖权的审计事项移送有权管辖的行政审计机关；而移转管辖适用于有隶属关系的上下级行政审计机关之间，它是级别管辖的一种变通措施，其目的是为了在级别管辖方面调整具体案件的管辖权。第二，移送的审计机关本身对本案没有管辖权而移送有权管辖的行政审计机关；移转管辖是有权管辖的审计机关经上级审计机关决定或同意，将其受理的审计事项移送无权管辖的审计机关，从而使无权管辖的审计机关取得管辖权。移转管辖是管辖权的转移，必须慎重处理；非经法定审计机关（一般是上级审计机关）的决定或同意不得移转。

总之，审计管辖的确定，既能使各个审计机关明确各自从事审计工作的权限，避免相互推诿、相互争执或重复审查等情形，提高审计工作的效率；也有利于审计机关排除来自本系统内部的干扰，独立行使审计监督权。

五、审计机关的权限

与其他监督机关的权限不同，审计机关主要通过审查会计账目和有关经济资料的活动而进行。因此，尽管审计机关也拥有一般法律监督中的了解权、处理权和惩戒权，但具体权力、措施和手段与立法监督、司法监督和社会监督有所差异。[①] 为了更好地履行职责，审计机关在审计过程中可以行使下列职权：

第一，要求报送资料权。审计机关有权要求被审计单位按照规定报送预算或者财务收支计划、预算执行情况、决算、财务报告，社会审计机构出具的审计报告，以及其他与财政收支或者财务收支有关的资料，被审计单位不得拒绝、拖延、谎报。

审计机关依法进行审计监督时，被审计单位应当按照审计机关规定的期限和要求，向审计机关提供与财政收支或者财务收支有关的情况和资料。被审计单位向审计机关提供的情况和资料，包括被审计单位在银行和非银行金融机构设立账户的情况、委托社会审计机构出具的审计报告、验资报告、资产评估报告以及办理企业、事业单位合并、分立、清算事宜出具的有关报告等。

第二，监督检查权。审计机关进行审计时，有权检查被审计单位的会计凭证、会计账簿、会计报表以及其他与财政收支或者财务收支有关的资料和资产，被审计单位不得拒绝。例如，审计机关有权检查被审计单位运用电子计算机管理财政收支、财务收支的财务会计核算系统。被审计单位应当向审计机关提供运用电子计算机储存、处理的财政收支、财务收支电子数据以及有关资料。

---

① 汤唯、孙季萍著：《法律监督论纲》，北京大学出版社 2001 年版，第365 页。

各级人民政府财政部门、税务部门和其他部门应当向本级审计机关报送下列资料：①本级人民代表大会批准的本级预算和本级人民政府财政部门向本级各部门批复的预算，预算收入征收部门的年度收入计划，以及本级各部门向所属各单位批复的预算；②本级预算收支执行和预算收入征收部门的收入计划完成情况月报、年报和决算，以及预算外资金收支决算和财政有偿使用资金收支情况；③综合性财政税务工作统计年报，情况简报，财政、预算、税务、财务和会计等规章制度；④本级各部门汇总编制的本部门决算草案。

第三，调查取证索证权。审计机关进行审计时，有权就审计事项的有关问题向有关单位和个人进行调查，并取得有关证明材料。有关单位和个人应当支持、协助审计机关工作，如实向审计机关反映情况，提供有关证明材料。例如，审计机关就审计事项的有关问题向有关单位和个人进行调查时，有权查询被审计单位在金融机构的各项存款，并取得证明材料；有关金融机构应当予以协助，并提供证明材料。审计机关查询被审计单位在金融机构的存款时，应当持县级以上审计机关负责人签发的查询通知书，并负有保密义务。

审计机关有根据认为被审计单位可能转移、隐匿、篡改、毁弃会计凭证、会计账簿、会计报表以及其他与财政收支或者财务收支有关的资料的，有权采取取证措施；必要时，经审计机关负责人批准，有权暂时封存被审计单位与违反国家规定的财政收支或者财务收支有关的账册资料。

第四，行政强制措施权。审计机关依法进行审计监督时，被审计单位不得转移、隐匿、篡改、毁弃会计凭证、会计账簿、会计报表以及其他与财政收支或者财务收支有关的资料，被审计单位不得转移、隐匿所持有的下列违反国家规定取得的资产：①弄虚作假骗取的财政拨款、银行贷款以及物资；②违反国家规定享受国家补贴、补助、贴息、免息、减税、免税、退税等优惠政策取得的资产；③违反国家规定向他人收取的款项、实物；④违反国家规定处分国有资产取得的收益；⑤违反国家规定取得的其他资产。

审计机关对被审计单位正在进行的违反国家规定的财政收支、财务收支行为，有权予以制止；制止无效的，经县级以上审计机关负责人批准，依照法定程序，可以通知对被审计单位资金拨付负有管理职责或者对其资金使用负有监督职责的部门，暂停拨付与违反国家规定的财政收支、财务收支行为直接有关的款项；已经拨付的，暂停使用。采取该项措施不得影响被审计单位合法的业务活动和生产经营活动。

第五，纠正违法行为建议权。审计机关认为被审计单位所执行的上级主管部门有关财政收支、财务收支的规定与法律、行政法规相抵触的，应当建议有关主管部门纠正；有关主管部门不予纠正的，审计机关应当提请有权处理的机关依法处理。例如，审计机关依法进行审计监督时，发现被审计单位违反国家规定挪用、滥用或者非法使用贷款资金的，可以建议有关的国有金融机构采取保障贷款资金安全的相应措施。

第六，通报和公布审计结果权。审计机关可以就有关审计事项向政府有关部门通报审计结果，并可以就有关问题提出意见和建议。审计机关可以向社会公布下列审计事项的审计结果：①本级人民政府或者上级审计机关要求向社会公布的；②社会公众关注的；②法律、法规规定向社会公布的其他审计事项的审计结果。审计机关通报或者公布审计结果，应当依法保守国家秘密和被审计单位的商业秘密，遵守国务院的有关规定。

六、审计程序

任何行政监督行为都有反映在时间和空间上的形式，没有无形式的内容也没有无内容的形式。审计程序是审计行为的时间和空间的表现形式。审计监督作为一项规范性工作，必须按照法定的程序进行。我国《审计法》和《审计法实施条例》具体规定了审计机关和被审计对象双方应当遵循的步骤、顺序和时限的总和。我国审计工作的主要程序是：

第一，编制审计计划。审计机关应当根据法律、法规和国家其他有关规定，按照本级人民政府和上级审计机关的要求，确定年度审计工作重点，编制年度审计项目计划。

第二，通知被审计对象。审计机关根据审计项目计划确定的审计事项组成审计组，并应当在实施审计三日前，向被审计单位送达审计通知书。审计机关依法实施审计时，可以直接送达审计文书，也可以邮寄送达审计文书。直接送达的，以被审计单位在回执上注明的签收日期为送达日期；邮寄送达的，以回执上注明的收件日期为送达日期。被审计单位应当配合审计机关的工作，并提供必要的工作条件。

第三，取得证明材料。审计人员通过审查会计凭证、会计账簿、会计报表，查阅与审计事项有关的文件、资料，检查现金、实物、有价证券，向有关单位和个人调查等方式进行审计，并取得证明材料。审计人员向有关单位和个人进行调查时，应当出示审计人员的工作证件和审计通知书副本。审计人员向有关单位和个人调查取得的证明材料，应当有提供者的签名或者盖章；不能取得提供者签名或者盖章的，审计人员应当注明原因。

审计人员实施审计时，应当按照以下规定办理：①编制审计工作底稿，对审计中发现的问题，作出详细、准确的记录，并注明资料来源。②搜集、取得能够证明审计事项的原始资料、有关文件和实物等；不能或者不宜取得原始资料、有关文件和实物的，可以采取复制、拍照等方法取得证明材料。③对与审计事项有关的会议和谈话内容作出记录，或者根据审计工作需要，要求提供会议记录材料。

第四，提出审计报告。审计组对审计事项实施审计后，应当向审计机关提出审计报告。审计组向审计机关提出审计报告前，应当征求被审计单位意见。被审计单位应当自接到审计报告之日起 10 日内，将其书面意见送交审计组或者审计机关；自接到审计报告 10 日内未提出书面意见的，视同无异议。审计组应当审查被审计单位对审计报告的意见，进一步核实情况，根据所核实的情况对审计报告作必要修改，并将审计报告和被审计单位的书面意见一并报送审计机关。

第五，做出审计结论和决定。审计机关审定审计报告，对审计事项作出评价，出具审计意见书；对违反国家规定的财政收支、财务收支行为，需要依法给予处理、处罚的，在法定职权范围内作出审计决定或者向有关主管机关提出处理、处罚意见。审计机关在审计中遇有损害国家利益和社会公共利益而处理、处罚依据又不明确的事项，应当向本级人民政府和上级审计机关报告。

具体而言，审计组提出的审计报告，经审计机关专门机构或者人员复核后，由审计机关审定并按照以下规定办理：①对没有违反国家规定的财政收支、财务收支行为的，应当对审计事项作出评价，出具审计意见书；对有违反国家规定的财政收支、财务收支行为，情节显著轻微的，应当予以指明并责令自行纠正，对审计事项作出评价，出具审计意见书；②对有违反国家规定的财政收支、财务收支行为，需要依法给予处理、处罚的，除应当对审计事项作出评价，出具审计意见书外，还应当对违反国家规定的财政收支、财务收支行为，在法定职权范围内作出处理、处罚的审计决定；③对违反国家规定的财政收支、财务收支行为，审计机关认为应当由有关主管机关处理、处罚的，应当作出审计建议书，向有关主管机关提出处理、处罚意见。

第六，审计结论与决定的执行审计机关应当自收到审计报告之日起三十日内，将审计意见书和审计决定送达被审计单位和有关单位；审计决定自送达之日起生效。审计决定需要有关主管部门协助执行的，应当制发协助执行审计决定通知书。被审计单位应当执行审计决定，并将应当缴纳的款项按照财政管理体制和国家有关规定缴入专门账户；依法没收的违法所得和罚款，全部缴入国库。被审计单位或者协助执行的有关主管部门应当自审计决定生效之日起30日内，将审计决定的执行情况书面报告审计机关。

第七，检查审计结论和决定的执行情况。审计机关应当自审计决定生效之日起3个月内，检查审计决定的执行情况。被审计单位未按规定期限和要求执行审计决定的，审计机关应当责令执行；仍不执行的，申请人民法院强制执行。

第八，审计监督的救济。对地方审计机关作出的审计决定不服的，应当先向上一级审计机关或者本级人民政府申请复议；对审计署作出的审计决定不服的，应当先向审计署申请复议。审计机关应当自收到复议申请书之日起 2 个月内作出复议决定。遇有特殊情况的，作出复议决定的期限可以适当延长；但是，延长的期限最长不得超过 2 个月，并应当将延长的期限和理由及时通知复议申请人。

第九，建立审计档案。审计机关对办理的审计事项、审计调查事项、审计复议事项和审计应诉事项，应当按照国家有关规定建立、健全审计档案制度。

第五节　行政复议

行政复议是保护公民、法人或者其他组织的合法权益的一种重要的权利救济手段，是上级国家行政机关对下级国家行政机关的行政活动进行层级监督的一种制度化、规范化的行政行为，也是国家行政机关系统内部为依法行政而进行自我约束的重要机制。

一、行政复议的概念

行政复议，它是指国家行政机关在行使其行政管理职权时，与作为被管理对象的相对方发生争议，根据行政相对方的申请，由上一级国家行政机关或者法律、法规规定的其他机关依法对引起争议的具体行政行为进行复查并做出决定的一种活动①。行政复议是因行政相对人对行政主体的具体行政行为有争议而请求有权机关进行复议审查并做出决定的准司法活动。

行政复议的概念具体包括了以下六个方面的含义：

第一，行政相对人提出复议申请是因不服行政机关的具体行政

---

① 罗豪才主编：《行政法学》，北京大学出版社 2000 年第 3 版重排本，第 308 页。

行为而产生的。行政复议是行政相对人认为行政主体的具体行政行为侵犯了其合法权益而请求行政主体进行复查并做出裁决予以救济的制度。如果行政相对人对抽象行政行为——行政主体制定的行政法规、规章或者具有普遍约束力的决定不服的，则不能直接申请行政复议。对于规章的审查应当按照法律、行政法规办理。对于行政主体发布的具有普遍约束力决定不服的，不能直接对行政主体发布的决定提起行政复议，而只能在对根据行政主体发布的决定做出的具体行政行为提起行政复议时一并提出对具体行政行为所依据的行政主体发布的决定进行审查。

第二，行政复议以行政相对人的申请为前提，具有准司法性。行政复议是一种依申请而产生的具体行政行为，它以行政相对人的申请为前提。它不是行政主体依照自己的职权主动进行的，而是行政主体一种"不告不理"的行为。如果行政主体依照自己的职权主动对原具体行政行为进行复查，则不能将其划归为行政复议的范围。

第三，行政复议机关是依法有承担行政复议职责的行政主体。行政复议是行政主体的行政行为，是上级行政主体对下级行政主体的行政活动进行层级监督的行政活动。承担行政复议职责的只能是拥有行政职权的行政主体，人民代表大会、人民法院和人民检察院等其他国家机关都不能成为行政复议机关。

第四，行政复议是行政主体处理行政纠纷的活动。行政复议是由行政主体来解决行政纠纷，它是行政主体具体行政行为的一部分，行政复议具有行政主体履行行政职权的特点。与此同时，由于行政复议必须基于行政相对人的申请行政复议才能产生，因此，行政复议比其他具体行政行为具有更高的法定程序要求。

第五，行政复议的结论以行政机关的决定表现出来。由于行政复议是由行政主体做出的，因此，行政复议结论的表现形式就只能是行政主体的决定，而不是人民法院的裁判。

第六，行政复议的审查有严格的时间要求。行政复议由于涉及行政纠纷的解决，因此，它就要受到法定期限的严格限制。这种期限具体体现为两个方面：一是行政相对人申请行政复议，必须在法定期限内，一般是在具体行政行为做出后的一定时间内，逾期申请复议，复议机关应依法不予受理；二是复议机关必须在法定时间内做出复议决定，非有法定事由逾期不能做出决定的，则可能成为行政相对人提起行政诉讼的理由。而且，非有法定事由逾期不做出决定的，属于行政复议程序违法，行政复议机关要承担一系列对自己不利的法律后果。

二、行政复议的基本原则

行政复议的基本原则，是指贯穿于整个行政复议活动之中，决定和调整行政复议主体全部行为的基本准则。行政复议原则集中体现《行政复议法》的基本精神和实质，突出表达复议制度的本质特征。根据《行政复议法》的规定，行政复议活动应遵循合法、公正、公开、及时、便民的原则①。

《行政复议法》所规定的行政复议机关履行行政复议职责必须遵守的基本原则，主要是：第一，合法性原则。这是指行政复议机关履行其行政复议职责，其管辖权限应当有合法的法律依据；其审查行政复议申请，审查的程序应当有法律依据；审查行政争议的实体内容，应当有合法的依据，并且按照法律、法规和其他合法的规范性文件，判定具体行政行为的合法性和适当性。第二，公开性原则。这是指行政复议机关受理行政复议申请，依法进行复议审查，做出行政复议决定等，都应当公开地进行，审理中的有关文书和资料，对行政争议的双方当事人都应该公开，不得有所隐瞒。第三，公正性原则。这是指行政复议机关，无论其本机关是行政争议的具体行政行为的决定机关，还是该行政争议的上级机关，在受理和审查行政复议申请时，必须依法、公正地进行审查，不能偏袒本部门或者下属机关。第四，及时性原则。这是指行政复议的受理、审查和做出行政复议决定，都必须按照本法和有关法律、行政法规规定

①　孟鸿志主编：《行政法学》，北京大学出版社2002年版，第306页。

的时限，按期执行有关的程序，并做出复议决定。不得拖延不办，或者久拖不决。第五，便民的原则。这是指行政复议机关应当对行政行为相对人依法提出行政复议申请，提供必要的便利。不得以各种手段和方法，阻碍或者干扰行政行为相对人提起行政复议申请的权利，也不得采取其他方式，增加行政行为相对人提起行政复议申请的经济负担。行政复议机关必须坚持依照法律规定，对违法的或者不当的行政行为，予以纠正，不得包庇，不得纵容，更不得错上加错。以保证法律的尊严，树立国家行政机关依法办事的良好形象，维护国家行政管理的秩序①。总之，行政复议法的基本原则是在整个行政复议的过程中发挥主导、支配作用的基本行为准则，它反映了行政复议的精神实质和社会价值判断。

三、行政复议的范围

行政复议的范围，是指复议机关受理行政复议案件的主管权限和界限，可简称为受案范围。行政复议的受案范围涉及三个基本问题：其一，公民或组织可以就那些事项向行政机关申请复议？其二，如何确定行政机关与其他国家机关解决行政争议的分工？其三，行政机关内部如何确定复议的权限？在行政机关内部，什么样的机构有权审理行政案件？②

《行政复议法》规定，可以申请行政复议的范围包括了两类行为：一类是具体行政行为；另一类是特定的规范性文件。对行政机关做出的行政处分决定或者其他人事处理决定不服的，不能申请行政复议；不服行政机关对民事纠纷做出的调解或者其他处理的，不能申请行政复议，应依法申请仲裁或者向人民法院提起诉讼。在实

---

① 全国人大常委会法制工作委员会研究室编著：《中华人民共和国行政复议法条文释义及实用指南》，中国民主法制出版社，1999 年 5 月第 1 版，第 47 页，作者进行适当修改。

② 杨解君主编：《行政诉讼法学》，中国方正出版社 2002 年版，第 23 页、第 24 页。

践中，尤其应该注意公安机关的执法行为，因为公安机关是既拥有刑事侦查权又拥有治安行政管理权的行政机关，公民、法人或者其他组织认为其有关行为是侵犯人身权、财产权的具体行政行为而提起复议，而公安机关认为被诉行为属刑事侦查行为的，复议机关可以依照《行政复议法》第二条、第六条及有关法律的规定，根据复议机关查证的事实做出是否属于行政复议受案范围的判断。

四、行政复议的申请、管辖和复议前置

行政复议机关受理行政复议申请必须首先审查行政相对人的申请是否符合条件、行政争议是否属于复议机关管辖以及复议前置是否适用于本争议。这也是行政复议机关在对行政争议进行实质裁判前所进行的形式审查程序。

申请行政复议的期限是指复议申请人提出复议申请的法定有效期限。公民、法人或者其他组织认为具体行政行为侵犯了其合法权益时，只有在法定期限内提出行政复议申请，行政复议机关才予受理。否则，行政复议机关不予受理。在复议的管辖方面，《行政复议法》确立了当事人选择管辖的原则，同时规定了复议前置的适用条件。

申请是行政复议必经阶段，也是行政复议的启动程序。行政复议的申请，是指公民或组织认为具体行政行为侵犯其合法权益，依法要求复议机关对该具体行政行为进行审查和处理，以保护自己合法权益的一种意思表示。[①]　其中，申请行政复议的期限尤其值得注意。

行政复议的管辖，是行政复议机关在审理行政复议案件范围上的分工和权限的制度，它是行政复议制度的重要内容。行政复议的管辖是行政复议权的落实，它往往与行政领导权或指导权直接相联系。

----

① 　杨解君主编：《行政诉讼法学》，中国方正出版社2002年版，第36页。

行政复议依法为行政诉讼的前置条件，简称复议前置，是指按照法律、法规的规定，公民、法人或者其他组织认为具体行政行为侵犯其合法权益的，只有先经过行政复议后才能向人民法院提起行政诉讼，而不得未经行政复议就直接向人民法院提起行政诉讼。

五、行政复议的审理和决定

复议的审理，是指复议机关受理复议申请后，对被申请人的具体行政行为进行合法性和合理性审查的活动。它是行政复议的实质性审查阶段，是复议程序的核心部分。

复议决定，是有关复议机关对行政复议案件进行审理后所作的具有法律效力的裁决。复议决定是行政复议的重要阶段，根据《行政复议法》第 28 条的规定，行政复议机关根据不同的情况，可以分别做出以下几种决定：决定维持、决定履行、决定撤销或变更、确认违法。

行政复议审查具体行政行为的合法性与不当性主要包括以下几个方面：具体行政行为认定的事实是否清楚，证据是否确凿，适用依据是否正确，程序是否合法以及行为的内容是否适当。

第六章　审判机关的监督

第一节　行政诉讼概述

当代各国解决行政争议、保障公民合法权益、实行法治的重要法律制度就是行政诉讼，它与处理解决民事案件的民事诉讼和处理解决刑事案件的刑事诉讼并列为三大基本诉讼制度。我国独立的行政诉讼制度正式建立于20世纪80年代末期，全国人民代表大会于1989年4月4日正式通过了《中华人民共和国行政诉讼法》，并于1990年10月1日生效施行。对于处在行政相对人地位的公民、法人和其他组织而言，行政诉讼是一种救济，是一种司法保障途径；对于处在行政主体地位的行政机关和其他授权组织而言，行政诉讼是一种事后监督，一种司法监督途径。

一、行政诉讼的概念

对于行政诉讼的概念，基于不同的法律观念和各国不同的法治实践，有不同的概括。在法国，行政诉讼称为行政审判，它是指行政相对人对行政主体的违法侵害行为，请求专门的行政法院①通过审判程序给予救济的方式，也是行政法院监督行政机关依法行政的手段。在英美国家，行政诉讼称为司法审查（judicial review），它是指普通法院根据行政相对人的申请，审查行政主体行为的合法性，并做出相应裁判的活动。在我国，所谓行政诉讼，是指行政相

---

① 行政法院隶属于行政系统而不是司法系统，最高行政法院直译为国务委员会。

对人在认为行政主体及其工作人员的行政行为侵犯自己的合法权益时，向法院请求保护，并由法院依法对行政行为进行审查和裁判的诉讼活动。

行政诉讼主要包括以下特征：第一，行政诉讼处理解决的是行政争议。这是行政诉讼在受理、裁判的案件上与其他诉讼的区别。行政争议是行政主体在行使行政权过程中与作为行政相对方的公民、法人或者其他组织发生的权利义务的争执，行政诉讼就是专门解决行政争议的制度，非解决行政争议的诉讼活动不是行政诉讼，属于民事诉讼或刑事诉讼。但是行政诉讼并不是解决所有的行政争议，它所解决的行政争议仅限于一定的范围。①

第二，行政诉讼的内在司法性。行政诉讼是人民法院运用国家审判权来监督行政主体依法行使职权和履行职责，保护行政相对人的合法权益不受行政主体违法行为侵害的一种司法活动。在行政诉讼中，法院是主持全部诉讼活动的主体，适用的程序是相对严谨的司法程序，以司法独立作为裁决的后盾，并且其裁决具有最终的法律效力，因此，与行政复议等解决行政争议的其他程序比较，司法性是行政诉讼的显著特征。

第三，行政诉讼中的原告和被告具有特定性。行政诉讼以不服行政行为的行政相对人——公民、法人或者其他组织为原告，以做出行政行为的行政主体为被告，这种原告和被告是恒定不能变换的。这是我国行政诉讼在诉讼参加人上的重要特点，只有行政相对人才能作为原告享有启动行政诉讼的权利，而被告只能是行使行政职权、实施具体行政行为的行政机关或者授权的组织。作为行政主体的行政机关或授权组织实施行政行为时处于主导和管理的地位，拥有具有内在强制力的权力，在一般情况下，它可以向人民法院申请强制执行；在特殊情况下，即在法律、法规有明确规定时，可以依法自行采取强制措施。而且，就行政诉讼的核心而言，是审查具

---

① 杨解君主编：《行政诉讼法学》，中国方正出版社 2002 年版，第 50 页。

体行政行为的合法性而不是审查行政相对人的行为是否违法。因此，行政主体不能作为原告提起行政诉讼而只能作为被告应诉。与此相反，行政相对人因为缺乏要求行政主体服从自己意愿的力量，只能作为原告向法院提出行政诉讼，寻求司法保护，请求人民法院运用审判权来监督行政权的行使，防止行政权的越权和滥用。这里需要注意的是，行政机关如果不是作为行政主体而是处于被管理者地位受到其他行政机关实施的具体行政行为的侵害时，那么就应当与公民、法人和其他组织处于同样的地位，有权依法向人民法院提起行政诉讼，从而在诉讼成为原告。

行政诉讼法是规范各种行政诉讼活动，调整行政诉讼关系的法律规范的总称。行政诉讼法与行政诉讼的关系是，行政诉讼是在人民法院主持下解决行政争议的诉讼活动；而行政诉讼法则是有关这类诉讼活动的法律规范。行政诉讼是行政诉讼法的内容和调控对象，行政诉讼法则是行政诉讼活动的准则。在理论和实践中，往往对行政诉讼法作广义和狭义的区分，广义的行政诉讼法是指包括一切有关行政诉讼的法律规范，无论其形式如何都属于行政诉讼法的范围。狭义的行政诉讼法则专指《中华人民共和国行政诉讼法》（包括最高人民法院的相关司法解释）。

我国行政诉讼法的立法宗旨包括三个方面：第一，保证人民法院正确、及时审理行政案件。人民法院要审理行政案件，必须要有一套能作为依据的科学的工作规程，使之严格准确地按此规程进行诉讼活动，行政诉讼法的实施满足了这一需要。第二，保护公民、法人和其他组织的合法权益。这是我国行政诉讼法的最根本目的，是立法宗旨最主要的方面。在各种侵犯公民、法人和其他组织合法权益的现象中，行政机关的违法行为比较容易发生，受害的行政相对人难以凭自身的力量抗拒，必须建立行政诉讼这种专门的固定的制度，对依法行政进行经常性的监督，由司法权来保护行政相对人的合法权益。第三，监督行政主体依法行使职权。从维护的方面看，行政诉讼法对行政主体合法正确的具体行政行为要予以维护，行政主体做出合法正确的行政行为，实际上是服务于公民、法人和其他组织的，符合行政诉讼法的目的；从监督的方面看，行政诉讼法规定行政诉讼制度的根本目的之一是督促行政主体依法行政、尽职尽责、全心全意为人民服务，行政诉讼法的核心内容是有关监督行政主体依法行使职权的规定。

二、行政诉讼的基本原则

任何一个法律部门都有自己的基本原则。行政诉讼法的基本原则是在整个行政诉讼的过程中发挥主导、支配作用的基本行为准则，它反映着行政诉讼的精神实质和社会价值判断。行政诉讼的一切诉讼活动，都必须与基本原则相符，而不能与之相悖。

基本原则为人民法院进行审理行政诉讼案件指明了方向，是行政诉讼法的性质和精神实质的集中表现，掌握行政诉讼的基本原则有助于灵活解决行政审判实践中出现的具体问题。

根据《行政诉讼法》第3条至第10条的规定，行政诉讼法的基本原则共有八项：

第一，人民法院依法独立行使审判权原则。人民法院依法独立行使审判权作为一般的诉讼原则而存在，行政诉讼自不例外，不仅如此，该原则在行政诉讼中更具有特别重要的意义。因为，在行政诉讼中，被告始终是行政机关，行政诉讼始终是司法权对行政职权的合法监督。这不可避免地涉及司法权与行政权的相互关系。人民法院如果没有足够的权威和独立的地位，就难以发挥其在行政审判中应有的作用。该原则包括：①只有人民法院才有权对行政案件进行审判，审判权是国家权力的重要组成部分，是国家通过诉讼形式，审理各类案件，并对案件做出裁判的权力；②人民法院依法独立审判，是指人民法院作为一个整体独立行使行政审判权，而不是指审判员个人的独立，也不是指合议庭的独立；③人民法院依法独立审判行政案件，是指每一个法院在审理行政案件是独立的，上级人民法院不能就某一具体案件要求下级人民法院按照自己的意见进行审理裁决，即使下级人民法院的裁判有错误，也只能通过法定程序予以改正；④人民法院依法独立行使行政审判权与接受权力机关和法律监督机关的监督并不矛盾。①

第二，以事实为根据，以法律为准绳原则。人民法院审理行政案件时，要查清案件的事实真相，以有关的法律、法规作为判断具体行政行为是否合法的标准，辨明是非曲直，并做出正确的裁判。需要注意的是，行政诉讼的客体是行政主体的具体行政行为，具体行政行为也是根据事实和适用法律做出的，而做出具体行政行为是行政机关的职权，因此，人民法院对具体行政行为的审查，实际上是对行政主体确认的事实和法律的审查，是第二次审查，而不是也不能是去代替行政主体做出具体行政行为。

第三，人民法院审理行政案件，对具体行政行为进行合法性审查原则。该原则阐明了人民法院审理行政案件的基本任务，总结了人民法院审理行政案件的基本特征，也反映了我国的司法审查是有限的司法审查。

第四，当事人法律地位平等原则。在行政法律关系中，作为行政主体的行政机关或授权组织是一方，处于被管理者地位的公民、法人或者其他组织是另一方，他们在行政法律关系中的权利义务是不对等的。进入行政诉讼程序后，双方的关系在性质上发生了变化，双方当事人的诉讼地位完全平等，"无对等即无诉讼"，双方当事人在行政诉讼中没有高低之分，亦无贵贱之别，也没有领导与服从的关系，而是处于相同的法律地位，共同受人民法院裁判的约束。双方当事人在行政诉讼中的权利义务由法律规定，他们之间的权利义务略有差异，相对方当事人享有起诉权，而行政主体则无提起反诉的权利，而且行政主体不负有举证的责任，正是这种作为原告的相对人占优势的权利义务规定才能实现行政诉讼双方当事人法律地位的平等。

第五，使用本民族语言文字进行诉讼原则。在行政诉讼中，允许当事人用本民族语言文字进行诉讼，这是民族平等的具体表现，

---

① 应松年主编：《行政诉讼法学》，中国政法大学出版社 1999 年修订第 1 版，第 45、46 页。

也是各民族平等的重要的法律保证。该原则包括：①用本民族语言文字进行行政诉讼，这是各民族公民法定的权利；②人民法院在少数民族聚居地或者多民族共同居住地审理行政案件和发布法律文书时，应当以当地民族通用的语言文字进行审理，并用通用的文字发布判决、裁定等法律文书；③对不通晓当地民族通用的语言文字的诉讼参与人，人民法院有义务为他们提供翻译以保护他们的诉讼权利，保证他们顺利地进行各种诉讼活动。

第六，辩论原则。行政诉讼的辩论原则贯穿于行政诉讼的全部过程中，法院辩论是当事人行使辩论权的主要阶段，但不能因此把辩论原则与法庭辩论简单等同起来，不能说当事人除了法庭辩论外就不能行使辩论权。辩论的方式可以是言词辩论，也可以是书面方式进行。

第七，合议、回避、公开审判、两审终审原则。因为行政案件案情一般比较复杂，审理难度大，因此不适用独任制审判，需要组成合议庭；回避分为自行回避和申请回避两种情况，回避制度是法律赋予当事人的诉讼权利的重要保证；法院的审判活动既是一个公开适用法律的过程，也是一个教育人民遵守法律、进行法制宣传的过程。公开审判既包括审判过程的公开也包括审判结论的公开；两审终审原则并非要求每一个行政案件都必须经过两级法院的审理才告终结，两审终审原则的意义在于用法律的形式肯定了当事人享有的上诉权。

第八，人民检察院法律监督原则。人民检察院有权对行政诉讼实行全面的法律监督，其中实行法律监督的重点和核心应是人民法院的行政审判活动。

第二节　行政诉讼的受案范围

一、受案范围概述

行政诉讼的受案范围，又称法院的主管范围，是指人民法院受理行政案件的范围，即人民法院依照行政法律规范的规定，受理审判一定范围内行政案件的权限。行政诉讼的受案范围是行政诉讼理论和实践中研究的重要问题。

在行政管理中，行政主体的行政行为是复杂多样的，行政主体与行政相对人之间发生的行政争议也是复杂多样的。从世界各国的行政诉讼制度的基本情况来看，并非行政主体所为的任何行为都可以提起行政诉讼，由此就产生行政诉讼的受案范围问题。在实践中，各国的法律通常要对行政诉讼的受案范围进行某种方式的界定，所以这一部分案件就是行政诉讼的受案范围。

哪些行政纠纷属于行政诉讼受案范围，又为何把某些行政纠纷排除在受案范围之外，对此各个国家因为政治、经济、历史和法制发展水平等因素的制约，分别有不同的规定。但受案范围却是行政诉讼制度中不可或缺的核心内容之一。受案范围不仅仅是法院对哪些行政案件可以受理的问题，还具有以下几方面的重要意义。首先，受案范围表明人民法院司法审查的权限。行政诉讼是人民法院运用司法审判权对行政机关的行政行为进行监督的制度，但是人民法院的司法监督是一种有限的监督，否则将导致司法权干预行政权，不能保证行政权的正常运行。所以，在人民法院对行政活动进行监督时，必须确定一定的限度和范围，这个限度和范围就是我们通常所说的受案范围。其次，规范行政相对人的诉权界限，有利于行政相对人合法权益的保护。再次，明确了人民法院与其他国家机关在解决行政纠纷上的权限分工。从宪法理论来看，行政案件的审判权应当由人民法院统一行使，但由于行政案件数量多，技术性强，案情复杂，影响广泛等，不可能都由人民法院通过诉讼的方式解决，现实中有大量行政纠纷仍由行政机关或其他专门机关来处理。因此需要确定一定的标准来解决人民法院与其他国家机关之间在受理行政案件权限上的分工问题。

确立行政诉讼受案范围的指导思想和方式。一国行政诉讼受案范围的确立，需要有一个划分的标准，而划分标准的确立取决于该国各方面的条件。从各国的立法情况来看，由于法律体系和法律传统的不同，划分标准也有所不同。例如，实行三权分立政体的国家，司法审查机关对行政机关的行政行为审查范围相当广泛，除了法律规定的特殊情形外，几乎所有行政争议都可以提起诉讼。而在议行合一的社会主义国家，司法对行政的监督、审查范是有限的，因为行政机关是权力机关的执行机关，只有权力机关才拥有对行政机关全面的监督、审查权。从我国的具体国情出发，在确立我国行政诉讼受案范围的标准时，应遵循下列指导原则：①充分保护公民、法人和其他组织的合法权益。②符合我国政治制度的特点。③正确处理司法权与行政权的关系。应当由行政机关处理或者只能由行政机关处理的争议，就不宜纳入行政诉讼的受案范围；对于人民法院具备受理条件可以受理的案件，尽量纳入行政诉讼的受案范围。④从实践出发，逐步扩大受案范围。这一原则应包括两层含义：一是随着我国加入WTO的新情况，受案范围应逐步与国际惯例接轨；二是行政诉讼的受案范围应与我国法制的进程相统一。随着我国法治的发展，以及行政审判工作经验的积累与成熟，行政诉讼受案范围必然将会逐步扩大。

受案范围的确立方式。从世界各国的情况来看，行政诉讼的受案范围的确立方式主要有两种：一是判例法式，即某一行政纠纷是否属于法院的受案范围，是通过法院判例形成的规则来决定的，如美国、英国等；另一种是成文法式，即通过制定法明文规定的方式来确定受案范围，如德国、日本等。其中以成文法来规定受案范围的方式有三种情形：

①概括式。概括式是由统一的行政诉讼法典对行政诉讼的受案范围做出原则性、概括性规定，一般表现为行政相对人认为行政机关及其工作人员的行政行为侵犯了其合法权益，可以依据本法提起诉讼。概括式的优点和缺点是显而易见的：优点是简单、全面、灵活性强；缺点是规定过于宽泛、可操作性不强。

②列举式。列举式一般有肯定和否定两种列举方法。肯定的列举是由行政诉讼法和其他单行法律对行政诉讼受案范围的行政案件逐条加以列举，凡列举的就属于行政诉讼的受案范围，没有列举的

一般而言不属于受案范围。否定的列举是对不属于行政诉讼受案范围的事项进行列举，凡被列举了的则不属于行政诉讼的受案范围。列举式的优点和缺点也是显然的：优点是具体、细致、操作性强；缺点是列举的局限性，即列举时不可能穷尽所有情形，难免产生遗漏和不周全。

③混合式。混合式采用概括式和列举式相结合的方式确定行政诉讼的受案范围。这种方式结合了概括式和列举式的优点，是世界多数成文法国家采用的一种方式。我国行政诉讼受案范围也采用了这种混合式。首先，以概括的方式确立了人民法院受理的行政案件的基本范围。《行政诉讼法》第 2 条规定：公民、法人或者其他组织认为行政机关和工作人员的具体行政行为侵犯其合法权益，有权依照本法向人民法院提起诉讼。最高人民法院《关于执行〈行政诉讼法〉若干问题的解释》对这一条款做出进一步的解释和界定，公民、法人或者其他组织对具有国家行政职权的机关和组织及其工作人员的行政行为不服，依法提起诉讼的，属于人民法院行政诉讼的受案范围。这是关于行政诉讼受案范围的概括性规定，也为在条件成熟的情况下将某些行政争议纳入受案范围提供了标准和法律依据。其次，以肯定列举的方式列举了应当受案的具体行政行为。《行政诉讼法》第 11 条第 1 款列举了属于受案范围的八种具体行政行为，同时对某些目前难以列举，但今后逐步纳入受案范围的行政案件又以概括式的规定作为补充，如第 11 条第 2 款规定的"除前款规定外，人民法院受理法律、法规规定可以提起诉讼的其他行政案件"。这保障了我国行政诉讼受案范围在法律上的周全性和完整性。最后，以否定的方式对不属于人民法院受案范围的事项作了排除性规定。《行政诉讼法》第 12 条对人民法院不予受理的四种类型的案件做出具体规定，最高人民法院《关于执行〈行政诉讼法〉若干问题的解释》根据行政诉讼法的立法目的，对不属于人民法院行政诉讼受案范围的事项做出进一步的列举和说明。上述三个方面的规定确立了我国行政诉讼受案范围的基本框架，符合我国

的法治发展水平和行政诉讼的实际情况。①

二、人民法院受理的行政案件之一

《行政诉讼法》和《关于执行〈行政诉讼法〉若干问题的解释》对行政诉讼的受案范围做出明确规定。

我国《行政诉讼法》第2条概括规定了人民法院受理的行政案件的基本范围，第11条又具体列举了人民法院受理的各种行政案件。依据这些案件所涉及的合法权益的不同，可以划分为涉及人身权、财产权的案件和法律、法规规定的其他类型的行政案件两种。

我国宪法和法律赋予公民、法人和其他组织的最基本、最重要和最广泛的权益是人身权和财产权，我国行政诉讼制度所保护的重点也是人身权和财产权。依据《行政诉讼法》的规定，涉及人身权和财产权的案件具体包括以下八种：

第一，对行政主体行政处罚不服的案件。我国行政处罚的使用范围广泛，类型多样，在实践中乱设处罚、滥用处罚等侵犯公民、法人和其他组织权益的现象非常突出，凡是行政处罚案件都属于行政诉讼受案范围。

第二，对行政主体行政强制措施不服的案件。行政强制措施是指行政主体为了查明情况或有效控制违法、危害状态，根据需要依法对有关对象的人身或财产进行暂时性限制的强制措施。行政强制措施基本可以分为限制人身自由的强制措施和限制财产流通和使用的强制措施两大类。

第三，认为行政主体侵犯法律规定的经营自主权的案件。法律规定的经营自主权是指法律、法规明确规定的公民、法人或者其他组织依法创办经济事业，调配自己的人力、物力和财力，自行组织生产经营的权利。行政诉讼法规定，公民、法人或者其他组织认为

---

① 孟鸿志主编：《行政法学》，北京大学出版社2002年版，第428页、第429页。

行政机关的具体行政行为侵犯法律规定的经营自主权的，有权提起行政诉讼。在这里，"法律"应该是广义上的行政法律规范，即包括宪法、法律、法规和规章。凡是上述规范性文件所规定的经营自主权，都属于行政诉讼的受案范围。目前我国存在多种经济形式，如全民所有制企业、集体所有制企业、私营企业、合伙企业、个人独资企业、中外合资企业、中外合作企业、外资企业、农村合作经济组织、个体工商户等，因此，行政法律规范确定的经营自主权形式也是多种多样的。从经营自主权的内容来看也非常广泛，包括：人事权，即使用、聘任、辞退和奖惩内部员工的权力；财产权，即占有、使用、收益和处分其财产的权利；组织生产权，即对人力、物力和财力进行自主调配和组织使用的权利；等等。法律规定属于企业的任何经营自主权，如受到行政机关的侵害，企业或者其他经济组织都可以通过诉讼的方式得到救济。

第四，认为行政主体对要求颁发许可证和执照的申请予以拒绝或者不予答复的案件。许可证和执照是国家行政许可制度的主要表现形式，这是所称的许可证和执照是泛指整个行政许可制度，也就是行政许可的各种表现形式，如审批、核准、登记、认可等。凡在实质内容上属于经过行政机关许可而享有一定人身权利和自由及财产权利的各种证照、文件甚至口头形式的凭证，都属于行政诉讼的受案范围。

第五，认为行政主体不履行保护人身权、财产权法定职责的案件。我国宪法明确规定："一切国家机关及其工作人员必须全心全意为人民服务"，许多行政法律规范也有类似的规定，要求行政主体承担保护公民、法人和其他组织合法权益的法定职责。这里需要区分行政主体法定职责和工作人员思想道德的界限，一般情况下，工作人员在非工作时间对要求履行保护人身权和财产权法定职责的申请予以拒绝或不予答复的，不能视为行政主体做出了行政行为，只能是工作人员的思想道德问题；但对于某些应付紧急情况法定职责的行政主体及其因职业特点随时处于待命状态的工作人员，则不在此列。

第六，认为行政主体没有依法发给抚恤金的案件。在本项中应对抚恤金作广义的解释，凡属于涉及行政相对人人身权和财产权的应由行政主体发放的社会保险金或者最低生活保障费等，都属于行政诉讼的受案范围。

第七，认为行政主体违法要求履行义务的案件。行政主体要求行政相对人履行义务包括财物上的义务和行为上的义务。财物上的义务是要求缴纳一定的金钱和物品；行为上的义务是要求做出或不做出一定的行为，要求做出一定的行为如要求服兵役等，要求不做出一定的行为如不得进入某地域或不得在某地段行走等。还需要注意的是，这种案件是行政主体运用行政权力通过具体行政行为命令相对方履行义务；如果行政主体在民事活动中以民事主体的身份要求相对方履行义务，所引起的只是民事纠纷案件，不属于行政诉讼受案范围。

第八，认为行政主体侵犯其他人身权、财产权的案件。前面说明的七类案件难以做到全面完整，为弥补列举的不周延性，《行政诉讼法》第11条第一款第（八）项规定，行政主体侵犯其他人身权、财产权的具体行政行为属于行政诉讼受案范围。

另外，《行政诉讼法》除了具体列举以上八种属于行政诉讼受案范围之外，还规定人民法院受理行政法律规范规定可以起诉的其他行政案件。

三、人民法院受理的行政案件之二

我国《行政诉讼法》第2条概括规定了人民法院受理的行政案件的基本范围，第11条又具体列举了人民法院受理的各种行政案件。依据这些案件所涉及的合法权益的不同，可以划分为涉及人身权、财产权的案件和法律、法规规定的其他类型的行政案件两种。

四、《行政诉讼法》规定的不受理事项

我国《行政诉讼法》第12条规定，国家行为，制定行政法

规、规章和发布具有普遍约束力的决定、命令的行为，行政机关对行政机关工作人员的奖惩任免行为，法律规定由行政机关做出最终裁决的行为，不属于行政诉讼的受案范围。

区分抽象行政行为与具体行政行为，根据《行政诉讼法》的含义，主要是判断其是否具有普遍的约束力。

根据《行政诉讼法》的规定，以下几类案件不属于行政诉讼的受案范围。

第一，国家行为。何谓国家行为，各国没有以法律作概括规定，一般采取列举的办法加以界定。国内学者的解释不尽一致。有的认为，国家行为是不受法院监督只受政府管辖，以国家名义做出的主权行为；有的认为，国家行为是政治行为，通常指国家主权的运用；有的认为，国家行为是国家机关根据宪法和法律的授权，代表国家，以国家名义做出的行为；有的认为，国家行为主要是指以国家名义实施的国防、外交等方面的行为。在司法实践中，一些地方人为地扩大国家行为的概念，比如，将征兵行为、签发护照的行为、有关军事设施保护的行为纳入国家行为的范围。

根据本条规定的精神，所谓国家行为，是指涉及国家根本制度的保护和国家主权的运用，由国家承担法律后果的政治行为。它的内容和范围是可以不断变化的。国家行为具有以下三个方面的特征：第一，国家行为是一种政治性的行为；第二，国家行为的后果由整体意义的国家承担；第三，国家行为是极其严肃的行为，它的实施关系到国家的整体利益和国际声誉。应当指出，并非所有与国防、外交有关的行为都是国家行为，国家行为也并非仅限于与国防外交有关的行为，更不是说，行政相对人对外交组织、国防部门的职权都无权提起行政诉讼。判断一个行为是否属于国家行为，主要应看这个行为是否以政治上的利益为目的，是否涉及国家主权的运用。对国家行为应从两个方面进行限定：首先应从主体方面进行限定，国家行为只有特定机关才能实施，特定机关包括国务院、中央军事委员会、国防部、外交部以及特别情况下的省一级人民政府；其次应从行为的性质方面进行限定：一是涉及国防、外交事务的行为；二是宣布紧急状态，施行戒严、总动员的行为。

这种行为之所以不宜纳入行政诉讼的范围，主要是基于以下理由：第一，这种行为有其特殊性，它不仅涉及相对人的利益，而且涉及国家的整体利益和人民的根本利益，关系到国家的荣誉、尊严和安全。在这种情况下，不能因为利害关系人的权益受到损害，而使国家行为无效。第二，这种行为通常以国家对内对外的基本政策为依据，以国际政治斗争形势为转移，法院很难做出合法性判断。第三，国家行为的失误通常只由有关领导人承担政治责任，而政治责任的承担只能通过立法机关或议会才能进行追究。我国政府领导人承担政治责任，不由法院审理，政府领导人是否称职，由其向人民代表大会及其常委会负政治责任①。

第二，抽象行政行为。判断抽象行政行为应当注意以下几个问题：一是对象的不特定性，是指对象的不确定性，而不在于对象的多少，不能认为涉及人数众多的行为是抽象行政行为，涉及人数少的行为就是具体行政行为；二是这里所说的反复适用应当理解为对事项或事件的反复适用，而不应理解为对人的反复适用；三是判断某一行为是抽象行政行为还是具体行政行为，不能只看行文的名称，还要看其具体的内容；四是有时候行政机关的同一个文件中涉及若干个行为，其中有些行为是抽象的，有些行为可能是具体的，需要认真加以辨别。

第三，内部人事管理行为。根据《行政诉讼法》第十二条第（三）项规定，行政机关工作人员的奖惩任免等决定属于不可诉的行为。这里的"等"字意味着不穷尽列举，从行政诉讼法的立法精神来看，这里排除的应该是所有行政机关的内部人事管理行为，包括工资的升降、福利待遇、住房分配等行为。在行政法律关系中，按照双方当事人的相互关系来分类，可分为外部关系和内部关系两种。在内部行政法律关系中，行政机关对其工作人员奖惩、任

---

① 最高人民法院行政审判庭编：｛《关于执行〈行政诉讼法〉若干问题的解释》释义｝，中国城市出版社 2000 年版，第 9 页、第 10 页。

免等行政行为，属于内部人事管理行为，这些行为针对的是行政机关的工作人员。根据《行政诉讼法》第 12 条第 3 项的规定，这类行为不能作为行政诉讼的对象。行政机关所属的工作人员如对所属机关或监察机关给予的警告（纪律处分）、记过、降薪、撤职、留用察看、开除等纪律处分以及停职检查或者任免等措施不服的，应向该行政机关或者其上一级行政机关或者监察机关、人事机关提出，而不能向人民法院提起行政诉讼。行政机关对其工作人员的奖惩、任免等行政决定同样涉及行政机关工作人员的权利和义务，当其权利受到损害时应当允许其主张权利。正因为如此，有些国家将这类行为列入了行政诉讼的范围①。

　　第四，终局行政裁决行为。行政机关最终裁决的具体行政行为简称为终局行政裁决行为。如果一个行政行为涉及公民的权利和义务，而又要求保留终局裁决权，必须有充分的正当理由。从行政诉讼的立法实践来看，理由通常限于以下几个方面：某一类行政行为涉及国家重要机密，一旦进入诉讼，将会严重危害国家利益；某一行政行为不可能或者极少可能侵犯行政相对人的权益；某一类行政行为专业性极强而且非常复杂，以至于使法官的审判徒劳无益；某一类行政行为已有近乎司法程序的行政程序作保障，行政系统内部已有充分的能确保公正的救济手段；因不可抗力事件（如战争）使行政救济以外的司法救济成为不可能等。从世界发展趋势来看，行政终局裁决权的范围越来越窄，有的国家几乎取消行政终局裁决权。目前，我国有些法律赋予了行政机关对于某些行政争议拥有最终裁决权，即由行政机关依法做出最终裁决，当事人不服，只能向做出最终裁决的机关或其上级机关申诉，而不能向人民法院起诉。

---

　　①　在法国，行政复议程序与行政诉讼程序大体重合，存在着法院审理有关行政机构内部组织建设的行政案件，即使像美国这样由普通法院承担行政审判任务的国家也将某些内部行为纳入行政诉讼的范围。

五、司法解释规定的不受理事项之一

最高人民法院《关于执行〈行政诉讼法〉若干问题的解释》对《行政诉讼法》第 2 条、第 11 条和第 12 条的规定进行了司法解释，这就使行政诉讼受案与不受案的界限更加明确，使人民法院对行政案件受理和审判的权限更为清楚，也十分方便于公民、法人或者其他组织具体掌握，以免发生出现行政案件后投诉的错误。

《行政诉讼法》和《关于执行〈行政诉讼法〉若干问题的解释》专门规定了人民法院不予受理的几类事项。

最高人民法院《关于执行〈行政诉讼法〉若干问题的解释》第 1 条第 2 款对不可诉行为的排除，共有六个方面的行为。

第一，《行政诉讼法》第 12 条规定的行为（参阅本节第四部分——《行政诉讼法》规定的不受理事项中已做具体讲解）。

第二，刑事司法行为（参阅本节第六部分——司法解释规定的不受理事项之二）。

第三，调解行为及法律规定的仲裁行为。所谓调解行为，是指行政机关在进行行政管理的过程中，对平等主体之间的民事争议，在尊重当事人各方意志基础上所作的一种处理。由于调解行为是否产生法律效力，不取决于行政机关的意志，也不具有强制力，而取决于当事人各方的意愿。当事人如对调解行为持有异议，完全可以拒绝在调解协议上签字，没有必要通过行政诉讼程序解决。如果行政机关及其工作人员在调解过程中采取了不适当的手段，例如强迫当事人签字画押等，该行为在事实上就不属于调解行为，而是违背当事人意志的行政命令，当事人对这种行为不服，可以向人民法院提起行政诉讼。

所谓仲裁行为，是指行政机关或法律授权的组织，根据全国人大及其常委会依照立法程序制定的法律以及法律性文件的授权，依照法定的仲裁程序，对平等主体之间的民事争议进行处理的行为。仲裁行为与调解行为不同。行政机关实施仲裁行为可以违背一方或者双方当事人的意志进行裁决，仲裁行为对当事人来说，显然具有强制性。但是根据我国法律的规定，当事人对某些仲裁行为不服，可以向人民法院提起民事诉讼；而某些仲裁属于一级终局仲裁，当事人不服在具备法定条件的情况下，可以通过执行程序解决，也没有必要通过行政诉讼解决问题。需要注意的是，这里的法律是狭义上的法律，即全国人民代表大会及其常务委员会所制定法律。如果某一种仲裁行为不是法律而是由行政法规、地方法规甚至规章规定的，那么对这种"仲裁"行为不服，就可以向人民法院提起行政诉讼。

第四，不具有强制性的行政指导行为。行政指导行为，是行政机关在进行行政管理的过程中，所做出的具有示范、倡导、咨询、建议、训导等性质的行为。行政指导行为不具有当事人必须履行的法律效果，当事人可以按照行政指导行为去作，也可以不按照指导行为去作，违反行政指导行为不会给行政管理相对人带来不利的法律后果。既然行政指导行为不具有强制性，而且当事人具有选择自由，没有必要通过行政诉讼的途径来解决。需要说明的是，这里所谓"不具有强制性"，不是说除了不具有强制性的行政指导行为之外还有强制性的行政指导行为，加上这种限定，就是要特别强调这里所说的行政指导行为是不具有强制性的。如果名为行政指导行为，实际却具有强制力或者要求当事人必须为一定行为或不为一定行为，行政管理相对人不履行或不执行就要承担不利法律后果，那么这种行为就不再是行政指导行为，当事人对这种行为不服，可以向人民法院提起行政诉讼。

第五，驳回当事人对行政行为提起申诉的重复处理行为。所谓重复处理行为，是指行政机关所做出的没有改变原有行政法律关系、没有对当事人的权利义务发生新的影响的行为。这种行为通常发生在以下情形：当事人对历史遗留问题的行政行为、对已过争讼期间的行政行为或行政机关具有终局裁决权的行为不服，向行政机关提出申诉，行政机关经过审查，维持原有的行为，驳回当事人的申诉。这种驳回申诉的行为，在行政法中称为重复处置行为。对这类行为不能提起诉讼，主要是基于三点考虑：一是重复处理行为没有对当事人的权利义务产生新的影响，没有形成新的行政法律关系；二是如果对这类重复处理行为可以提起诉讼，就是在事实上取消复议或者提起诉讼的期间，就意味着任何一个当事人在任何时候都可以通过申诉的方式重新将任何一个行政行为提交行政机关或法院进行重新审查；三是如果将这类行为纳入行政诉讼受案范围，不仅不利于行政法律关系的稳定，而且不利于行政管理相对人对行政行为的信任。

第六，对公民、法人或者其他组织的权利义务不产生实际影响的行为。这里所说的对公民、法人或者其他组织的权利义务不产生实际影响的行为，主要是指还没有成立的行政行为以及还在行政机关内部运作的行为等。将这类行为排除在行政诉讼的范围之外，是因为行政诉讼的一个重要的目的就是消除非法行政行为对行政管理相对人的权利义务的不利影响，如果某一行为没有对行政管理相对人的权利、义务产生实际影响，提起行政诉讼就没有实际意义。①

六、司法解释规定的不受理事项之二

公安机关具有治安管理和刑事侦查两类职能，公安机关在治安管理中所做出的行为具有可诉性，在刑事侦查过程中所做出的行为不属于行政诉讼的受案范围。

公安机关依照刑事诉讼法的明确授权实施的行为具有不可诉性。但如果公安机关超出刑事诉讼法的明确授权或者滥用授权假借刑事侦查的形式而实质上做出一个具体行政行为时，对这类行为不服的可以提起行政诉讼。

刑事司法行为不属行政诉讼受案范围。根据《关于执行〈行政诉讼法〉若干问题的解释》的规定，所谓刑事司法行为，是指我国公安、国家安全等具有刑事司法职能的行政机关实施的刑事司法行为。公安等行政机关的刑事司法行为，在有些国家被作为行政

---

① 最高人民法院行政审判庭编：《〈关于执行"行政诉讼法"若干问题的解释〉释义》，中国城市出版社2000年版，第7页、第8页、第9页。

行为，并与其他行政行为一起接受司法审查。刑事司法行为不属于人民法院行政诉讼的受案范围，这主要是基于如下几点考虑：第一，因为根据我国现行的司法体制，公安、国家安全等具有刑事司法职能的机关依照刑事诉讼法的授权而实施的行为是司法行为，而非行政行为。第二，对于公安机关等实施的刑事司法行为，根据刑事诉讼法的规定，有其特定的监督主体，即人民检察院。人民检察院发现公安机关在侦查活动中有违法情况，应当通知公安机关予以纠正，公安机关应将纠正情况通知检察院。第三，根据我国《国家赔偿法》的规定，因刑事侦查行为等刑事司法行为违法而致人损害的，受害人可以根据《国家赔偿法》的规定获得救济。

在这里，最为关键的是如何区分公安、国家安全等机关的行为是司法行为还是行政行为。对于前者人民法院不能作为行政案件受理，而后者属于人民法院的受案范围。因此对公安、国家安全等机关的行政行为与刑事司法行为的界定是非常必要的。区分一个行为是行政行为还是司法行为，应当注意以下几个问题：第一，从形式上判断，行为主体是否为特定主体。刑事司法行为的主体只能是公安、国家安全机关、海关、监狱和军队保卫部门等特定主体，其他行政机关、法律法规授权组织或个人，都不是这类行为的主体。第二，从法律依据上判断，该类行为的实施是否直接依据刑事诉讼法的明确授权。根据我国刑事诉讼法的规定，询问犯罪嫌疑人、侦查、刑事拘留、预审、通缉、执行逮捕、取保候审、冻结存款汇款、保外就医等，是公安、国家安全等机关能够实施的刑事司法行为。公安、国家安全等机关不是依据刑事诉讼法实施的行为，如罚款、行政拘留、没收财产、违法收审等不属于行政诉讼受案范围的排除类型。第三，从目的上判断，此类行为是否与追究犯罪有关。刑事诉讼法授权的目的是为了查明犯罪事实，追究犯罪，使有罪的人受到法律追究，使无罪的人免受刑事制裁；如果公安、国家安全等机关实施的行为形式上是依据刑事诉讼法的授权规定，但实质上是为了其他目的，如打击报复而行使拘留行为、为了捞取好处或徇私情为一方当事人讨债而冻结相对人财产等，则违背了刑事诉讼法的授权目的，不属于行政诉讼受案的排除范围。第四，从针对的对象上判断，该类行为只能针对犯罪嫌疑人进行。如果公安、国家安全机关等实施的行为是针对一般相对人的，就不符合刑事诉讼法的目的，此类行为仍应作为具体行政行为，人民法院可以受理。

第三节　行政诉讼参加人

一、行政诉讼参加人概述

行政诉讼参加人，是指在人民法院审理行政案件的过程中，依法参加行政诉讼活动，享有一定的诉讼权利，并履行相应诉讼义务的人。诉讼参加人的基本特征是通过诉讼活动，保护自己的合法权利。

当事人的诉讼权利能力，是指能够享有诉讼权利和承担诉讼义务的资格和能力，诉讼行为能力是指以自己的行为实现诉讼权利和履行诉讼义务的能力。当事人在行政诉讼中的诉讼权利和诉讼义务是宪法确定的公民的基本权利与义务在行政诉讼中的体现。

原告、被告、第三人、共同诉讼人都属于诉讼参加人。证人、鉴定人、勘验人、翻译人员不属于诉讼参加人。诉讼代理人的情况比较特殊，因为诉讼代理人进行诉讼活动，不是为了保护自己的合法权益，也不是以自己的名义进行诉讼活动，而是以他人的名义进行活动，从而保护他人的合法权益，但是，实质上类似于当事人以自己的名义进行诉讼活动，从而保护自己的合法权益。而且，诉讼代理人在诉讼中的权利和义务，在授权范围内也等于当事人的权利和义务。因此，诉讼代理人也属于诉讼参加人。

行政诉讼当事人是指因具体行政行为发生争议，以自己的名义进行诉讼并受法院裁判拘束的主体。它是行政诉讼参加人当中的核心主体，也是整个诉讼活动的核心主体。行政诉讼当事人在不同诉讼阶段有不同的称谓。在一审程序中，称为原告、被告、第三人；在上诉程序中，称为上诉人和被上诉人，在执行程序中，称为申请执行人和被申请执行人。无论何种称谓，都表现他们的诉讼地位和享有的诉讼权利、承担的诉讼义务。

当事人的诉讼权利能力，是指能够享有诉讼权利和承担诉讼义务的能力。即公民、法人或者其他组织为保护自己的合法权益，请求人民法院给予保护的资格。行政诉讼中当事人的诉讼权利能力与民事权利能力有密切联系。一般来说，有民事权利能力的人，同时也有诉讼权利能力。但在特定情况下，没有民事权利能力的人，法律上仍然赋予他们当事人的资格，承认其具有诉讼权利能力，如非法人团体（其他组织）等。行政诉讼法对此未作明确规定，但在实践中，已承认他们是独立的诉讼主体。

公民的诉讼权利能力与民事权利能力相适应，公民的民事权利能力始于出生，终于死亡。公民的诉讼权利能力也是从出生时开始，因死亡而消灭。法人的诉讼权利能力与民事权利能力也是相适应的，于成立时开始，于撤销、合并或解散之日起终止。诉讼行为能力与民事行为能力也有着密切的关系。一般说有民事行为能力的人，同时也有诉讼行为能力，但二者并不完全相同。诉讼行为能力只存在有诉讼行为能力和无诉讼行为能力两种情况，而民事诉讼行为能力则分为有行为能力、限制行为能力和无行为能力三种情况。

公民的行政诉讼行为能力，从成年开始，至死亡、宣告死亡或宣告无诉讼行为能力时止。依据我国民法的规定，十八岁以上的公民是成年人，具有完全民事行为能力。十六周岁以上不满十八周岁的公民，以自己的劳动收入为主要生活来源的，视为完全民事行为能力人，因此以上公民具有诉讼行为能力。另外，民法上规定的限制民事行为能力人和无民事行为能力人在行政诉讼中没有诉讼行为能力。法人的诉讼行为能力与诉讼权利能力相同。从成立时开始，至撤销、合并、解散时结束。法人的诉讼权利能力由其法定代表人行使。

行政诉讼中的当事人，应当同时具有诉讼权利能力和诉讼行为能力。但是未成年人、精神病人等，有诉讼权利能力，但无诉讼行为能力。为了保护他们的合法权益，法律仍赋予他们当事人资格，由其法定代理人代替他们行使诉讼行为能力。

行政诉讼当事人的诉讼权利和诉讼义务。行政诉讼中的权利是行政诉讼法赋予当事人用来维护自己合法权益的法律手段，行政诉讼中的义务是维护诉讼程序、保证行政诉讼正确进行的行为规范，是当事人进行诉讼活动的一种约束。依据我国《行政诉讼法》和有关法律的规定，诉讼当事人的诉讼权利主要有：1. 一切属于人民法院受案范围的行政案件，原告一方有请求司法保护的权利，这是当事人诉讼权利的核心。凡符合起诉条件的人都有权向人民法院起诉，人民法院不得拒绝受理。另外，在行政诉讼中，原告一方有放弃、变更和增加诉讼请求的权利。2. 当事人有委托诉讼代理人进行诉讼的权利。3. 当事人有申请回避的权利。4. 当事人有使用本民族语言文字参加诉讼的权利。5. 当事人在诉讼中有进行辩论的权利等。当事人的诉讼义务：1. 依法行使诉讼权利，不能滥用；2. 遵守诉讼秩序，服从法庭指挥等。①

二、行政诉讼的原告

行政诉讼的原告，是指对行政主体的行政行为不服，以自己的名义向人民法院提起诉讼并引起行政诉讼程序发生的公民、法人或其他组织。

行政诉讼的原告资格必须具备以下条件：一是与被诉的具体行政行为有法律上利害关系，即可诉的具体行政行为对相对人权利义务产生实际影响，这是原告的本质特征。二是必须有提起诉讼的权利能力和行为能力。

行政诉讼的原告具有以下特征：

第一，原告须是公民、法人或者其他组织。公民、法人和其他组织在法律上都有一定的地位与权利，在行政关系中都是被管理的

---

① 孟鸿志主编：《行政法学》，北京大学出版社 2002 年版，第 461 页、第 463 页、第 464 页。

一方，行政行为作为一种职权行为，有不可否认的效力。但是另一方面，法律也为这些必须首先服从行政行为的公民、法人、其他组织提供了保护自身权益的补救手段即行政诉讼。所以，公民、法人或其他组织的起诉权是一项基本的权利。

公民的范围有我国公民、外国公民、无国籍人和国籍不明人等。我国公民是指具有中华人民共和国国籍的自然人。法人这类原告主体就是指具有民事权利能力和民事行为能力，依法独立享有民事权利和承担民事义务的组织。根据我国《民法通则》规定，法人有企业法人、事业法人、机关法人和社会团体法人，行政机关是兼具双重身份的法律主体，从法人角度看，他完全可以成为行政诉讼的原告，因为任何一个行政机关都不总是管理者，有时他也可能是被管理者。至于法律规定的另一种原告主体及其他组织，是指除法人以外的其他组织，也就是不具备法人资格的社会组织。其特征主要有：是一定形式的组织；不具备法人资格与身份；经由主管机关批准成立或认可从事一定的经营、生产或其他活动。如合伙组织、联营组织和处于筹备阶段的企业等。

第二，原告是认为被具体行政行为侵害其权益的人。《行政诉讼法》在许多条文中明确规定，原告是被具体行政行为侵犯其权益的人。而权益要被侵犯，首先是具体行政行为与该公民、法人、其他组织的权益发生实质性联系。没有这种联系就不可能有侵害。

这种联系是实质性的而不仅指形式上的，就是说，无论做出行政行为的行政机关明确将谁作为相对一方，只要该行政行为实际上直接调整了公民、法人和其他组织的权益，该公民、法人和其他组织的权益受到侵犯，这种联系就是实质性的。这里需要强调指出的是，行政诉讼中的适格原告，不一定都是作为行政行为表现形式即行政决定书、通知书、裁决书等当中载明的主体。有的时候，行政机关并没有把某些人作为被决定、被通知或被裁决人，却把这些人的权益作为行政行为处理的对象，他们当然就有资格作原告而起诉。这也就是理论上所讲的明示原告与暗示原告。

这种行为与权益的联系又必须是直接的而不是间接的。所谓直接联系，就是指不需要其他中介环节而发生的法律联系，行政行为直接影响了公民、法人和其他组织的权益，如果不是这样，而是因与其他法律关系相联系而最终导致不利后果，自然承担了这些不利后果人不能作为适格原告。如行政机关决定拆迁张三的房屋，李四与张三签订了加工合同，张三因暂时无房屋场地不能履行与李四的合同，这个后果对李四是有损害的，但是这种联系是由于张三与李四的加工合同这一民事法律关系作为中介而联系起来的，显然不是直接的法律联系，所以，应诉拆迁行为的一方是张三而不是李四。李四在行政诉讼中自然不能作原告。

第三，原告须是认为具体行政行为侵犯了自己合法权益的人。行政诉讼实行严格的诉讼保护主义，原告必须是因为自己的权益被侵害才能起诉。如果不是为了保护自己的权益而是为了他人的权益，不能作原告而起诉。关于合法权益的问题，我国行政诉讼从根本上讲是权利之诉。在法律上但凡能够称之为权利的，当然都是法律设定并要保护实现的，即权利本身就是法定的权利，因而享有与行使这些权利获得或实现的利益，是权利的必然结果与延续，同样也是法定的，要受到法律保护。所以，诉讼法上的合法权益就是指公民、法人或者其他组织依法享有的权利以及因此而获得的利益。

从实质上讲，权益必须是合法的，如果不合法则不予保护。但是就行政诉讼起诉阶段的原告资格而言，还只是个形式问题，实质问题要在诉讼判决时才能确定。这样看来，作为原告资格的所谓合法权益，就必须采用形式标准而不是实质标准。这种形式标准主要体现在三个方面：（1）"合法的"权益；（2）"自己的"权益；（3）原告"认为"侵犯其合法权益。①

另外，社会团体不能因为自己成员的权益受到行政行为的侵犯，而以原告身份起诉。因为在法学理论上，社会团体或组织的权益与其成员个人的权益属于两个完全不同的范畴，他们都是法律上

---

① 应松年主编：《行政诉讼法学》，中国政法大学出版社1999年修订版，第105页、第106页。

的独立主体，所以，谁的权益受侵犯就由谁提起诉讼，与其他主体的权益无关。而且，除了起诉权完全交由本人行使外，在司法上奉行"不告不理"的原则，只要受害人不起诉，无论是基于何种原因，都不能由其他组织或团体代而为之。法律尊重个人合法权益，当然包括尊重个人不起诉的权利。因此，尽管成员所在社会团体可以进行各种协助，但在法律上毕竟不具有原告资格。

还需要注意的是，《行政诉讼法》第41条将原告界定为，认为具体行政行为侵犯其合法权益的公民、法人和其他组织。在司法实践中，错误地理解行政诉讼法的这一规定，认为只有具体行政行为针对的相对人即具体行政行为法定文书中载明的人才具有原告资格。最高人民法院《关于执行〈行政诉讼法〉若干问题的解释》第12条明确了"与具体行政行为有法律上利害关系"的相对人提起行政诉讼的权利。

三、行政诉讼的被告

行政诉讼的被告，是指实施了经原告认为侵犯其合法权益的具体行政行为，而由人民法院通知应诉的行政机关或被授权组织（法律、法规授权的组织）。被告是诉讼当事人之一，如果只有原告而没有被告也不可能构成诉讼。[1]

研究行政诉讼中的被告，关键是被告的适格问题，即在什么情况下谁当被告的问题，只有被告适格，被诉者才能在行政诉讼中处于被告地位，享有被告的权利并应履行被告的义务。在上述案例中，某大学和某大学学位评定委员会是否可以作为行政诉讼的被告，应当依法律所规定的条件而加以确定。

从《行政诉讼法》的规定及行政诉讼被告概念来理解，行政诉讼被告具有以下基本特征：

第一，被告须是能独立承担法律责任和诉讼后果的行政机关或

---

[1]　杨解君主编：《行政诉讼法学》，中国方正出版社2002年版，第136页。

被授权组织。在我国只有行政机关或者被授权组织在行政活动中才能作为行政主体,而且《行政诉讼法》也只赋予了这两类主体具有被告能力,至于行政机关中的工作人员、受行政机关委托的组织或者个人则在行政诉讼中不具有相应的诉讼能力,不能作为被告。

第二,被告须是被诉具体行政行为的主体。这里的具体行政行为,既包括作为也包括不作为。只有做出被诉的具体行政行为的行政机关或被授权组织,才有可能当被告;没有做出被诉的具体行政行为的,不可能成为被告。

第三,被告须是经原告认为侵犯其合法权益的具体行政行为做出者。只有相对方当事人认为其合法权益受到具体行政行为的违法侵害,才可能形成行政争议,才会有起诉的发生。

第四,被告须先有原告方指控才可构成。如果出现行政争议,相对方没有向法院提起诉讼,而是向原行政机关的上一级行政机关申请复议,这时被指控的行政机关不处于被告的地位,而是处于被申请人的地位。只有原告向法院起诉,做出具体行政行为的行政机关或被授权组织才有可能成为被告。

第五,被告须经人民法院通知应诉。一般来说,人民法院通知应诉的行政机关或者授权组织即为被告。没有原告的指控,不可能有被告;但被告地位的确定不是因为原告的起诉,不能认为原告起诉书上所列的行政机关或者被授权组织即为被告,而必须经法院审查认为其适当后,确定某个行政机关或者被授权组织为被告并通知其应诉时,被告的特征或者说其要件才全部具备。如果被告不适格,法院征得原告的同意后,可以依职权追加或者变更被告;如果法院认为应当追加或者变更被告而原告不同意的,则由法院裁定驳回起诉。也只有从这时起,被诉的行政机关或者被授权组织在诉讼中才开始享有被告的权利并应承担被告的义务。

四、行政诉讼代理人

行政诉讼代理人是代理人的一种,是指在代理权限范围内,以当事人名义,代理当事人进行诉讼活动的人。它的特征包括:①行政诉讼代理人是以行政诉讼当事人、第三人的名义进入诉讼程序；②代理人在代理权限以内的诉讼行为，其法律后果归属于被代理人；③维护被代理人的合法权益是代理人参加行政诉讼的目的；④作为代理人的重要前提条件是具有诉讼行为能力。

行政诉讼原告资格在一般意义上是不能转移的，因为它是法律赋予的特定人的资格。但是，在法律所承认的特定情况下，原告资格就可能转移，这种转移就承受方来说就是承受资格。法定代理人代理权限是基于亲权或监护关系而产生。

行政诉讼中的原告资格转移，就是指有权起诉的公民、法人或者其他组织发生死亡或终止，他的原告资格依法自然转移给有利害关系的特定公民、法人或其他组织。首先是转移的条件：（1）有原告资格的主体在法律上已不复存在这是前提，否则，断无转移一事发生。就自然人而言就是死亡，或者经人民法院法定程序宣告死亡。就法人而言就是该法人组织在法律上被终止，如撤销、兼并、解散或破产等。（2）有原告资格的人死亡或终止时，诉讼保护期限未逾，即仍在法定的起诉期限以内，否则，仍不能发生转移，而是起诉权消灭了，这是个消极条件。（3）原告资格转移发生于与原告有特定利害关系的主体之间，没有这种关系也不发生资格转移。这个特定利害关系，对自然人来说就是彼此间存在近亲属法律关系；对法人组织来说就是权利承受关系，即被转移主体与承受者之间在实体权利义务上存在着承受与被承受关系。除上述近亲属和权利承受关系以外，立法不承认其他任何关系作为原告资格转移的条件和转移的内容，很明确，所转移的内容就是作为诉讼原告的一种资格，而不是其他。这种资格既然发生了转移，当然就不复存在于死亡公民或终止法人组织身上，如果有的公民"死而复生"，如宣告死亡的人重新出现，则撤销其宣告并回归其原告资格。法律上既然采用资格转移制度，就不允许两个主体均有原告资格，非此即彼。

行政诉讼法为什么要规定原告资格转移呢？作为一种制度究竟是保护已死亡或终止人的权益呢，还是为了维护承受方的权益呢？

事实上，主要还是为了保护承受资格一方的权益。因为在大多数情况下，这类具体行政行为都或多或少涉及死亡公民或终止组织的财产权，或者行政行为虽然并不涉及他们的财产内容，如仅涉及人身权等，但诉讼引起的法律责任往往是要通过财产来实现或赔偿的。作为死亡公民的近亲属或终止组织的权利承受者，当然就是这些财产权的新的享有人，是有此利害关系的。所以，法律上关于原告资格转移，是考虑到承受者要凭借诉讼手段来维护自己的合法权益。

原告资格发生转移，由新的特定主体来充任原告。这种由于发生转移而获得原告资格的过程，就是原告资格的承受。承受原告资格的主体，就公民而言是已死亡公民的近亲属，即其配偶、父母、子女、兄弟姐妹、祖父母、外祖父母、孙子女、外孙子女。而就法人或组织而言，其承受者就是承受其权利义务的法人或组织。只有这些主体能够作为原告资格的承受者。另外，转移与承受的内容均是原告资格，作为承受者既然承受的是一种资格，那么，他有权利以自己的意志而不是被承受者的意志行事。他可以提起诉讼，当然也可以不提起诉讼，还可以撤回起诉即申请撤诉。他不是必须行使这种起诉的权利。当然，如果以前已经进行了诉讼，前原告的行为对承受人是有拘束力的。此外，我们知道，原告资格的转移与承受都是法律规定的，只要法定条件发生，转移与承受均自然发生，它不是以当事人的主观意志为转移的，不受原主体与新承受人意志的支配。

在实践中，如果承受资格者要行使其作原告的权利，向法院起诉或参加诉讼，他应当向人民法院提供其近亲属的证明文件，或者作为被终止的组织的权利承受者的证明文件，以及提供作为原告起诉或参加诉讼的必要证据材料。关于期限，在下列情况时法院要中止诉讼：原告死亡，需要等待其近亲属表明是否参加诉讼；作为原告的法人、组织终止时，尚未确定权利义务承受人的，中止诉讼期满 3 个月以后，如仍无人要求或继续诉讼的，法院要依法终结诉讼。①

由于代理人是依据代理权进行诉讼代理的，而代理权产生的依据各有不同，因此，在行政诉讼中诉讼代理人分为法定代理人、指定代理人和委托人三种。

第一，法定代理人。是指根据法律规定而直接享有代理权限，为无行为能力的公民进行行政诉讼的人。这种代理权直接根据法律设定而产生，不以任何人包括被代理人的意志为转移。当然法律规定是有一定条件的，这就是：①被代理人须为公民，而且被代理公民是属于无行为能力之人，即未成年人、精神病人等；②代理人与被代理人之间业已存在亲权或监护关系，如父母、配偶、子女、兄弟姐妹等。如果被代理人没有作为监护人的亲属，则由未成年人所在单位或精神病人所在单位或者住所地居委会、村委会作为其监护人，即法定代理人。

由于法定代理人的代理地位是直接根据法律规定而产生，他的代理权限实际上与被代理人的权限内容与范围相同，在诉讼地位上类似于被代理人，代理人能够行使被代理人拥有的全部权利，包括对实体与程序权利的处分。当然，如果代理人故意损害被代理人的权益，则是非法、恶意，应属无效。

法定代理人代理权限是基于亲权或监护关系而产生，它的消灭也是在一定法律事实出现后消灭，主要有：被代理的未成年人达到成年，有行政诉讼行为能力；精神病人恢复正常，重新具有行为能力；代理人本人死亡或者丧失行为能力；被代理人与代理人之间的收养关系被合法解除，等等。

第二，指定代理人。即由人民法院指定代理无诉讼行为能力的当事人进行行政诉讼的人。其特征在于：被代理人属于无行为能力的公民；在诉讼上无法定代理人。或者是被代理人事实上确已无法

---

① 应松年主编：《行政诉讼法学》，中国政法大学出版社 1999 年修订版，第 108 页、第 109 页。

定代理人，或者是虽有法定代理人，但法定代理人相互推诿代理责任；或者是法定代理人不能行使代理权，如丧失行为能力等。鉴于上述情况，则由法院依职权指定诉讼代理人。这种指定从法律效力上看，无须被指定人同意而直接生效，但从实际效果考虑，则须征得被指定人的同意，以便作为代理人能够更好地维护被代理人的权益。

《行政诉讼法》中明文规定的指定代理人是：有法定代理人而相互推诿代理责任，由法院在原法定代理人范围内指定，这叫法定代理人的指定代理。那么，该诉讼法条文没有具体规定出来的其他指定代理是否也存在呢？没有法定代理人的未成年人，或虽有法定代理人但确不能行使代理权时又该如何呢？事实上，在这两种情况下的指定诉讼代理人是存在的，也是有必要的。因为：①司法解释规定，在《行政诉讼法》未尽事宜部分，可参照《民事诉讼法》。而民事诉讼代理制度是有此规定的。②未成年人或丧失行为能力人在事实上确实存在，而被代理的未成年人权益又不能不予保护。所以我们不能因为该条文未作此明确规定就视为法律无此规定。

作为指定代理人的代理权限，要考虑两点：①指定代理人如属法定代理人中的指定，则其权限实际就是原法定代理人的权限；②如属于法定代理人以外的指定代理人，则在法院指定时应予明确。指定代理人代理权限的消灭主要有：案件终结；当事人产生或恢复行为能力；当事人的法定代理人可以行使代理权等。

第三，委托代理人。受当事人、法定代理人委托，代为进行行政诉讼的人就是委托代理人。这是在实践中运用最广泛的诉讼代理制度。其要点是：①被代理人可以是公民即自然人，也可以是法人、组织或行政机关；②代理权是在委托人与受委托人双方意思表示一致基础上并由委托人授权委托而产生的。即非源于法律，也非单方指定行为。当然，作为律师的委托代理人，依据法律也享有一些特殊权限：可以查阅本案材料，包括庭审和庭外材料，他有权依法向有关单位或个人调查取证。为构成委托代理，委托人须向法院提交自己的授权委托书。有关代理权限的事宜，应在委托书中裁明。

《行政诉讼法》规定，委托代理人的范围是广泛的：一是律师；二是被告机关的工作人员；三是原告或第三人的亲属、所在单位推荐的人或社会团体；四是经法院许可的其他公民。但是，无论是上述哪一种人，每个当事人、法定代理人都可以委托一至二人为委托代理人。

委托代理人代理权消灭的主要根据是：诉讼终结；委托人解除委托；受委托人辞却委托；当事人、第三人更换或死亡；受委托人死亡或丧失行为能力等。

第四节　行政诉讼的证据

一、行政诉讼证据概述

对于证据可以从两个角度上进行归纳，即日常生活意义上的证据和诉讼意义上的证据。日常生活意义上的证据，简称为日常生活证据，是指用以证明某种事物客观存在或者某种主张成立的事实材料。也就是说，证据的作用就是为了证实某种事实的存在，或者某种被质疑的事实主张成立。诉讼意义上的证据，简称为诉讼证据，是指在诉讼程序中用以证明案件事实（待证事实）的证据。它包括刑事诉讼证据、民事诉讼证据和行政诉讼证据。行政诉讼证据是指在行政诉讼中用来证明案件事实的一切事实材料。

证据的"三性"是指证据的关联性、合法性和真实性。它是证据规则中的一组核心概念，因为"三性"贯穿于举证、调取证据、质证和认证的全过程，决定着证据与非证据、定案根据与非定案根据之间的界限，也决定着证明力的大小。

最高人民法院《关于行政诉讼证据若干问题的规定》明确规定证据的"三性"为关联性、合法性和真实性，如其第39条第1款规定："当事人应当围绕证据的关联性、合法性和真实性，针对证据有无证明效力以及证明效力大小，进行质证。""关联性、合法性和真实性”的排列，反映了法庭质证和认证的逻辑顺序或者思维逻辑，也是“三性”所具有的不同功能的要求。换言之，对于当事人提供或者法庭调取的证据材料，在质证（以及质证以后的认证）中首先审查是否与待证事实（证明对象）是否具有关联性，如果不具有关联性，即直接予以排除，对其合法性和真实性不再考虑；如果具有关联性，再进一步审查其是否具有合法性。如果不具有合法性，直接予以排除，不再继续审查其是否具有真实性；如果具有合法性，再进一步审查是否具有真实性。由于合法性是对证据的正当性的判断，即使证据是真实的，也应当因其违法而予以排除，因而在审查顺序上将合法性排在真实性前面，符合证据活动的规律。

关联性是指证据与待证事实之间的逻辑联系，即只有对待证事实有证明作用的材料才能成为证据，这种证明作用就是关联性。关联性不是一个法律或者政策问题，而是一个逻辑的或者经验的问题，即关联性是按照逻辑或者经验进行判断的。它反映的是证据材料对待证事实存在与否的实际影响，即如果有某项证据材料，待证事实存在的可能性就越大，否则，待证事实存在的可能性越小，那么该证据材料与待证事实之间就存在关联性；如果证据材料的存在与否与待证事实是否清楚之间没有关系，那么两者之间就不存在关联性。

合法性是指证据的形式和取得程序必须符合法律规定，或者不侵犯他人合法权益。合法性主要是要求获取证据不能不择手段，否则会对社会造成更大的不利影响，

真实性是指保证发现（证据）客观真实的需要。但是，对真实性有不同的理解方式。真实性有形式上的真实与内容上的真实之分。形式上的真实是指证据的载体是否为真实的，而内容上的真实是指证据所证明的内容是否为真实的（最终取决于其能否证真或者证伪）。例如，福建某公司与北京某公司订立购销摩托车的合同，合同中载明的摩托车为“原装进口本田摩托车”，福建某工商局以该批摩托车为非法拼装车为由予以查处，并做出没收该批摩托

车的处罚。在查处过程中，福建某公司提供了广东某工商局曾以该批摩托车为拼装车予以没收的行政处罚决定书。因该批摩托车尚有使用价值，当时广东某工商局将该批摩托车交拍卖行拍卖后，将价款上缴国库。福建某公司就是在拍卖时购得该批摩托车。在该案中，福建某公司与北京某公司之间的购销合同与广东某工商局的行政处罚决定书均是能够证明该批摩托车性质的书证，只是其证明的内容截然不同。如果从形式真实来看，合同书确实是真实的，即当事人确实签订了该份合同，而不是事后伪造的；行政处罚决定书也是真实的，不是伪造。如果从《行政诉讼证据规定》第二部分"提供证据的要求"的规定来看，该规定是从证据的形式真实性入手判断内容真实性的，如提供原件、原物和原始载体（均为最佳证据）的要求，就是为了以形式的真实更好地确定其内容的真实，也即形式越真实，其载明的内容越可靠。上列案件中的合同书和行政处罚决定书均是用于证明摩托车是否为拼装车的书证原件，在形式上均是真实的。但是，由于合同书和行政处罚决定书的来源等情况的不同，其载明的内容的真伪需要分析判断，如按照公文书证的证明力一般优于其他书证的证明力等规则分析，可以认定行政处罚决定书证明的摩托车的性质更为可信，据此可以认定行政处罚决定书的内容是真实的，合同书的内容是虚假的。这就决定了证据的真实性最终还应当立足于其内容（实体）的真实性，而形式的真实性只是判断内容真实性的途径。当然，对证据的内容的真实性的结论往往就是对待证事实本身得出的最终结论。①

二、行政诉讼的举证责任

在学理上，举证责任由行为责任与结果责任两方面组成。行为责任是指行政诉讼当事人就其诉讼主张向法院提供证据的责任，也

---

① 孔祥俊著：《最高人民法院〈关于行政诉讼证据若干问题的规定〉的理解与解释》，中国人民公安大学出版社 2002 年版，第 9 页、第 10 页。

称为主观的举证责任、形式意义上的举证责任；结果责任是指负有举证责任的当事人在不能提供足够的证据证明其主张的案件事实时所要承担的败诉风险，也称为败诉风险责任、客观的举证责任。最高人民法院《关于行政诉讼证据若干问题的规定》正是在该两种意义上使用了"举证责任"一词，但主要是从结果责任的意义上使用该术语。

从行为责任上看，"谁主张，谁举证"的原则同样适用于行政诉讼，即当事人对其事实主张均应该提供相应的证据。但是，结果责任只能由一方当事人承担，而承担结果责任的当事人一方具有更大的败诉风险。

与《关于执行〈行政诉讼法〉若干问题的解释》有关举证责任的规定相比，《关于行政诉讼证据若干问题的规定》主要有以下变化。

第一，被告逾期提供证据和延期提供证据。逾期提供证据是指无正当事由（理由）而在举证期限届满后提供证据的情形；延期提供证据是经法院许可而在举证期限届满后提供证据的情形。《关于执行〈行政诉讼法〉若干问题的解释》规定了逾期提供证据及其后果，但未规定延期提供证据问题，而《关于行政诉讼证据若干问题的规定》增加了有关延期提供证据的规定。

《关于执行〈行政诉讼法〉若干问题的解释》第26条第2款规定："被告应当在收到起诉状副本之日起十日内提交答辩状，并提供做出具体行政行为时的证据、依据；被告不提供或者无正当理由逾期提供的，应当认定该具体行政行为没有证据、依据。"该规定是对《行政诉讼法》第32条关于"被告对做出的具体行政行为负有举证责任，应当提供做出该具体行政行为的证据和所依据的规范性文件"的规定的进一步明确，即明确了被告负举证责任的结果意义，或者说明确了结果意义上的举证责任。之所以能够限定被告在10日内举证，也是源于《行政诉讼法》第43条第1款关于"被告应当在收到起诉状副本之日起10日内向人民法院提交做出具体行政行为的有关材料"的规定，该规定对被告举证期限的要求是非常明确的，而《关于执行〈行政诉讼法〉若干问题的解释》的上列规定恰恰又是对超越该期限举证的法律后果的明确。

由于《关于执行〈行政诉讼法〉若干问题的解释》对可以延期提供证据的正当理由以及如何提出延期提供申请未作规定，《关于行政诉讼证据若干问题的规定》第1条第2款对此做出了进一步的规定，即被告因不可抗力或者客观上不能控制的其他正当事由，不能在前款规定的期限内提供证据的，应当在收到起诉状副本之日起10日内向人民法院提出延期提供证据的书面申请。人民法院准许延期提供的，被告应当在正当事由消除后10日内提供证据。逾期提供的，视为被诉具体行政行为没有相应的证据。在起草过程中，一些基层人民法院的审判人员希望对准予延期提供证据的正当事由的范围尽量细化，以避免审判工作中的随意性，也便于抵制不正当干预，为此，《关于行政诉讼证据若干问题的规定》对申请延期提供证据的事由进行了明确，即必须是"不可抗力或者客观上不能控制的其他正当事由"，而不是随意用来搪塞的其他事由。

第二，原告的举证责任。《关于行政诉讼证据若干问题的规定》对原告举证责任规定的新变化主要是：

（1）《关于行政诉讼证据若干问题的规定》对起诉被告不作为案件中原告的举证责任设定了两项例外，完善了《关于执行〈行政诉讼法〉若干问题的解释》有关起诉被告不作为案件的原告举证责任。首先，《关于执行〈行政诉讼法〉若干问题的解释》第27条第2项规定，在起诉被告不作为的案件中，原告应当证明其提出申请的事实。但是，如果被告负有无须原告申请而应主动作为的法定职责，那么原告是否曾提出申请不是其提起诉讼的前提条件，因而《关于行政诉讼证据若干问题的规定》第4条第2款第1项规定，"被告应当依职权主动履行法定职责"时，被告无须提供证明其在行政程序中曾经提出申请的事实。其次，《关于行政诉讼证据若干问题的规定》设定了"原告因被告受理申请的登记制度不完备等正当事由不能提供相关证据材料并能够做出合理说明"而豁免原告对其提出申请的事实的举证责任的例外。主要是因为，我们在起草过程中了解到，有些行政机关缺乏完备的登记制度，或其工作人员缺乏责任心，对当事人在行政程序中提出的申请随意处置，此时如果一概要求原告对其提供申请的事实负举证责任，就会使原告处于极为不利的境地。因此，如果原告提出合理的理由（包括提出适当的证据）说明其曾经提出过申请，而被告受理申请的制度确实不完备，且致使无法确定原告是否确实提出了申请，此时即可免除其对提出申请的事实的举证责任。这种规定实际上是以要求原告承担释明义务替代其本应承担的举证责任，从而减轻其举证分担。①

（2）免除原告在行政赔偿诉讼中对因果关系的举证责任。《关于执行〈行政诉讼法〉若干问题的解释》第27条第3项规定，在一并提起的行政赔偿诉讼中，原告应当"证明因受被诉行为侵害而造成损失的事实"。按照字面含义进行解释，在此情况下原告必须对损害和因果关系负举证责任。考虑到证明因果关系的难度较大，《关于行政诉讼证据若干问题的规定》第5条免除了原告在行政赔偿诉讼中对因果关系的证明责任，只要求原告对受到损害的事实举证，不再要求其对被诉行政行为与损害之间的因果关系承担举证责任。

第三，原告对符合起诉条件的举证责任。《关于行政诉讼证据若干问题的规定》第4条第1款规定了"公民、法人或者其他组织向人民法院起诉时，应当提供其符合起诉条件的相应的证据材料"。此时提供证据材料不属于本来意义上的举证责任，只是要求提供证明其符合起诉条件的证据材料，对其提供证据的要求并不高。《行政诉讼法》第41条对起诉条件做出了下列规定："提起诉讼应当符合下列条件：（一）原告是认为具体行政行为侵犯其合法权益的公民、法人或者其他组织；（二）有明确的被告；（三）有

---

① 孔祥俊著：《最高人民法院〈关于行政诉讼证据若干问题的规定〉的理解与解释》，中国人民公安大学出版社2002年版，第13页、第14页。

具体的诉讼请求和事实根据；（四）属于人民法院受案范围和受诉人民法院管辖。"在这些条件中，原告主要就其合法权益受到侵犯和其他事实根据，提供相关的证据材料。

三、证据的审核认定

最高人民法院《关于行政诉讼证据若干问题的规定》第五部分规定了"证据的审核认定"，实际上该部分内容主要就是理论上所说的"认证"，即由法官对经过庭审质证的证据（以及特殊情况下无须质证的证据），按照法定的程序和依据，对其能否作为定案根据进行衡量，并据此对案件事实做出判断的经过或者行为。其内容包括审核认定证据的一般要求、根据证据效力划分的认证规则、优势证据（最佳证据）规则、司法认知等。

我们通常将实践中的认证方法归纳为三种，即个别审查、比较印证和综合分析。个别审查是对单个证据是否符合"三性"的审查；比较印证对同类证据或者证明同一事实的不同证据的对比分析；综合分析是对全部证据进行总体分析并据此得出整个案件事实的结论。《关于行政诉讼证据若干问题的规定》第54条提及的"逐一审查"和"对全部证据综合审查"概括了该三种方法，而第五部分的许多条文实际上都是对各种认证方法的规定，如第55条、第57条等规定的是个别审查方法，第56条规定了个别审查和比较印证的方法，第62条等规定了比较印证方法。

《关于行政诉讼证据若干问题的规定》根据证据效力的不同，大体上划分了应予排除的证据、需要补强的证据和可以单独作为定案根据的证据。

应于排除的证据是不能作为定案根据的证据。《关于行政诉讼证据若干问题的规定》第57条至第62条规定可以称为证据排除规则，但排除证据的原因、排除的程度等情况是不同的。这些排除规则主要有下列情况：（1）非法证据排除规则。非法证据不能作为定案根据，而非法证据主要是违反法定程序、法定形式或者其他保护他人合法权益的法律规定的证据。例如，《关于行政诉讼证据若干问题的规定》第57条规定的中的"严重违反法定程序收集的证据材料"、"以偷拍、偷录、窃听等手段获取侵害他人合法权益的证据材料"、"以利诱、欺诈、胁迫、暴力等不正当手段获取的证据材料"以及第58条规定的"以违反法律禁止性规定或者侵犯他人合法权益的方法取得的证据",均属于非法证据。值得一提的是,按照《关于行政诉讼证据若干问题的规定》对非法证据的规定,以偷拍、偷录、窃听等手段获取的证据并不当然属于应当排除的非法证据,还必须同时具备侵害他人合法权益的条件,才构成非法证据。因此,最高人民法院《关于未经对方当事人同意私自录制其谈话取得的材料不能作为证据使用的批复》(1995年3月6日)已与《关于行政诉讼证据若干问题的规定》的非法证据排除规定不一致,应适用后者的新规定。(2)漠视行政程序的证据排除规则。例如,第59条规定,被告在行政程序中依照法定程序要求原告提供证据,原告依法应当提供而拒不提供,在诉讼程序中提供的证据,人民法院一般不予采纳。该规定体现了司法复审的特点,因为行政程序是法律设定的程序,行政管理相对人必须尊重行政程序,如果无视行政程序而在诉讼程序中搞证据突然袭击,必然损害行政程序的应有价值。(3)违反"先取证,后裁决"原则的证据排除规则。《关于行政诉讼证据若干问题的规定》第60条和第61条规定体现了这种精神,即被诉行政机关在行政程序中未收集或者未采用的证据,不能作为认定该具体行政行为合法的证据,其具体情形见这些条文的规定。(4)排除不具有真实性的证据,如第57条规定的"当事人无正当理由拒不提供原件、原物,又无其他证据印证,且对方当事人不予认可的证据的复制件或者复制品"、"被当事人或者他人进行技术处理而无法辨明真伪的证据材料"、"不能正确表达意志的证人提供的证言"。这些证据的真实性无法判断,不能作为定案根据。

需要补强的证据是指,证据本身的效力还不足以单独作为定案根据,而必须在其他证据的印证下才能作为定案根据。这也是证据法理论上所说的补强规则。《关于行政诉讼证据若干问题的规定》

第71条明确了下列证据不能单独作为定案依据：（1）未成年人所作的与其年龄和智力状况不相适应的证言；（2）与一方当事人有亲属关系或者其他密切关系的证人所作的对该当事人有利的证言，或者与一方当事人有不利关系的证人所作的对该当事人不利的证言；（3）应当出庭作证而无正当理由不出庭作证的证人证言；（4）难以识别是否经过修改的视听资料；（5）无法与原件、原物核对的复制件或者复制品；（6）经一方当事人或者他人改动，对方当事人不予认可的证据材料；（7）其他不能单独作为定案依据的证据材料。该条规定是非常重要的，它为认定证据是否充分提供了比较具体的标准。此外，该规定第64条规定的"以有形载体固定或者显示的电子数据交换、电子邮件以及其他数据资料"，也可以归入补强证据之列，其本身不是以单独作为定案根据，必须有其他证据印证，即其制作情况和真实性经对方当事人确认，或者以公证等其他有效方式予以证明的，才可以作为定案根据。

可单独作为定案根据的证据是证明力最强的证据，即其本身就可以作为定案根据，无须以其他证据进行印证。例如，《关于行政诉讼证据若干问题的规定》第70条规定："生效的人民法院裁判文书或者仲裁机构裁决文书确认的事实，可以作为定案依据。但是如果发现裁判文书或者裁决文书认定的事实有重大问题的，应当中止诉讼，通过法定程序予以纠正后恢复诉讼。"这表明，裁判文书和裁决文书具有较强的证明力，可以单独作为定案根据。实际上，可单独作为定案根据的证据还是很多的，不限于裁判文书和裁决文书。《关于行政诉讼证据若干问题的规定》的送审稿中有一条规定，即"除有反证足以推翻的外，法庭应当认定下列证据的证明效力：（1）经公证证明的法律行为、法律事实和文件；（2）国家机关以及其他职能部门依职权制作的公文文书；（3）书证原件和与书证原件核对无异的复制件；（4）物证原物和与物证原物核对无异的复制品、照片、录像；（5）以合法手段取得、无疑点的视听资料；（6）法庭指定的鉴定机构做出的鉴定结论；（7）法庭主持勘验所制作的勘验笔录。"但最后还是删除了该条规定，删除的原因是，应予排除的证据和需要补强的证据以外的证据，原则上均属于可以单独作为定案根据的证据。当然，如果保留了这一条，其好处就是能够为审判人员提供比较具体的认定单独作为定案根据的证据的标准。因此，在理解可以单独作为定案根据的证据时，仍然可以从法理上参考送审稿该条规定的精神。①

《关于行政诉讼证据若干问题的规定》第65条至第67条确立的是自认规则，即如何认定一方当事人对他方当事人的事实陈述或者提供的证据给予承认的效力。民事诉讼证据规则和证据法学理论是把自认规定在举证责任部分的，即自认可以免除当事人的举证责任。但是，自认是当事人一方对另一方的事实主张或者证据的认可，该认可当然属于当事人陈述，而考虑到当事人的陈述也是证据的一种类型，经自认的事实主张或者证据，可以直接予以认定，所以自认事实上属于认证的范畴。这也正是《关于行政诉讼证据若干问题的规定》将其纳入认证部分的原因。

《关于行政诉讼证据若干问题的规定》第63条规定了优势证据规则。优势证据规则，也称为最佳证据规则，是指证明同一事实而又相互矛盾的数个证据之间的证明力大小的比较标准，即按照制作人、形成过程等标准确定不同证据之间的证明力优劣的标准。在众多行政诉讼案件中，证明同一事实的数个证据之间往往相互矛盾，有的肯定该事实，有的否定该事实，此时需要法官对这些证据的证明力进行判断，在此基础上以占优势的证据确认事实。优势证据规则，即"证明同一事实的数个证据，其证明效力一般可以按照下列情形分别认定：（一）国家机关以及其他职能部门依职权制作的公文文书优于其他书证；（二）鉴定结论、现场笔录、勘验笔录、档案材料以及经过公证或者登记的书证优于其他书证、视听资料和证人证言；（三）原件、原物优于复制件、复制品；（四）法

---

① 孔祥俊著：《最高人民法院〈关于行政诉讼证据若干问题的规定〉的理解与解释》，中国人民公安大学出版社2002年版，第41页、第42页。

定鉴定部门的鉴定结论优于其他鉴定部门的鉴定结论；（五）法庭主持勘验所制作的勘验笔录优于其他部门主持勘验所制作的勘验笔录；（六）原始证据优于传来证据；（七）其他证人证言优于与当事人有亲属关系或者其他密切关系的证人提供的对该当事人有利的证言；（八）出庭作证的证人证言优于未出庭作证的证人证言；（九）数个种类不同，内容一致的证据优于一个孤立的证据。"该条规定具有浓厚的法定证据主义色彩，即由司法解释预先设定了不同证据的证明力的优劣。

第五节　行政诉讼的法律适用

一、法律适用的概念和特点

行政诉讼法律适用，是指人民法院按照法定程序，将法律、法规（或参照规章的规定）具体运用于各种行政案件，从而对行政主体的行政行为的合法性进行审查的专门活动。人民法院依照法定程序，把行政法律规范具体适用于行政诉讼案件，从而对行政行为的合法性进行审判并做出裁判的活动。

行政诉讼的法律适用与行政机关在行政程序中做出具体行政行为时的法律适用以及与刑事、民事法律适用相比，具有自己的特点：

第一，适用主体是人民法院，而非行政机关。根据《行政诉讼法》的规定，我国的行政诉讼是指人民法院通过依法审理行政案件，对具体行政行为是否合法进行审查并做出判决。在行政诉讼中，只有人民法院才有权适用法律。行政机关作为被告，是当事人之一，在行政诉讼中无权决定法律适用，

第二，是第二次法律适用。行政诉讼中的法律适用，是人民法院对行政案件的第二次法律适用，也就是对行政机关在行政程序中做出具体行政行为时已经作过的法律适用的再适用，也可称为审查适用。

　　在行政程序中，行政机关做出具体行政行为无论是有正式书面文件或没有书面文件，从实质意义上讲，都是行政机关适用法律、法规或规范性文件于特定法律事实的活动。在行政诉讼之前，行政机关已经解决过法律适用问题，这是第一次适用。如果公民、法人或者其他组织不服，依照行政诉讼法向人民法院起诉，人民法院依法受理、审理和做出判决，对具体行政行为做出具有最终法律效力的法律适用，这是第二次适用，是对第一次适用的审查适用，从而解决第一次适用是否合法的问题。行政机关第一次适用时面对的是公民、法人或者其他组织的行为事实，人民法院的第二次适用则着眼于行政机关所认定的行为事实，即行政机关做出具体行政行为时的事实根据。在第二次适用中，也涉及公民、法人或者其他组织的行为事实，但审理对象不是公民、法人或者其他组织的行为事实，而是行政机关所认定的行为事实，公民、法人或者其他组织的行为事实与行政机关认定的行为事实，两者有联系，但并不是一回事。行政诉讼法律适用，正是在审查行政机关针对公民、法人或者其他组织的行为事实所进行的法律适用是否合法的基础上所作的再适用。这和民事诉讼法律适用不同。民事诉讼中不存在某一法定机关依法定职权做出具有法律效力的法律行为的情况。从这个意义上说，民事诉讼法律适用是第一次适用。行政诉讼的法律适用和刑事诉讼法律适用也有区别，在刑事诉讼中，一方而，在法院判决之前，存在先有法定机关的法律行为，这与民事诉讼有区别；另一方面，就解决被告人的最终实体刑事法律责任来讲，一般地说，人民法院是唯一主体，从一定意义上讲，法院所进行的刑事实体法律适用也是第一次适用。

　　第三，行政诉讼法律适用具有最终的法律效力。与上述特点相联系，行政诉讼中人民法院的法律适用，是最终的适用，其效力高于行政机关做出具体行政行为时的法律适用。行政机关和公民、法人或者其他组织都必须遵守和执行。行政机关不得以同一事实和理由就同一问题再做出和司法判决不同的具体行政行为，否则就是违法，要承担相应的法律责任。①

第四，法律适用只解决合法性问题。合法性审查原则是行政诉讼的基本原则。人民法院原则上只解决具体行政行为的合法性问题，除行政处罚和行政赔偿外不解决合理性问题。合理性问题由行政机关在行政程序中解决。这是区别刑事、民事诉讼法律适用的特点之一。

第五，根据行政诉讼法的规定，我国行政诉讼法律适用的依据是法律、法规，并可参照规章。

二、行政法律规范的具体适用

《行政诉讼法》第五十二条规定，人民法院审理行政案件，以法律和行政法规、地方性法规为依据。地方性法规适用于本行政区域内发生的行政案件；人民法院审理民族自治地方的行政案件，并以该民族自治地方的自治条例和单行条例为依据。最高人民法院《关于执行〈行政诉讼法〉若干问题的解释》第六十二条规定，人民法院审理行政案件，适用最高人民法院司法解释的，应当在裁判文书中援引。人民法院审理行政案件，可以在裁判文书中引用合法有效的规章及其他规范性文件。

地方性法规是指被宪法、法律赋予立法权的地方国家权力机关按照地方性法规制定程序制定的规范性文件，法律是指全国人大及其常委会制定的基本法律和一般性法律，若地方性法规与法律不冲突，则应共同适用。例如，《某省禁止赌博条例》是否应该适用本案，某市公安局的治安管理处罚申诉书适用法律是否正确，应当依法律所规定的条件而加以确定。

行政诉讼法律适用的规范依据，是指人民法院审理行政诉讼案件，审查被诉行政行为合法性的法律规范准则。依据行政诉讼法的规定，不同的法律规范由于其制定和发布的主体不同，在我国法律

---

① 应松年主编：《行政诉讼法学》，中国政法大学出版社1999年修订版，第256页。

体系中的位阶不同，相应的它们在行政诉讼法律适用中的地位和作用也不同。行政诉讼法律适用的规范依据包括以下两大类：

1. 作为裁判依据的法律和司法解释的规定应当援引

第一，法律、行政法规和地方性法规。

第二，司法解释。最高人民法院的司法解释应当在裁判文书中引用。《人民法院组织法》第三十三条规定，最高人民法院对于在审判过程中如何具体应用法律、法令的问题，进行解释。这说明司法解释权为法律授予最高法院的一项权力，司法解释虽不属于创制性立法，但具有执行性立法的性质。既然司法解释也是一种法的渊源，那么，自然也可以成为行政审判的法律依据。

第三，自治条例及单行条例的引用。自治条例及单行条例是民族自治地方的权力机关根据宪法和法律的授权，结合本地的实际情况和特点按照立法程序制定的规范性文件。有权制定自治条例和单行条例的民族自治地方包括自治区、自治州和自治县三级。自治条例和单行条例的效力与地方性法规相当，故在成为裁判依据时应当为裁判文书所引用。这里要注意，自治条例和单行条例在必要的情况下可以变通法律、法规的规定，但是这绝不意味着自治条例和单行条例可以不受上位法的约束，就是说，它们同样不能与上位法相抵触。

2. 规章及规范性文件的引用

第一，规章的引用。规章包括中央部门规章和地方性政府规章。我国行政诉讼法第五十三条规定："人民法院审理行政案件，参照国务院部、委根据法律和国务院的行政法规、决定、命令制定、发布的规章以及省、自治区、直辖市和省、自治区的人民政府所在地的市和经国务院批准的较大的市的人民政府根据法律和国务院的行政法规制定、发布的规章。"那么，参照一词应如何理解？《贯彻意见》第70条规定，"人民法院做出判决或者裁定需要参照规章时，应当写明根据《中华人民共和国行政诉讼法》第五十三条，参照××规章（条、款、项）的规定"。这次修改将参照解释为对合法有效的规章可以引用。这样修改，主要是基于对参照的更深刻理解。

首先，参照与依照不同。参照不是简单的参考或依照，而是参考之后决定是否应当遵照办理，而依照是指人民法院审理行政案件时，对法律、法规非经法定程序，不得否认其法律效力不允许怀疑和否定，必须照着办。由此看来，参照意味着行政规章对人民法院不具有绝对的约束力。这种不绝对的约束力主要表现在，人民法院在审理行政机关根据规章做出的具体行政行为时，对不合法的规章，可以不承认其效力，不予适用，或者在规章与法律、法规的规定不一致时，有权只根据法律、法规的规定做出判决。

其次，参照绝不意味着法院在适用的规章问题上可以任意裁量。人民法院对于合法有效的规章必须适用。规章属于法的渊源，虽然其效力层级相对较低，但是效力层级这一标准的有用性主要还是体现在法律冲突的领域，如果没有法律冲突存在，具体说，就是规章与上位法并不冲突，则规章与整个法律体系具有统一性，其规定也就成为必须遵守的法律规范，这一点是没有裁量余地的。换言之，不但行政机关做出具体行政行为时应当以合法有效的规章作依据，而且法院在行政审判的过程中同样要作为裁判的依据。

综上内容进一步分析，参照一词体现了法院对行政规章在某种程度上的审查，即审查规章是否合法有效。具体来讲，其一，应从以下几个方面进行判断：第一，规章是否超越部门或地方的法定权限。比如林业部门制定的规章规定了应由工商部门管辖的木材市场管理事项，甲地方政府制定的规章规定了对专属于乙地方政府管辖权的事项。第二，本规章是否与同位阶合法有效的规章相冲突。第三，规章是否与高位阶的法律规范相抵触。抵触主要包括三种形式：一是突破高位阶法的禁止性规定。比如，高位阶法禁止设定某种行政性收费项目，而规章设定了这种收费项目。二是突破高位阶法设定的范围。比如高位阶法就某一事项规定了行政处罚的罚种及罚款的最高限额，而规章增设罚种及突破罚款的最高限额。三是规章规定的事项高位阶法既无禁止性规定，也无授权性规定，但违反高位阶法的特定目的和原则。此外，还可能有还一种法律效力层级高低不是绝对确定的情况，比如部委规章与省级地方性法规、部委规章与省级地方政府规章之间的效力高低并不总是很明确的，实践中，对于前一种情况，一般应通过最高法院报全国人大处理，后一种情况则通过最高法院报国务院处理。①

其二，规章以下的规范性文件的引用。发布规范性文件即做出抽象行政行为是宪法赋予行政机关的一项职权，而抽象行政行为对于不特定的对象能够反复适用，具有立法的性质，如果该规范性文件是有效的，则行政机关应当甚至必须作为执法的规范依据，这对法院的行政审判有着同样的拘束力。

第六节　行政诉讼的裁判

行政诉讼的裁判包括判决、裁定和决定三种。行政诉讼的判决，简称为行政判决，是指人民法院审理行政诉讼案件终结时，根据所查清的事实，依据行政法律规范对案件实体问题做出的结论性处理决定。行政诉讼判决按照审级标准可分为一审判决、二审判决和再审判决。除了需要用判决的形式的实体性法律问题外，还需要用裁定的形式解决行政诉讼中的程序性问题。决定是法院在行政诉讼中处理内部关系和外部关系的司法行为。判决是法院审理行政案件和当事人参加诉讼活动的结果的表现形式，裁定和决定则是为取得该种结果而运用的手段。

根据《行政诉讼法》第54条的规定，行政诉讼一审判决分为维持判决、撤销判决、履行判决和变更判决四种形式。鉴于上述几种判决形式不能满足司法实践的需要，《关于执行〈行政诉讼法〉若干问题的解释》又增加以下两类新的判决形式即驳回原告诉讼请求判决和确认判决。

驳回原告诉讼请求判决，是指法院经审理认为原告的诉讼请求

---

① 最高人民法院行政审判庭编：{《关于执行〈行政诉讼法〉若干问题的解释》释义}，中国城市出版社2000年版，第130页、第131页。

依法不能成立，但又不适宜对被诉具体行政行为做出其他类型的判决的情况下，直接做出否定原告诉讼请求的一种判决形式。该判决主要适用于下列情况：（1）原告起诉被告不作为的理由不能成立的；（2）被诉具体行政行为合法但存在不合理问题的；（3）被诉具体行政行为合法，但因法律、政策的变化需要变更或废止的；（4）其他应当判决驳回原告诉讼请求的情形。

确认判决是指法院通过审理，确认被诉具体行政行为合法或违法的一种判决形式。确认判决分为确认具体行政行为合法或有效的判决和确认具体行政行为违法或无效的判决。法院认为被诉具体行政行为合法，但不适宜判决维持或者驳回原告诉讼请求的，可以做出确认其合法或有效的判决。而有下列情形之一的，法院应当做出确认具体行政行为违法或者无效的判决：（1）被告不履行法定职责，但判决责令其履行法定职责已无实际意义的；（2）被诉具体行政行为违法，但不具有可撤销内容的；（3）被诉具体行政行为依法不成立或者无效的；（4）被诉具体行政行为违法，但撤销该具体行政行为将会给国家利益或者公共利益造成损失的，法院应当做出确认该具体行政行为违法的判决，并责令被诉行政机关采取相应的补救措施；造成损害的，依法判决承担赔偿责任。

第七章　检察机关的监督

第一节　人民检察院的法律地位

一、人民检察制度的形成

在我国，人民检察制度是国家政治体制和法律制度变革的产物，检察制度的建立受到政治、经济、法律、文化、历史和国际因素的深刻影响。以辩证唯物主义的观点分析我国的检察制度，可以看出，人民检察制度在我国的建立是必然的，决定我国实行检察制度的因素包括：一、西方检察制度的影响；二、前苏联检察理论的发展；三、我国古代御史监察的烙印；四、新民主主义检察制度的实践。

（一）西方检察制度的影响

一般认为，检察制度起源于封建时期的法国。早在十二世纪末，法国王室就有了代表国王参加维护王室利益的民事诉讼的"国王代理人"。这一职位成为后来检察官的前身。十三世纪末十四世纪初，法王腓力普四世在建立中央集权的等级君主制度的过程中建立的检察官制度被多数学者认为是现代检察制度的开端。① 法国的检察制度对其他国家检察制度的构建产生了深刻的影响。检察制度的模式和经验引起大陆法系众多国家的重视并引为借鉴，德国、意大利和比利时等国仿效法国模式建立了本国的检察制度。英美法系检察制度的起源与大陆法系国家不同，检察制度的作用和影响也不如大陆法系国家。中国的检察制度产生于清朝末年，1906

---

① 钟海让著：《法律监督论》，法律出版社 1993 年版，第 295 页。

年的《大理院审判编制法》，首次规定在审判厅内设置检察局，当时检察局仅以追诉犯罪为基本职能，不享有其他权力。

追溯欧洲的历史，当社会发展到由封建割据走向中央集权的封建专制时代，封建王权日益加强，阶级斗争也日趋激烈。封建统治者为了维护王室地位，把犯罪视为对王权的直接威胁和对王政的严重破坏。为了有效地追究犯罪，由国王任命的检察官应运而生。[①]设置检察官的目的，是"防止审判工作中偶然因素和不公平"，使其成为"防止横暴和滥权的堡垒"。检察官以国家公诉人的身份对犯罪行为进行侦查，收集证据，接受公民个人的控告，批准对嫌疑人的起诉书，监督法院的审判。这样，逐步形成了以公诉权为中心权力的检察制度。

另外，检察制度在当时还承担了一项历史使命。这就是通过监督地方机关和维护法律统一以达到维护中央政治权力、经济秩序和司法审判的统一，通过推行检察制度来取代和防止政治混乱、地方割据和司法不一的状态，建立集中的政治、经济和司法权力的国家制度。法国的一位法学家曾经这样说过：检察机关是"始终朝气勃勃的、站在前线的社会秩序的捍卫者，一切家庭的安宁、公民的安全、正当自由的维护、对宪法和法律遵守等，都是信托给他的。它揭露一切侵犯社会秩序行为，并追究这种行为的责任，如果这种秩序遭到非法的侵犯，它本身必须负责任"[②]。

事实上，检察制度产生和发展的过程，始终与国家权力的集中，国家机器的强化进程相适应，统一的国家需要统一的法律制度，统一的法制又是统一国家的保障。检察制度本身一直包含着维护国家法制统一的某些职能。[③] 由此可见，国家公诉制度和司法监

---

① 李士英主编：《当代中国的检察制度》，中国社会科学出版社1987年版，第3页、第4页。

② 最高人民检察院研究室编：《检察制度参考资料》第三辑，1985年编，第12页。

③ 钟海让著：《法律监督论》，法律出版社1993年版，第298页。

督制度存在着某种内在的必然联系，尤其是由检察机关作为国家公诉人时，就使这种联系变得更加明显和恰当了，这为检察机关承担起更加重要的法律监督职责，并最终发展成为专门的法律监督机关奠定了重要基础，创造了前提条件。

（二）前苏联检察理论的发展

大约在 18 世纪初期，检察制度传入俄国。1722 年沙皇彼得一世颁布赦令，在国家权力机关元老院内设立新的官员——总检察官。成立之初的检察机关不承担公诉的职责，主要任务是维护中央法律的贯彻执行，并监督国家财政支出和法院审判活动。当时的检察官是国家法律事务的代理人和沙皇的耳目。1864 年，新的法律赋予检察官在刑事诉讼中提起公诉的职权，同时仍负有监督司法侦查、审判和执行的责任。因此，沙俄时期的检察制度具有不同于其他欧洲国家的特点，加之沙俄历史上形成的传统意识和观念，这为检察机关在苏维埃时期演进质变为专门的法律监督机关埋下了种子。

在创立前苏联社会主义国家政权体系时，列宁吸收了沙俄检察制度的合理因素，提出了社会主义的检察监督理论。列宁主张，社会主义国家的法律应当是统一的，"法制不能有卡卢加省的法制，喀山省的法制，而应当是全俄统一的法制，甚至是全苏维埃共和国联邦统一的法制"。而影响法制统一的一个重要因素，就是地方利益。"为了解决这个问题，应该估计到地方影响的作用。毫无疑问，我们生活在无法纪的海洋里，地方影响对于建立法制和文明即使不是最严重的障碍，也是最严重的障碍之一。"

对此，列宁主张建立检察院，它在国家机构中是独立的，作为法律监督的专门机关，其职责是：第一，保障国家法律的统一，即监督一切政权机关、经济机构、公共的及私人团体和公民的一切行为是否适合苏维埃宪法和中央政府的决议；第二，审查和纠正违法现象，即在法院提起公诉和支持公诉，监督国家政治保卫局、民警局、刑事侦缉机关和劳动改造机关的活动是否合法和正确；第三，对抗地方影响，即监督地方法院对于法律的正确和统一适用，有权调阅任何审理阶段的任何案件，对各地检察院的工作进行一般领导。1922 年颁布了《检察长监督条例》，建立起专门的检察机构——检察署，由司法人民委员兼任的共和国检察长领导，并根据列宁的思想在检察系统实行垂直领导制。1933 年成立苏联检察院，使苏联的检察机构成为独立的统一系统。1936 年，苏联宪法（即斯大林宪法）用根本法的形式对检察机关的地位、职权和领导体制作了规定。这样，苏联检察制度模式最终确立。

苏联新型的检察制度模式对我国人民检察制度的形成和发展产生了直接而深刻的影响。1949 年 6 月，毛泽东在《论人民民主专政》一文中指出："在列宁和斯大林领导下，他们不但会革命，也会建设。他们已经建立起来了一个伟大的光辉灿烂的社会主义国家。苏联共产党就是我们最好的先生，我们必须向他们学习。"这说明了我国的检察制度在创建之初向苏联学习的决心。彭真在1979 年《关于七个法律草案的说明》中再次明确指出，"列宁在十月革命后，曾坚持检察院的职权是维护国家法制的统一。我们的检察院组织法运用列宁这一指导思想，结合我们的情况"，对检察院的职权、活动原则及其与人大及其常委会的关系做出了规定。

（三）我国古代御史检察的烙印

满清王朝作为救命稻草而引进的西方大陆的检察制度，以及国民党建立的实际上只是残害革命者的检察机关，在中国检察史没有留下多少鲜明的痕迹。而在此之前，全程伴随中国封建社会延续了两千多年的御史制度，以其完备的组织机构，广泛的法律监督职权，丰富的"治吏"思想和实践，对新中国检察制度的形成产生了一定的历史影响。[①] 笔者甚至认为，御史制度就是中国古代的检察制度，而且，在一定的视角之下，这种检察制度从其职能性质和领导体制等方面类似于前苏联和我国现行的检察制度。因此，在追溯检察制度的成因时，需要对我国的御史制度加以研究。

商朝甲骨文中所载史官有御史，秦始皇完善了御史机构，此

---

① 　钟海让著：《法律监督论》，法律出版社 1993 年版，第 314 页。

后，御史检察制度得到逐步发展和强化。自两汉后，御史机构基本上从行政系统中独立出来，从中央到地方都有专门机构和职官，自成体系。地方御史官员直接由中央御史机构统领，由中央任免。①封建王朝的御史官员驻京分道检察，分别负责对京师和各地官吏的检察和弹劾，一度享有风闻言事的职权；除此之外，御史还可以利用上疏条陈的机会参与国家大事的议论；所以御史不但是检察官员，还是言官；御史作为"天子耳目，风纪之司"，具有相对的独立性和显赫的地位。这样，虽然御史官品卑微，却能以小制大，以下克上，御史是封建官场中有志之士较能有所作为的官职。当然，御史检察弹劾权是皇权的附属品，它能否发挥正常作用，与皇帝的明昏有密切关系，因而具有极大的局限性。但是，御史作为中下层官吏，负有保证政治清明的责任，一般比较能够直言进谏，对于纠正冤案，清奸除害，加强中央对地方的控制，甚至限制皇帝恣意妄为，都起到一定积极作用。

纵观中国封建社会，御史机构是专门的法律监督机关，其职权主要包括：第一，法纪监督，御史"专纠劾百司，辩明冤枉，提督各道"，"以隶正朝列"；第二，刑事检察，"审核刑名，纠察典礼"，"三司会审"使御史官员对重大刑事案件拥有司法权，并"掌以刑法典章纠正百官之罪恶"；第三，审判监督和刑罚执行监督，"审录罪囚，吊刷案卷"，御史对法官徇情枉法，冤假错案等行为进行奏劾；第四，经济犯罪监督，例如，宋朝的"监司"，检察地方的财政税收、茶盐、"义仓、免役、市易、坊场、河渡、水利之事"；第五，行政执法监督，监督各机关的措施是否"不奉诏书，遵承典制"，考核武备、刑狱、财政、科举及民情风俗等，"凡政事得失，军民利弊，皆得直言无避。"

中国的御史谏议制度受到一些西方启蒙思想家的赞赏，认为该制度能够反映舆论民情，沟通上下气，扶持正气，指陈缺失。孙中

---

① 《中国大百科全书·光盘 1.2 版》中国历史卷，撰写人为陈仲安、陈振。

山认为御史检察是"中国制度之特色"，他在讲民权主义时说过："监察权乃中国所固有，如唐代之谏议大夫，满清之御史，皆为极佳之监察制度，监察权即弹劾权，外国亦有此治权，但包含于立法机关之中，犹未能独立成为治权也。"御史制度是中华传统法律文化中较为精华的部分，作为优秀的民族遗产，新中国的检察制度已经打上了古代御史监督的烙印。

（四）新民主主义检察制度的实践

在整个新民主主义革命时期，中国共产党对检察工作高度重视，多次强调它在国家机构中的应有地位。从中央苏区至陕甘宁边区，在中央的政府机构均设置了检察机关，制定和颁布了相关的法律法令，规定了检察机关的性质、任务、领导体制、组织机构及其职权责任。这已经预示了新中国人民检察制度产生的必然性。

1931年，根据《中央苏维埃组织法》和《中华苏维埃共和国裁判部暂行组织及裁判条例》，在最高法院内设检察长、副检察长各一人，检察员若干人。其基本职责是：管理案件的预审；作为代表国家的原告，行使追诉权；抗议，即要求法院再次审判；监督政治保卫局办理案件的情况。

抗日战争时期，《陕甘宁边区高等法院组织条例》规定："高等法院检察处设检察长及检察员，独立行使检察职权。"检察长对边区参议会负责，受边区政府领导。检察机关行使下列职权：第一，关于案件之侦查；第二，关于案件之裁定；第三，关于证据之搜集；第四，提起公诉，撰拟公诉书；第五，协助担当自诉；第六，为诉讼当事人，或公益代表人；第七，监督判决之执行；第八，在执行职务时，如有必要，得咨请当地军警帮助。

解放战争时期，检察机关的建设得到重视和加强。1946年《陕甘宁边区政府命令》规定，在陕甘宁边区设高等检察处，各分区设高等检察分处，各县（市）设检察处。高等检察处受边区政府领导，独立行使检察权。各高等检察分处及县（市）检察处直接受高等检察处领导。各级检察处的职权是：第一，关于一切破坏民主政权，侵犯人民权利的违法行为的检举；第二，关于各级公务员触犯行政法规的检举；第三，关于违反政策事项的检举。

（五）人民检察制度的建立

1949 年 2 月，中共中央发布了《关于废除国民党的六法全书与确定解放区的司法原则的指示》，确定了人民司法的一些基本原则。为了稳固政权，发展经济，更是为了保证新的社会主义政策和法律在全国范围内得到正确统一的实施，树立社会主义法制的权威，国家需要一个对国家机关及其工作人员的执法情况进行检举和监督的部门。1949 年 9 月，《中央人民政府组织法》第一章要求，组织最高人民法院及最高人民检察署，以为国家最高审判机关及检察机关；第五章规定，最高人民检察署对政府机关、公务人员和全国国民严格遵守法律承担最高的检察责任。中华人民共和国成立后不久，即开始在全国范围内组建各级人民检察署。1951 年中央人民政府委员会通过《最高人民检察署暂行组织条例》和《各级地方人民检察署组织通则》。

1954 年，政务院副总理兼中央政法委员会主任董必武针对当时有些人怀疑检察制度的论调严肃指出，检察工作的发展，"说明国家与人民需要检察机关来维护人民民主的法制。……有人认为检察署可有可无，这是不对的。……检察机关的职责是保障国家法纪的执行。国家还存在时，它的法纪必然存在，维护法纪的机关也必然存在。"[①] 1954 年 9 月，第一届全国人民代表大会第一次会议通过了《中华人民共和国人民检察院组织法》，将人民检察署改名为人民检察院，并对人民检察院的职权、组织、活动原则和行使职权的程序作了明确的规定，全国各级人民检察院逐步走向健全。

总之，分析我国人民检察制度的历史轨迹，应当承认，它参考和学习了苏联检察制度的模式，借鉴了我国古代的御史监督制度，同时，西方的大陆法系和英美法系的检察制度没有对它的形成发挥决定性的影响。

---

① 李士英主编：《当代中国的检察制度》，中国社会科学出版社 1987 年版，第 64 页。

二、人民检察院的任务和职权

人民检察院的任务是，通过行使检察权，镇压一切叛国的、分裂国家的和其他的反革命活动，打击反革命分子和其他犯罪分子，维护国家的统一，维护人民民主专政制度，维护社会主义法治，维护社会秩序、生产秩序、工作秩序、教学科研秩序和人民群众生活秩序，保护社会主义的全民所有的财产和劳动群众集体所有的财产，保护公民私人所有的合法财产，保护公民的人身权利、民主权利和其他权利，保卫社会主义现代化建设的顺利进行。人民检察院通过检察活动，教育公民忠于社会主义祖国，自觉地遵守宪法和法律，积极同违法行为作斗争。人民检察院在工作中遵循下列原则：①公民在适用法律上一律平等；②依法独立行使检察权；③实事求是，重证据不轻信口供；④依靠群众，实行专门的业务工作与群众路线相结合的方针；⑤使用本民族语言文字。人民检察院的法律监督，既不限于单纯的诉讼活动，又不同于行政机关的一般监督。根据法律规定的职权，各级人民检察院进行下列法律监督工作：

（一）法纪监督

法纪监督，主要是指对于叛国案、分裂国家案以及严重破坏国家的政策、法律、政令统一实施的重大犯罪案件，人民检察院直接行使检察权；对于国家工作人员职务上的犯罪或利用职务进行犯罪，包括利用职务在经济领域内进行犯罪，进行检察；与此同时，人民检察院依法保障公民对于违法的国家工作人员提出控告的权利，追究侵犯公民的人身权利、民主权利和其他权利的人员的法律责任。

法纪监督中的职务犯罪检察是人民检察院的一项非常重要的反贪倡廉活动，其监督的对象主要是国家公务员和行政机关任命的其他人员；所侵害的客体是国家机关的正常活动；职务犯罪检察的范围分为经济犯罪、侵权犯罪和渎职犯罪三部分，《中华人民共和国刑事诉讼法》第十八条第二款规定："贪污贿赂犯罪，国家工作人员的渎职犯罪，国家机关工作人员利用职权实施的非法拘禁、刑讯逼供、报复陷害、非法搜查的侵犯公民人身权利的犯罪以及侵犯公民民主权利的犯罪，由人民检察院立案侦查。对于国家机关工作人员利用职权实施的其他重大的犯罪案件，需要由人民检察院直接受理的时候，经省级以上人民检察院决定，可以由人民检察院立案侦查"。

（二）侦查监督

侦查监督，是指人民检察院依法对公安机关和国家安全机关的刑事侦查工作实行法律监督的权力。侦查监督是人民检察院法律监督权的主要组成部分之一，在检察活动中发挥重要作用。对于保障国家、集体和公民的合法权益，保证侦查工作顺利进行，准确、及时地惩罚犯罪分子而言，侦查监督占有重要的地位。

根据《人民检察院组织法》第五条第（三）项的规定，侦查监督的主要内容是："对于公安机关侦查的案件，进行审查，决定是否逮捕、起诉或者免予起诉；对于公安机关的侦查活动是否合法，实行监督。"根据宪法和刑事诉讼法的规定，除了人民法院可以在一定情况下决定逮捕外，只有人民检察院有权批准逮捕，其他任何机关、团体和个人都无权决定和批准逮捕。对公安机关和国家安全机关侦查终结的案件，人民检察院行使审查起诉权。对公安机关和国家安全机关侦查活动是否合法，行使侦查活动监督权；如发现侦查人员在侦查过程中有违法行为，应视情节之轻重，及时提出口头意见或书面意见，加以纠正。

（三）提起公诉和审判监督

提起公诉，是指由公安机关和国家安全机关侦查终结的案件，通过检察机关提起公诉，从而贯彻法律的实施，维护法律的尊严。审判监督，是指对于人民法院的审判活动是否合法，实行监督，保证法院尽量避免冤假错案的发生。

在刑事诉讼活动中，人民检察院作为国家公诉机关，代表国家向人民法院提起公诉，将被告人交付审判，在人民法院决定开庭审理时，除罪行较轻、经人民法院同意的以外，人民检察院均应派员以国家公诉人的名义出庭支持公诉，同时对审判活动，包括法庭人员的组成、被告人诉讼权利的行使以及审理案件的程序等是否合法进行监督，如发现有违法行为，向法庭提出纠正。人民检察院对同级人民法院尚未生效的第一审判决或裁定，如认为确有错误，可在上诉期限内向上一级人民法院提出抗诉。上级检察院对下级人民法院、最高人民检察院对各级人民法院的已生效的判决或裁定，如发现确有错误，可按照审判监督程序提出抗诉。人民检察院还有权对人民法院的民事审判活动、行政审判活动实行法律监督。

（四）刑罚执行监督

刑罚执行监督，是指对刑事判决、裁定的执行和监管改造工作是否合法所实施的监督。对于刑事案件判决、裁定的执行进行监督，包括对监内执行的监督和监外执行的监督。监外执行的监督指对由公安机关或基层单位负责执行的管制、缓刑、假释等进行监督。监管改造工作涉及监狱、看守所和劳动教养机关的执法活动。

在监督过程中，人民检察院如发现判决或裁定确有错误，按照审判监督程序提出抗诉；监督死刑执行；对于服刑中表现好的罪犯，按照法定程序给予减刑或假释。对于重新犯罪的或遗漏了罪行的罪犯予以侦讯和起诉。监督监管改造情况，主要是落实劳改政策，执行收押、分管分押的制度，如发现监狱、看守所、劳动改造机关有违法情况，应通过主管机关进行纠正。此外，对于劳动教养机关的活动，人民检察院也有权进行监督。

第二节 检察院对行政诉讼的监督

一、人民检察院对行政诉讼的公诉权

在我国，检察权实质上就是一种法律监督权，是作为国家的代表为保证法律的正确完全的执行，维护法治的正义公平而进行的专门监督。法律监督不是泛指监督法律实施的一切活动，而是指运用法律规定的手段、依照法律规定的程序，针对特定的对象进行的，能够产生法定效力的监督。① 笔者认为，从法治理论上推理，检察院除拥有刑事公诉权外，还应有行政公诉权，例如对于损害国家利益和公共利益的案件，检察院应该有权提起行政公诉。

（一）赋予人民检察院公诉权的必要性

首先，赋予公诉权的理论依据。

检察院行政公诉权的产生与行政权的扩张有着紧密的联系。现代行政已不像 18、19 世纪的行政那样仅限于治安、国防、税收、外交等执法领域，行政机关在各方面都拥有广泛的权力，触及社会的每一个角落，它们不仅对法律没有规定的情况拥有自由裁量的特权，而且还有权制定行政管理法规和行政规章，它们甚至还可以根据立法机关的授权制定法律。事实上，任何权力都存在滥用的倾向，但自从分权制衡理论诞生以来，人类在追求宪政文明方面所作的努力中，最核心的还在于探求对行政权力如何实现有效的监督。② 行政权违法行使不仅可能损害行政相对人的合法利益，而且还可能导致危害社会公共利益的严重后果。所以，"现在人们头脑中'起诉权'这个概念的应用范围要比以前广得多了，它可以适用于任何一个不是由于好事，而且代表一般公众利益来法院起诉的人"③。

在涉及提起行政公诉的主体的问题上，英国大法官法院的判例确立了如下原则："如果某位普通公民想要维护某种公共权利，即某种和其他每一个人同样享有的权利；或想要履行某种公共职责，即某种使全体公众都受益的职责，大法官法院认为，他唯一的法律援助就是向检察总长提出申请，要求检察总长允许他进行'告发

---

① 罗亚华、王建华著：《关于修改〈人民检察院组织法〉的几点思考》，摘自《中国法治网·网上检察院·检察知识》，网址为 http://www.sinolaw.net.cn/news/wsjcy/jczs/200442151845.htm。

② 胡卫列著：《应赋予检察机关提起行政公诉权》，载《国家检察官学院学报》2003 年第 11 期，第 121 页。

③ ［英］丹宁著：《法律的训诫》，法律出版社 2000 年版，第 128 页。

人'起诉。如果检察总长同意，诉讼则作为检察总长自己提出的起诉来进行，与那人无关，但是检察总长不同意，那这个人就什么都不能做。"①因为这项规定不合理地限制了一名有责任感的公民确保法律得到实施的权利，丹宁大法官在1973年《检察总长诉独立广播局案》的判决中对该原则提出了修改："如果检察总长拒绝允许一项合理的诉讼，或者不适当地、毫无道理地拖延对诉讼的批准，或者他的机构工作效率太低，那么作为最后的方法，一个有充分利益的普通公民可以自己直接向法院提出申请。他可以申请宣告令，在适当的情况下还可以申请颁发禁制令，如果需要，还可以把检察总长当做被告牵扯进诉讼中来。现在，政府各部门和各公共权力机关有非常大的权力和影响，对这个国家的普通公民来说，这种方法就成了最重要的保护措施。运用这种方法，他们可以监督那些权力和影响在运用过程中是否符合法律。如果某个人可能被认为有充分的利益，我就不会限制他使用这种方法。"

　　在我国的立法上，《宪法》第一百二十九条规定："中华人民共和国人民检察院是国家的法律监督机关"，《人民检察院组织法》第一条的规定与宪法的规定完全一致。在历史发展过程中，检察权是国家权力发展到一定时期的产物，本质上是司法权裂变的结果。在社会实践中，检察权是为了防止和制约行政权和审判权的滥用而产生的，带有强烈的法律监督性质；随着时代的进步，检察权的法律监督性质逐步得到强化，并逐渐具有保障国家法律正确施行的护法性质。笔者认为，目前对行政权的监督体系并不完善，现有的行政系统内部监督不能充分发挥作用，权力机关的监督也无法落到实处。同时现行行政诉讼法缺乏公共利益保护和抽象行政为监督机制，难以有效地发挥行政诉讼制度在遏止日趋严重的公共利益损害及滥用行政立法权方面的作用。因而修改人民检察院组织法和行政诉讼法，赋予检察院行政公诉权，由国家检察机关和国家审判机关，代表权力机关共同行使对行政行为的监督职能，是符合我国国

---

① ［英］丹宁著：《法律的训诫》，法律出版社2000年版，第141页。

情的实际可行的监督途径。

其次，赋予公诉权是实践所必需的。

行政诉讼是宪政实践的一项重要内容，是依法行政原则的具体体现。修改和完善检察院组织法和行政诉讼法，赋予人民检察院行政公诉权，对我国实现行政法治具有极其重要的意义。"现代法治的精神是官吏依法办事，只有官吏依法办事，接受法律约束，才有法治可言。"① 依法行政原则要求行政法律规范不仅要为行政机关设定行使权力的方式和手段来防止行政机关滥用权力，而且还要为行政机关应当行使权力而不行使权力或者滥用行政权力规定严格的法律责任，确立司法机关对行政行为进行司法复审的权力。"一切公民有权在一个正常的普通法院受审判，其次，有权在这个法院追诉行政官员任何行为的合法性"② 。需要特别指出的是，1982 年制定《民事诉讼法（试行）》时，前七稿均有检察机关提起民事诉讼的规定，内容包括民事公诉和参与诉讼、检察机关可以调查案件、出席法庭等。但在征求意见时，检察机关内部发生了意见分歧，多数人以检察机关人力不足为由，反对开展民事公诉，最后结果是删除了 14 个条款，只保留了"人民检察院有权对人民法院的民事审判活动实行法律监督"的原则性规定。③ 这样，此后的制定的《行政诉讼法》仅在第 10 条概括地规定"人民检察院有权对行政诉讼实行法律监督"。1991 年的民事诉讼法的规定与行政诉讼法类似。

笔者认为，应确立检察院在行政诉讼中的原告资格。检察院是国家的法律监督机关，它依法独立行使检察权，维护国家法律的统

---

① 张文显著：《法学基本范畴研究》，中国政法大学出版社 1993 年版，第 286 页。

② 王名扬著：《美国行政法》（上），中国法制出版社 1995 年版，第 112 页。

③ 龙双喜、冯仁强著：《宪政视角下的中国检察权——兼议法律监督权与公诉权的关系》，载《法学》2004 年第 11 期，第 30 页。

一和正确实施。检察权从本质上讲具有程序的特征。所谓检察权的程序性，是与行政管理权和审判裁判权所产生的实体效果相比较而言，即检察权只有作出某项程序性的决定、引起一定程序的权力，而没有任何行政决定权和审判裁判权。[①] 而且，与人大监督不同的是，检察院是具体的法律监督机关。根据宪法、人民检察院组织法、刑事诉讼法等法律对人大监督权和检察监督权的规定，检察监督与人大监督的区别是，检察院的监督是针对具体案件的监督，是个案监督，而人大及其常委会是不直接处理案件，在一般情况不宜从事个案监督的，它主要是通过听取报告、对执法活动进行检查、审查撤销规范性文件、行使决定权、任免权和质询权等方式对"一府两院"实施间接监督和抽象监督。[②] 宪法之所以赋予检察院代表国家对具体违法行政行为提出异议的法律监督权，就是因为在宪政体制下宪法与法律体现的是人民的共同意志，代表人民的根本利益和共同利益，也就是社会公共利益，对宪法与法律的违反就是对这种利益的损害。当某种违法的行政行为损害的社会公共利益较小，同时也损害了私法主体的合法利益时，法律通常已经确立了通过当事人自诉或其他方式对违法行为的纠正措施，在这种情况下，私人利益得到维护的同时，社会公共利益也得到了维护，检察院就没有必要进行干预了。[③] 因此，若该个案严重损害社会公共利益，个人对此提起诉讼难以纠正或者无人对此提起诉讼以及个人无权对该问题提起诉讼的情况下，国家就需要赋予某一公共权力机关有权代表这种利益对该个案具体提出纠正意见，这时检察院不仅有权依法对这一违法行为提起诉讼，而且有义务对这一违法行为提起

---

① 漠川著：《程序性是检察权与行政权审判权的重要区别》，载《检察日报》1997 年 11 月 24 日。

② 韩大元、刘松山著：《论我国检察院的宪法地位》，载《中国人民大学学报》2002 年第 5 期，第 76 页。

③ 李顺江、孙德显著：《论行政公诉制度》载《四川师范大学学报》（社会科学版）2002 年第 1 期，第 131 页。

诉讼。

最后，赋予公诉权已经为国外的司法实践所证明。

检察机关代表公益参与民事诉讼起源于法国。1806 年的法国民事诉讼法典最早规定了检察机关代表公共利益参与民事诉讼制度，这一规定为其他国家所效仿。① 在德国，提起公益诉讼的主要方式是检察官提起的诉讼和团体诉讼。《联邦德国行政法院法》第 4 节专门规定了公益代表人制度。该节第 35 条（联邦行政法院检察官）规定，在联邦行政法院中设有 1 名检察官；为了维护公共利益，该检察官可以参与在联邦行政法院中的任何诉讼，但不包括纪律检察审判庭及军事审判庭的案件；该联邦行政法院检察官听命于联邦政府。② 在英美法系国家中行政公益诉讼比较有特色的是"私人检察总长制度"或"检察长制度"，这项制度是指法律授权私人或团体以私人检察长的名义，或检察长代表公众针对官吏的非法作为或不作为提起诉讼。③ 韩国《检察厅法》赋予检察官的包括：履行将国家作为当事人或参与人的民事诉讼、行政诉讼以及行使对该执行的指挥和监督。④

除了检察院和普通公民可以作为原告提起行政公诉外，一些国家也规定某些社会组织有行政公诉原告资格。"现在美国法院已承认保护自然资源、风景、历史文物的公民团体具有原告资格；承认全国保护组织具有请求审查修建高速公路决定的原告资格；承认公共福利社团有代表一切具有生命、健康、享受自然资源等权利的人提起反对核爆炸决定诉讼的原告资格；承认环保组织有请求农业部

① 姜晖著：《中外公益诉讼制度比较与借鉴》，载《商业研究》2004 年第 19 期，第 151 页。

② 解志勇著：《论公益诉讼》，载《行政法学研究》2002 年第 2 期，第 45 页。

③ 蒋银华、毛忠强著：《建立我国行政公益诉讼制度的思考》，载《华南理工大学学报》（社会科学版）2004 年第 5 期，第 40 页。

④ 闵钐著：《韩国检察官职权简介》，载《检察实践》2004 年第 3 期，第 76 页。

长不采取措施限制剧毒农药使用行为的原告资格；承认公民团体有请求审查城建规划的原告资格；承认土地资源保护组织有请求审查国有森林采伐决定的原告资格等。"① 在南斯拉夫，"某个社会组织如果按照本身的章程有维护成员一定权益的职责，则在其成员的权益受到行政文件损害时，可以经得该成员的同意，以其名义提出申诉，并对行政文件提起行政诉讼。检察长、社会自治维护人、社会政治共同体等在提出维护法制要求诉讼中也可作为原告"②。

（二）人民检察院行使公诉权的范围

首先，检察院在公益诉讼中的公诉权。

公共利益就是指某个民族、国家、阶级、集团所共享的政治经济利益。即便是在阶级社会中，不同的阶级具有不同的利益，但他们只要共同生活在一个社会里，仍然有公共利益。③ "公共利益相对私人利益而言，较少为公民、法人或其他组织所关心，而一旦受到侵害，则易引起某一群体或某区域内公民的共同不满，乃至造成不稳定的后果"。④ 近年来因城市拆迁、农民负担、企业改制、社会保障等引发的行政争议较多，往往涉及面广、人数众多、矛盾尖锐。这些损害社会公共利益的行政行为不仅损害了公民、法人和其他组织的合法权益，在不同程度上影响着社会的稳定和安全，而且对我国法律的统一和尊严构成了严重的破坏，极大的阻碍了统一市场的建立和市场经济的发展。笔者认为，所谓公益诉讼是指特定的国家机关、社会组织和个人根据法律的规定，对侵犯国家利益、社会利益的违法行为，诉请法院依法予以制裁的活动。公益诉讼包括

---

① 姜明安著：《外国行政法教程》，中国政法大学出版社1998年版，第307页。

② 胡建淼著：《十国行政法》，中国政法大学出版社1993年版，第455页。

③ 许崇德著：《中华法学大辞典：宪法卷》，中国检察出版社1995年版，第112页。

④ 张文显著：《法学基本范畴研究》，中国政法大学出版社1993年版，第634页。

民事公益诉讼和行政公益诉讼，与普通的民事诉讼和行政诉讼有着明显的不同。因为，"为了防止因无人起诉而纵容政府的非法行为，法律必须在某种程度上为没有利益关系的公民留下一席之地"①。赋予检察院行政公诉权的目的就是将危害公共利益的行政行为纳入司法审查的范围，以行政诉讼的方式对危害公共利益的行政行为实施法律监督，完善司法权对行政权的监督制约机制。

在我国当前的司法实践中，出现了检察院提起公益诉讼的事例，引起了理论界和实务界的关注。检察院为了维护国家的利益、集体的利益，在一些涉及国有资产流失的案件中，依法提起公益诉讼，但由于现行的民事诉讼法、行政诉讼法没有规定检察院可以成为诉讼原告，所以检察院在提起公益民事诉讼、公益行政诉讼时困难重重，操作难度大。就目前来讲，检察院开展公益诉讼的涉案数量极少，涉案种类也比较单一（主要是国有资产流失案），还远没有发挥出检察院作为法律监督机关在捍卫公众利益方面所应有的作用。② 公民个人提起公益诉讼在我国司法实践已经出现，基于行政诉讼法和有关的司法解释，因该公民与该行政行为无利害关系，法院对此采取了驳回起诉的做法；有的法院将公益诉讼当成普通的行政诉讼予以审理，使判决结果仅涉及于提起诉讼的行政相对人，而其他与案件有利害关系的人却不能因此直接获益。

笔者认为，我国人民检察院组织法和行政诉讼法应当赋予检察院对公益诉讼的公诉权。检察机关有了公诉权就可以变被动为主动，变事后为事前，参与行政诉讼案件，在法院开始审判前就参加行政诉讼活动，随时监督法院的审判活动，从而使自己的法律监督权得到充分行使。因为行政法律规范不健全，存在着诸多公共利益得不到重视和保护的现象。检察院作为法律监督机关，在公共利益

---

　　① 汉周华著：《行政诉讼原告资格研究》，载《行政法学研究丛书》，中国政法大学出版社 1992 年版，第 39 页。

　　② 邓中文、王光荣著：《对检察院开展公益诉讼的探讨》，载《兰州学刊》2003 年第 6 期，第 32 页。

遭受损害的情况下，有权直接动用司法手段进行干预，即开展公益诉讼。近二十年行政诉讼的司法实践表明，我们从立法上应当建立一种行政诉讼的公诉制度，以保证有效发挥检察院对行政诉讼的法律监督，更好地保护国家利益和社会利益，这也符合宪法关于人民检察院是国家的法律监督机关的有关规定。现行《行政诉讼法》规定行政相对人对行政主体侵犯其合法权益的具体行政行为，可以提起行政诉讼，这一规定初步确立了司法机关对行政行为的司法审查权。但是，根据《行政诉讼法》和最高人民法院有关的司法解释，对于损害社会公共利益的违法行政行为，若公民、法人和其他组织与该行政行为无利害关系，则无权提起行政诉讼。在全国人大修改人民检察院组织法和行政诉讼法时，应当建立检察院对行政机关损害社会公共利益的行政行为的行政公诉制度。在具体的操作程序上，建议既赋予检察院对行政机关提出司法质询的权利，也赋予检察院向人民法院提起行政公诉的权利。若检察院向行政机关提出行政行为违法的司法质询时，法律应该规定行政机关应该在某一合理的期限内予以答复，如果行政机关不予答复或延误答复的期限时，法律应该规定行政机关及其负责人的法律责任。行政机关如期答复时，可能有两个结果，一是认识到行政行为的违法性，主动予以改正，二是主张行政行为合法而坚持自己的做法。当出现第二种情况时，检察院与行政机关就该行政行为的合法性产生分歧，这时就需要一个处于中立地位的审判机关即人民法院对该分歧进行司法复审，在这种情况下就该可能危害公共利益的行政行为，检察院有权向人民法院提起行政公诉。

其次，检察院对抽象行政行为的公诉权。

检察制度本身是审、控分离、司法权分立的产物。在创立前苏联社会主义国家政权体系时，列宁提出了社会主义的检察监督理论。列宁主张，社会主义国家的法律应当是统一的，"法制不能有卡卢加省的法制，喀山省的法制，而应当是全俄统一的法制，甚至是全苏维埃共和国联邦统一的法制"。而影响法制统一的一个重要因素，就是地方利益。"为了解决这个问题，应该估计到地方影响的作用。毫无疑问，我们生活在无法纪的海洋里，地方影响对于建立法制和文明即使不是最严重的障碍，也是最严重的障碍之一。"对此，列宁主张建立检察院，作为法律监督的专门机关，其职责是审查和纠正违法现象，对抗地方影响，保障国家法律的统一。

我国检察制度的创立和发展虽然与前苏联的检察制度存在差别，但确定检察院的性质是国家法律监督机关的这一根本原则是以列宁的法律监督思想为指导的。① 对此，彭真委员长在 1979 年《关于七个法律草案的说明》中就明确指出，"列宁在十月革命后，曾坚持检察院的职权是维护国家法制的统一。我们的检察院组织法运用列宁这一指导思想，结合我们的情况"，② 对检察院的职权、活动原则及其与人大及其常委会的关系作出了规定。

目前，我国现行监督制度难以及时有效纠正抽象行政行为中的违法问题，赋予检察院对抽象行政行为的公诉权有利于及时有效地解决问题，与现行政体并不相悖。从实践来看，我国对抽象行政行为的四种监督方式都还不尽如人意。③ 虽然宪法和有关组织法规定对抽象行政行为人大和上级行政机关具有修改、撤销等监督权力，但这些规定缺乏可操作性，仅仅是一些原则的概括性规定。例如，公民、法人或者其他组织应通过何种程序提出以及向哪个机关提出，都无章可循，而且对于处理的形式、期限等没有具体的规定，因此这种方法不具有现实性。我国的立法法虽然确立了对抽象行政行为的备案制度，即对生效的行政法规、部门规章、地方政府规章应予以备案。但是，至今未发现国务院和各地方人大常委会通过备案审查纠正规章中违法条款的决议、决定，现有的备案审查制并不能及时、有效地解决某些地方政府、行政部门乱发文件、乱集资、

---

①　韩大元、刘松山著：《论我国检察院的宪法地位》，载《中国人民大学学报》2002 年第 5 期，第 78 页。

②　《彭真文选》，人民出版社 1991 年版，第 377 页。

③　蔡小雪著：《抽象行政行为应纳入行政诉讼受案范围》，载《人民司法》2004 年第 9 期，第 23 页。

乱收费、以权谋私等侵犯群众利益的热点问题。有关法律、法规对规章以下的其他规范性文件却没有做任何要求,而现实中出现违法行为最多的就是大量的其他规范性文件。虽然这几年来国务院明令要求国务院各部门、各级地方政府及其工作部门多次对规范性文件进行审查,但是,行政机关都是审查本机关制定的规范性文件,很难跳出部门利益、地方利益的圈子。每次审查相隔的时间很长,亦难以及时发现和纠正违法抽象行政行为。行政复议法规定了对规章以下的其他规范性文件的审查,但是因为复议行为是行政系统内部的自我监督,而且如果复议机关自己制定的有关规范性文件本身就存在违法问题时,其复议决定的公正性将很难保障。通过以上分析,可以看出,我国现行体制中对抽象行政行为的监督制度难以有效地发挥作用,如果赋予检察院对抽象行政行为的公诉权,使检察权和审判权共同对抽象行政行为进行司法审查,则对抽象行政行为的监督不仅具有可操作性,而且能及时有效地纠正抽象行政行为中的违法问题。我国宪法和立法法中虽然没有明确赋予检察院对抽象行政行为的公诉权,但是,也未将行政公诉制度排除在外,全国人大修改人民检察院组织法和行政诉讼法时,建立行政公诉和司法审查制度,不存在法律上的障碍。也就是说,建立行政公诉和司法审查制度与现行法律体系之间并不存在冲突,反而有助于完善我国的监督制度。

笔者认为,从我国现行法律制度和我国的具体国情出发,应将规章和规章以下的规范性文件纳入检察院提起行政公诉的范围,行政法规则不属于公诉的范围。因为:其一,社会主义检察理论赋予检察院对抽象行政行为的监督权。列宁曾经对检察院职能有过这样的论述:"检察院与任何行政机关不同,它丝毫没有行政权,对任何行政问题没有表决权。""检察长的责任是使任何地方政权机关的任何决定都不同法律抵触,所以检察长有义务仅仅从这一观点出发,对一切不合法律规定提出异议,但是检察长无权停止决定的执行。"其二,现行立法能够解决行政法规与法律的冲突问题。根据立法法第九十条的规定,中央军事委员会、最高人民法院、最高人民检察院和各省、自治区、直辖市的人民代表大会常务委员会认为行政法规同宪法或者法律相抵触的，可以向全国人大常委会书面提出进行审查的要求，由常委会工作机构分别送有关专门的委员会进行审查，提出意见。其他国家机关和社会团体、企业事业组织以及公民认为行政法规同宪法或者法律相抵触的，可以向全国人大常委会书面提出进行审查的建议，由常委会工作机构进行研究，必要时，送有关的专门委员会进行审查，提出意见。也就是说，立法法将对行政法规的审查权授予了全国人大常委会。另外，依据《行政法规制定程序条例》，国务院在制定行政法规时，应该广泛听取有关机关、组织和公民的意见，站在各部门和地方之上，能够从全国的角度考虑问题，可以避免部门和地方保护主义。国务院每年制定的行政法规在 20 件至 50 件之间，若个别条款出现与宪法、法律相抵触的问题，全国人大常委会完全有能力审查和解决这些问题。

（三）人民检察院行使公诉权的步骤及方法

第一，在行政诉讼的立案阶段

该程序的启动方式主要是检察院依职权主动审查，鉴于检察机关事务繁多，不易发现行政机关的违法行为，可由公民、法人或其他组织向检察机关进行检举、控告或提供线索。检察机关对于检举或控告，应审查该案件是否属于受案范围，如属于则启动行政公诉程序；如不属于则应书面告知。另外，由于作为行政公诉人的检察机关不同于普通的行政相对人，因而在公诉案件中，不适用复议前置程序。同时，为了节约诉讼成本，提高诉讼效率，应当设立由检察机关以书面形式要求行政机关纠正其违法行政行为的诉前程序，如果行政机关不作为或明确拒绝的，则可以提起行政公诉。

第二，关于行政公诉范围的立法模式

检察院不能对所有行政案件都有权提起行政公诉，应当有一个适当的范围。例如，在规定公益诉讼案件范围时，既不能过宽，也不能太窄，应从检察院的职责、诉讼体制的实际、社会进步的程度等方面综合考虑；只有当公共利益确实受到行政行为的侵犯，危害到多数公民的合法权益时，检察院方能提起公益诉讼。

关于提起行政公诉的范围有两种立法模式：第一种模式就是概括的定义法，通过规定对什么性质的行政行为可以提起行政公诉，以确定公诉范围。第二种模式就是列举法，这又包括肯定式列举，将能够提起行政公诉的行政行为具体化并逐一列举出来；否定式列举，将不能提起行政公诉的行政行为逐一列举出来，以确定提起行政公诉范围。事实上，两种方法各有优缺点。采用第一种模式，其优点就是对公诉范围的规定比较全面，其缺点是不如列举的方法那样明确、具体。但列举法的缺点是很难将可以或不能提起行政公诉的行政行为全面列举出来。因此，笔者认为，应采用概括式定义加否定式列举的方法规定提起行政公诉的范围。

第三，行政公诉案件的管辖

确定行政公诉案件的管辖，首先应该考虑在行政公诉案件中如何排除作出被诉行政行为的行政机关的干涉。因为我国人民法院在人事权和财政权方面受到同级人民政府的管理和控制，由人民法院审理同级人民政府作出的行政行为，审判者往往受到被审判者的各方面的约束，人民法院难以公正审查行政机关的行政行为是否违法。所以，应当规定审理行政公诉案件的人民法院的级别高于被诉行政机关的级别。对于同级人民政府工作部门作出的行政行为，可以规定由同级人民法院管辖，对人民政府作出的行政行为，规定由上一级人民法院管辖。事实上，要根本实现司法独立的目标，还需要对检察院、法院的管理体制进行改革，使检察院、法院在人事和财政方面独立于地方政府，杜绝地方政府的干预。

第四，在行政公诉中检察院的举证责任

被告承担举证责任是行政诉讼中最基本的证据承担原则，作为行政诉讼被告的行政机关负有提供赖以作出行政行为的证据和所依据的规范性文件的责任。最高人民法院《关于行政诉讼证据若干问题的规定》第4条第1款规定：公民、法人或者其他组织向人民法院起诉时，应当提供其符合起诉条件的相应的证据材料。此时提供证据材料不属于本来意义上的举证责任，只是要求提供证明其符合起诉条件的证据材料，对其提供证据的要求并不高。笔者认为，作为国家的法律监督机关，检察院与处于行政诉讼原告的相对人不同，提起行政公诉，必须慎重小心，在立案、调查取证和起诉三个阶段均应认真准备，只有在案件事实清楚，证据确实充分的情况下，方可向法院提起公诉，也就是说，在行政公诉中应适用"谁主张，谁举证"的证据分配原则。

第五，对诉讼程序的监督

行政公诉案件在审理程序上与普通行政诉讼一样，并无太大差异，所以对于诉讼程序的监督，检察机关可以直接援引普通诉讼的监督规定，检察机关发现人民法院审理案件违反法律规定的诉讼程序，有权向人民法院提出纠正意见。在判决方式上，普通行政诉讼的六种判决方式（维持判决、撤销判决、履行判决、变更判决、确认判决、驳回诉讼请求的判决）可以适用。

第六，行政公诉的诉讼费用

诉讼费用一般由败诉当事人负担，但在实际操作上，则由原告先行预付。由于检察院在行政公诉中，既具有当事人的地位，又具有法律监督者的地位；同时既不是以完全意义上的当事人身份出现，又不是完全以法律监督者的身份出现。① 因此，笔者认为，应将诉讼费用这一问题与检察院在行政诉讼中的身份联系起来进行考虑，作为国家机构中拥有法律监督权的检察院在行政诉讼中不需要交纳诉讼费用。

综上所述，笔者认为，在社会发展过程中，现有的行政诉讼程序已经不能满足监督行政权力和维护公共利益的功能，行政公诉这种适应社会潮流的诉讼制度就会应运而生。立法机关应该更多的征求民意，尽快修改法律，增加行政公诉这一行政诉讼类型。司法机关也应该在法无明文规定不禁止时，敢于做出一些有益的摸索和改革，从而保障和监督行政机关依法行使职权，保护公民、法人和其他组织的合法权益，切实实现法律监督和行政诉讼的职能。

_____

① 邓中文、王光荣著：《对检察院开展公益诉讼的探讨》，载《兰州学刊》2003年第6期，第33页。

二、人民检察院对行政诉讼的告诉权

对于公民、法人和其他组织不敢起诉或者放弃起诉而又损害行政利害关系人合法权益的，检察机关可以参照我国刑法第九十八条的规定，以国家名义，向法院行使告诉权。

（一）行政诉讼告诉权的解读

我国刑法第九十八条规定："本法所称告诉才处理，是指被害人告诉才受理。如果被害人因受强制、威吓无法告诉的，人民检察院和被害人的近亲属也可以告诉。"在通常的情况下，刑事起诉权由被害人自己行使，但在被害人因受强制、威吓而无法告诉时，可由检察机关代为行使，在学理上检察机关的告诉被称为告诉权。告诉权（参诉权）、起诉权（公诉权）和抗诉权共同构成检察机关在诉讼程序中的三大权利。

在行政诉讼中，检察机关的告诉权，也称为参诉权，是指公民、法人或其他组织因诉讼阻却事由的出现而无法起诉，检察院通过代为起诉的方式参加到诉讼中，以履行法律监督职责，维护国家、社会和公民的合法利益。

我国行政诉讼的司法实践表明，几千年封建制度的残余仍然在思想上束缚着公民的法律意识，尤其是行政诉讼法律意识，地方政府对行政审判不理解，不重视，不支持；而不少公民心存疑虑，不懂告、不敢告、不愿告的问题尤为突出。在这种情况下，现行《人民检察院组织法》第六条规定：人民检察院依法保障公民对于违法的国家工作人员提出控告的权利，追究侵犯公民的人身权利、民主权利和其他权利的人的法律责任。依据《人民检察院组织法》第六条和其他有关法律规范，赋予检察机关告诉权，可以使更多的公共利益和公民权利得到保障，尤其是在行政利害关系人不敢告、无力告、行政机关又不严格执法或无人起诉的情况下，更应由检察院直接行使告诉权，依法保护普通公民的诉权，彻底解决有案不收、诉权保护不力、人民群众告状无门现象，能够使忍气吞声、世代坚守"民不与官斗"信条的行政利害关系人大胆起诉。同时，检察机关有了告诉权就可以变被动为主动，变事后为事前，参与行政诉讼案件，在法院开始审判前就参加行政诉讼活动，及时监督法院的审判活动，从而使自己的法律监督权得到充分行使。

在行政诉讼中，告诉权分为纯正的告诉权和不纯正的告诉权。所谓纯正的告诉权，是指只能由检察机关作为告诉主体才能发动行政诉讼的违法行为，如果检察院不进行告诉，那么即使社会危害性再严重，也不能进行追诉。例如，抽象行政行为之诉，如果检察院不进行告诉，就不能启动行政诉讼程序。所谓不纯正的告诉权，是指可以由公民、法人或其他组织等行政行为的利害关系人提起行政诉讼，也可以由检察机关依照法定职责主动介入而进行告诉，从而发动行政诉讼。例如，公益诉讼和行政利害关系人因受强制、威吓无法告诉的案件。

（二）行政诉讼告诉权性质的辨析

对于检察机关告诉权的性质，刑法和刑事诉讼法都没有规定，法学界的探讨也仅限于刑事领域，在刑事领域，一种观点认为，检察机关对自诉案件告诉后，取得了程序方面和实体方面的完全诉权，即公诉权；另一种观点则认为，检察机关仅取得程序方面的诉权，处于协助自诉的地位，其告诉并不改变案件的自诉性质。① 因为笔者主张赋予检察机关在行政诉讼中的告诉权，所以对告诉权的探究也仅限于行政诉讼领域；笔者认为，检察机关对行政诉讼案件的告诉权，应当解释为一种法定代理权。理由如下：

首先，告诉权不能界定为公诉权，也就是检察机关在实体方面和程序方面所拥有的完全诉权。因为：第一，无法解决普通起诉与公诉并存的矛盾。当检察院和公民都告诉时（公民以纳税人名义起诉），就会形成普通起诉与公诉并存的局面，此时，如果公诉优先，允许普通起诉转公诉，则剥夺了公民的起诉权，同时也侵犯了作为被告的行政机关的利益，行政机关没有因起诉权撤诉而退出诉

---

① 王立华著：《检察机关对自诉案件的告诉权》，载《人民法院报》1999 年 3 月 20 日第 3 版。

讼的机会，在行政赔偿案件中也无法接受法院的调解。第二，混淆了普通起诉与公诉划分的实质标准。划分普通起诉与公诉，除了形式上控诉主体的不同外，更重要的是案件的性质、情节及社会危害程度的不同。普通起诉与否的标准是是否追究行政机关的一般违法行为；而公诉与否的标准则是是否应对被告的行政机关处以刑罚。如果把检察机关对行政案件的告诉权界定为完全诉权，允许普通起诉转公诉，就从实质上抹杀了普通起诉与公诉的划分标准。第三，在实践中难以操作。如果在公诉过程中，检察机关依法做出不起诉决定，公民用普通起诉权侵犯检察机关的法定自由裁量权，导致循环诉讼，如何处理；另外，公民要求撤诉或调解该如何处理。

其次，告诉权不能理解为协助起诉权。因为：第一，起诉无法进行。行政诉讼案件实行严格的"不告不理"原则，起诉的进行又要求起诉人主导诉讼的进行，而在公益诉讼中难以找到具体的受益人，也就无法得到原告的授权委托，检察机关无权起诉，也无权处分程序及实体权利，导致起诉无法进行。第二，协助起诉无法进行。协助起诉的检察机关既不是公诉人，也不是起诉人，也不是诉讼代理人，则其地位如何，行为性质如何，其享有哪些权利，承担哪些义务，行为后果归属于谁，这些都不明确，协助起诉也就无法进行。

最后，检察机关的告诉权应界定为"法定代理权"。因为：第一，符合当事人适格理论。在公益诉讼中或行政利害关系人因受强制、威吓而无法告诉时，公民丧失的仅是诉讼行为能力，而作为当事人资格的诉讼权利能力并不因此而丧失。检察机关无权因公民诉讼行为能力的欠缺而剥夺其诉讼权利能力，用公诉职能吞并普通起诉职能。公民的起诉权仍应归其享有，而代理告诉权的后果恰好与此吻合。第二，可以克服前两种观点的不足。检察机关代理告诉后，其身份仅相当于原告的法定代理人，而不是起诉人。作为抽象公民或具体公民的代理告诉人，其享有公民起诉时的一切诉讼权利，可代行公民起诉时的一切诉讼行为。但公民并不因此而丧失其作为起诉人的当事人地位，起诉以公民的名义进行，检察机关的一切行为后果都归于公民本人，当具体的公民恢复诉讼行为能力时，检察机关作为代理人仍然参与诉讼，维护公平与正义。第三，代理告诉权能够更加充分地保障利害关系人的合法权益。因为利害关系人是自己利益的最佳保护者。

这样，把检察机关对行政诉讼的告诉权界定为"法定代理权"，就既可以动用检察机关的法律监督力量排除外在妨害，又可以尊重公民的起诉权，检察机关启动司法审查程序后仍不丧失行政案件的普通诉讼性质和特点。

（三）赋予检察机关告诉权而非公诉权的理论基础——谦抑论

早在70多年前，法律家杨荫杭先生就曾尖锐地指出："司法改革以来，最不惬人意者，莫如检察官垄断追诉权。"他认为这种制度"最不合中华之习惯与中华人之心理"。他批评道："中华法政人才以出于日本者居大多数，故中华人之食日本法，如日本人之食鱼，生吞活剥，不暇烹调。所谓'国家追诉主义'，即一例也"。①检察权在具体制度的设计上应该从中国的国情出发，力求尽可能地适合我国的实际需要。当然，笔者并非一概否定国家公诉权，只是认为依照国情，国家不应该垄断这种权力，而是要保持一定的灵活性，给予行政利害关系人较大的选择空间。

笔者主张，应该赋予检察机关对行政诉讼案件的告诉权，而不是大多数学者所主张的起诉权（公诉权）；该主张在理论上的依据是谦抑论。在我国，对谦抑论的研究限于刑事领域。所谓谦抑，是指缩减或者压缩。刑法上的谦抑性，是指立法者应当力求以最小的支出——少用甚至不用刑罚（而用其他刑罚替代措施），获取最大的社会效益——有效地预防和控制犯罪。② 在论及刑法的代价性时，孟德斯鸠指出："有两种腐化，一种是人民不遵守法律；另一

①　齐文远著：《"亲告罪"的立法价值初探》，载《法学研究》1997年第1期，第142页。

②　陈兴良著：《刑法的价值构造》，中国人民大学出版社1998年版，第353页。

种是人民被法律腐化了。被法律腐化是一种无可救药的弊端，因为这个弊端存在于矫正方法本身中"。平野龙一指出谦抑性有三方面的含义："第一是刑法的补充性。即便是有关市民安全的事项，也只有在其他手段如习惯的、道德的制裁即地域社会的非正式的控制或民事的规制不充分时，才能发动刑法。第二是刑法的不完整性。第三是刑法的宽容性，或者可以说是自由尊重性，即使市民的安全受到侵犯，其他控制手段没有充分发挥效果，刑法也没有必要无遗漏地处罚"。① 我国学者则把它精辟地概括为刑法的紧缩性、刑法的补充性和刑法的经济性三个方面的内容。②

　　在行政诉讼中，谦抑论是指凡是通过公民、法人或其他组织行使起诉权就足以抑止某种违法行政行为，或者足以保护合法权益时，作为法律监督机关的检察院就不要轻易地介入；凡是通过检察机关行使告诉权就足以维护公共利益，或者抑止某种严重违法行为，法律就不应该既赋予检察机关事后的抗诉权，又同时赋予其事前的起诉权（公诉权）。告诉权在某种程度上限制了国家司法权的过度干预，这正是谦抑论的题中之义。具体而言，赋予检察机关告诉权而非公诉权的理由有三：

　　第一，检察权的经济性。所谓检察权的经济性，其核心问题是要求国家投入最佳的法律监督成本尤其是公诉成本，以获取最佳的法律监督效益，而不是不顾法律监督成本开支，追求难以实现或根本无法实现的法律监督效益，检察的经济性之所以成立和必要，关键在于检察具有成本，法律监督具有代价性。为了取得检察效益，必须依赖于检察成本的投入，当公诉权被滥用时，则有可能造成不必要的损害和付出不必要的代价。在资源普遍稀缺的现代社会，国家事实上不可能将无限的人力、物力和财力投入于检察权的行使，实际投入法律监督的只能是国家所支配的有限资源的一小部分。当

---

　　① ［日］平野龙一编：《现代法Ⅱ——现代法与刑罚》，岩波书店1965年版，第21页、第22页。

　　② 陈兴良著：《本体刑法学》，商务印书馆2002年版，第75页。

不需要赋予检察机关在行政诉讼中的公诉权，就能平息纠纷，解决争端，维护秩序时，就不应该动用公诉权。也就是说，如果对违法行为的非公诉监督方法的净收益等于或大于公诉监督的净收益，那么，应赋予检察机关告诉权而非公诉权。

况且，告诉权赋予了检察机关比公诉程序更为灵活、自由的程序控制权，提高了检察效率。告诉权制度阻却国家公诉权的介入而采取其他方式对行政违法行为进行监督，因而避免了公诉权的负面效应，不存在浪费公诉资源的现象。同时，又能有效地行使法律监督权，解决纠纷而获得最大化的社会效益，因而全面地体现了检察权的经济观念。

第二，检察权的有限性。检察权的有限性又称为检察权的不定期性，是指法律监督的内容和法律监督功能效力的范围都是有限的，不全面的。公诉权的极端严厉性决定了公诉权的适用只能针对严重的犯罪行为，而不理会一般违法行为。公诉权处理的事项只是违法行为中的少数，更大量违法行为则依靠非公诉手段来进行干预，而且检察机关并不是对所有刑事犯罪行使公诉权，刑法也赋予公民对某些刑事犯罪行为的自诉权。

第三，检察权的最后手段性。所谓检察权的最后手段性，是指只有当其他法律或手段无法更好地保护公共利益和个人利益时，才启动公诉权。公诉权犹如双刃之剑，用之不当则国家与社会两受其害，公诉权作为检察权中最严厉的法律监督手段，虽然它是保护国家权利和公民权利最得力的工具，但它也常常是侵犯社会利益最厉害的手段。只有在公民起诉与检察机关告诉不足以抗衡违法行为的情况下，才能用公诉权抗衡。这也可以理解为公诉权的补充性，公诉权的补充性并不是指在抗衡犯罪上居于次要地位，而是指相对于起诉权与告诉权而言，公诉权是抗衡违法的最后手段。因此，公诉权介入行政诉讼的深度和广度应该是最后的，这样能够保证国家享有采用其他手段进行权益保护的机会。

（四）检察机关行使告诉权注意的问题

第一，具体行使告诉权的机构——民事行政检察部门

在刑法及相关刑事法律规范中，没有明确规定具体行使告诉权的机构。有人认为应该由公诉部门受理，有人认为应该由控告申诉部门受理，也有人认为应该由民事行政检察部门受理，笔者认为此类案件由民事行政检察部门受理更为恰当。因为，此类案件一般是由公民向检察机关提出举报和控告，或检察机关依职权发现问题，属于检察机关行使一般的法律监督职责，检察行使告诉权之前，可以进行必要的初步调查取证。同时，在司法实践中，公诉部门比较少地直接调查取证，其精力集中于对证据的审查，而控告申诉部门侧重于对刑事案件的立案审查，这两个部门对行政法和行政诉讼法并不精通。这样，民事行政检察部门经过初步调查后，如果大致发现了行政机关违法行为的证据，就能够以法律监督者和法定代理人的身份向法院提起诉讼。

第二，检察机关的调查取证权

在刑事诉讼中，作为公诉人的检察机关拥有调查取证权。那么，在行政诉讼中，检察机关行使告诉权而非公诉权，检察机关是否有权调查取证？笔者认为，检察机关有权调查取证。因为，如果检察机关没有足够证据向法院轻易提起诉讼，缺乏严肃性，与专门法律监督机关的宪法定位也不适合，法院有可能不予受理，只有代为告诉的检察机关拥有此类案件的调查取证权，司法审查程序才能启动。但是，检察机关不能行使调查权中的侦查权，因为我国的侦查权包括限制人身自由的强制措施，如果检察机关可以对被告人采取强制措施的话，告诉案件就与公诉案件无异了。① 检察机关在此类案件中，只能行使适当的调查取证权，而不能行使侦查权。

总之，公诉权首先不介入，避免了司法资源的消耗。因此，告诉权的存在正好体现了检察权的最后手段性观念，在现代社会，违

---

① 曾淑清、廖道明著：《检察机关代行告诉权的几个问题》，载《人民检察》2005年第10期（上），第58页。

法行为往往是多种原因综合的结果。这样，惩罚违法的手段也应该是综合的，如果能够采用其他非公诉权手段，如普通公民起诉、协助起诉、告诉等解决争端，那么，公诉手段便应退居其次，以避免公诉手段的负面效应。

主要参考文献

1. 《中国大百科全书·光盘 1.2 版》。

2. 应松年主编：《行政法学新论》，中国方正出版社 1999 年版。

3. 罗豪才主编：《行政法学》（修订本），中国政法大学出版社 1999 年版。

4. 朱维究著：《行政行为的司法监督》，山西教育出版社 1997 年版。

5. 钟海让著：《法律监督论》，法律出版社 1993 年版。

6. 马怀德主编：《行政法与行政诉讼法》，中国法制出版社 2000 年版。

7. 黎国智主编：《行政法词典》，山东大学出版社 1989 年版。

8. 胡建淼主编：《行政违法问题探究》，法律出版社 2000 年版。

9. 汤唯、孙季萍著：《法律监督论纲》，北京大学出版社 2001 年版。

10. ［日］织田万撰：《清国行政法》，李秀清、王沛点校，中国政法大学出版社 2003 年版。

11. 章剑生著：《行政监督研究》，人民出版社 2001 年版。

12. 尤光付著：《中外监督制度比较》，商务印书馆 2003 年版。

13. 王勇飞著：《中国行政监督机制》，中国方正出版社 1998 年版。

14. 陈奇星等著：《行政监督论》，上海人民出版社 2001 年版。

15. 李小沧著：《中国的行政监督制度》，天津大学出版社

1999 年版。

16. 王世杰、钱端升著：《比较宪法》，中国政法大学出版社 1997 年版。

17. 龚祥瑞著：《比较宪法与行政法》，法律出版社 2003 年第 2 版。

18. 韩大元主编：《外国宪法》，中国人民大学出版社 2000 年版。

19. 肖金明主编：《WTO 与政府法制》，山东大学出版社 2002 年版。

20. 侯志山著：《外国行政监督制度与著名反腐机构》，北京大学出版社 2004 年版。

21. 王名扬著：《美国行政法》，中国法制出版社 1995 年版。

22. 王名扬著：《英国行政法》，中国政法大学出版社 1987 年版。

23. 王名扬著：《法国行政法》，中国政法大学出版社 1988 年版。

24. ［瑞典］本特·维斯兰德尔著：《瑞典的议会监察专员》，程洁译，清华大学出版社 2001 年版。

25. 蔡定剑著：《宪法精解》，法律出版社 2004 年版。

26. 许崇德主编：《宪法学（中国部分）》，高等教育出版社 2000 年版。

27. 中纪委监察部宣教室著：《中国行政监察简论》，中国方正出版社 2002 年版。

28. 杨解君主编：《行政诉讼法学》，中国方正出版社 2002 年 10 月版。

29. 孟鸿志主编：《行政法学》，北京大学出版社 2002 年 10 月版。

30. 最高人民法院行政审判庭编：｛《关于执行〈行政诉讼法〉若干问题的解释》释义｝，中国城市出版社 2000 年版。

后　　记

己丑夏初，我得知《行政执法监督的原理与规程研究》一书即将付梓，备受鼓舞。想起在此书编写的过程中，面对博大精深的行政法学理论体系，我唯有一头扎进书库中，仔细拜读法学大师的学术专著，每当看到会心共鸣处，心情就像在海边玩耍的孩子捡到漂亮的贝壳一样高兴。对此，我只能套用一句名言"本人如此之久地受惠于如此之多的学者，以致难以在此一一表达我的谢忱"。因为年龄与阅历的限制，加之我一直坚持"真佛只说家常话"的学术思想，率性所成之书想必会存在不少疏漏之处，在此还望海内外前辈贤达给予批评指正。

本书是山东省教育厅人文社会科学研究计划项目，也是烟台大学法学院与中国石油化工股份有限公司胜利油田分公司滨南采油厂开展校企合作研究成果之一。本书由烟台大学毕可志教授进行总体设计，滨南采油厂王敦生副厂长负责规划和调研，滨南采油厂法制科孙蜀萍、王欣两位科长参与调研并提供大量素材，最后由烟台大学杨曙光老师统一修改和定稿。参加撰稿的人员，按承担各章节研究和写作的顺序，排列如下：

杨曙光：第二章、第三章、第四章、第五章和第七章；

王敦生：第六章；

毕可志：第一章。

最后，我特别感谢烟台大学的金福海、范李英两位老师，言尽于此，是为后记。

杨曙光于烟台大学三元湖畔